# 삼국지 길라잡이

# 삼국지 길라잡이

**Guide Book for the Romance of the Three Kingdoms**

ⓒ 류문휘, 2025

초판 1쇄 발행 2025년 1월 20일

지은이    류문휘
펴낸이    이기봉
편집      좋은땅 편집팀
펴낸곳    도서출판 좋은땅
주소      서울특별시 마포구 양화로12길 26 지월드빌딩 (서교동 395-7)
전화      02)374-8616~7
팩스      02)374-8614
이메일    gworldbook@naver.com
홈페이지   www.g-world.co.kr

ISBN    979-11-388-3922-8 (03910)

류문휘 지음

# 삼국지 길라잡이

삼국지를 통해 중국과 동아시아 문명 엿보기

좋은땅

초등학교 5학년 때인 1985년의 일이다. 아버지께서 "이제 고학년이 되었으니 읽어 보길 권한다"시면서 신동우 화백의 컬러 삽화가 멋들어진 16권짜리 삼국지를 선물해 주셨다. 당시로선 드물었던 '올컬러판'으로 상당한 고가여서 '반드시 읽어야 한다'는 의무감도 생겼지만, 처음 경험하는 방대한 분량이 부담스럽기도 했다. 그런데 짬 날 때마다 조금씩 읽어 보니 삼국지의 매력에 금방 빠져들게 되었고, 이때 얻은 독서 습관이 이후의 삶에 큰 영향을 미쳤던 것 같다. 게다가 일상에서 삼국지가 화제(話題)에 오르는 일이 많았기에, 사회생활의 윤활유로서도 톡톡히 기여했다.

1988년에는 『이문열 삼국지』가 출간되어 공전의 히트를 기록했다. 이미 몇 번이나 삼국지를 완독한 때라 '뭐 특별할 게 있을까?' 생각했지만, 막상 시작부터 전혀 다른 전개여서 깜짝 놀랐던 기억이 생생하다. 그간 읽은 몇 종의 삼국지가 모두 일본의 역사소설가 요시카와 에이지(吉川英治)의 개작(改作)이었다는 사실을 처음 알게 된 것으로, 당시만 해도 국내의 저작권 개념이 희박해서 요시카와의 이름은 감추고 마치 중국의 원전을 번역한 양 내놓은 판본이 많았기 때문이었다. 출간되자마자 인기몰이를 시작한 이문열 삼국지는 역대 최고 판매량을 기록하면서 '삼국지 붐'을 견인했지만, 뒤늦게 "900여 곳의 번역 오류가 있다"는 식의 지적이 쏟아졌고, 이후 한국의 『삼국연의(三國演義)[1]』는 '정확한 번역'을 두고 논쟁이 계속되는 독특한 경향성을 보인다.

역사상 가장 많이 팔린 책이라는 상징성 덕분인지 삼국지는 때로 '동양의

---

1) 국내에선 보통 나관중의 소설을 '삼국지'라 이르고, 진수가 쓴 역사서는 『정사(正史) 삼국지』라고 하는 경우가 많다. 하지만 중화권과 일본에선 소설 삼국지를 『삼국연의』나 『삼국지연의』로 부르며, 그냥 삼국지라고 하면 대개 정사 삼국지를 의미한다. 이 책은 편의상 소설 삼국지를 '연의'나 '삼국지'로 표기하고, 정사 삼국지는 '정사'로 표기한다.

성서'로까지 일컬어진다. 하지만 삼국지는 어디까지나 문학작품으로, 종교의 최고 경전인 성경(Bible)과는 결이 전혀 다른 책이다. 그런데 우리나라에선 삼국지를 정말 경전처럼 여기는지, 유독 삼국지의 번역을 두고 갑론을박이 끊이질 않는다. 이는 삼국지 관련 2차 창작물이 쏟아지는 일본에서도 보기 힘든 특이한 현상으로, "이전의 번역본들은 잘못되었고 내 번역이 진짜"라고 주장하는 삼국지의 출간이 꾸준히 이어지고 있다.[2] 하지만 정본(定本)에도 수많은 오류가 있고, 고대사의 텍스트를 현대의 컨텍스트(Context)로 변환하는 과정에서 보정이 필요하기 마련이다.[3] 특이한 것은 원문의 오류를 지적하는 번역본들조차 오기(誤記)를 그대로 두고 주석(註釋)을 달아 처리하고 있는 점으로, 마치 경전을 대하듯 '원문을 고쳐선 안 된다'는 강박마저 느껴진다.

사실 제갈량이 베어낸 곡식이 밀인지 보리인지는 일반 독자에게 의미 있는 차이가 아니며, 자구의 고증이 삼국지를 읽는 이유일 순 없다. 특히 '바른 번역'을 내세우는 번역본의 대부분이 '가공인물인 유안이 자신의 처를 죽여서 그 고기를 유비(劉備)에게 대접한 일화'를 그대로 싣고 있는 것도 도무지 이해하기 어렵다. 실제로 유비는 난리 통에 네 번이나 처와 여식을 버렸고, 작중에서도 "형제는 수족과 같지만, 처자는 의복과 같다"라면서 처와 딸을 가벼이 여기는 태도를 보인다. 이만해도 1800년 전 여성의 위상이 어땠는지 충분히 짐작할 수 있으며, 삼국지 내용 중에 '백성들이 유비를 깊이 따랐음을 보여주는' 일화가 딱히 부족한 것도 아니다. 혐오감만 줄 뿐인 가공인물의 에피소드까지 빠짐없이 옮겨야 '완역(完譯)'이라 여기는 태도는 안타까울 따름이다.

---

2)  서구권 최고의 소설인 톨스토이의 『전쟁과 평화』도 역사책을 떠올리게 하는 주석을 자랑하지만, 한국어 번역본에 대한 논란은 없다시피 하다.
3)  중국어는 표어문자(表語文字)지만, 후한의 상고한어(上古漢語)는 성조가 없는 등 현대 중국어와 아주 달랐다. 광동어(廣東語)처럼 표준 중국어(普通話)와 통하지 않는 경우는 빼고라도, 북경어와 상해어가 다르듯 낙양말과 장안말도 상이했으며 큰 틀에서 7가지 방언으로 구분되었다.

역사서는 고대(古代)로부터 교훈을 얻기 위해 쓰였으며, 위정자에게 지식과 통찰을 제공하는 제왕학으로 기능했다. 정통 역사서의 내용을 각색한 소설 삼국지에는 존재감이 뚜렷한 등장인물만 200여 명에 이르기 때문에[4], 인간 군상을 조명할 수 있는 인생학 지침서로 많은 사랑을 받아 왔지만, 고대와 현대의 시공간적 차이로 인해 인류의 보편적 인식에 큰 변화가 있었거나[5], 유교적 명분론이나 촉한정통론 등에 함몰되어 과도하게 각색되었던 부분은 시대의 변화에 맞게 바로잡을 필요가 있다고 생각한다.

정사 삼국지는 저자 진수(陳壽, 233~297년)가 서진(西晉)의 관료였기에 위·진(魏·晉)의 관점에서 쓰일 수밖에 없었고[6], 반면 소설 삼국지는 유교적 명분론에 입각하여 촉한(蜀漢)을 중심으로 이야기를 풀어내고 있다. 정사는 조조(曹操)가 대패한 적벽대전을 아주 짧게 언급할 뿐이지만, 연의는 120회 중 8회에 해당하는 분량을 할애하고 있음이 이를 상징한다. 정사와 연의는 인물에 대한 평가에서 때로 극단적으로 갈리기도 한다. 유비에게 호의적인 인물을 최대한 '좋게' 포장하는 연의는 도겸(陶謙)을 성인군자처럼 묘사하고 있지만, 정사는 180도 다르게 패악무도한 인물로 적고 있다. 진수는 정사를 쓰면서 최대한 담박(淡泊)하게 기록하려고 노력했지만, 조위(曹魏)의 창업군주 조조와 크나큰 악연이 있었던 도겸에 대해선 유독 가혹한 잣대를 들이댄 것이다.[7]

이 책은 본래 대학교에 진학한 딸에게 삼국지 세트를 선물하면서 보태 준 해설본이었다. 삼국지의 등장인물이 선택의 고비마다 어떠한 맥락에서 결정을 내렸는지를 사서의 기록과 비교해 설명했으며, 이를 통해 수많은 인물의

---

4) 정사에 열전(列傳, 인물의 전기)이 전하는 인물만 300명이 넘는다.
5) 일례로 고대엔 상체가 길면 귀한 상(貴相)으로 봤다. 하체가 길면 선 채로 시중을 들고, 상체가 길면 앉아서 시중을 받는다고 여겼기 때문.
6) 창업군주인 조조나 사마의의 실패나 악행을 축소/생략한 부분이 많다.
7) 도겸의 기록엔 타임라인이나 인과관계가 맞지 않는 대목이 많다.

인생역정을 살피고 각각의 판단 근거를 이해할 수 있도록 정리했다. 삼국지의 무대는 지금과는 다른 엄격한 신분제 사회였고, 인구가 무려 7분의 1 수준으로 격감한 대환란의 시대였다. 유교적 명분론에 입각한 삼국지는 선악(善惡)과 현우(賢愚)의 선명한 잣대로 등장인물을 구분하고 있지만, 단순히 "유능했으니 성공했고, 무능한 탓에 실패한 것"이라 치부해서는 제대로 된 교훈을 얻을 수 없다. '천자를 옹립하지 않은' 원소나 '돌연 황제를 참칭한' 원술에게도 각기 그들만의 사정이 있었고, '유비에게 형주를 빌려주자고 나선' 노숙은 물론이고 '번성공방전 때 육손에 대해 경계를 늦춘' 관우에게도 나름대로 합리적 판단 근거가 있었다. 나라와 가문의 존속이 걸려 있어, 극한의 고민 끝에 내린 선택의 결과가 좋지 않았던 것뿐이다.

시중에서 구할 수 있는 삼국지라면 대부분 조금이라도 읽어 봤지만, 그중 삼국지의 묘미를 제대로 전달하지 못하는 번역본은 따로 없었던 것 같다. 원작의 힘이 워낙 탁월한 데다, 열권이나 되는 책을 펴내는 마당이니 저자와 편집자가 공을 들인 덕일 것이다. 다만 '바른 번역'을 지나치게 강조하면, '읽는 맛'이 떨어지는 경우가 많았다. 특히 원본의 수많은 한시(漢詩)를 옮기지 않으면 제대로 된 번역이 아니라는 주장도 간혹 있는데, 한시가 삼국지 번역의 필수 요소라 생각되진 않는다.[8] 성조(聲調)에 따른 운율이 핵심인 한시의 묘미를 우리말로 살릴 수는 없고, 고사(故事)의 배경 지식이 필요해 오히려 열독의 리듬을 깨뜨리는 측면도 있다. 이 책은 삼국지 이해에 도움 되는 정보를 최대한 담으려 애쓰고 있지만, 한시는 다루지 않음을 밝혀 둔다. 상세한 정보는 본문에 담지 않고 주석으로 처리했으며, 독자의 선택에 따라 본문만 읽어 나갈 수 있도록 구성하려 노력했다. 아무래도 설명할 내용이 많은 초반부에 주석이 많으니 너그러운 이해를 구하며, 본문으로 일독하신 후에

---

8) '평상거입(平上去入)'의 사성(四聲)이 확립된 것은 남북조시대 이후의 일로, 운율을 이용한 운문문학은 사실 삼국시대와는 관계가 없다.

주석의 내용을 참고하셔도 좋겠다.

　삼국지만큼 재야 고수가 많은 분야도 따로 없을 것이다. 요즘은 각종 기록에 대한 접근이 훨씬 수월해지다 보니 전문 연구자도 늘어나서, 새로 출간되는 삼국지 관련 저작물의 수준은 예전의 그것을 압도한다. 다만 삼국지의 본령은 서사에 있음에도, 내러티브(narrative)와 무관한 지점에 천착한 연구가 많은 것은 삼국지 애호가로서 살짝 아쉬웠다.[9] 전문 연구자가 아니라서 '딸에게 주는 선물'이라 여기고 열심히 정리한 내용이 단행본으로 출판되는 과정이 조심스러웠지만, 정사 기록을 소개하면서 인물에 집중하는 가이드북도 필요하다 여기고 용기를 냈다. 해설은 볼륨의 한계로 부득이하게 모종강본의 104회까지를 4회씩 다뤘고, 번역본 중 가장 많이 보급된 이문열본과 요시카와본도 부분적으로 함께 살필 수 있도록 구성했다. 물론 아직까지 삼국지를 제대로 읽어 보지 않은 분들이, 본 해설서만 읽어 나가도 삼국지의 전체적인 맥락을 이해할 수 있도록 최대한 노력했음을 밝혀 둔다.

　하던 일을 내려놓은 후 책까지 펴내게 되었으니 삼국지 애호는 일종의 'Life Work'가 된 셈이다. 졸저와의 조우가 책장에 모셔 두었던(?) 삼국지를 다시 꺼내 드는 계기가 되고, 삼국지의 즐거움을 조금이라도 더해드릴 수 있기를 진심으로 바란다.

2024년 11월 12일
옛 동호독서당 터의 서재에서
류 문 휘

---

9)　당시엔 의자가 널리 쓰이지 않았다든가 술을 데워 먹지 않았다는 등의 생활사적 지적이 많다. 언월도가 수백 년 뒤에야 나오는 무기란 사실이 재미있기는 하지만, 줄거리를 이해하는 데 영향을 주는 정보는 아니다.

# 목차

이 책은 『삼국지연의』를 폭넓게 즐기기 위한 컴팩트 가이드북으로, 이설(異說)도 존재하니 전체적
맥락으로 이해해 주시면 좋겠습니다. 그리고 이 책을 쏨에 있어 『정사 삼국지』의 번역은 '정사삼국
지방-파성넷(rexhistoria.net)'에 공개된 자료를 주로 참고했음을 밝혀 둡니다. 소중한 자료를 공유
해 주신 '정사삼국지방-파성넷'의 진짜 고수님들께 특별한 감사의 마음을 전합니다.

# 후한~삼국시대 참고도

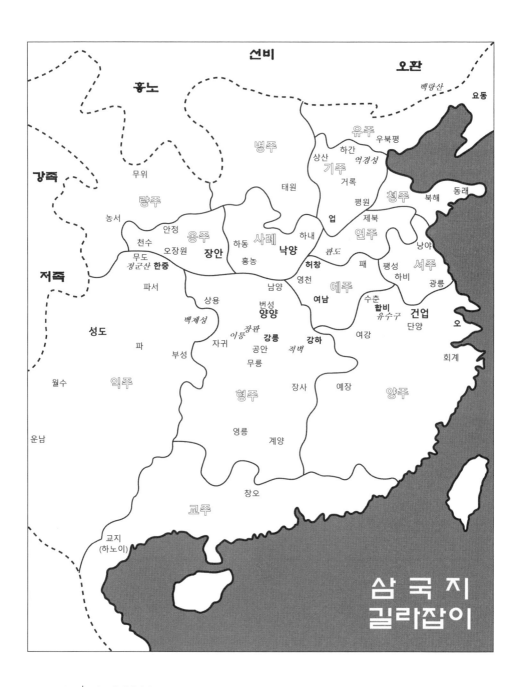

# 본문에 앞서 키워드를 설명한다

◈ **한나라**

지금으로부터 2200년 전인 기원전(BC) 221년, 진시황이 역사상 처음으로 중국 대륙을 통일한다. 시황제(始皇帝)는 전국 36개 군(郡)에 태수(太守)를 파견하고, 밑으로 1,400여 현의 현령(縣令)까지 직접 임명하는 중앙집권체제를 최초로 구축했다. 문자·화폐·도로·도량형을 통일했고, "국론 분열을 피한다"는 명분을 내세워 법가(法家) 중심의 강력한 사상 통일도 꾀했다. 또한 북방 이민족의 침입을 막기 위해 만리장성을 쌓아서, 거대 중국이 하나의 통일제국으로 존속하는 기틀을 마련했다. 하지만 진(秦)[1]은 불과 15년 만에 멸망했고, 초한전쟁에서 항우(項羽)를 제압한 유방(劉邦)이 BC 202년 한(漢)을 세워 통일제국의 역사를 잇는다.

한나라가 세워지고 60년 뒤 제위에 오른 한무제(漢武帝)[2]는 건국 이래 최대 위협이었던 북방의 흉노(匈奴)를 마침내 제압하고 실크로드를 개척했으며, 고조선(위만조선)과 남월(南越)을 멸망시키는 등 중원을 통일한 대제국의 위상을 굳건히 한다.[3] 한무제는 유교(儒敎)를 관학(官學)으로 삼고 법률과 관료체계를 확립하여, 한국과 일본을 비롯한 주변국에까지 커다란 영향을 미쳤다. 로마 제국(Roman Empire)이 유럽 문명의 뿌리이듯, 한나라가 완

---

1) 현대 중국어 발음은 Qin(친)으로, 'China(차이나)'의 어원이 되었다.
2) BC 156~87년. 휘(諱)는 유철(劉徹). 한나라 최장인 54년을 재위했다.
3) 이민족들의 기마 전술을 오래도록 분석하고 학습해 일궈 낸 결과였다. 지대한 군사적 업적을 이룬 진시황과 한무제를 묶어 '진황한무(秦皇漢武)'라고 부른다. 이때의 자신감이 지금까지 이어져, 한족(漢族)·한자(漢字)·한약(漢藥) 등 중국인을 관통하는 정체성이 되었다.

성한 여러 가지 시스템이 동아시아 문명의 근간이 된 셈이다. 거대한 대륙에 위치해 육로를 통해 지방까지 황제의 권력이 미칠 수 있었던 한나라와 달리, 제국의 영토 한가운데에 지중해가 '내해(內海)처럼' 자리 잡고 있어서 중앙집권체제의 구축이 어려웠던 로마는 공화제(共和制)[4]를 채택했고, 이는 이후 동서양 문명이 발전해 나아가는 방향성에 결정적인 영향을 미치게 된다.[5]

200년 넘게 이어 가던 한나라는 외척 왕망(王莽)의 찬탈로 15년간 단절되었다가, 방계 황족인 유수(劉秀)[6]가 다시 일으키니 이때부터를 후한(後漢)[7]이라고 한다. 광무제 유수는 중국사에서 손꼽히는 명군이었지만, 후한은 이후 후대 황제가 어린 나이에 제위에 올랐다가 급사하는 일이 반복되면서 무너져 내려간다. 광무제의 손자인 제3대 장제(章帝)로부터 삼국지 1회에 등장하는 제12대 황제 영제(靈帝)에 이르기까지 100여 년 동안 열 명의 황제가 예외 없이 마흔을 넘기질 못했으니, 외척과 환관의 권력 다툼이 끊이지 않아 나라가 안정될 수 없었다. 게다가 이 시기는 가뭄·홍수·지진 등의 자연재해가 역대급으로 빈발해서 농사에 큰 어려움을 겪었고, 먹일 풀이 부족해진 북방 유목민족의 남하 또한 계속 이어졌다. 안 그래도 부패한 관료들의 수탈에 신음하던 백성들이 안팎으로 심각한 피해에 시달린 것이었다. 삼국지는 이처럼 혼란상이 극에 달했던 후한 말기를 그 무대로 하고 있다.

---

4) Republic. 주권(主權)이 군주(君主)에게 있지 않고, 시민권자들이 주권을 공동으로 소유하는 제도. 통일성을 중시한 중국 문명과 달리, "다양성이 경쟁력의 원천"이라 믿어 온 서구권의 발전과 밀접한 관계가 있다.
5) 한나라와 로마는 중개무역을 하던 안식국(安息國, 지금의 이란 지역)을 통해 서로의 존재를 알았고, 로마(대진국)의 사신이 한나라에 방문했다는 기록도 있다. 한나라에 의해 쫓겨난 흉노의 후손인 훈족(Huns)의 군주 아틸라(Attila)의 공격이 서로마 멸망(476년)에 중요 원인이 된다.
6) BC 5년~AD 57년. 광무제(光武帝). AD 25년에 후한 초대 황제가 된다.
7) 수도가 장안인 전한을 서한(西漢), 낙양인 후한을 동한(東漢)이라 한다.

## ❖ 외척과 환관

한나라를 세운 고조 유방은 공신들을 열후(列侯)[8]와 제후왕(諸侯王)에 봉한다. 제후왕엔 유씨(劉氏)인 왕족들 외에도, 한신(韓信)·영포(英布)·팽월(彭越) 등의 개국 공신들이 포함되었다. 제후왕은 몇 개의 군이나 수십 개의 현을 소유하면서 '작지만 독립적인' 관료체제를 가지고 있었는데, 이들 세력을 장래의 위협으로 여기게 된 유방은 오래지 않아 유씨가 아닌 이성(異姓) 제후들을 모두 제거하였다.[9] 심지어 동성(同姓) 제후들 역시 조정에 협조하지 않고 반독립적 태도를 취하면서 중앙 정부에 큰 부담이 되었기에[10], 가의(賈誼)[11]의 정책을 적극 반영하는 등의 방법을 동원해 동성 제후들마저 점차 미미한 세력으로 전락시켰다.

그런데 외척 왕망을 타도하고 일어선 후한 대에도, 외척의 발호는 여전했다. 당시에도 외척의 폐해를 모르지는 않았지만 믿을 수 있는 이는 결국 친인척이다 보니, 어린 황제를 대신해 권력을 행사했던 태후(太后)가 친정 사람들을 불러들여 힘을 실어 줬기 때문이었다. 그러다가 황제가 장성하면 외척으로부터 권력을 되찾기 위해, 측근에서 수발드는 환관(宦官)[12]들을 중용하기

---

8)  진나라가 도입한 20등작(二十等爵) 중 최상위 작위. 다음은 관내후다.

9)  이때 한신이 "토사구팽(兎死狗烹) 당했다"며 한탄한 일이 널리 알려져 있으나, 한신이 처음 한 말은 아니었다. 춘추시대 월나라의 군사(軍師)였던 범려(范蠡)가 토끼를 잡으면 사냥개를 삶아 먹는다는 뜻으로 "교토사 주구팽(狡兎死 走狗烹)"이라 했던 말을 한신이 인용했던 것.

10) 유방 사후 40년 만에 제후국은 15개로 늘었고, 영토가 한나라 전체의 3분의 2에 달했다. 제후왕이 황제를 '형'이라고 부른 일까지 있었다.

11) BC 200~168년. 20세에 최연소 박사(博士)가 된 천재다. 순욱·순유와 함께 조조의 3대 모사로 꼽히는 가후(賈詡)가 바로 가의의 12대손이다.

12) Eunuch. 궁정에서 일하는 거세된 남성. 전한(前漢) 때만 해도 궁정의 후궁엔 소수의 남성이 일했는데, 후한에 이르러 일반 남성의 출입이 완전히 금지되면서 환관만이 남게되었다. 동북아(일본 제외)는 물론, 기독교 공인 이전의 로마·페르시아·이집트 등에도 광범위하게 존재했다.

시작했다. 이런 과정이 후한 내내 반복되면서 환관 세력은 큰 힘을 갖게 되었다. 특히 125년에 환관들의 도움으로 제위에 오른 순제(順帝)가 환관도 양자를 들여 작위를 세습할 수 있도록 바꾸었는데[13], 이는 대를 이을 수 없었던 환관이 귀족 지위를 유지하게 된 중대 변화였다. 삼국지가 시작되는 후한 말기는 '십상시(十常侍)'로 대표되는 환관 세력의 폐해가 극에 달한 시기였다.

## ◈ 정사 삼국지와 삼국연의

한무제 때의 역사가인 사마천(司馬遷)은 상고시대(上古時代) 이래 중국사는 물론이고 주변 민족사까지를 포괄하는 『사기(史記)』를 펴낸다. 인물을 중심으로 기록하는 기전체(紀傳體)[14]로 쓰인 사기는 세계사에서 가장 위대한 저작 중 하나로 평가된다. 후한 말기와 삼국시대를 다룬 진수(陳壽)의 『정사 삼국지』역시 사기의 영향을 받아서 기전체로 쓰였으며, 청나라 때 선정된 '정사(正史)[15]'에도 포함되는 정통 역사서다. 정사 중에는 왕조가 멸망하고 몇 백 년 뒤에야 쓰인 기록도 적지 않지만, 233년생인 진수는 촉나라가 망하는 263년까지 30년 동안을 '촉나라 사람'으로 살았던 동시대 인물이어서[16] 아주 생생한 기술이 가능했다.

---

13) 조조의 양할아버지인 조등(曹騰)이 이때 환관대신으로 순제를 섬겼다.
14) 『조선왕조실록』처럼 시간의 순서에 따라 기록하는 편년체(編年體)와 구분된다. 사기의 영향으로 중국의 정사(正史)인 '24사'는 모두 기전체로 작성되었고, 우리나라에 현전(現傳)하는 가장 오래된 역사서인 『삼국사기(三國史記)』역시 사기의 형식과 이름을 그대로 빌렸다.
15) 국가가 '공인한' 역사서를 말하며, 정사의 내용이 모두 '맞는' 기록이라는 의미는 아니다. 정사를 나라에서 따로 정하는 방식은 중국 문명의 특징으로, 서구권에는 정사(正史)와 야사(野史)의 구분이 없다.
16) 이문열본 등에선 '제갈량에 의해 죽은' 진식(陳式)이 진수의 아버지라 소개하지만 사실이 아니다. 『진서(晉書)』는 "진수가 부친의 상중임에도 여종에게 환약을 만들게 했으니, 평가가 좋지 않았다"라고 적고 있는데, 진수의 생년과 진식의 몰년을 감안할 때 둘이 부자지간일 수는 없다. 진수가 제갈량을 폄훼했다는 주장 역시 그 자체로 설득력이 없다.

하지만 정사는 지나치다 싶을 정도로 간략하고 담박하게 적고 있어서, 문장의 맥락이 잘 이해되지 않는 부분이 많다. 그런데 진수보다 140년 늦게 태어난 배송지(裴松之)가 『정사 삼국지』 본문에 방대한 주석(註釋)을 달면서 생명력을 불어넣었다.[17] 진수의 정사 본문이 약 36만여 자이고 배송지의 주석이 약 32만여 자이니 거의 본문만큼의 주석을 단 셈으로, 우리가 『정사 삼국지』라 이를 때는 배송지의 주석까지 포함해서 이해하는 것이 보통이다.

『삼국지연의』는 나관중(羅貫中)[18]의 작품으로 알려져 있지만, 이미 송나라(960~1279년) 때부터 삼국시대를 무대로 한 노래극이 유행했고 원나라 때는 연의의 원형으로 꼽히는 『삼국지평화(三國志平話)[19]』가 인기를 끌어 고려와 일본에도 전해졌다. 현전하는 나관중 삼국지의 판본 중 가장 오래된 것은 1522년의 '가정본(嘉靖本)[20]'으로, 근래의 연구에 따르면 가정본도 나관중의 원본과는 내용과 분량에서 큰 차이가 있다고 한다. 나관중은 가정본이 나오기 120년 전에 세상을 떠났으니 무리는 아니다.[21]

---

17) 진수는 개인 자격으로 정사를 편찬했지만, 배송지는 황제의 명에 따라 주석을 달았다. 150여 종에 이르는 출전(出典)을 정확히 기재해 놓은 덕에, 현재는 전하지 않는 수많은 사서의 내용까지 보존한 셈이 됐다.

18) 관중은 자(字)로, 이름은 본(本)이다. 몰년은 1400년이 유력한데, 1330년으로 알려진 생년에는 이설(異說)이 많다. 1315년쯤이란 견해도 있고, 나관중이 1329년 이전에 삼국지를 완성했다는 주장도 있다. 30여 년 전에야 나관중의 고향이 산시성 타이위안시임이 밝혀졌다.

19) 1321~1323년. '평화(平話)'는 이야기 공연의 대본이다. 송나라 때 우리의 판소리처럼 노래와 대화로 구성된 '강창(講唱)'이란 공연이 유행했는데, 점차 노래는 빠지고 이야기 공연의 형태로 변모한다. 토사구팽 당한 한신·팽월·영포가 각각 조조·유비·손권으로 환생하여, 헌제(獻帝)로 환생한 유방에게 복수한다는 내용이다. 중국이나 한국에는 남아 있는 판본이 없고, 현재 일본 내각문고(內閣文庫)가 세계 유일본을 보관 중이다. 분량은 삼국지연의의 10분의 1에 불과하다.

20) '가정'은 1521년에 명나라 황제가 된 세종(世宗)의 연호(年號)다.

21) 삼국지는 1천 년 이상 적층되었지만, 본격적 연구는 1980년대에 시작됐다. 현전 판본만 해도 명나라 40여 종, 청나라 70여 종에 이른다.

이후에도 출판업자와 이야기꾼의 첨삭에 의해 판본마다 내용이 조금씩 달라졌는데, 청나라 때인 1679년 모종강(毛宗崗)이 개작한 판본이 나오면서 삼국지 시장을 평정하고 정본(定本)이 되었다. 모종강본은 이야기 구조를 세련되게 다듬어 완성도를 현격하게 높였지만, "지나치게 촉한정통론(蜀漢正統論)[22]에 함몰되어 조조를 억지로 깎아내렸다"는 지적을 받는다. 우리가 접하는 삼국지는 대부분 모종강본을 번역한 것이며, 원본이 전하지 않음에도 "나관중본이 저본(底本)"이라 밝힌 경우도 드물지만 있다.

조선에 연의가 유입된 것은 16세기 중반이다. 17세기부터 민간에서 연의가 유행했지만, 조선은 민간 서점이 없었고 번역본도 나오지 않았으니 한계가 뚜렷했다. 조선은 상업을 천시했고 화폐경제의 발달이 늦은 데다, 출판의 주체도 관청·서원·사찰이어서 애초에 소설이 상품으로 출시될 수 없는 환경이었다.[23] 방각본(坊刻本)이라고 하여 영리 목적의 목판본이 있었다지만, 명나라 때부터 상업 출판이 성행했던 중국이나, 17세기에 상업 출판이 활성화되었던 일본과는 사정이 전혀 달랐다. 조선의 상업 출판은 19세기 말엽이 되어서야 본격화되었으며, 상당한 인기를 끌었던 박지원의 『열하일기(熱河日記)』조차 계속 필사본(筆寫本)으로만 전해지다가, 150년이 지나 일제 강점기가 되어서야 활자화되었다.

---

22) 한나라를 정통으로 계승한 것은 조조의 위나라가 아니고 유비의 촉한이라는 주장. 한나라가 가지는 독보적 위상 때문에 '한실 부흥'에 집착한 사람들이 많았고, 이들은 '오직 유씨만이 황제가 될 수 있다'는 특별한 믿음이 있었다. 이후에도 유연(劉淵)·유유(劉裕) 등 한나라를 계승했다고 주장하는 세력이 속출했고, 남송 대에 이르러 대유학자인 주희(朱熹)의 성리학(性理學)이 유행하면서 촉한을 정통으로 보는 사관이 일반화되었다. 연의를 쓴 모종강은 아예 촉한이 정통임을 분명히 했다.

23) '책쾌'라는 외판원이 있었지만, 그나마도 1771년에 일제히 체포한 후 금지했다. 일본에는 18세기 초반 도쿄(에도)에만 600곳 이상의 서점이 있었으니 하늘과 땅 차이였다. 1719년 오사카를 다녀온 조선통신사가 "서적이 많은 모습이 천하의 장관"이란 기록을 남겼을 정도다.

특히 성리학(性理學)에 경도된 당시의 위정자들은 허구로 짜인 소설을 잡서로 여겨 연의의 유행을 극도로 경계했다. 정조(正祖)는 '관우를 모시는' 관왕묘(關王廟) 제례에 쓰일 악장까지 직접 만들었으면서도, 소설을 읽은 관리를 파직했을 정도로 옛것만을 고집하고 다양성을 억눌렀다.[24] 하기야 성리학을 유일한 진리로 믿고 불교·도교의 경전마저 금했으니 소설이 용납될 리만무했고, 이러한 편협함과 폐쇄성이 망국(亡國)을 초래했다고 볼 수 있다.

독특한 것은 일본의 삼국지다. 연의가 일찍부터 유행했던 일본에선 17세기에 이미 연의의 번역본이 베스트셀러가 된다. 일본어판 삼국지는 청나라를 세운 만주족의 만주어 번역을 제외하면 삼국지연의 최초의 번역본이었고, 중국 본토에서 모종강본이 정본으로 굳어지기 전에 퍼졌던 판본들이 일본 작가들의 손을 거쳐 '일본식 연의'로 재구성되었다. 모종강본이 출간된 시점에 일본에선 코난 분잔(湖南 文山)의 『통속 삼국지』가 인기를 끌었고, 역사소설가 요시카와 에이지가 이를 참고해 1939년부터 마이니치신문에 연재했던 내용을 묶어서 펴낸 책이 이른바 요시카와본이다.[25]

오늘날까지도 일본판 삼국지를 대표하는 요시카와본은 원본에 없는 창작 내용이 많긴 하지만, 촉한정통론에 치우치지 않고 '이야기 자체'에 집중하고 있음을 장점으로 꼽는 독자들도 많다. 요시카와본은 한국에서도 상당한 인기를 누리다가, 이문열본 출간을 계기로 삼국지 판본에 본격적인 관심이 일면서 독자들의 관심에서 멀어지기 시작했다. 탁월한 필력을 자랑하는 요시카와가 '매끄러운 전개를 위해' 과감하게 재구성한 부분이 많다 보니, 정본(定本)인 모종강본과 사뭇 달라진 내용이 많은 탓일 것이다.

---

24)  선조(宣祖), 그리고 정조의 할아버지인 영조(英祖)는 연의를 애독했다.

25)  만해(萬海) 한용운(韓龍雲)이 같은 해 조선일보에 삼국지 연재를 시작했다. 이후 박종화가 1963년 한국일보, 고우영이 1978년 일간스포츠, 이문열이 1983년 경향신문에 삼국지를 연재한다. 연재소설은 신문 판매에 큰 영향을 미쳤지만, 미디어 환경의 변화로 90년대 이후 쇠퇴했다.

요시카와본처럼 '재구성한 파트가 많은' 이문열본도 비슷한 이유로 비판받는다. 특히 평역(評譯)에 대한 지적이 많다. 개인적으론 모종강의 개작과 요시카와·이문열의 재구성을 다른 잣대로 구분 지음은 온당치 않다고 생각한다. 삼국지는 어디까지나 문학작품이며, 누대를 거치며 내용이 덧붙여진 적층문학이라는 점이 삼국지 특유의 정체성이니 말이다. 삼국지의 본령을 해치지 않는다면, 다양한 작가의 다각적 접근을 배척할 이유가 있을까? 개인적으로 황석영 같은 대가가 모종강본을 그대로 옮긴 번역본을 내놓은 사실이 오히려 아쉬웠다. 원본의 맛을 살린 번역본은 이미 시중에 적잖아서, '황구라' 황석영의 솜씨가 궁금했기 때문이다.[26]

한편 국내에서 이문열본을 비판하는 목소리에 힘이 실린 것은 2003년 재중동포 리동혁의 책이 소개된 이후다. 이미 15년 동안 1천만 부 이상이 팔린 후의 일이다 보니, 이문열 입장에서 행인지 불행인지 가늠하긴 쉽지 않다. 리동혁은 '원어민이 아니면 도달할 수 없는 경지'가 엄연히 존재함을 깨닫게 해 주었는데, 달리 생각하면 ①중국어를 쓰는 원어민으로서 ②중국 고전에 해박하고 ③한국어도 수준급으로 구사하는 리동혁이었기에 가능한 지적이었을 것이다. 물론 리동혁의 지적에 대한 반론도 존재한다.

사실 요시카와본은 1권의 첫 줄부터 잘못 적고 있다. 요시카와본은 "후한 건녕(建寧) 원년 무렵, 지금으로부터 약 1780여 년 전의 일이다"라고 시작하지만, 건녕 원년은 168년이니 연호부터 맞지 않는데도 지금껏 고치지 않고 있다. 모종강본 1화 첫머리의 "건녕 2년"이란 언급을 옮기는 과정에서 발생한 오류로, 요시카와본의 설명처럼 168년에 유비가 '스물네댓'이었다면 조조나 원소보다 열 살은 많았다는 얘기가 된다. 연의(演義)란 본래 사실에 허구를 덧붙인 것이니, 요시카와는 소설가로서 이야기에 집중했을 뿐 고증은 자

---

26) 이 책에서 말하는 모종강본은 주로 황석영본을 말한다. 저본으로 삼은 중국 인민문학 출판사의 판본이 "모종강본의 오류를 수정하면서 나관중본도 참고했다"고 밝히고 있어서다. 황석영본은 삽화도 빼어나다.

신의 몫이 아니라 여겼는지도 모르겠다.

이문열본의 서문에서 요시카와본은 물론 진순신(陳舜臣)의 『비본(秘本) 삼국지』 등도 참고했음을 밝힌 이문열 역시 소설가의 재량이라 여기고 자신만의 삼국지를 내놓았을 터다. 특히 요시카와와 진순신은 재구성 과정에서 '상당한 비중의' 가공인물까지 투입했지만, 이문열은 그런 사족(蛇足)을 넣지는 않았다. 다만 아쉬운 것은 최고의 소설가답게 문장 안에 녹여 내면 좋았을 내용을 '평역(評譯)'이라는 형식으로 사족처럼 덧붙인 것이다. 어디까지나 소설이었던 요시카와본과 달리 '소설인 듯 사서(史書) 같은' 이문열본이 혹독한 검증대에 섰던 것은 이런 차이 때문일 수 있다. "모종강도 나관중본에 자신의 견해를 듬뿍 담았으니 문제될 것 없다"는 변호도 충분히 가능할 텐데[27], 이문열본은 판갈이를 거듭하면서도 웬일인지 몇몇 명백한 오류를 바로잡지 않으니 '한국판 삼국지'의 존재를 반기는 입장에서도 안타까움은 있다.

### ◈ 유협과 유교

중국에는 일찍이 춘추전국시대(春秋戰國時代)[28]부터 사적(私的)으로 물리력을 행사하는 '유협(遊俠)[29]'이란 집단이 있었다. 화폐경제와 함께 공상업이 발달함에 따라, 노동력이 많이 요구되는 농업에 종사하지 않고 적당히 힘을 과시하면서 이익을 취하려는 부류들이 우후죽순 생겨난 때문이다. 맹상

---

27) 이문열은 "평역은 이탁오(李卓吾, 1527~1602년)의 영향"이라 밝혔다.

28) BC 770~BC 221년. 진시황 통일 이전의 군웅할거 시기. 난세가 지속되면서 사족(士族)이 적극적으로 정치에 참여했고, 유가·법가·도가 등의 제자백가(諸子百家) 이념과 현대 사회제도의 원형이 이때 대거 등장했다. 황하 유역에 국한되었던 '중화(中華)'의 범주가 변방의 이민족 국가를 포함하는 '중국(中國)'으로 확장되었다는 중요한 의미가 있다.

29) '떠돌아다니는 선비'라는 뜻의 유사(遊士)와 협객(俠客)이 합쳐진 말. 순욱이 존경한 인물로 알려진 순열(荀悅)은 "유협은 기세를 세우고 권세를 부리며 사사로운 교제를 맺음으로써 세상에 강함을 내세우는 사람"이라고 정의했다. 의(義)를 내세우고 약자를 보호한 측면도 있어서, 민중들이 긍정적으로 평가하기도 했다. 임협(任俠)이라고도 한다.

군(孟嘗君)[30]이나 여불위(呂不韋)[31]에겐 무려 3천 명의 식객(食客)이 있었다고 하며, 때문에 사마천이 사기(史記)를 쓰면서 『유협 열전』을 따로 두기도 했다. 이는 "은혜든 원수든 대를 이어서라도 반드시 갚아야 한다"는 중국인 특유의 은원관(恩怨觀)이 적나라하게 드러나는 대목이기도 하다.

한고조 유방은 사실 '유생의 갓에 오줌을 싸는 등' 기행을 일삼은 시골 건달 출신이었다. 소하[32]와 조참[33]을 빼면 유방의 휘하는 하나같이 비천한 출신이라 조회 때면 규율이 없어 난리통이 되기 일쑤였다고 한다. 조정마저 이럴지니 시중에 유협의 풍조가 성행하고 많은 이들이 몰려다님은 자연스러운 일이었고, 치국(治國)의 질서가 필요하다고 여긴 한무제 대에 이르러서야 유학(儒學)을 통치이념으로 삼고 유가적 정치를 표방하게 된다. 법가를 따랐던 진시황은 무한한 권력을 가진 절대적 지배자였지만, 유가(儒家)의 황제는 하늘의 이치를 따르는 천자(天子)로서 백성을 사랑하고 은혜를 베푸는 윤리적 의무를 갖는다는 점에서 본질적인 차이가 있다.[34]

유교 사상은 인본주의를 의미하는 '인(仁)', 올바름을 의미하는 '의(義)', 그리고 상하의 질서를 바탕으로 인과 의를 실천하는 형식인 '예(禮)'로 구성된

---

30) ?~BC 279년. 전국시대 후기에 가장 강력했던 정치가 중 한 명.

31) ?~BC 235년. 한(韓)나라의 거상. 볼모로 있던 진나라의 왕족 영이인(贏異人)에게 전재산을 투자하여 진왕으로 만들었으며, 이 진왕이 바로 진시황 영정(嬴政)의 아버지다. 사마천이 "여불위가 진왕에게 바친 애첩이 진시황을 낳았다"고 기록한 탓에 여불위가 진시황의 친부처럼 알려졌지만, 이는 진시황의 정통성을 해치기 위한 가설이었다고 한다.

32) 蕭何(BC 257~193년). 관중(管仲)·제갈량과 함께 중국사 최고의 명재상으로 꼽힌다. 말단 지휘관이던 한신(韓信)을 대장군으로 천거했다. 상국(相國)에 임명되고 구석(九錫)의 영예를 누렸으며, 언행을 삼가며 현명하게 처신해 유방에게 토사구팽 당한 다른 공신들과 달리 천수를 누렸다.

33) 曹參(?~BC 190년). 유방이 통일 후 논공행상에서 소하의 공을 제일로 평가하자 장수들이 "최고 공신은 조참"이라며 반발했을 정도로 큰 공을 세웠다. 조조의 가문은 자신들이 조참의 후손이라 주장했다.

34) 한무제는 유가적 정치를 표방했지만, 실제론 법가적 통치를 했다.

다. 본래 공자(孔子)가 강조한 덕목은 인(仁)이지만, 국가 질서를 가족 관계의 연장으로 여기는 유교가 통치이념이 되면서 충효(忠孝)가 가장 부각되었다. 유교는 군주적 통치와 신분제를 정당화하면서, 통일된 상태를 이상적으로 보고 분열된 상태는 비정상으로 간주했기 때문에, 이후 중국의 통일왕조는 물론 한국·일본을 비롯한 주변국의 현실 정치에까지 엄청난 영향을 줬다.

특히 수(隋)·당(唐)·원(元) 등 이민족의 정복 왕조[35]를 거쳐 송(宋)·명(明)과 같은 한족의 통일 왕조가 들어설 때마다 충효를 강조하는 유교주의가 심화되었고, 이는 삼국지연의의 세계관에도 직접적 영향을 미쳤다. 송나라 때의 성리학적 사관이 '촉한정통론'으로 이어지면서 평가가 극단적으로 갈리기 시작했고, 청나라 때엔 조조가 아예 사상 최악의 빌런(Villain)으로 전락하는 한편, 충의(忠義)의 화신인 관우와 제갈량은 신격화되는 데 이르렀던 것이다.

### ◈ 관직과 지명

삼국지에는 무수한 지명과 관직명이 나오는데, 연의 발간 당시의 독자들이 쉽게 알 수 있도록 원나라~청나라 때의 명칭으로 바꾼 것이 많다. 또한 삼국지는 싸움이 벌어질 때마다 걸핏하면 수만/수십만 대군이 동원된 것처럼 묘사한다. 중국 특유의 과장법이기도 하지만, 정사와 연의 사이에 1천 년 이상의 시차가 있어 독자들이 시시하게 느끼지 않도록 스케일을 부풀린 때문이다.[36]

삼국지에는 1천 명이 넘는 인물이 등장하기 때문에, 당시의 관직 체계에 대해 조금 알아 두면 도움이 된다. 핵심은 자사(刺史)와 태수(太守)의 관계로, 연의조차도 자사와 태수를 혼동하여 잘못 적은 곳이 많다. 시기별로 차

---

35) 진·한 이후 수·당(선비족)–송–원(몽골족)–명–청(淸, 만주족) 순이었다.
36) 280년 삼국을 통일한 서진(西晉)의 인구가 1,600만여 명으로 추산되나, 모종강본이 나온 청나라 때 인구는 1억 5천만 명에 육박했다. 서진의 인구가 과도하게 적었던 것은 오랜 전란으로 사상자가 많았기 때문이며, 후한 때인 156년에는 5,600만여 명이었다는 기록도 있다.

이는 있지만, 후한은 대체로 13개 주(州)와 79개 군(郡)으로 나뉘어 있었다.[37] 주 단위의 감찰관(監察官)을 '자사'라고 하며, 군의 장관(長官)이 바로 '태수'다. 그런데 자사를 도지사(道知事)와 같은 광역단체장으로 간주하고, 태수는 그보다 낮은 기초단체장처럼 여기면서 혼란이 빚어진다.

이 당시까지는 관직의 품계(品階)[38]가 따로 있지 않았고, 녹봉(祿俸)으로 대략적인 벼슬의 서열을 정했다. 자사는 본래 녹봉이 6백석에 불과해서, 녹봉이 2천석에 달하는 태수를 감찰할 권한이 없었다. 자사는 태수를 보좌하는 군승(郡丞) 이하의 관리만 감찰할 수 있었고, 이는 자사의 녹봉이 상향된 후에도 한동안 달라지지 않아서, 보통은 자사를 태수의 상급자로 인식하지 않았다.

행정권을 가진 태수는 병력까지 동원해 지휘할 수 있었기에 실질적 권한이 상당했다. 태수로의 권력 집중을 견제하기 위해 광무제(光武帝)가 '자사 역시 여러 군(郡)에서 일정 규모의 병력을 차출해 지휘할 수 있도록' 제도를 보완하긴 했지만, 그렇다고 자사가 태수의 상관이 된 것은 아니었다. 그러다가 반란과 외침으로 혼란이 극심하던 188년, "자사를 '목(牧)'으로 바꾸고 행정권과 군사지휘권을 갖도록 하여 지방의 반란과 이민족의 침범에 효과적으로 대응하자"는 유언(劉焉)[39]의 건의를 황제가 받아들인다.

이에 따라 자사(주목)의 녹봉을 중2천석[40]으로 대폭 올렸고, 유언과 유우(劉虞)처럼 유씨 황족 출신의 조정 고관들을 변경의 주목으로 임명하기 시작했다. 강력한 권한을 갖게 된 자사(주목)는 이를 계기로 지방에서 독자 세력

---

37) 군(郡)에 상당하는 제후왕의 영지를 '국(國)'이라 하며, 26개의 국이 별도 존재했다. '국'의 최고책임자인 '상(相)'은 태수와 대우가 같았다.
38) 1등관·2등관·3등관의 구분은 있었다. 관직의 위계를 1품부터 9품까지 9단계로 구분하는 제도는 조조의 아들 조비(曹丕) 때 처음 실시되어 공무원을 1급에서 9급으로 나누는 오늘날까지 이어지고 있다.
39) 연의 초반부에 '유주태수'로 등장한다. 유주(幽州)는 군(郡)이 아니므로 유주태수일 순 없어서, 이문열본과 요시카와본은 적당히 고쳤다.
40) '중(中)'이 붙으면 '그 이상'이란 뜻이고, '비(比)'는 '그 이하'란 뜻이다.

화가 가능해졌고, 실제로 익주목에 임명된 유언은 구석에 틀어 앉아 조정과의 연락을 일부러 피하면서 황제 흉내를 내다가, 나중에 아들 유장(劉璋)에게 주목의 자리를 세습한다. 그리고 훗날 유비가 유장을 익주에서 몰아내고 진짜 황제가 되니, 유언은 본의 아니게 유비를 도운 셈이다. 그래서인지 연의는 음흉한 야심가 유언을 인자한 인물처럼 그리고 있다.

이제 삼국지에 등장하는 주요 무관직을 살펴보자. 일견 그 대우가 문관직 이상이었음을 알 수 있다. 최고 무관직은 역시 대장군(大將軍)이며 표기장군(驃騎將軍)·거기장군(車騎將軍)이 뒤를 잇는다. 이들은 모두 녹봉이 4천 2백석으로 최고 문관직인 삼공(三公)[41]과 대우가 같았다. 다음으로 '전·후·좌·우'의 사방(四方)을 뜻하는 사방장군을 두었으며 녹봉은 주목(자사)과 동일한 중2천석이었다. 서열은 유비가 맡았던 좌장군이 제일 높았고 후장군이 가장 낮았지만, 이설(異說)도 있으니 때에 따라 달랐던 것 같다. 훗날 위왕(魏王)에 오르는 조조는 '동·서·남·북'의 방위를 따와서 원정사령관인 사정장군(四征將軍)과 내부단속 중심의 사진장군(四鎭將軍)을 새로 만들어 사방장군보다도 위에 두었다. 특히 사정장군은 조씨나 하후씨에게만 맡겨서 강력한 권한을 주었는데, 정남장군 조인(曹仁)과 정서장군 하후연(夏侯淵) 등이 대표적인 예다.[42]

황제의 호위와 궁중의 경비를 맡는 중랑장(中郎將)·수도와 성 밖을 수비하는 교위(校尉)·장군직 중 말석인 편장군(偏將軍)과 비장군(裨將軍) 등은 모두 녹봉이 2천석이었다.[43] 다만, 전한(前漢) 때만 해도 장군직은 기본적으로 상설직이 아니었다. 후한 말기 극심한 혼란 속에 장군직이 남발되면서 뒤죽박죽이

---

41) 민정 담당인 사도(司徒)·군사 담당인 태위(太尉)·토목과 수리를 담당하는 사공(司空)을 말한다. 대장군의 대우가 삼공 이상이었다는 기록도 있고, 후한 말기의 난세에는 이들의 녹봉이 1만석까지 올랐다고 한다.
42) 장료(張遼)는 215년 합비공방전의 전공으로 특별히 정동장군을 맡았다.
43) 실상은 경우에 따라 중2천석·2천석·비2천석 등으로 차이가 있었다.

되다 보니, 장군직의 위계에 대해선 이설이 많다는 점을 고려할 필요가 있다.

## ◈ 중화사상과 이민족

중화(中華)는 '중심에 있는 화하(華夏)'라는 뜻이며, 화하는 한족(漢族)의 별칭으로 '화산(華山)에서 유래한 하(夏)나라 사람들'을 의미한다. 중화사상은 한족 특유의 자문화 중심주의로, 중화 문명만을 중심이라 여기고 주변의 다른 문명은 모두 오랑캐[44]로 보는 의식이다. 이 같은 관점은 국호(國號)에도 분명하게 드러난다. 중국은 자신들의 왕조는 당(唐)·송(宋)·명(明)처럼 한 글자로 부르지만, 가까운 이민족 나라는 조선·일본·월남처럼 두 글자로, 먼 곳의 이민족은 의대리(意大利)·법란서(法蘭西)·서반아(西班牙)·영길리(英吉利)·미리견(美利堅)·아라사(俄羅斯)처럼 세 글자로 표기하는 예가 보통이었다.[45] 또한 중국은 주변 유목민 중 세력이 컸던 흉노(匈奴)·선비(鮮卑)·강(羌)·갈(羯)·저(氐)를 '5대 오랑캐'라는 의미로 5호(五胡)라고 불렀다. 보통 흉노족과 선비족은 튀르키예계로 보고, 강족과 저족은 티베트계로, 갈족은 흉노의 일파로 보는 견해가 많으나 이설이 많아 지금도 연구가 진행 중이다.

흉노는 중화 문명과 패권을 다퉜던 최강의 유목 제국이다. 중국을 통일하여 기세등등했던 한고조 유방을 백등산전투에서 대파하여 사로잡을 뻔했고, 이후로 전한은 흉노의 힘을 인정하고 공물을 바치는 신세가 되었다. 강제 징발한 보병 중심의 한나라 군대는 기동성과 보급이라는 측면에서 기마 부대를 당해 낼 수 없었다. 특히 정주(定住)하지 않는 유목 민족에겐 '본거지'라는

---

44) 한자로는 주로 兀良合(올량합)이라 썼다. 명나라 때 북방 이민족을 '우량카이(Uriankhai)'라고 부른 데서 유래한 멸칭이라고 한다.

45) 이태리(伊太利)·불란서(佛蘭西)는 일본식 음역이다. 제후왕의 경우도 봉지명이 한 글자인 '일자왕(一字王)'의 지위가 이자왕(二字王)보다 높았다. 훗날 유비는 '위왕' 조조의 불의함을 부각하려고, 왕명을 '촉왕'처럼 한 글자로 하지 않고 두 글자인 '한중왕'으로 정했다고 한다.

개념이 없어서, 설령 전투에서 이겼어도 점령지에서 물자를 충당할 수가 없다는 점이 치명적이었다. 군량과 군수물자를 모두 중원에서 보급해야 했는데, 소가 끄는 쌀 수레는 하루에 겨우 10km를 이동해서 끼니때마다 밥 지을 아궁이를 만들어 불을 피워야 했으니 상당한 시간이 소요되었고, 이러한 문제로 인해 '전투에서 이겨도 전쟁에선 이길 수 없는' 상황이 반복되었다. 한무제 때에 이르러서야 기존 시스템으로는 북방 유목민을 이길 수 없다고 결론짓고 기병(騎兵)을 대대적으로 양성했으며, 10만 기병을 동원한[46] BC 119년 막북전투에서 이겨 마침내 흉노를 몰아내었다.

삼국지 무대에서도 이들 이민족의 영향은 지대했다. 서북방의 강족·저족은 동탁·이각·곽사·한수·마초·강유 등을 거치며 확실한 존재감을 드러냈고, 공손찬도 대규모 오환[47] 기병을 운용해 한때나마 최강 군세를 자랑한 바 있다. 반대로 손권(孫權)은 산월(山越)을 제어하지 못해 계속 발목을 잡혔다. 『정사 삼국지』 위서(魏書)의 마지막인 30권은 『오환선비동이전』인데, 우리 입장에선 동쪽의 오랑캐라는 뜻의 '동이(東夷)'[48]란 말도 우습지만, 우리를 오환·선비와 같이 묶어놓은 데서 고개를 갸웃거리게 된다. 중국은 지금도 고구려를 자신들의 지방 정권이라 주장하고 있으며, 고구려가 한나라에

---

46) 큰 말은 하루에 18kg의 콩을 먹었다니 엄청난 비용이 들었고, 고대엔 기마병 1인당 3~4인의 종자가 따라서 어마어마한 규모였다. 1200년 뒤인 칭기즈 칸 사망 당시의 몽골 총 병력이 12만 9천이었으니, 소금 등의 전매제 도입으로 재정이 탄탄했던 한무제라 가능한 규모였다.

47) 烏丸 또는 烏桓으로 표기한다. 선비족과 같은 동호(東胡)의 후예로, 조조의 위나라에 '돌기(突騎)'라는 기병 부대로 편입되기도 한다. 오환의 돌기는 광무제가 후한을 세울 때도 크게 기여했던 전통의 강병이었다.

48) 춘추전국시대에는 산동반도 지역의 소수 민족을 지칭했는데, 이들을 흡수 통합한 한나라 이후론 만주·한반도·일본을 가리키는 말이 되었다. 우리는 『동이전』을 보통 한반도의 기록으로 알지만, 이에 따라 왜(倭)와 함께 기록되어 있다. 왜는 이때 '국가가 아닌' 야마타이(邪馬臺)라는 연맹공동체였고, 여왕 히미코(卑弥呼)가 다스렸다고 한다. '왜'를 '왜소하다'라는 의미로 잘못 아는 경우가 많은데, '공손하다'라는 의미다.

조공(朝貢)하고 책봉(冊封)을 받았으니 차등적 관계였지만, 그렇다고 완전히 종속된 관계는 아니었음이 분명하다.

### ◈ 우리나라와 삼국지

삼국지는 황건의 무리가 일어난 184년을 시작점으로 하며, 이때 고구려는 제9대 고국천왕(故國川王)이 다스렸다. 184년에 후한의 요동태수가 쳐들어와 고국천왕이 동생 계수(罽須)를 출전시켰지만 패배하였고, 결국 고국천왕이 친히 출병하여 한나라군을 격퇴했다는 기록이 남아 있다. 정사 삼국지엔 고국천왕에 대한 기록이 없지만, 『동이전(東夷傳)』에 고구려와 부여·옥저·마한·진한·변한 등의 기록이 전해진다. 이는 한반도 일대의 고대 국가 기록으로는 가장 오래된 것으로, 우리 고대사 연구에 귀중한 사료다.

한편 현전(現傳)하는 우리 역사서 중 가장 오래된 『삼국사기』는 고려 중기인 1145년작으로, 720년에 완성된 『일본서기(日本書紀)』에 비해서도 400년이나 늦다. 전란을 많이 겪어 고대의 사서가 소실된 데다, 중국을 상국(上國)으로 대하기 시작하면서 과거에 중국과 다퉜던 기록들을 일부러 없앤 탓이라고도 한다. 삼국사기는 중국 사서의 기록을 그대로 인용한 부분이 많다는 한계도 있다.

정사에는 242년 동천왕(東川王)이 위나라의 서안평을 선제공격한 기록도 있다. 고구려의 적장은 삼국지 후반부에 활약하는 유주자사 관구검(毌丘儉)으로, 관구검은 처음 두 번의 전투에선 동천왕의 기세에 밀려 3천 명씩을 잃었지만, 대대적인 반격을 가해 2만 고구려군을 궤멸시켰고, 수도인 환도성까지 함락시키고는 전승기념비를 세우고 돌아갔다.[49] 위나라 중앙군도 아닌 일개 지방군에 고구려가 초토화됐다는 사실을 믿고 싶지 않지만 그만큼 국력 차이가 컸다는 얘기일 것이고[50], 남아 있는 우리나라 사서도 없어서 반박

---

49) 1906년 만주에서 '관구검기공비(毌丘儉紀功碑)'의 일부가 발견되었다.
50) 왕이 직접 나섰는데 병력이 2만이었다면 고구려의 총 군세를 가늠할 수 있다. 이보다 4년 앞선 238년 사마의(司馬懿)가 요동의 공손연(公孫淵)을 정벌할 때 동원했던 병

하기가 어렵다. 이밖에도 고구려에 대한 사마의의 파병 요청과 손권의 화친 요청 등이 정사에 기록으로 전한다.

한편, 임진왜란 때 명나라의 만력제(萬曆帝)가 조선으로 대규모 원군을 파병하는 과정에 삼국지의 영향이 있었다는 기록도 전한다. 만력제의 꿈에 관우가 나와서 "만력제는 유비의 환생이고, 조선의 선조(宣祖)는 장비의 환생이니 장비를 도와주시라"고 했다는 얘긴데, 암군(暗君)이었던 만력제에 대한 조롱이겠지만 만력제의 명에 따라 조선에 왔던 명나라 장수들이 '관우를 모시는' 관왕묘(關王廟) 건립을 선조에게 강요했던 사실은 엄연히 기록으로 전한다. 지금도 서울 종로구 숭인동에 남아 있는 동관왕묘(동묘)를 포함해 전국에 6곳의 관우 사당이 세워졌으며, 동묘(東廟)는 임진왜란이 끝나고 이듬해 공사를 시작하여 1601년에 완공되었다. 만력제가 친필 현판까지 보내왔지만 현재는 전하지 않으며, 이후로 숙종·영조·정조·순조·헌종·철종·고종 등의 역대 왕이 배례하였다.

훗날 대한제국 황제에 즉위하는 고종(高宗)은 관우를 황제로 높이면서 관왕묘(關王廟)를 관제묘(關帝廟)로 격상시켰다. 고종은 나름 삼국지에 정통했던 모양으로 웃지 못할 기록도 전하니, 미국이 강화도를 침공한 신미양요(辛未洋擾)의 후속책을 논의하는 1874년의 어전회의에서 "서양인이 만든 무기들은 모두 제갈량의 『무비지(武備志)』에 나왔던 것"이라 언급했다고 한다. 서양의 신식 함포에 처참한 피해를 입고도 1640년 전에 죽은 공명을 소환했으니, 조선이 망한 것은 결코 운이 없어서가 아니었다. 이듬해 운요호의 포격에 놀란 조선은 일본과 불평등조약을 체결한다.

1882년 임오군란 때는 장호원으로 피난 갔던 명성황후[51]가 '관우의 딸'을

---

력이 4만이었다. 후연(後燕)을 몰아내고 요동을 차지했던 광개토대왕이 즉위한 것은 이로부터 150년 뒤의 일이고, '중국 역사상 최고의 영걸' 당 태종을 물리치는 연개소문(淵蓋蘇文)이 고구려의 정권을 잡는 것은 400년 뒤의 일이다.

51)  명성황후(明成皇后)로 책봉된 때는 1897년이니, 이때는 왕후민씨(王后閔氏)였다. 명

자처하는 무녀(巫女)를 만난 일이 있다. 조선 말에는 관우 신앙이 유행하여 외세를 물리치는 신으로 추앙되었는데, 이 무녀는 명성황후의 환궁일을 맞춰서 '진실로 영험하다'라는 뜻의 진령군(眞靈君)이란 군호까지 받는다. 진령군은 성균관 뒷산에 관우 사당(북묘)을 지어 나랏 제사를 지내며 어마어마하게 재물을 벌어들였고, 고종과 명성황후도 자주 찾아와 점을 치고 굿을 했다고 한다. 진령군은 10년 넘게 대단한 권세를 누리다가, 1894년 청일전쟁에서 승리한 일본이 조선의 지배권을 빼앗고 친일 내각을 꾸릴 즈음에 수감되었다. 이때 축재했던 억만금을 몰수당하고 풀려났다는데, 이후의 사정은 아쉽게도 알려진 것이 없다.

---

성황후는 대한민국 정부의 공식 호칭이다.

# 제1회 ~ 제4회

◈ **태평도와 오두미도**

　종교(宗教)는 으뜸이 되는 가르침이라는 뜻으로, 흔히 유교·불교·도교를 동아시아 대표 종교로 꼽고 '유불선(儒佛仙)[1]'이라 합칭한다. 다만 삼국지의 시작점인 184년을 기준으로 할 때 유교와 불교는 이미 700여 년을 이어 온 전통의 종교였고, 도교는 이제 막 발흥했다는 차이쯤은 있겠다. 우리나라에는 400년 뒤에야 도교가 유입되지만, 이미 민간에 불교가 뿌리내린 상태라 교세를 직접적으로 넓히지는 못했고 기존의 불교에 독특한 형태로 융합되었다. 지금도 많은 사찰에 남아 있는 칠성각(七星閣)이 바로 도교신을 모신 곳이며, 조선 시대에도 정부 기관인 소격서(昭格署)가 도교 의식을 주관했다. 관우를 모신 종로구의 동묘(東廟) 역시 도교 유적이다. 도교는 고대 중국의 전설적 군주인 황제(黃帝)[2]와 도가(道家)를 창시한 노자(老子)를 신봉하여 '황로사상(黃老思想)'이라고도 불리며, 중국엔 보통 '관(觀)'이라 이름 붙여진 도교 사원과 참배를 목적으로 하는 '묘(廟)'가 산재해 있다.

　민간신앙에 노자사상이 결합된 도교(道教)는 중국 전역에 9천여 사원이 있을 만큼 그 위상이 공고하다. 그런데 도교의 시초가 바로 삼국지 서두에

---

1) 도교(道教)는 득도하여 신선이 되는 것을 목표로 했기에 '선도(仙道)'라고도 불렸다. '유불선'이란 표현은 6세기 남북조시대부터 썼다고 한다.
2) Yellow Emperor. 삼황(三皇)에 이어 중국을 다스린 오제(五帝) 중 첫 번째 왕으로, 중국 문명의 시조로 여겨지고 있다. 한국의 전설적 시조인 고조선(古朝鮮)의 단군(檀君)과 비슷한 존재로 볼 수 있다.

등장하는 장각(張角)[3]의 태평도(太平道)와 64회에 등장하는 장로(張魯)의 오두미도(五斗米道)[4]다. 장각은 부적(符籍)을 태운 물을 마시게 하여 병을 고치며 태평도를 전파했는데, 혹리(酷吏)의 수탈에 시달렸던 백성들이 태평도를 피난처라 여기고 열광했다. 나라가 부패하고 불안정하면 백성들은 종교에 의존하기 마련이다. 그런데 불과 10년여 만에 교세가 폭발적으로 성장하자, 장각은 스스로 왕이 될 궁리를 하는 데 이르렀고, 친동생 둘과 함께 백성들을 규합하여[5] 농민군을 대대적으로 조직하니 이들이 바로 황건적(黃巾賊) 아니 황건군이다.

이들은 머리에 누런 수건을 둘러서 황건(黃巾)이라 불렸는데, 이는 "만물은 목(木)→화(火)→토(土)→금(金)→수(水)의 순서로 구성된다"는 오행사상(五行思想)에 따른 것이다. 화덕(火德)인 한나라의 뒤를 잇는 것은 토덕(土德)의 나라였고, 토덕의 상징색이 바로 노란색이기 때문이다. 이들이 봉기하면서 "푸른 하늘은 이미 죽었고, 이제 누런 하늘이 일어설 것이다. 갑자(甲子)년에 이르렀으니 천하가 크게 길하리라[6]"라는 구호를 내세운 것도 같은 이유였다. 중국 역사에서 민란은 이전에도 있었지만, 종교를 바탕으로 백성

---

3) 태평도는 우길(于吉)이 창시했고 장각이 교세를 크게 확장했다. 연의는 "장각은 수재였지만 과거시험에 낙방했다"고 적고 있지만, 이때는 과거제도가 없었다. 과거는 400년 뒤인 수(隋)나라 때에나 시작된다.

4) 장로의 조부인 장릉(張陵)이 창시했고, 아버지인 장형(張衡)이 교세를 크게 늘렸다. 입교하려면 쌀 다섯 말을 내야 해 오두미도라 불렸고, 조정에선 이들을 '미적(米賊)'이라 칭했다. 3대 교주인 장로는 장각 사후 태평도의 신도들까지 흡수했고, 이후 '장천사(張天師)'로 신격화되어서 그의 후손들이 오늘날까지 장천사의 자리를 이어 오고 있다. 장천사는 『수호전』 제1화부터 주요 인물로 등장하고, 『서유기』에도 나온다.

5) 만물을 구성하는 삼재(三才)인 천지인(天·地·人)으로 장군호를 삼았다.

6) 창천기사(蒼天已死) 황천당립(黃天當立) 세재갑자(歲在甲子) 천하대길(天下大吉). '푸른 하늘(창천)'이 후한을 의미한다지만 화덕인 한나라는 빨간색이므로 맞지 않아, 창천이 '한나라가 아닌' 유교의 상징이란 주장도 있다. 유교가 물러가고 도교의 세상이 온다는 의미라는 것.

들이 봉기한 건 역사상 처음 있는 일이었다.

황건군은 유랑 농민과 구분이 어렵다는 점을 활용해 초반에는 기세를 크게 올렸으나, 한나라 최후의 명장 황보숭(皇甫嵩)의 분전과 총수인 장각의 갑작스러운 병사로 오래지 않아 진압된다. 하지만 황건군은 종교에 기반한 조직이었고 이미 후한의 국가 기능이 마비된 상태라, 수뇌부가 주살된 후에도 잔당들의 대규모 봉기가 수년간 이어졌고 결국 후한 멸망의 결정적 원인이 된다.

이들의 봉기는 오래도록 '황건적의 난'이라 불려왔지만, 농민을 사회주의 혁명의 주체로 보는 마오쩌둥(毛澤東)[7] 사상의 영향으로 재평가되어 '황건당'이나 '황건군'으로 순화되었다가, 이제는 '황건기의(黃巾起義)'로까지 높여 부르기도 한다. 그렇다고 황건군을 태평도로 칭하지는 않을 것 같은데, 중국은 종교 세력의 봉기를 극히 경계하는 데다 '외적인 강제력을 부정하는' 도교 사상이 국론 통일에 방해가 된다고 믿기 때문이다. 개인적으론 황건적이나 황건기의나 모두 무리라고 여기므로, 본서는 단순히 '황건을 두른 농민군'이라는 의미로 황건군을 주로 쓰기로 한다.

따지고 보면 "황건적으로부터 백성을 구하기 위해 유비가 분연히 일어섰다"는 것이 연의 초반부의 주요 서사다. '황건적의 난'이 아니고 '황건군의 의로운 봉기'였다는 재평가가 굳어지게 되면, '평생 대의를 추구했고 백성을 아꼈던' 유비의 신념과는 크게 어긋나니 심각한 모순이 발생하고 만다. 미래의 독자가 읽게 될 삼국지의 초반부는 지금과는 딴판으로 개작될지도 모를 일이다.

### ◈ 황건군과 갑자년

삼국지는 1800여 년 전인 184년을 무대로 시작된다. 학계에선 '청동기가 발달한' 3600여 년 전의 상(商)나라부터를 중국의 역사시대로 간주하므로,

---

7) 1893~1976년. 중국 건국의 아버지. 아주 유명한 연의의 애독자였다.

역사시대의 딱 중간쯤 위치한 시기라 할 수 있다.[8] 장각이 봉기 시점을 184년으로 정한 이유는 이 해가 바로 '갑자년(甲子年)'이었기 때문이다. 서구권의 기독교(基督敎)는 '구원을 위해 믿음으로 정진하는' 직선적 세계관이지만, 중국 문명은 순환적 세계관을 바탕으로 한다. 이는 삼국지 첫 문장이 "나누어진 지 오래면 반드시 합쳐지고, 합쳐진 지 오래면 반드시 다시 나눠진다"라고 시작되는 데서도 쉽게 알 수 있다.

연도를 표시할 때도 1부터 시작해서 계속 숫자를 더해 가는 서양의 방식과 달리, 중국은 육십갑자(六十甲子)[9]를 이용하여 60년을 주기로 순환·반복하는 방식을 썼다. 만 60세가 되면 환갑(還甲)[10]이라 하여 성대하게 잔치를 열어 축하해 주고, 결혼 60주년이 되면 회혼식(回婚式)으로 삼아 특별히 기념하는 이유다.

184년은 마침 육십갑자의 시작을 알리는 갑자년이었으니, 기존의 질서를 뒤엎고 새로운 세상을 꿈꾸던 장각으로선 갑자년이라는 데 큰 의미를 둘 수밖에 없었다. 1700여 년 뒤 흥선대원군이 조선의 적폐를 일소하겠다며 갑자년의 상징성을 들어 '갑자유신(甲子維新)'을 선포한 것도 마찬가지 이유였다. 장각은 봉기하고 불과 몇 달 뒤에 병으로 죽었는데, 남들 병을 고치는 데 큰 재주를 발휘했던(?) 그로서도 제 병은 어쩔 수 없었던 모양이다. 물론 병

---

8) 중국은 이른바 '4대 문명' 중 황하(黃河) 문명의 기원이 가장 늦다는 점을 인정하지 않고 있다. 탐원공정(探源工程)을 통해 역사의 기원을 끌어올리려 노력하고 있으며, 상나라 이전에 존재했다는 하(夏)나라는 고고학적 발견이 없는 전설 속의 왕국임에도 BC 2070년경에 건국했다고 그냥 정해 놓았다. 3600년 전엔 지금보다 기온이 훨씬 높아서 상나라는 코끼리와 코뿔소가 흔했던 아열대 정글을 개간해 도시를 세웠던 것이며, 양쯔강 이남은 아예 울창한 밀림 지대라서 개발이 어려웠다.

9) '갑을병정무기경신임계'의 10개 천간(天干)과 '자축인묘진사오미신유술해'의 12개 지지(地支)를 순서대로 조합하여 만든 60개 간지를 말한다. 우리나라는 1962년 1월 1일부터 공식적으로 서력(西曆)을 썼다.

10) 갑자년이 돌아왔다는 뜻으로, 일본은 환력(還曆)이라 한다. 60세에 은퇴하는 전통도 여기서 비롯되었다. 1960년대만 해도 평균 수명이 60세가 안 되어 환갑을 축하할 만했으나, 수명이 늘어 의미가 희석되었다.

중을 미리 알고 있었으면서도, 반드시 갑자년이어야 한다고 믿고 봉기 시점을 억지로 맞췄을 가능성도 적지 않다.

참고로 수많은 연의의 판본이 184년을 중평(中平) 원년이라고 쓰고 있지만, 황건군이 일어난 당시는 광화(光和) 7년이었다. 난리를 수습한 뒤인 184년 12월에 중평으로 연호를 바꾼 것이니, 굳이 연호를 써야 한다면 광화 7년이라고 하는 편이 타당하겠다.

### ◈ 유비 현덕

중국에서는 사실 '유비 현덕'이란 식의 호칭은 쓰지 않는다. "성(姓)은 유, 이름은 비, 자(字)는 현덕"이라고 하는 것이 보통이고, 이름과 자를 동시에 부르는 일은 없다. 이는 '일본식 이름처럼' 성과 이름을 두 자씩(□□+□□)으로 맞춰 놓은 요시카와본이 들어와 인기를 끌면서 생긴 오류다. 중국에서는 피휘(避諱)라고 하여 부모나 조상·군주 등의 이름자를 절대로 쓰지 않았고[11], 남의 이름을 함부로 부르면 아주 무례한 일로 간주했다.[12] 반드시 상대의 '자(字)'를 불러 줘야 했고, 버슬하는 사람은 관직명으로 불러야 했는데, 이문열본엔 이를 지키려 애쓴 흔적이 많다. 러시아문학을 접할 때도 변화무쌍한 호칭 때문에 어지간히 애를 먹는데, 관직명이나 자(字)로 표기하면 오히려 어색하고 불편하거니와, 수백이나 되는 자를 외우기도 쉽지 않아 어려운 문제다.

유비(劉備)는 전한 경제(景帝)의 아들인 중산정왕 유승(劉勝)[13]의 후손으

---

11) 지금도 부모의 존함은 "홍, 길 자, 동 자"처럼 떼어서 말한다. 세종대왕과 정조의 휘(諱, 이름)가 각각 도(裪)·산(祘)이듯 조선의 왕자들은 피휘로 인한 불편을 덜어 주려고 희귀한 한자로 외자 이름을 썼다. 대구(大邱)도 원래 '丘'를 썼는데, 공자의 이름과 같아서 '邱'로 바꿨다.

12) "귀신이 사람의 이름을 가지고 저주하거나 나쁜 조화를 부린다"는 오래된 미신에서 비롯된 관습이라는 설이 있다. 기휘(忌諱)라고도 한다.

13) ?~BC 113. 유승은 한무제(漢武帝)와 제위를 치열하게 다툰 이복형이었고, 후한을 건국한 광무제의 조상인 유발(劉發)의 이복동생이다. 43년간이나 왕을 지낸 유승의

로, 정확히는 유승의 서자인 5남 육성후 유정(劉貞)의 후손이다. 후한(後漢)은 안 그래도 전한 황실의 자손을 황족으로 대우하지 않았지만[14], 유정은 이미 BC 113년에 작위를 박탈당했으니 유비의 조상은 영락한 지 벌써 300년이나 된 셈이었다. 그렇다고 유비가 황실 후손임을 의심할 순 없다. 유정의 봉지인 육성현이 탁군(涿郡)에 속했고, 호족(豪族) 신분이 된 후손들이 대를 이어 탁군에서 살았기 때문이다. 이는 유표·유장과 같은 한실(漢室) 종친은 물론, 유비의 숙적(宿敵)인 조조마저 인정했던 사실이다.

주목할 점은 유비에게 근친(近親)이 거의 없었다는 것으로, 기록으론 숙부만 확인된다. 유비의 아버지 유홍(劉弘)은 유비가 어릴 적 세상을 떴다지만, 할아버지 유웅(劉雄)은 녹봉이 비1천석인 현령까지 지냈으니[15] 특이한 일이다. 유비도 선조인 유방(劉邦)처럼 유협(遊俠) 활동을 했으리라 짐작되며, 유협의 도리는 "타인을 골육같이 대하는 것"이었다. 유비가 관우·장비와 의형제를 맺고[16] 평생 의(義)를 중시했음은 이런 환경에서 기인했을 터다.

연의는 "유비의 두 팔은 무릎까지 내려올 만큼 길었고, 귀 또한 어깨에 닿을 만큼 컸다"고 적고 있다. 정사에도 "손을 아래로 내리면 무릎에 닿았고, 눈을 돌려 자신의 귀를 볼 수 있었다"는 독특한 묘사가 있다. 예로부터 신체 부위가 거대하다는 묘사는 '초월적 존재'라는 상징이며, 특히 '큰 귀'는 동서양을 막론하고 '열린 마음'을 의미했다. 진수는 특이하게 창업군주인 조조의 외모에 대해서도 별다른 기록을 남기지 않았는데[17], 조조의 라이벌인 유비의 외모를 일부러 좋게 써 준 이유가 궁금하다.

---

자손은 120명이 넘었는데, 한무제의 계속된 의심을 피하려 일부러 주색에 빠진 척했던 것이란 견해도 있다.

14) 유엽(劉曄)은 광무제의 방계 후손이었지만, 조조 휘하에서 일했다.

15) 연의는 '할아버지가 아닌' 아버지가 관리였던 것처럼 바꿔 놓았다.

16) 정사엔 의형제란 기록은 없고, 이들이 한 침상을 썼다는 기록만 있다.

17) 창업군주의 외모를 특별하게 묘사한 사서(史書)는 아주 흔하다.

한편 유비는 집안이 영락해서 짚신과 돗자리를 파는 일을 했다고 알려져 있다. 하지만 유비는 대유학자 노식(盧植)의 문하에서 공부할 정도의 형편은 되었으니, 돗자리와 짚신을 팔았다는 의미이지 연의의 서술처럼 직접 만들었을 가능성은 별로 없다. 연의가 주인공인 유비의 성공담을 극적으로 꾸미려 각색한 결과다.

### ◈ 관우와 장비

정사에 따르면 훗날 황제에 오르는 유비의 출생년은 161년이 분명하고, 관우(關羽)와 장비(張飛)는 각각 162년생과 165년생이었을 가능성이 크다. 그렇다면 삼국지가 처음 시작되는 184년에 유비가 24세·관우가 23세·장비가 20세였다는 얘기가 되니[18], 머릿속에 그려 둔 유·관·장의 이미지와는 적잖은 간극이 생길 수밖에 없다. 고향 땅에서 권세를 부리던 토호를 죽이고 5~6년을 도망다니다가 훈장을 했다는 관우나, 일찍이 장사로 큰 재산을 모았다는 장비의 인생역정에 어울리지 않는 '너무 젊은' 나이라서다.

게다가 연의는 유비를 네 살 많게, 장비는 두 살 적게 바꿔 놓아 둘의 나이 차이가 열 살로 훨씬 많아졌다. 유비가 28세가 된 건 그렇다 쳐도 18세 장비는 읽는 이를 난감하게 만드니, 단순한 설정 오류라고 봐야 할 것이다. 삼국지는 천년이 넘는 세월 동안 수많은 이야기꾼이 참여한 '집단 창작'이고, 이런저런 얘기 중에서 재밌는 부분들을 채택해 하나의 방대한 스토리로 정리하는 과정에서 크고 작은 오류가 생겨나기 마련이었다. 사실 그동안은 설정 오류에 대한 지적이 많지 않았는데, 근래 들어 정사 기록과의 대조가 수월해지면서 오류가 많이 발견되는 측면도 있다.

---

18) 일부에서 등장인물의 나이를 만(滿)으로 표기하는 것은 잘못이다. 한무제가 처음 연호(年號)를 쓰고 기년법(紀年法)을 확립한 이래, 1911년 신해혁명(辛亥革命)까진 중국도 '만 나이'를 쓰지 않았다. 중국 역사서에 등장하는 나이는 모두 '세는 나이'다. 중국의 연호와 기년법은 동북아의 공통 연대가 되어, 중국 문화권을 형성하는 기초가 되었다.

관우와 장비는 연의에서 가장 비중이 큰 인물인데도 유독 설정에 이런저런 오류가 많은 이유는, 이들에 대한 정사 삼국지의 기록이 워낙 부실하여 수많은 부분을 상상력으로 메우고 있기 때문이다. 정사의 『장비전』은 우리말로 번역해 추려도 A4 용지 한 장에 불과하고, 분량이 많은 편인 『관우전』도 두 장을 겨우 넘기는 정도다. 관우와 장비도 이럴지니 여타 촉나라 인물들의 기록 부실은 두말할 필요가 없는데, 진수는 정사를 쓰면서 "촉(蜀)은 사관(史官)을 두지 않아 시행한 정사(政事)가 많이 유실되었으며, 재화나 이변도 기록되지 못했다"라고 원인을 밝히고 있다.

이에 대해 "황제의 언동을 기록하는 사관이 없었을 뿐이지, 천하의 제갈량이 역사를 기록하지 않았을 리 없다"는 반론도 있으나, 위(魏)나 오(吳)와 달리 촉은 엄밀한 의미의 사관을 두지는 않았던 것 같다.[19] 무엇보다 진수 자신이 촉의 관리 출신이기 때문에 몰랐을 리 없으니, 그나마도 진수 덕분에 촉의 기록이 전해짐을 다행이라 여겨야 할 판이다.[20] 게다가 조조나 손견이 이미 30대 중반이면 공고한 세력을 구축하고 전국적 명성을 떨치는 데 반해, 맨손으로 일어난 유비는 50세가 다 되어서야 어엿한 세력을 갖게 되니 수하들의 젊은 시절 행적이 기록되기 어려운 사정이었다. 당시는 엄격한 신분제 사회였고, 관우와 장비는 출신이 미천해서 가문의 기록 같은 것도 따로 있지 않았다.[21]

장비의 키가 8척, 관우가 9척이었다는 묘사도 상상력의 산물이다. 다만 무장(武將)에 대한 구체적 기술이 많지 않은 정사 삼국지가 이례적으로 "관우와 장비는 만인지적(萬人之敵)[22]"이라며 극찬하고 있으니, 보통 사람을 훨

---

19) 유선이 황제였지만, 제갈량·장완을 비롯한 재상이 정치를 책임진 때문일 수 있다. 유선도 "정치는 승상에게서 비롯된다"고 말할 정도였다.

20) 촉서(蜀書)를 위서(魏書)·오서(吳書)보다 먼저 완성한 걸로 추정된다.

21) 장비의 처가 명문 하후씨 출신이라 지방 유지였을 가능성은 있다. 장비가 문무를 겸비했고 서화에도 뛰어났다는 민간전승이 있기도 하다.

22) 만 명에 필적한다는 뜻. 연의는 '만부부당(萬夫不當)'을 주로 쓴다. 개인의 용력이 아니라 탁월한 통솔력을 의미한다는 해석도 있다.

씬 뛰어넘는 엄청난 용력의 소유자였음이 분명하고 둘은 필시 상당한 거구(巨軀)였을 것이다. '척(尺)'은 시대마다 그 크기가 달랐고[23], 당시의 1척은 22.5cm였다는 설과 23.7cm(후한척)였다는 설이 있다. 중간쯤인 23cm로 환산하면 8척은 184cm이고 9척은 207cm가 된다.

정사에 8척 장신으로 기록된 인물은 마등·허저·유표·조운·제갈량 등 여럿 있지만, 이 역시 정확한 키라기보다는 '머리 하나가 더 있는 것처럼 크다'는 정도로 이해하면 좋을 듯하다. 2미터가 넘는 9척 장신은 정사에선 찾을 수 없고, 연의의 설정에서조차 화웅·왕쌍·학소 정도로 매우 드물다.[24] 나관중은 가정본에서 위연(魏延)을 "9척 장신에 관우를 닮았다"라고 설정했었는데, 하필이면 위연을 관우에 빗댄 것이 못마땅했던 모종강은 위연의 키를 8척으로 낮추고 관우와 닮았다는 묘사도 없애 버렸다.

장비는 유비와 동향이었지만, 관우는 800km 떨어진 사례주(司隸州) 하동군 출신으로 중국 최대의 소금호수 근처가 고향이었다고 한다. 정사는 "관우가 망명해서 탁군으로 왔다"고만 적고 있어서, 관우가 어떻게 유비와 인연을 맺었는지는 알 수 없다. 민간전승에는 "관우가 폭리를 취한 소금 상인을 죽이고 달아나다가 붙잡힐 위기에 빠졌는데, 한 노인의 조언에 따라 연못에서 세수했더니 얼굴이 벌겋게 변해 체포 위기를 모면했다"라는 일화가 있다. 설사 9척이 아니었어도 관우는 보기 힘든 거한이었을지라 이런 꼼수가 통했을 리 없지만, 신앙의 대상이 될 정도로 많은 사랑을 받다 보니 온갖 얘기들이 앞뒤를 가리지 않고 덧붙여졌다.

연의엔 관우가 82근짜리 청룡언월도를 썼다고 나온다. 한나라 때는 없었다는 언월도(偃月刀)는 당나라 때 무기라는 언급도 있고 송나라 때 처음 나왔다는 주장도 있다. 연구자가 아니니 별 상관은 없지만, 송나라 때부터 유

---

23) 사마천은 사기(史記)에서 공자(孔子)의 키를 9척 6촌으로 적고 있다.
24) 연의는 여포와 전위를 10척으로, 올돌골을 12척으로 설정하고 있다.

행한 '화본(話本)[25]'이 삼국지의 원형이라 일반적으로 송 대 이후 명칭이 많이 보이기는 하며, 석탄을 본격적으로 사용하면서 정밀 제련이 가능해진 시점도 송나라 때다. 홍미로운 건 바로 82근[26]이란 무게다. 『삼국지집해(三國志集解)[27]』에는 "전위(典韋)가 80근짜리 쌍극(雙戟)을 썼다"는 기록이 있는데, 천하의 관우가 조조의 경호실장 격인 전위보다 가벼운 무기를 썼다고 할 수는 없어서 살짝 무겁게 설정했다는 추정이 설득력을 얻고 있다. 무릇 연의의 디테일이 이렇다.

한편 정사는 장비의 자(字)를 '익덕(益德)'이라 밝히고 있으나, 연의는 장비의 이름에 '飛(날 비)'가 있음에 착안해서 '益(더할 익)'을 '翼(날개 익)'으로 꼼꼼하게 고쳐 놓았다. 또한 장비가 연의의 묘사처럼 실제로도 장원(莊園)을 소유한 부자였다는 얘기도 전하는데, 중국은 예로부터 귀천(貴賤)을 빈부(貧富)보다 훨씬 중시했다. 관직에 의해 사회적 지위가 정해진 까닭에, 관료가 되어 출세하는 것이 부자가 되는 것보다 절대적으로 우선시되었다.

당시의 공인(工人)과 상인(商人)은 소득이 높았어도 신분이 농민보다 낮았으며, 특히 상인은 '농업과 공업에 기생하는 무리'라며 가장 천시되었다. 상인은 평균적으로 농민과 공인에 비해 훨씬 부유했지만, 수레나 말을 탈 수 없고 비단옷도 못 입었으며 무엇보다 관직 진출이 막혀 있었다. 장비가 실제로 상인 계급이었다면[28], 난세(亂世)에 무훈(武勳)을 세워 신분 상승을

---

25) 강창(講唱)에 썼던 대본을 말한다. 통속적인 언어로 당시의 생활상이나 역사적 고사를 표현했다. 송나라 때 처음으로 활판 인쇄술이 발명되지만, 서적 형태의 보급이 본격화되는 시기는 명나라 이후다.
26) 후한 대의 1근은 222.4g이니, 약 18kg이다. 일반창은 보통 2.5kg이고, 중세 유럽 기병이 썼던 랜스(Lance)가 4kg 정도였다고 한다.
27) 진수·배송지 이후에 모아진 기록들을 청나라 노필(盧弼)이 덧붙였다.
28) 연의에는 장비 스스로 '연인(燕人)'이라 밝히는 장면이 많이 나오는데, 유주가 전국시대 연나라 땅이었다. 이 때문에 장비가 연나라 귀족의 후예란 해석도 있으나, 지역에서 흔히 통용되던 별칭이었다고 한다.

노렸을 수도 있었을 것이다. 연의 1회에 장사꾼인 장세평과 소쌍이 말·금은·강철을 화끈하게 내놓는 장면은 현대 독자의 고개를 갸웃거리게 하지만, 신분 상승을 위해 황실 후손인 유비에게 과감히 투자한 것이라 보면 수긍이 가는 측면이 없지는 않다. 참고로 장세평과 소쌍은 정사에 '대상(大商)'이라 기록된 실존 인물이다.

### ❖ 유·관·장의 도원결의

나관중을 비롯해 수많은 이야기꾼의 손길을 거쳤고 모종강이 빼어난 솜씨로 다듬은 삼국지는 '불후(不朽)[29]'의 명작이지만, 개연성이 결여된 도입부만큼은 못내 아쉽다. 장각의 무리가 일어나 백성들의 고난이 극심해졌다지만, 의병을 모집하는 방(榜) 앞에서 우연히 만난 유비·관우·장비가 별안간 도원결의(桃園結義)를 맺고 의형제가 된다는 설정 때문이다. 모종강본이 세상에 나온 17세기에는 이미 도원결의의 서사가 세간에 널리 알려져 있었고, 모종강은 아예 연의 1회부터 관우를 '관공(關公)'으로 높이는 마당이니[30] 의형제를 맺는 과정을 시시콜콜 설명할 필요가 없다고 판단했는지는 몰라도, 유·관·장이 만나자마자 의형제를 맺고는 죽을 때까지 의리를 지킨다는 전개는 아무래도 설득력이 부족하다. 속임수와 배신이 난무하는 지독한 난세였으니 더욱 그러하다.

번역가가 아닌 소설가였던 요시카와 에이지와 이문열은 이 대목을 '있었을 법한 이야기'로 꾸미려고, 초반부 스토리를 완전히 새로 구성했다. 요시카와 본은 유비가 낙양선에서 차를 구입하는 장면으로 시작하며, 가공인물인 홍부용을 등장시켜 유비가 장비와 인연을 맺게 한 뒤 3~4년이 흘러 의병 모집 포고문 앞에서 재회하는 과정을 100페이지 넘는 분량으로 창작해 넣었다.

---

29) '不後(불후)'로 잘못 아는 경우가 많지만, 썩지 않는다는 뜻이다. 정사에 주석을 달게 했던 유송(劉宋)의 황제 유의륭(劉義隆)이 배송지의 결과물을 받아 보고는 "이것이야 말로 불후다"라며 극찬했다고 한다.
30) 관우가 황제로 높여졌다고 해도, 극 중의 '관공' 호칭은 넌센스다.

장비의 나이를 감안하면 이 또한 무리한 설정이지만, 정사의 실제 나이에 매이지 않는다면 정본보다 한층 매끄럽고 설득력 있는 전개다. 1939년 연재를 시작한 이래로 일본 대표 삼국지의 위상을 지켜 온 요시카와 삼국지의 매력은 무엇보다 쉽게 잘 읽힌다는 점이다.

모종강본보다 300년, 요시카와본보다 40년 늦게 출간된 이문열본은 그만큼 현대적 기법을 가미해 세련되고 속도감 있게 초반부를 구성했다. 유·관·장은 서로를 알게 된 뒤 틈만 나면 어울려 무예를 단련하고, 그 덕에 관우와 장비는 호형호제하게 되며 유비와 관우도 십년지기처럼 가까워진다. 다른 판본과 두드러지는 차이는, 이런 교유를 한동안 이어 간 뒤에야 도원결의를 맺는다는 점이다. 이문열본 역시 실제 나이를 고려하면 이런저런 충돌이 생기지만, 애초에 모종강본도 정사의 기록과 비교하면 설정상 맞지 않는 부분이 많다. 7할이 사실이고 3할이 허구라는 '칠실삼허(七實三虛)'의 관점을 바탕으로, 전체적 맥락으로 이해하면 좋겠다.

주제넘은 말을 보태자면 이문열본의 1권부터 4권 어간까지의 입체적 재구성은, 이야기 구조의 완성도에서 다른 판본을 압도한다고 생각한다. 아쉽게도 중반 이후엔 평범한 구성으로 되돌아오지만, 개연성을 더해 몰입감을 한껏 끌어올리는 중반까지의 탄탄한 전개는 일류 소설가의 손을 거치면 이야기가 얼마나 달라질 수 있는지를 여실히 증명한다. 한동안 삼국지 하면 이문열본을 떠올리던 시절이 있었지만, 요즘은 그렇지도 않은 것 같다. 명백한 오류를 고치지 않는 데 따르는 비판이 여전함을 모르는 바는 아니지만, 이문열본의 초중반부는 꼭 읽어 보시면 좋겠다.

## ◈ 기도위 조조

예로부터 중국에는 용모와 풍채를 중시하는 문화가 있었다. 당나라(618~

907년) 때의 관리선발의 기준인 '신언서판(身言書判)[31]'에서 첫 번째로 내세운 덕목도 바로 풍채와 용모였다. 역사서에서 창업군주를 묘사할 때도 외모를 과장해서 기술하는 경향이 강했는데, 『정사 삼국지』에는 의외로 조조(曹操)의 외모에 대한 묘사가 없으니, 영화나 드라마에서 보던 위풍당당한 모습과는 거리가 있었던 모양이다. 야사(野史)엔 조조의 외모를 두고 볼품없다는 뜻의 '형루(形陋)'라는 묘사가 있고, 위엄이 부족한 외모에 자신이 없었던 조조가 흉노의 사신을 접견할 때 최염(崔琰)을 대신 내세웠다는 일화도 전한다. 모종강본은 7척이라 해뒀지만, 요시카와본은 신장의 언급이 없고 이문열본은 "특별히 빼어날 건 없는 얼굴에, 일곱 자에 채 못 미치는 키"라고 묘사했다.

연의는 조조에 대해 "조등(曹騰)이 하후(夏侯)씨 집안에서 양자로 들여온 조숭(曹崇)의 아들"이라고 분명히 적고 있으나, 현재로선 진위 여부를 판명하기 어렵다. 이에 대해 정사는 "조숭의 출생 본말을 알 수 없다"라고 밝히면서도, 조씨와 하후씨의 열전(列傳)을 함께 묶어 놓았다. 조조의 전기인 『조만전(曹瞞傳)』 역시 "조숭이 하후돈(夏侯惇)의 숙부이므로, 조조는 하후돈에 있어 종부형제(從父兄弟)가 된다"라고 적고 있기는 하다.

하지만 유교적 윤리관에 따라 혈연(血緣)을 가장 중시한[32] 시대에 친형제가 넷이나 있는 조등(曹騰)[33]이 일부러 이성(異姓) 양자를 들였을 리 없다는 지적이 있다. 더구나 훗날 조조의 딸이 하후돈의 아들과 결혼하기에, 조조가 하후씨 출신이라면 근친혼을 엄격히 금지한 당시 법도에 맞지 않는다는 반박도 있다.

조조는 하후돈을 각별히 대우하여 수레에 동승하고 침실 출입도 허락했으

---

며, 죽을 때까지 신임하여 대장군에까지 올렸다. 또한 하후돈의 일가를 다수 중용하고 열후에 봉했으니, 삼국지 인명사전에 등장하는 하후씨만 열다섯 명이 넘는다. 만약에 조조가 '혈연이 아니고' 의형제 관계였는데도 하후돈을 핏줄처럼 아꼈던 것이라면, '간웅(奸雄)' 조조가 유비 못지않은 인의(仁義)를 실천한 셈이다. 조조였는지 하후조였는지 궁금하지 않을 수 없다.

### ◈ 허소의 월단평

"치세(治世)의 능신(能臣), 난세(亂世)의 간웅(奸雄)"이란 평가는 조조를 상징하는 말로 널리 알려져 있다. 이는 배송지가 주석(註釋)[34]에 인용한 손성(孫盛)의 기록을 연의가 옮겨 놓은 것이다. 하지만 『후한서(後漢書)』에는 "태평세월의 간적, 난세의 영웅"이란 정반대의 기록이 있다. 이를 두고 "손성이 후한서의 기록을 잘못 옮겼다"는 지적과 함께, "손성의 기록을 옮긴 주석보다 정사(正史)인 후한서의 평가가 맞다"는 주장이 퍼져 있다.

그런데 후한서가 후한 말~삼국시대 초반을 다룬 정사(正史)이긴 해도, 진수의 정사보다 오히려 150년 늦게 나왔다. 후한서의 저자인 범엽(范曄)은 손성이 죽고 25년 뒤에야 태어난 인물이니, 손성이 범엽의 기록을 잘못 옮겼을 가능성은 없다. 그렇다고 손성의 기록이 꼭 옳은지도 알 길은 없지만, 출전을 엄밀하게 밝히며 꼼꼼하게 주석을 달았던 배송지가 '범엽이 허소(許劭)의 열전을 쓰면서 참고했던' 기록을 놓치지는 않았을 터다.[35]

당시는 인재를 시험이 아닌 추천으로 등용했기에 평판이 매우 중요하게 작용했다. 하지만 독자들이 "치세의 능신, 난세의 간웅"이란 평가에 고개를 끄덕이는 이유는, 어디까지나 연의 속 조조의 이미지와 부합한다고 판단했기 때문일 것이다. 사실 요즘은 연의의 평가에 동의하지 않는 독자들도 많

---

34) 이 책의 '주석'은 모두 배송지가 진수의 삼국지에 달아놓은 주석이다.
35) 배송지(372년생)와 범엽(398년생)은 모두 유송(劉宋) 유의륭의 신하다.

고, 인물평으로 유명했다는 허소(許劭)에 대해서도 의외로 별 관심이 없다.

허소의 인물평이 출세에 절대적인 영향을 미쳤고, 천하의 조조마저 애써 허소를 찾아가 인물평을 청했다니 얼핏 '닳고 닳은 노정객(老政客)'의 이미지를 떠올리기 쉽지만, 허소는 조조보다 겨우 다섯 살 많은 청년이었다. 일찍이 조조의 인물됨을 평해준 교현(橋玄)[36]은 삼공(三公)을 지낸 당대의 거물로, 70대의 노신사였음에도 조조에게 허소와의 만남을 권했다. 그런 교현이 권했으니 허소도 보통 사람은 아니었을 것이나, 그의 인물평에는 아무래도 신분과 출신에 얽매인 평가가 많아 한계가 뚜렷했다.

한편 훗날 익주(益州)에 입성한 유비는 허소와 함께 '월단평(月旦評)[37]'을 진행했던 '허소의 사촌형' 허정(許靖)의 등용을 꺼렸다. 이에 책사인 법정(法正)이 "허정의 명성은 헛된 것이나, 사람들은 그러한 명성에 미혹되므로 이를 이용하셔야 합니다"라고 진언하자 받아들이고, 허정은 이후 유비의 한중왕표에서 두 번째로 언급된다.[38] 사실 유비야말로 삼국지를 통틀어 사람 보는 안목이 가장 뛰어난 인물이었으니, 참으로 흥미로운 대목이다.

### ◈ 대장군 하진

삼국지는 하진(何進)을 '백정(白丁) 출신'이라 적고 있다. 이때의 백정은 도축업에 종사하는 평민을 말하는 것으로, 천민 신분이었던 조선의 백정과는 크게 다른데 같은 한자를 쓰다 보니 오해를 빚기도 한다. 양을 도축하는 집안 출신으로 많은 재산을 모은 하진에겐 7척이 넘는 키에 미모가 빼어난 이

---

36) 무명의 조조를 두고 "난세에 백성들을 평안하게 할 사람은 그대"라고 극찬했다. 조조는 교현의 호평에 "선비는 자기를 알아주는 사람을 위해 죽으며, 그를 가슴에 품고 잊지 않는 법"이라며 감격했다. 교현도 문무를 겸비한 인물로 "안에서는 재상, 밖에서는 장군"이라 불렸다.

37) '월단'은 매달 첫째 날로, 허소는 월단에 여남에서 인물평을 했다.

38) 마초가 첫 번째로 언급된다. 제갈량·관우·장비가 각각 5·6·7번째다.

복동생이 있었다. 신분 상승을 꿈꿨던 하진은 동향(同鄉)의 환관에게 재물을 바치고, 누이를 후한 제12대 황제인 영제(靈帝)의 후궁으로 만드는 데 성공한다. 연의에선 하진이 대장군으로서 한심한 모습만 보여 주는 탓에, 단순히 '누이를 잘 둔 덕에 벼락출세했지만, 능력은 보잘것없는' 인물로 치부하기 쉽다. 하지만 평민 출신으로 대장군까지 올라갔으니, 하진은 분명 여간내기가 아니었을 것이다.

하진의 첫 벼슬은 궁궐문을 지키는 낭중(郞中)으로, 녹봉이 비3백석에 불과한 하급직이었다. 당시 후궁이 되려면 13세 이상 20세 이하여야 했고, 하진의 누이인 훗날의 하태후(何太后)가 스물한 살 때인 176년에 영제(靈帝)의 아들을 낳았으니 대충 계산해도 하진은 15년 이상 관록을 먹은 셈이다. 누이 덕에 처음 관록을 먹을 때만 해도 하진은 단지 신분 상승을 이룬 데 감격했을 터라, 평민 출신인 누이가 황후가 되리라곤 상상도 못했을 것이다. 하지만 '행인지 불행인지' 하태후의 그릇은 하진의 기대를 훌쩍 뛰어넘었고, 엄청난 시운(時運)까지 따라 주었다. 178년 영제가 황후 송씨를 내치고 그 일족도 숙청한 후, 평민 출신이라 배후 세력이 없던 하씨를 새 황후로 전격 간택(揀擇)한 것이다. 누이가 황후가 되자, 하진의 벼슬도 서울시장 격인 중2천석의 하남윤(河南尹)으로 수직상승했다. 하남윤은 '자리만 지켜도 되는' 명예직은 아니니, 하진도 나름대로 업무능력을 인정받고 있었던 것 같다.

184년 장각(張角)이 난을 일으키자, 하진은 대장군(大將軍)에 올라 반란군 진압의 총책을 맡는다. 하진이 군무(軍務)에 얼마나 밝았는지는 알 수 없지만, 정치 감각만큼은 확실히 남달랐다. 황건군이 대대적으로 일어나 나라가 혼란해지자, 하진은 오래도록 환관 세력과 대립해 왔던 청류파(淸流派)[39] 인사들의 사면(赦免)을 나서서 도왔다.[40] 하진은 이 결단으로 '환관들의 꼭두각

---

39) 깨끗한 선비란 뜻. 환관에 영합한 이들은 '탁류파(濁流派)'로 불렸다.
40) 하진은 이때 훈고학과 경학의 시조 격인 대유학자 정현(鄭玄)도 기용하였으나, 정현의 입바른 간언이 계속 이어지자 이내 외면하였다.

시'라는 세간의 인식을 단번에 떨쳐냈으며, 천운도 따라서 황건군을 이끌던 장각이 병사하는 바람에, 하진은 해를 넘기지 않고 난리를 진압하여 정치적 입지를 큰 폭으로 넓힌다. 이때의 하진은 정확한 판단력과 뛰어난 정치력을 과시하며, 거침없는 행보를 이어 갔다.

189년 영제가 죽고, 하진의 조카인 유변(劉辨)이 급기야 제13대 황제에 오른다. 하진은 이 과정에서 환관을 대표해 자신을 노리던 서원팔교위의 수장 건석(蹇碩)을 주살하고, 그가 이끌던 중앙 정예군마저 장악한다. 이후 하진은 국무총리격인 녹상서사(錄尙書事)까지 겸임하면서 권력을 한 손에 틀어쥐는데, 막상 조정의 원탑이 되자 자만했는지 우유부단한 모습을 보이기 시작한다. 오랫동안 권력을 장악해 온 환관 세력의 제거가 결코 간단한 문제는 아니었지만, 이미 환관들이 자신을 죽이려는 속내를 뻔히 드러낸 마당인데도 화근을 제거하지 못하고 한가하게 여유를 부린 것이다.

이때 하진의 핵심 측근은 십상시(十常侍)와 앙숙이었던 사례교위 원소(袁紹)였다. 훗날 맹주가 되어선 작은 결정도 내리지 못하고 한심한 행보를 반복하는 원소지만, 그도 젊은 시절 참모로선 기민하고 과감했다. 원소는 하진에게 "반드시 선수를 쳐서 환관들을 일거에 도려내야 합니다"고 거듭 진언했지만[41], 하진은 주저주저하다가 끝내 '환관 제거'에 대한 하태후의 재가를 얻지 못했다.

하진이 누이를 설득하지 못하자 참모들은 크게 실망했다. 하지만 평민 출신 후궁의 몸으로 황제의 총애를 얻어 내고, 경쟁자를 독살하면서까지 아들을 황제로 올리는 데 성공한 하태후는 분명 하진이 감당키 어려운 인물이었을 터다. 특히나 하진과 판박이처럼 '낭중으로 시작해 대장군에 올랐던' 외척 두무(竇武)가 환관들을 제거하려다 도리어 멸족된 사태[42]가 불과 20년 전의

---

41) 이후 상황을 볼 때, 하진이 칼을 뽑았다면 충분히 정리가 가능했다.
42) 연의 1회 첫머리에 "두무가 환관 조절에게 해를 당했다"라고 나온다.

일이었다. 두무 같은 거물도 처참하게 실패했으니, 권력 기반이 약한 하진이 목숨 걸고 판을 뒤집는 결정을 내리기 어려웠음은 물론이다.

하지만 원소의 입장은 달랐다. 죽이지 않으면 내가 죽는 싸움이라 절대로 물러설 수 없었던 것이다. 하진은 원소를 비롯한 참모들의 계속된 권유에도 "태후의 재가 없이는 거사를 결행할 수 없다"는 말만 반복하며 우물쭈물한다. 모든 권력을 틀어쥐고 있던 하진으로선 '환관들도 당장 나를 어쩌지는 못할 것'이라 방심한 것인데, 환관들과 태후를 압박한다며 기껏 내어놓은 꾀가 병주목[43] 동탁(董卓)을 황도로 불러들이는 뚱딴지같은 결정이었다.

실무책임자나 관리책임자의 역할을 잘 해낸 인물도 '최종 결정'을 내려야 하는 최고책임자가 되면, 역량 부족이 드러나는 경우가 많다. 어떤 분야든 판단에 따르는 책임을 오롯이 감당해야 하는 최종 결정은 어렵기 마련이고, 결과론이지만 하진도 예외는 아니었다. 최고 권력자가 되지 않았다면 어지간히 누리면서 여생을 편히 보냈을 텐데, 감당 못 할 자리까지 올라가서 결국 멸문지화를 당하고 만다. 바닥에서 정상까지 오른 수완은 대단했지만, 결단을 주저하다가 다시 바닥으로 떨어지는 것은 찰나(刹那)였다.

## ◈ 전장군 동탁

황건의 무리가 일어섰을 당시 중랑장이었던 동탁(董卓)은 황건군에 패하고 면직되었다. 사람이 출세하려면 관운(官運)이 따라야 하는 법인데, 동탁은 마침 같은 해 겨울에 고향인 량주(涼州)[44]에서 반란이 터진 덕분에(?) 금

---

43) 조정에서 동탁을 견제하려고 병주목으로 불러들였지만, 동탁은 "전장군으로서 계속 량주를 지키겠다"며 불응했다. 난세라 가능한 일이었다.

44) 서북부 지방으로, 동남부의 양주(揚州)와 독음이 같아 '량주'로 표기한다. 연의엔 '서량(西涼)'이란 표현이 멸칭처럼 나오지만, 한참 뒤의 지명이라 정사엔 나오지 않는다. 국내에선 두음법칙 때문에 '서량'이라 썼다고 잘못 아는 경우가 많은데, 애초에 량주와 양주는 중국어 독음이 다르다. 나관중이 살던 원나라 때 행정구역명이 바로 서량주였다.

방 복직된다. 188년에는 전장군으로 진급하여 좌장군 황보숭과 함께 반군 토벌에 나섰으나 황보숭과 의견이 갈렸고, 동탁을 후방에 남겨놓고 홀로 진격한 황보숭이 반군을 소탕하는 난감한 상황이 벌어진다. 동탁은 이를 크게 부끄럽게 여기고 황보숭에게 원한을 품었다는데, 패한 것도 아니고 이긴 싸움에서 원한을 품었다니 동탁의 품성을 알 만하다.

동탁은 어려서부터 서부 이민족인 강족(羌族)들 사이에서 자라 그들과 의사소통이 가능했고, 전리품을 남김없이 부하들과 나눌 정도로 호방하고 의로워 호걸들이 많이 따랐다. 동탁은 화살통을 양쪽에 차고 말을 달리면서 좌우로 활을 쏘았다고 하며, 거칠기 그지없는 강족들을 완력만으로 거느린 것은 아닐지라 동탁도 비범한 인물이었음이 분명하다. 단지 출세를 거듭하며, 유별나게 탐욕스러웠던 본성이 점차 드러난 것이라 볼 수 있겠다.

변방에 자리 잡고 충성심 강한 군대를 사병화하며 세력을 불려 가던 동탁에게 생각지도 못한 기회가 찾아온다. 대장군 하진이 십상시를 비롯한 환관 세력을 도모하기 위해 동탁을 황도로 불러들인 것이다. 당시의 강병(强兵)은 도성의 정예군을 제외하면 대부분 변경에서 이민족을 상대하고 있었던 까닭인데, 중앙 진출의 기회를 호시탐탐 노리던 동탁은 부리나케 낙양(洛陽)으로 진군한다.

그런데 동탁이 낙양에 도착하기도 전에, 십상시들이 선수를 쳐서 하진을 유인해 죽여 버리는 아찔한 상황이 연출된다. 곧바로 원소가 대대적으로 반격하면서 낙양은 그야말로 불바다가 돼 버렸고, 큰불이 났음을 확인한 동탁은 강행군을 펼쳐 하루 만에 낙양에 도착한다. 동탁이 마침 피난 중이던 황제 일행과 북망산에서 마주친 것은 분명 천운(天運)이 따른 결과였지만, 어디까지나 동탁의 정확한 판단과 과감한 결행이 있었기에 가능한 일이었다.

연의는 동탁이 북망산에서의 조우를 계기로 '어리고 총명한' 진류왕 유협(劉協)을 새 황제로 옹립할 마음이 생겼다고 적고 있으나, 진류왕의 후견인이 동탁과 동성(同姓)인 동태후(董太后)였기 때문이라는 기록도 있다.[45] 당시는 동성이나 동향을 가장 중요하게 여겼던 시대이긴 했다. 천운이 연달아 작용했다고는 해도, 직전까지 변경 무장이었던 동탁이 조정을 장악하는 솜씨는 거침이 없었다. 여러 민심 수습책을 전격적으로 단행했고, 환관·탁류파와 갈등했던 명망 있는 인사들을 대거 사면해 요직에 기용했다.

사실 동탁이 낙양으로 이끌고 온 병사는 3천에 불과했다. 그런데 병사들을 밤에 몰래 성 밖으로 내보냈다가 아침에 북을 치며 요란하게 입성하기를 4~5일 간격으로 반복하면서 마치 새로운 병력이 속속 당도하는 것처럼 연출했다. 동탁은 자신의 부대에 대장군 하진 휘하의 병력을 더하고, 동생인 동민(董旻)이 주살한 거기장군 하묘(何苗)[46]의 군대까지 귀속시켜 급속히 세를 불렸다. 이런 판이니 병주자사를 지낸 집금오 정원(丁原)[47]을 제외하면 도성 주변에는 동탁에게 맞설 이가 딱히 없었다.

### ◈ 양아들 여포

동탁은 잠재적 위협요소인 정원의 제거를 결심했지만, 정원에겐 여포(呂布)가 있었다.[48] 여포는 "인중여포(人中呂布), 마중적토(馬中赤兔)[49]"라는 말이 상징하듯, 최강 무장의 대명사다. 보통 이런 말은 "투수는 선동열, 타자는 이승엽, 야구는 이종범"처럼 경쟁 대상을 여럿 놓고 비교하기 마련이지만, 적토는 다름 아닌 여포의 말이니 속된 말로 '사기 캐릭터' 그 자체였다. 오죽하면 삼국지 세계관을 넘어 '방구석 여포'라는 유행어까지 생겼을까 싶다. 정사 역시 여포의 출중한 무용을 적고 있지만, 체격이나 외모에 대한 기록은 따

---

45) 동태후는 량주와 정반대인 기주 출신이라, 일가는 아니었을 것이다.
46) 하진의 의붓동생이나 사이가 나빴다. 십상시와 결탁했다 주살된다.
47) 연의는 형주자사로 잘못 옮겼다. 정원은 여포와 장료를 발탁했다.
48) 조조의 필두 무장이 되는 장료(張遼)도 이때 정원의 보좌역이었다.
49) 사람 중엔 여포가 있고, 말 중엔 적토마가 있다는 뜻이다.

로 없다. '비장(飛將)'이란 수식어와 "적토를 타고 능히 해자(垓子)⁵⁰를 뛰어 넘었다"라는 기록으로 볼 때, 육중한 거구라기보다는 아주 날렵한 체형으로 짐작될 뿐이다.

동탁이 여포에게 적토마를 선물하고, 여포가 정원의 양아들이었다는 것은 모두 연의의 설정이다. 이 바람에 독자들이 그다지 주목하지 않는 포인트가 있으니, 바로 동탁이 여포를 양아들로 삼았다는 사실이다. 139년생으로 51세였던 동탁에겐 대를 이을 아들이 없었다. 남동생과 조카에다 사위까지 두루 기록에 나오지만 아들은 없었으니, 첩실을 여럿 두더라도 아들을 낳아 대를 잇고자 애썼던 시대상을 감안하면 드문 일이었다. 연의는 여포에게 배신당해 죽는 정원을 공연히 여포의 양아버지로 설정해서 의부자(義父子) 관계를 대수롭지 않은 양 만들었지만, 당장 조조나 원소를 봐도 그렇고 양아들로 집안의 대를 이은 사례는 쉽게 찾을 수 있다. 훗날 조예(曹叡)가 양자로 데려오는 조방(曹芳)은 출신조차 불분명했지만, 위나라 제3대 황제에 오른다. 동탁의 양아들이 된 여포가 어떠한 기대를 품었을지 짐작이 가는 대목이다.

### ◈ 홍농왕 유변

소제(少帝) 유변(劉辨)은 모친인 하태후가 흉계(凶計)까지 써가며 지성으로 보살핀 덕에 기어이 후한의 제13대 황제가 되었지만, 허망하게도 재위 다섯 달을 못 채우고 동탁에 의해 폐위되고 홍농왕으로 격하된다. 연의 4회에는 동탁이 소제를 폐위하고 곧바로 죽인 것처럼 서술한 부분이 나오지만, 정사의 동탁은 소제를 죽이지 않고 살려 두고 있었다. 그런데 소제가 동탁에게 죽었다는 소문이 퍼져나가 반동탁 세력이 일어나게 되었고, 반동탁연합군이 군세를 크게 불리자 이를 두렵게 여긴 동탁이 그제야 소제를 독살해 버린다. 소제를 구하고자 일어선 이들 때문에 소제가 죽은 것이니, 세상일은

---

50) 성 둘레에 땅을 깊게 파고 물을 채워서 적의 접근을 막는 시설.

때로 이렇듯 기묘하게 돌아간다.

한편 소제의 황후였다가 왕비로 격하된 당비(唐妃)도 이때 같이 죽었다고 연의는 적고 있지만, 당비는 실제론 죽지 않고 고향으로 돌아갔다. 나중에 장안(長安)을 함락한 동탁의 부하 이각(李催)이 당비를 사로잡아 욕보이고, 아예 자신의 첩으로 삼으려 했지만 완강히 거부했다고 한다. 이 사실을 알게 된 헌제(獻帝)가 크게 슬퍼하며 농원을 설치해 주고 보호한 덕에 당비는 천수를 누렸는데, 소제는 따지고 보면 '헌제의 친모를 죽인' 하태후의 아들이었는데도 둘 사이엔 형제의 정이 깊었던 모양이다.

### ◈ 조조의 친구 여백사

연의(演義) 4회는 또한 조조가 극악무도한 동탁 암살에 실패하고 도주하는 과정을 상세하게 그리고 있다. 사실 정사(正史)는 "조조가 동탁의 벼슬 권유를 뿌리치고, 성과 이름까지 바꿔서 고향으로 돌아갔다"고 한 줄로만 적고 있지만, 배송지가 여기에다 야사(野史)의 상반되는 기록 세 가지를 주석으로 추가하는 바람에 '여백사(呂伯奢) 사건'이 연의에 에피소드로 삽입되었다.

여백사 사건은 이때까지 연의에서 자못 의롭게 그려지던 조조가 간웅의 면모를 드러내는 전환점이기도 하다. 연의는 조조의 친구였던 여백사를 아버지 조숭의 의형제로 바꿔 놓았고, 정사에 달린 세 가지 주석 중 손성(孫盛)과 곽반(郭頒)의 기록을 아울러 각색하여 에피소드를 구성했다. 이러한 각색은 여백사 일가를 도륙한 조조의 불의(不義)를 강조하기 위한 설정으로 보인다. 여백사 사건을 조조의 정당방위로 옹호한 나머지 주석은 왕침(王沈)의 『위서(魏書)』가 출전인데, 조조의 미화와 왜곡이 많다는 평가가 있어 조조에 유리하게 고쳐 놓았을 것이란 견해가 많다.

이때 조조가 남긴 "내가 천하 사람들을 저버릴지언정(寧敎我負天下人), 천하 사람들이 나를 저버리게 하지는 않을 것이다(休敎天下人負我)"라는 대사는 비록 정사에는 없는 연의의 창작이지만, 조조의 인물됨을 가장 잘 묘사한 표현으로 손꼽힌다. 물론 '엄격한 잣대로 조조를 조명하는' 연의의 세계관에서 그렇다는 얘기로, 정사의 기록을 바탕으로 조조의 재평가가 꾸준히 이뤄지는 요즘엔 연의의 평가에 동의하지 않는 독자들도 상당히 많다.

한편 이때 등장하는 진궁(陳宮)은 실제론 얼마 뒤 조조가 거병하는 시점부터 모사(謀士)[51]로서 힘을 보태는 인물이니, 고향으로 도주하는 조조를 구해주고 죽 동행한다는 각색은 연의의 설정이다. 다만 조조가 도주하는 과정에서 현령 한 사람의 도움을 받았다는 기록은 남아 있는데, 이름 모를 현령을 진궁으로 치환해 이야기를 구성한 나관중의 필력엔 과연 탄성이 절로 나온다.

---

51)  진궁은 모사로 알려져 있지만, 장막의 열전인 『장막전』엔 진궁이 '장수(將帥)'로 나온다. 모사(謀士)에겐 '나쁜 꾀도 가리지 않는다'는 부정적 의미가 있어서, 책사(策士)와는 미묘하게 차이가 있다고도 한다.

# 제5회 ~ 제8회

## ◈ 반동탁연합군

천신만고 끝에 고향에 도착한 조조는 그간의 사정을 부친께 고하고, 가산을 털어서 대대적으로 의병을 모으기 시작한다. 동시에 "대역죄인 동탁을 토벌하자"는 거짓 조서를 꾸며서 각 군현에 보내니[1], 하후돈·하후연·조인·조홍·악진·이전 등이 한꺼번에 합류하는 때가 바로 이 무렵이다. 격문을 받은 각지의 태수와 자사 17명이 대의명분에 호응하여 군사를 일으키는데, 연의가 이들을 제후라고 일컫는 바람에 '18로(路) 제후(諸侯)'라는 표현이 익숙해졌다.[2] 이들은 조정에서 임명된 관리였지 제후의 신분은 아니어서, 근왕군(勤王軍) 등으로 표현을 바꾼 번역본도 있다. 그런데 이들이 거병 이후에 보인 방관자적 행보를 보자면 단순히 의군(義軍)으로만 평가하긴 어렵다. 동탁의 정당성을 부정하여 조정의 지시를 거부할 명분을 쌓은 다음, 결국엔 자신이 보유한 군세를 사병화하기 위한 방편이었다는 비판적 시각도 있다.

반동탁연합군에 대한 정사 기록은 연의와 꽤 차이가 있다. 공손찬·공융·도겸·마등은 연의와 달리 실제로는 연합군에 참여하지 않았고, 반대로 정사에 참여했다고 기록되어 있는 유표와 장홍(臧洪)이 연의에선 빠졌다. 특히 연의는 유비가 공손찬(公孫瓚) 휘하로 연합군에 가담했다는 설정 하에 이야기를 풀어나가는데, 공손찬이 연합군에 불참하였다면 유비는 어찌 되었다는 것일

---

1) 정사에 따르면 교현의 조카인 동군태수 교모(橋瑁)가 벌인 일이었다.
2) 제후는 작위와 함께 특정 지역을 분봉 받아 다스리는 인물로, 세습이 가능하다는 본질적 차이가 있다. '18로 제후'는 항우(項羽)가 패권을 잡은 뒤 18인의 제후왕을 분봉했던 데서 착안한 각색으로 보인다.

까? 주석은 놀랍게도 "수도에 있던 유비가 조조와 함께 패국으로 돌아가 무리를 모아서 참전했다"라고 적고 있다. 다만 조조가 동탁군과 교전했던 사실만 기록으로 남아 있고, 유비의 활약상은 아쉽게도 찾을 수가 없다. 정사는 유비가 반동탁연합군 활동이 끝난 후에 공손찬에게 몸을 맡겼다고 기록하고 있다.

### ◈ 맹주 원소

후한 말기를 대표하는 명문가는 단연 '여남 원씨'였다. '사세삼공(四世三公)'이라고 쉽게들 말하지만, 오늘날의 '3부 요인'에 해당하는 삼공(三公)을 '여남 원씨' 한 가문에서만 4대에 걸쳐서 다섯 명이나 배출했다는 얘기니, 여남 원씨의 적장자인 원소(袁紹)는 말 그대로 금수저 중의 금수저였다. 게다가 원소는 외모까지 '자모위용(姿貌威容)[3]'이라고 기록되어 있는데, 이는 삼국지 세계관을 대표하는 미남자인 주유(周瑜) 못지않은 찬사다.

원소가 비록 얼자(孼子)[4]라지만, '아버지를 아버지라 부르지 못했던' 조선의 홍길동과는 큰 차이가 있다. 흔히 떠올리는 적서차별(嫡庶差別)은 성리학의 폐해가 심각했던 조선 특유의 악습이고[5], 훗날 황제가 되는 조비(曹丕)와 유선(劉禪)의 친모도 모두 기생 출신이었다. 원술(袁術)이 친모의 신분을 트집 잡아 이복형인 원소를 경시했듯 서얼(庶孼)에 대한 차별은 엄연히 존재했지만, 원소가 당대 최고 명문가의 적장자(嫡長子)[6]로 인정받았다는 사실 자체가 모든 사정을 웅변하듯 말해 준다. 얼자 출신의 재상과 장군은 후대의 한족 왕조

---

3) 조운(趙雲)의 주석엔 '자안웅위(姿顔雄偉)'라는 비슷한 묘사가 있다.
4) 평민 첩실이 낳으면 서자(庶子), 천민 첩실이 낳은 자식이 얼자다.
5) 유학자들이 추앙하는 공자(孔子)도 실은 얼자였으니, 사상·이념의 모순과 허망함을 엿볼 수 있다. 다만 이러한 폐단은 기득권 유지를 위해 이념을 왜곡한 이들의 잘못이며, 공자의 가르침과는 직접적 관계가 없다.
6) 원소는 정실(正室)의 아들이 아니므로 엄격하게 따지면 적장자일 수는 없다. 제사를 잇는 종가의 맏아들이라는 의미로 '종자(宗子)'라 써야 맞겠지만, 이 책에선 편의상 우리에게 익숙한 적장자를 그대로 쓴다.

인 송나라나 명나라 때에도 지속적으로 등장하며, 당장 반동탁연합군의 맹주 자리를 원술이 아닌 원소가 맡은 데에서도 그 위상을 간단히 확인할 수 있다.

원소가 적장자가 된 사정은 약간 복잡하다. 일단 원소의 친부는 사공(司空)을 지낸 원봉(袁逢)이다. 원봉에겐 정실부인의 소생인 장남 원기(袁基)와 삼남 원술(袁術)이 있었고, 차남이 바로 첩실 소생인 원소다. 원봉에겐 형이 둘 있었는데, 어려서 죽은 원평(袁平)과 아들이 없었던 원성(袁成)이다. 이에 원봉의 차남인 원소가 원성의 양자가 되는 형식으로 원가의 적장자가 되었으니[7], 삼남의 천출(賤出) 차남이 종자(宗子)가 된 것이었다.

그런데 사세삼공이란 엄청난 위세는 가문의 영광인 동시에 그림자였다. 환관들이 날뛴 시대에 누대에 걸쳐 삼공을 지냈다는 것은, 여남 원씨가 그만큼 환관들과 영합해 왔다는 의미였기 때문이다. 야심만만했던 원소는 세간의 부정적 시선을 일소하기 위해 당시에도 흔치 않던 부모의 삼년상(三年喪)을 연달아 치러냈고, 그 과정에서 귀천을 따지지 않고 오로지 예로써 사람을 대하면서 탁류파(濁流派)의 이미지를 씻어내고 전국구 명사(名士)로 떠올랐다. 더 나아가 온 집안의 반대에도 불구하고 '환관들과의 대립을 불사하며' 청류파(淸流派)의 기수 역할까지 맡았으니, 젊은 시절 원소의 배포와 추진력은 실로 대단한 것이었다.

189년 원소는 대장군에 오른 하진에게 환관 세력의 제거를 줄기차게 건의한다. 하지만 우물쭈물하던 하진이 도리어 십상시에 의해 암살되자, 곧바로 도성으로 진입해 환관들을 도륙하는 과단성을 보인다. 그런데 뜻밖에도 '도구쯤으로 생각하고 불러들인' 동탁이 황도를 장악하면서, 역사의 물줄기가 세차게 소용돌이친다. 의미 없는 가정이지만, 동탁의 낙양 입성이 조금만 늦었더라도 환관 소탕을 이끈 원소가 조정의 주도권을 잡았을 터였다.

---

7)  원소는 양부(養父)인 원성, 그리고 원봉의 정실인 적모(嫡母)의 삼년상을 연달아 치렀는데, 두 사람 모두 원소의 친부·친모는 아닌 셈이다.

이후 동탁이 소제를 폐위하고 헌제를 옹립하려 하자, 원소가 분연히 나서서 "천하에 건장한 이가 어찌 동공뿐이겠소!"라며 반대했다는 기록이 정사에 전하고, 연의도 이 장면을 그대로 옮기고 있다. 다만 배송지는 "서슬 퍼런 동탁의 칼날 앞에 이런 말을 내뱉었을 수 없다"라며 이 기록의 신빙성을 부정했다. 하진과 함께 국정을 이끌었던 태부 원외(袁隗)를 비롯해, 낙양에 있던 원씨 일가가 동탁의 인질이나 마찬가지였으니 일리가 있다.[8]

원소의 기개와 명성이 이와 같았으니 반동탁연합군의 맹주(盟主)를 맡게 된 건 놀랄 일이 아니었다. 이 당시 연합군에 가담한 태수와 자사는 하나같이 경륜 있는 명망가들이라, 삼십 대 중반에 불과했던 원소가 이들 사이에서 맹주로 추대된 점은 높이 평가할 만하다.[9] 한편 원소가 맹주를 맡았음은 엄연한 정사의 기록이지만, 연의의 서술처럼 이들이 한곳에 모인 일은 없었다. 원소와 왕광은 하내에, 원술·유대·장막·장초·원유·교모·포신 등은 산조에, 한복은 업에, 공주는 영천에 각각 주둔했다. 이처럼 연합군의 군세가 여러 곳으로 분산되었기 때문인지 아니면 원소의 지도력 부족이 문제인지, 동탁을 불안에 떨게 했던 초반의 기세는 간데없고 서로 눈치만 살피면서 시간을 보내고 있었는데, 드디어 선봉으로 나선 인물이 있었으니 바로 장사태수 손견이었다.

### ◈ 오정후 손견

연의에 제후로 등장하는 18인의 군웅 중에서 실제 제후 신분은 장사태수였던 '오정후(烏亭侯)' 손견(孫堅)뿐이었다. 다만 연의의 손견이 '독립 군벌'로 묘사되는 것과는 달리, 정사의 손견은 이때 원술(袁術)[10]의 휘하였다고 보는

---

8) 실제 동탁은 훗날 원소의 친형과 생모를 포함한 원씨들을 몰살한다.

9) 서로 맡겠다고 나선 상황은 아니라, 처음엔 장홍이 맡기도 했다.

10) 원소의 동생으로 후장군이었다. 손견이 남양태수 장자(張咨)를 죽인 뒤 원술이 남양(南陽)을 거점으로 삼았고, 원술은 표문을 올려 손견을 파로장군에 임명했다. 남양군은 전국 최대의 군(郡) 중 하나였다.

견해가 많다. 물론 손견은 현직 태수인 데다 제후의 신분이었으니, 거우 현령을 지내다가 조조세에 합류한 유비와는 비교 불가한 존재감이 있었을 터다.

진수는 정사에 "손견은 손무(孫武)의 후손일 것"이라 기록하고 있다. 손무는 중국 최고의 병법서『손자병법(孫子兵法)』의 저자로, 이때로부터도 700년이나 앞선 시대의 인물이라 손견이 진짜 손무의 후손인지는 알 수 없지만, 손견에게 춘추전국시대 최고 명장인 손무에 못지않은 군재(軍才)가 있었음은 분명하다.

일찍이 17세의 나이로 1천여 군사를 모아 반란을 진압한 공으로 녹봉 4백 석의 현승(縣丞)이 된 손견은[11], 28세 때엔 당시 황건군 진압의 책임을 맡은 주준(朱儁)의 부관으로 발탁되어 큰 전공을 세운다. 이후 장사태수가 되어서도 장사·영릉·계양 일대에서 일어난 대규모 반란을 토벌하는 공을 세워 오정후에 봉해진다.

동탁 토벌에 나선 손견은 불시에 서영(徐榮)[12]의 대대적인 공격을 받아 서전에서 패하고 말았지만, 이후 싸움에서 호진(胡軫)과 여포를 연파하며 기세를 크게 올린다. 유독 손견을 두려워했던 동탁은 이각(李傕)을 보내 적극적으로 회유하며 화친을 청했는데, 전부터 동탁을 못마땅하게 생각했던 손견은 단칼에 거절하고 전의를 불태운다. 이에 동탁이 직접 출진해 손견과 싸웠지만 패주했고, 낙양을 지키던 여포가 재차 나섰지만 역시 패퇴한다.

연의에선 먼저 화웅(華雄)이 나서서 연합군 장수들을 연달아 베면서 위력을 떨치고, 결국 관우가 등판해 화웅을 참한 후 끝판왕 여포가 등장하는 전개지만, 이는 모두 연의의 창작이며 실제로 당시 전장을 지배한 이는 단연코

---

11)  이름난 유협에 사람이 몰렸다지만, 1천 명은 지방 호족이라야 가능한 숫자다. 손견 집안이 오군에서 대대로 벼슬을 했다는 주석도 있다.

12)  연의는 "손견에게 죽었다"라는 기록뿐인 화웅은 인상적으로 묘사했지만, 정작 손견과 조조를 죽기 직전까지 몰아쳤던 서영은 제대로 다뤄 주지 않았다. 서영은 동향의 공손도(公孫度)를 동탁에게 요동태수로 천거해, 공손씨가 요동에서 대대로 왕 노릇을 하게 만들기도 했다.

손견이었다. 손견을 제외하면 연합군을 통틀어 동탁군과 제대로 싸워 본 인물은 조조·포신·왕광뿐이었는데, 그마저도 모두 동탁의 강군에 대패했다. 반동탁연합군이라고 거창하게 말하지만 어디까지나 손견의 원맨쇼였고, 나머지는 눈치만 살피다 영지로 돌아갔으니 용두사미였다.

### ◈ 동탁의 천도

정사에 따르면 동탁은 연합군이 대대적으로 봉기하자 일단 장안(長安)으로 거처를 옮기고, 부하들로 하여금 막게 한다. 낙양(洛陽)은 산지가 에워싼 분지로 8개의 관문이 있었지만 장안에 비해 방어가 어려웠고, 동탁의 본거지인 량주(涼州)에서 너무 멀었기 때문이다. 이후 여포와 호진에 이어 동탁 자신마저 손견을 당해 내지 못하자, 동탁은 아예 낙양을 버리고 장안 천도를 결정한다. 이는 아주 거친 판단이었지만 결과적으로 효과가 있었다.

전한의 수도였던 장안은 낙양에서 서쪽으로 약 400km 떨어져 있었다. 연합군은 낙양 동쪽 100km 지점에 진을 치고 눈치만 살피던 차라 장안까지 추격할 엄두를 내지는 못했다. 1400년 뒤 임진왜란 때도 왜군에게 불과 20일 만에 수도 한양이 함락되었지만, 선조(宣祖)가 도성을 버리고 도망가는 바람에[13] 어찌 되었든 전쟁을 몇 년이나 이어 갈 수 있었는데, 동탁은 아예 선제적으로 천도를 감행해 '수도 함락'이라는 상징성마저 없애 버렸다.

동탁은 165년 전 광무제(光武帝)의 낙양 천도 이후로 황폐화된 장안을 재건하기 위해, 낙양의 백성들을 장안으로 이주하도록 했다. 이주를 강제하기 위해 낙양의 궁성과 민가를 모조리 불살라 버렸고, 장안 부흥에 필요한 재물을 충당하기 위해 낙양 주변의 수많은 능묘(陵墓)를 사정없이 파헤쳤다. 고대엔 내세(來世)를 현세(現世)의 연장으로 보고 죽기 전에 쓰던 물건을 대량

---

13) 왜장 고니시 유키나가(小西行長)는 선조가 항복할 줄로만 알았다. 왕이 백성과 도성을 버렸는데도 왕조가 교체되지 않았으니 특이한 사례다.

으로 함께 묻었기에[14], 부장품(副葬品)을 취하기 위함이었다.

한편 동탁이 장안으로 천도하면서 낙양을 폐허로 만든 사건은, 훗날 천자를 옹립하는 조조에게 또 다른 기회 요소로 작용한다. 장안을 탈출한 황제가 폐허가 된 낙양에 머물 수는 없어서, 조조의 세력권인 허창(許昌)으로 거처를 옮기게 되니 말이다.

### ◈ 유주목 유우

역사 속 비중에도 불구하고, 연의가 제대로 다루지 않은 대표적 인물이 유주목 유우(劉虞)다. 유비·유표·유언 등이 전한(前漢) 황실의 후손인 데 반해, 유우는 후한(後漢)을 세운 광무제 장남의 후손으로 진짜 황족이었다. 특히 유우는 청렴하고 학식이 풍부한 데다, 인의도 있어 덕망이 높았다. 당시엔 명성만 높았지 난세를 타개할 역량은 못 갖춘 인물도 많았지만, 유우는 당장의 현안을 해결할 능력도 있어서 안팎으로 치적을 많이 쌓았다.

원소는 처음부터 "동탁이 옹립한 헌제에겐 정통성이 없다"는 입장이었기 때문에[15], 전선이 교착상태에 빠지자 유우를 새 황제로 추대하여 대의명분과 정통성이 반동탁연합군에 있음을 분명히 하고자 했다. 하지만 유우는 '원소의 기대와 달리' 야심이 없었고 명분을 중시하는 인물이라, 원소의 제안을 수락하기는커녕 "힘을 합쳐 황실에 마음을 다해야 하거늘, 어찌 역모를 꾀하여 서로를 더럽히는가"라며 강하게 꾸짖는다.[16] 어쩌면 이때가 한실(漢室) 회복의 마지막 기회였을지도 모르지만, 유우의 완강한 거부로 원소의 입장만 애

---

14) 사후에도 시중이 필요하다고 여겨 시종이나 궁녀 등을 산 채로 묻는 순장(殉葬)을 행했고, 점차 인형인 '용(俑)'을 만들어 사람을 대신했다. 1974년 발견된 진시황의 무덤 '병마용(兵馬俑)'이 대표적인 예다.

15) 헌제를 구하자는 의식이 크지 않아서 동탁 공격에 소극적이었다. 원소는 정통성 있는 황제를 새로 옹립해 맞서면 된다고 생각했다.

16) 유우의 아들 유화(劉和)가 동탁 밑에서 시중을 맡고 있기도 했다.

매해졌고 맹주로서의 리더십에도 커다란 균열이 생겨 결국 반동탁연합군은 흐지부지 해산하게 된다.

### ◈ 백마장군 공손찬

공손찬(公孫瓚)은 정사의 기록과 연의의 묘사가 몹시 엇갈리는 대표적 인물 중 하나다. 유비를 도왔던 인물들을 대체로 '선하게' 포장하는 경향의 연의는 공손찬을 대인배로 그리고 있지만, 정사의 공손찬은 '뛰어난 능력으로 출세했지만 머지않아 대단한 야심을 드러내고, 말년에는 폭정과 기행을 일삼다가 처참하게 몰락하는 인물'로 기록되어 있다. 그렇다고 공손찬을 연의의 수혜자라고만 볼 수도 없는데, 연의의 공손찬은 단지 호인(好人)일 뿐으로 무능하고 무기력한 인물처럼 그려지고 있기 때문이다.

실제 공손찬은 '수천 필의 백마로 구성된' 기병대를 이끌고 북방의 기마 민족을 공포에 떨게 한 희대의 맹장이었다. 한동안 원소마저 두려워했을 정도로 막강한 대세력이었으나, 연의에선 일개 변두리 군웅처럼 등장해 존재감이 크지 않다. 한편 연의에서 공손찬의 무능함을 부각하는 인물이 다름 아닌 조운(趙雲)이다. 충의(忠義)의 화신인 조운이 공손찬을 등지고(?) 유비를 따르다 보니, 공손찬에게 호의적인 연의도 어쩔 수 없었던 것 같다.

공손찬은 연의의 서사와 달리 반동탁연합군에 가담하지 않았다. 오히려 원소가 '자신과 갈등을 빚는' 유우(劉虞)를 황제로 추대하려고 하자, 원소를 공격해 연합군이 분열되는 데 상당한 영향을 미쳤다. 공손찬과 유우가 대립한 주요 원인은 북방 이민족에 대한 대처 문제였는데, 특유의 덕망을 내세워 이민족에게 온정을 베풀고 신뢰를 쌓아 가던 유우는 유화책으로 이들을 포용하려 했지만, 강군을 보유 중인 공손찬은 체질적으로 이민족을 믿지 않아서 강공 기조를 고집했다. 누구의 판단이 옳았는지는 알 길이 없지만, 장단점이 뚜렷했던 둘의 반목은 결국 서로를 파탄으로 내몰았다. 한실 부흥을 부르짖은 이상주의자 유우는 공손찬의 물리력을 당해 내지 못하고 덧없는 최후를 맞았고, 최강 군세를 자랑하던 공손찬은 덕망 높은 유우를 명분도 없이 죽이면서 민심을 완전히 잃었다. 공손찬은 결국 '유우의 아들 유화를 전면에 내세운' 원소에 의해 처절한 몰락의 길을 걷게 된다.

### ◈ 소년장수 조운

조운(趙雲)은 연의 7회에 '소년장수'로 등장하여 원소군의 쌍두마차로 설정된 문추(文醜)와 60합을 겨루고, 실제 원가 제일의 명장이었던 국의(麴義)를 참하는 등 아주 인상적으로 데뷔한다. 연의 최고의 수혜자 중 한 명인 조운은 부실한 기록 탓에 주연급 중 가장 나이를 추정하기 어려운 인물로 꼽히는데, 연의의 설정을 따라 역산하면 유비보다도 네 살이 많은 157년생이 되므로, 소년장수로 등장하는 이때 이미 35세 전후였던 셈이 된다.

삼국지에서 소년임이 강조되는 인물은 조운·마초·육손처럼 스토리상 비중이 크고 능력이 빼어난 경우가 많다. 다만 고대 중국에선 '소년'이 지금처럼 10대의 어린 남자를 뜻하진 않았다고 한다. 『예기(禮記)[17]』는 "30세 이전의 미혼 남자를 소년(少年)이라 하고, 30세에 이르면 장년(壯年)이라 한다"라고 적고 있으며, '청년(青年)'은 본래 중국어에는 없는 단어로, 19세기 후반 일본이 영어 'young'을 번역하는 과정에서 생겨난 신조어라고 한다.

삼국지 연구자들은 조운의 생년을 장비보다 어린 168~170년경으로 추정하고 있다. 그렇다면 조운은 이 장면에서 20대 중반이었다는 얘기니, '옛날 기준으로' 소년이라 볼 수도 있겠다.

---

17)  유교에서 가장 중요한 경전인 오경(五經) 중 하나로, 하(夏)·상(商)·주(周) 시대의 예법에 대한 기록과 그에 대한 주석을 담고 있다.

## ❖ 강하태수 황조

손견을 두려워한 동탁은 낙양을 불태우고 서쪽의 장안으로 도읍을 옮겼으며, 잿더미로 변한 낙양에 입성한 손견은 우물에서 전국옥새(傳國玉璽)를 발견한다. 전국옥새는 춘추전국시대의 보물인 화씨지벽(和氏之璧)[18]을 얻은 진시황이 만들었다는 전설의 옥새로, 진(秦)이 멸망할 때 이를 손에 넣은 유방이 결국 항우를 꺾고 통일하면서 한나라 때에도 국새(國璽, 국가를 상징하는 도장)가 되었다. 천자의 정통성을 상징하는 보물 중의 보물이다.

사서의 기록을 살피면 손견(孫堅)은 당시 원술(袁術) 휘하의 선봉대장이었던 것으로 보인다. 손견이 발견한 옥새가 원술 손에 들어간 사실에서도 이를 짐작할 수 있다.[19] 반동탁연합군의 맹주 원소가 아무런 성과를 내지 못하는 와중에 원술이 손견을 앞세워 동탁을 격파하고 낙양을 수복했으니, 원술이 원소와의 주도권 경쟁에서 확실한 우위를 점한 것이라 해도 과언이 아니었다.

기세가 한껏 오른 원술은 반동탁연합군 해산 후인 191년 손견에게 형주목 유표(劉表)를 공격하게 한다. 그런데 혼란기의 흔한 다툼 중 하나로 보였던 이 싸움의 결과가 이후의 전국 판도에 큰 변수가 되고 만다. 사실 량주의 강병과 중앙의 정예로 구성된 동탁군도 제압한 손견이었으니, 유학자 출신인 유표의 형주군은 어렵지 않은 상대였다. 손견은 예상대로 연전연승하며 유표의 거점인 양양(襄陽)을 포위하는데, 다만 유표에겐 이후에도 손가(孫家)를 오랫동안 괴롭히는 황조(黃祖)[20]가 버티고 있었다.

연의는 손견이 괴량(蒯良)의 계책에 빠져 여공(呂公)을 30여 기와 함께 쫓

---

18) 화씨가 발견한 옥(玉). 값을 매길 수 없는 진귀한 보물의 대명사다.

19) 옥새를 얻은 손견의 귀환을 계기로 연합군이 해산되었다는 서사는 연의의 각색으로, 정사의 기록과는 다르다. 『후한서』는 "원술이 손견의 부인에게서 옥새를 빼앗았다"라고 적고 있는 등 이설도 많다.

20) 정사 『유표전』에 황조가 나오지 않아, 독립 군벌이란 견해도 있다.

았다고 묘사하고 있지만[21], 정사는 손견이 단기필마(單騎匹馬)로 황조를 쫓다가 매복에 걸려 화살을 맞고 전사했다고 기록했다. 일군의 대장인 손견의 단기필마 추격전이 선뜻 이해되진 않지만, 17세에 일어나 37세였던 이때까지 한결같이 선봉에서 이끌었고, 혼자 힘으로 동탁의 최정예마저 몰아낸 손견에겐 마치 항우와도 같은 백전백승의 기세가 있었을 것이다. 천하제패의 야망을 품은 원술 또한 손견을 한신(韓信)[22]처럼 여기고, 스스로를 한고조 유방(劉邦)에 견줬을 법한데, 손견의 전사라는 청천벽력에 모든 꿈이 하루아침에 물거품이 되고 말았다.

연의의 황조는 '황개에 사로잡혔다가 손견의 시신과 교환되는' 변변찮은 인물로 그려지지만, 정사의 황조는 손가의 총공세를 15년 넘게 철통같이 막아 낸 만만치 않은 인물이었다. 황조가 버틴 덕에 유표는 형주목 자리를 계속 지킬 수 있었고, 반면 '천하를 노리던' 원술과 '기지개를 켜던' 손가는 심대한 타격을 입었다. 다행히 손견에겐 범 같은 아들들이 있었지만, 군웅할거 시대에 손견이 건재했다면 전국의 판도는 완전히 달라졌을 것이다.

이로써 손가와 유표는 철천지원수가 되었는데, 유표가 동탁에 의해 형주자사로 임명된 계기는 손견이 반동탁연합군에 가담해 낙양으로 가던 도중 형주자사 왕예(王叡)를 죽이는 바람에 생긴 공백 때문이었으니 참으로 기묘한 인연이라 하겠다. 한편 동오와 형주의 극한 대립은 훗날 유비에게 커다란 기회로 작용한다. 주변국끼리 다투면 어부지리(漁父之利)가 생기기 마련이다.

### ◈ 4대 미녀 초선

장안에 머물던 동탁은 손견의 급사 소식을 듣고 크게 안도한다. 근심거리를 덜어낸 동탁은 더욱 방자해져서 장온(張溫)을 때려죽이는 등의 무도한 일

---

21)  여공이 산으로 유인해 던진 돌에 머리를 맞고 죽었다는 주석이 있다.
22)  유방이 대장군에 전격 임명하자, 무수한 전공으로 통일을 이끌었다.

을 서슴지 않았으니, 진수가 "역사를 기록한 이래 이토록 포학(暴虐)한 자는 없었다"고 평할 정도였다. 실상 동탁과 장온·손견 사이엔 구원(舊怨)이 있었다. 장온은 6년 전 량주에서 한수(韓遂)가 반란을 일으켰을 때 거기장군으로 진압 책임을 맡았는데, 중랑장이던 동탁은 장온이 상관임에도 무장 출신이 아니라며 무시하고 불손하게 대했던 것이다.

이때 장온의 참군사가 마침 손견이었다. 손견은 "군공도 세우지 못한 동탁이 방자하여 군율마저 지키지 않으니 즉각 참해야 합니다"라고 진언했지만, 장온은 강족과의 관계가 두터운 동탁을 함부로 죽여서는 안 된다고 여기고 그대로 살려 두었다.[23] 치졸한 동탁이 이때의 악연을 담아 두었다가 장온을 무참히 죽여 버린 것이니, 만약 장온이 당시 손견의 말대로 동탁의 목숨을 거두었다면 역사는 또한 사뭇 다른 방향으로 전개되었을 터다.

연의는 장온이 죽자 왕윤(王允)이 연환계(連環計)[24]를 써서 동탁을 제거한다는 장편 서사를 만들어 넣었다. 연의가 창작한 동탁과 여포의 갈등 구조가 얼마나 탁월했던지, 이 에피소드에 등장하는 초선(貂蟬)[25]은 실존 인물이 아님에도 불구하고 중국 고대의 4대 미녀로까지 일컬어지고 있다. 한편 이들 4대 미녀로는 보통 삼국지의 초선에 더해 춘추전국시대의 서시(西施)·전한의 왕소군(王昭君)·당나라의 양귀비(楊貴妃)를 꼽는데, 이 대목에서 '서구권에

---

23) 동탁이 유독 손견을 두려워한 것도, 반대로 손견이 동탁을 가볍게 여긴 것도 모두 이때의 기억 때문일 가능성이 크다. 그런데 정작 장온과 손견은 한수에 패퇴했고, 공교롭게도 동탁이 한수를 격퇴한다.

24) 병법 삼십육계 중 제35계로, 여러 계책을 연계하여 상대가 본래 의중을 짐작하지 못하도록 하는 전략을 말한다. 연의에선 적벽대전 때 방통(龐統)의 연환계 설정이 추가되어, 다해서 두 번 등장한다.

25) 여포가 동탁의 시녀와 사통했다는 정사 기록을 모티브(motive)로 한 설정이다. 초선이란 이름은 관모인 '초선관(貂蟬冠)'을 관리하는 시녀였다는 설정에서 유래하였다고 한다. 가공인물인 초선을 대신해 항우의 여인으로 유명한 우희(虞姬)를 4대 미녀에 포함하기도 한다.

선 볼 수 없는' 중국 문명 특유의 여성관을 엿볼 수 있다.

중국에는 고대의 하(夏)-상(商)-주(周) 세 왕조가 각각 말희(末喜)-달기(妲己)-포사(褒姒)라는 미인으로 인해 멸망했다고 보는 전통적 시각이 존재한다. 왕조의 멸망을 한 사람의 미녀 탓으로 돌리는 건 분명 우스운 일이지만, 공교롭게도 고대의 4대 미녀 역시 왕소군을 제외하면 '왕조의 교체를 초래한' 경국지색(傾國之色)이라는 공통점이 있다. 한데 아무리 가공인물이라곤 해도 초선은 나라를 구하려고 목숨을 바친 의인이니, 미색을 내세워 나라를 멸망으로 이끌었던(?) 여인들과 싸잡아 묶여 버린 사실을 알았다면 땅을 치고 억울해했을 법하다. 물론 절대권력자였던 동탁 입장에선, '망국의 원흉은 초선'이라 여길 수도 있겠지만 말이다.

# 제9회 ~ 제12회

## ◈ 사도 왕윤

연의는 왕윤의 계책을 초선이 기막히게 수행하여 동탁이 여포에게 주살되는 서사를 실감 나게 그리고 있지만, 초선은 가공인물이니 당연히 사실일 순 없다. 동탁이 집권한 지 3년도 안 되어 몰락한 근본적 원인은 국정을 맡기 위한 준비 과정 없이 별안간 정권을 잡는 바람에, 환란기의 대제국을 안정시킬 역량이 없었다는 것이다. 물론 동탁도 일개 변방 무장치고는 나름대로 과감한 수습책을 쓰면서 노력했지만, 멀쩡한 황제를 강제로 끌어내려 죽인 탓에 대의명분(大義名分)을 잃었으니 백약이 무효였다.

유화적 수습책이 효과를 거두지 못하자, 태생이 무부(武夫)였던 동탁이 선택한 수단은 공포정치였다. 대신들 면전에서 죄인의 팔다리를 자르고 눈과 혀를 도려내는 식으로 겁박을 일삼았고, 앞서 밝혔듯 삼공인 장온을 직접 때려죽이는 일까지 자행했다. 후한에 아무리 인물이 없어도 이런 전횡이 오래갈 리 없었다.

사도 왕윤(王允)은 동탁 주살(誅殺)[1]을 결심하고, 동탁의 최측근인 중랑장 여포에게 접근한다. 마침 왕윤은 여포와 같은 병주(並州) 출신이었고, 심지어 둘의 고향은 바로 옆 동네였다[2]. 고대에는 장거리 이동이 힘들었고, 거대한 중국은 지역별로 생활 방식의 차이가 컸던 데다, 무엇보다 동향끼리는 말이 잘 통해서 각별하게 여겼다고 한다. 타지 사람들과는 원활한 대화가 안

---

1) 죄를 물어서 죽이는 것을 말한다. 목 졸라 죽이는 교살(絞殺), 쳐서 죽이는 박살(撲殺), 내던져 죽이는 척살(擲殺), 함부로 다뤄 참혹하게 죽이는 도륙(屠戮) 등 한자는 유독 죽음에 대한 표현이 다양하다.

2) 먼저 동탁을 베었으나 갑옷에 튕겨졌던 이숙(李肅)도 같은 동네였다.

되는 경우가 많아서, 말이 덜 통하더라도 글자로 소통할 수 있는 한자(漢字)를 계속 쓸 수밖에 없었다는 견해도 있다. 물론 미국의 주(State)가 50개인데 반해 후한은 고작 13주였으니, 면적으로 따지면 '병주 출신'이라고 해 봤자 기껏해야 '남한 사람' 정도의 의미가 된다. '중국의 1% 남짓한' 작은 땅덩어리에 살면서도 지역감정이 여전한 우리네 현실을 생각하면 살짝 혼란스럽다.

왕윤은 절개가 있고 문무를 겸비한 인물로, 일찍부터 명성이 높았다. 다만 지나치게 강직한 면모가 오히려 말썽이었다. 황건군이 일어났을 때 전공을 세운 왕윤은 그 과정에서 십상시의 우두머리인 장양(張讓)의 빈객이 황건의 무리와 내통한 사실을 알게 되었고, 이를 곧이곧대로 황제에게 고한다. 왕윤은 이 일로 장양의 눈 밖에 나서 목이 달아날 위기에 놓였는데[3], 환관 세력과 대립 중이던 하진의 도움을 받아 간신히 죽음을 면한다.

그런데 하진이 죽고 정권을 잡은 동탁이 왕윤의 의로운 명성을 빌리고자 최고위직인 사도로 전격 발탁한다.[4] 강직하다고 정평이 났던 왕윤이 '황실을 핍박하고 국정을 농단한' 동탁의 제안을 받아들인 모양새가 뭔가 어색하지만, 대신들이 의지할 인물은 왕윤뿐이었다니 꼭두각시 노릇만 하지는 않았던 모양이다.

마침내 동탁 주살에 성공한 왕윤은 동탁의 구족(九族)[5]을 찾아 남김없이 멸하고, 여포와 더불어 조정을 장악한다. 하지만 무도한 동탁을 제거하여 거칠 것이 없어지자 왕윤 특유의 강직함이 독선(獨善)으로 변모해, 다른 사람의 말에 귀를 기울이지 않기 시작한다. 타협을 모르는 인물도 시운(時運)만 따르면 최고가 될 수 있지만, 최고의 자리에 오른 이후에는 정무 감각이 요구되기 마련인데, 왕윤은 그렇지 못했고 그래서 엄청난 화를 불렀다.

왕윤은 동탁을 죽여 모든 일이 정리되었다고 착각했지만, 동탁의 부하들

---

3) 영제가 진노하나, 장양은 바닥에 머리를 찧으며 사죄해 벌을 면했다.
4) 순욱의 숙부 순상(荀爽)을 억지로 사공에 앉히지만, 6개월 뒤 죽는다.
5) 위로 고조부까지의 4대와 아래로 현손까지의 4대를 모두 포함한다. 친가 4대·외가 3대·처가 2대를 모두 합쳐 구족이라 일컫기도 한다.

이라고 마냥 목을 내놓고 기다리진 않았다. 연의는 왕윤이 '동탁 수하 4인방인' 이각·곽사·장제·번조의 사면 요청을 거절한 사실만 옮기고 있으나, 실은 이들이 동탁의 앙갚음을 한답시고 병주 출신 병사들을 수백이나 학살한 사건이 왕윤의 분노를 산 것이었다. 그렇다고 해도 일단 겉으로는 사면해 준 다음에 하나씩 제거했으면 무탈할 일인데[6], 왕윤이 '사면불가'만을 고집하면서 겨우 잠잠해졌던 불씨가 세차게 타오르고 말았다.

왕윤이 끝내 사면을 거부하자 흩어졌던 량주병들이 이판사판(理判事判)의 처지가 되어 모여들었고, 이들이 역으로 장안성 포위에 나섰을 때는 그 군세가 10만에 이르렀다. 량주병들을 막고자 여포가 나섰지만 죽기 아니면 살기였던 이들의 결기를 막지는 못했고, 설상가상으로 왕윤의 독선과 독단에 불만을 품고 있던 장교들이 내부에서 반란을 일으켜 이각·곽사 편에 가담하는 바람에 장안성이 어이없이 함락되고 만다. 천신만고 끝에 역적 동탁을 주살한 지 겨우 한 달 보름 만에 벌어진 사태였다.

### ◈ 이각과 곽사

연의의 저자 나관중은 황개·한당, 황충·엄안, 장흠·주태, 서성·정봉처럼 콤비 구성을 좋아했다. 이 중 이각(李催)·곽사(郭汜)는 정사에서도 세트로 다뤄지는 조합이며, 둘에 장제(張濟)·번조(樊稠)까지 더해서 동탁 휘하의 4인방으로 자주 언급된다. 『삼국지평화』는 옹양주 출신인 이들을 묶어 '사도구(四盜寇)'라 칭한다.

동탁이 갑자기 죽어 어찌할 바를 몰랐던 이들 4인방에게 역으로 장안성 공격을 권한 인물은 희대의 모사(謀士)인 가후(賈詡)였다. 가후는 동탁의 사위인 중랑장 우보(牛輔)에 배속되었다는 기록이 있지만, 량주 무위군 출신이니 동향인 장제의 휘하였을 가능성이 크다. 나중엔 실제로 장제의 조카인 장수

---

6) 여포도 사면을 권했지만, 왕윤은 거사가 끝난 후론 여포를 경시했다.

(張繡)를 따르게 되며, 장수를 보좌해 조조를 격파하는 수완을 보이기도 한다.

이각·번조·곽사·장제의 4인방은 각각 거기장군·우장군·후장군·진동장군에 임명된다. 이각·번조·곽사는 저마다 개부(開府)[7]하여 조정을 장악했고, 장제만 도성을 떠나 홍농에 주둔한다. 느닷없이 최고 권력자가 된 이각·곽사·번조는 권력에 취해 점차 다툼을 벌이기 시작했고, '인간적 매력이 넘치는' 번조에게 사람들이 모여듦을 경계한 이각이 번조의 꼬투리를 잡아 195년 2월에 목 졸라 죽인 뒤로는 이각·곽사가 장안을 나눠서 지배하게 된다.

이각·곽사의 집권기는 동탁 때를 능가하는 막장 중의 막장이었다. 그렇지만 이들의 전투력만큼은 월등해서 194년 량주에서 마등(馬騰)·한수(韓遂)의 대군이 쳐들어왔을 때도 적병을 1만이나 베면서 대파한 바 있다. 이때 한수가 자신을 추격하는 번조에게 "우리는 같은 량주 출신이고, 사사로운 원한도 없지 않소?"라고 사정하자 번조가 그대로 놓아 준 일이 있었는데, 섣부른 호의로 인해 이각의 의심을 산 번조는 결국 죽임을 당하고 만다.

이각·곽사가 내정을 돌보지 않아 백성들은 고통 속에 신음했고, 안하무인이던 이들은 헌제까지 핍박했지만, 마등·한수의 강군마저 간단히 제압한 이각·곽사의 위세에 눌려 감히 토벌에 나서는 무리가 없었다. 반동탁연합군에 참여했던 군벌들이 본거지로 돌아가 기반을 다지느라 이각·곽사가 시간을 벌었다지만, 동탁조차 3년을 못 채우고 무너졌음을 고려하면 변경의 무명 장수에 불과했던 이들이 예상 밖으로 오랜 기간을 집권한 셈이다.

### ◈ 연주목 조조

반동탁연합군이 해산하자 군벌들은 각자 자신의 임지로 돌아갔지만, 관직이 없던 조조는 다음 행보를 두고 깊은 고민에 빠질 수밖에 없었다. 사실 여타 군웅들이 자기 병력의 온존을 우선시해 눈치만 살피다가 물러간 상황에서, 조조 홀

---

7) 관아를 설치해 속관(屬官)을 두는 것으로 본래 삼공(三公)에 허용된다.

로 퇴각하는 동탁을 쫓았던 사정 역시 이러한 조급함의 발로였다고 볼 수 있다.

그런데 때마침 흑산적(黑山賊)[8]이 동군에 침입해 왔다. 이를 동군태수 왕굉(王宏)이 막아 내지 못하자, 조조는 왕굉의 요청이 없었음에도 독자적으로 출진해 흑산적 격퇴에 성공한다. 이때 원소가 조정에 표(表)를 올려 조조를 동군태수로 임명했으니, 당시 조조는 원소의 휘하였을 가능성이 농후하다. 설령 부하가 아니었더라도 원소의 지원에 의존하는 신세였음은 분명하다.[9] 연주자사 유대(劉岱)[10]가 임명한 왕굉이 이미 태수로 있는 상황에 조조까지 태수를 자처하고 나서서 동시에 두 명의 동군태수가 있었던 셈으로, 워낙 어지러운 시절이라 비슷한 사례를 종종 발견할 수 있다. 여하간 동군을 차지한 조조는 드디어 근거지를 갖게 되었고, 이후 세력을 급속도로 불리는 결정적 단초가 된다.

192년 봄에는 흑산적이 조조의 부재를 틈타 본거지인 동무양현을 공격해 왔다. 주변에선 빨리 돌아가 싸워야 한다고 야단이었지만, 이런 식으로 도적들에 계속 휘둘릴 순 없다고 판단한 조조는 아예 흑산적의 거점을 공격하기로 결단한다. 조조의 예상 밖 기동에 흑산적은 동무양현의 포위를 풀고 물러갈 수밖에 없었으며, 조조는 이에 만족하지 않고 공세를 이어 가 흑산적은 물론 흉노족 군주 어부라(於夫羅)까지 대파하며 세상에 이름을 크게 떨친다.[11] 사실 삼국지 세계관을 관통하는 조조의 특장점은 과단성이다. 조조의 판단이 언제나 옳았던 것은 아니지만, 우물쭈물하다가 호기를 놓치는 경우는 여간해서 찾아보기 어렵다.

세상의 위기를 자신의 기회로 만드는 데 능했던 조조에겐 그만큼 운도 많

---

8)  황하 이북 산맥지대를 중심으로 창궐한 황건 무리의 잔당과 유랑민들이다. 184년에 봉기한 황건군의 잔당이라지만, 이들은 주변 군현을 침범해 노략질만을 일삼았기 때문에 군(軍)이 아니라 적(賊)이라 쓴다.

9)  정사는 연합군 해산 후 조조의 행적을 제대로 기록하지 않았다. 훗날 극단적으로 대립하는 원소와 함께했던 자취가 많았기 때문일 것이다.

10)  유대 역시 전한 황실의 후손으로, 양주자사 유요(劉繇)의 형이다.

11)  원소에게도 같은 기록이 있으니, 원소가 조조를 지원했던 것 같다.

이 따랐다. 동탁이 죽은 192년 4월, 연주(兗州)에 100만에 이르는 청주(靑州) 황건적이 침입한다. 정사엔 "191년 11월 공손찬의 2만 기병이 청주 황건적 30만을 몰살시켰다"는 기록도 있으니[12], 100만이란 숫자는 업적을 부풀리려는 과장이겠지만 상당한 대군이었음엔 틀림없었을 것이다. 그런데 이때 연주자사 유대가 포신(鮑信)의 만류를 무릅쓰고 출전했다가 전사하는 돌발 사태가 발생한다. 조조에겐 절호의 기회가 생긴 것이다.

연의가 '여백사 사건' 때로 등장을 앞당겼던 진궁(陳宮)은 실제론 이때 처음 이름을 드러내는데, 진궁은 "연주자사의 공석에는 조조가 적임"이라면서 연주자사부의 보좌역들을 적극적으로 설득한다. 이러한 진궁의 노력을 제북상(濟北相)이던 포신까지 나서서 강력하게 지지한 덕택에, 얼마 전까지만 해도 임지가 없어서 고민했던 조조가 일약 연주자사의 대임을 맡게 되는 것이다.

조조는 황건적을 몰아내고자 곧바로 출진하지만, 의욕만으론 병력의 절대 열세를 극복할 수 없어서 고전을 면치 못한다. 설상가상으로 줄곧 형님처럼 모셔온 '든든한 우군(友軍)' 포신마저 난전 중에 전사하여 엄청난 좌절을 맛본다. 조조는 포신의 시신을 찾기 위해 포상금까지 내걸었지만 끝내 실패했고, 대신 나무로 조각상을 만들어서 대성통곡하며 포신의 장사를 지냈다고 한다.

어려서부터 절개가 있고 관대했던 포신(鮑信)은 동탁이 처음 낙양을 휘저을 때부터 원소에게 동탁의 제거를 주장했고[13], 반동탁연합군이 막 일어섰을 때도 "작금의 혼란을 진압할 수 있는 이는 바로 조조"라면서 일찌감치 가담했던 남다른 통찰력의 소유자였다. 조조가 물러나는 동탁을 무리하게 쫓았을 때도 함께 따라나섰다가 포신은 부상을 입고 동생 포도(鮑韜)는 전사했으니, 훗날 대성한 조조에 의해 엄청난 영화를 누릴 인물이었으나 이때 41세로 허망

---

12) 무성왕(武成王) 강태공의 병법서로 알려진 『육도(六韜)』에 이미 기병 100기면 보병 1,000명을 물리칠 수 있다고 했으니 무리는 아니다. 송나라 보병 2천이 금나라 기병 17기에 패주했다는 기록도 있다.
13) 원소가 동탁의 군세를 두려워했기에 실제로 결행하지는 못했다.

한 죽음을 맞이했다. 조조는 은공을 잊지 않고 포신의 두 아들을 중용했는데, 거침없이 바른말을 잘하던 차남 포훈(鮑勛)이 조조 사후 조비의 눈 밖에 나 버렸고, 대신들이 포신의 공적을 들어 극구 만류했지만 처형을 피하지 못한다.

포신과 단적으로 비교되는 사례가 조홍(曹洪)이다. 조홍은 포도가 전사한 바로 그 전투에서, 서영(徐榮)에게 죽을 뻔했던 조조를 목숨 걸고 구해 낸 '생명의 은인'이었다. 조홍은 정사에 "탐욕스럽고 인색하다"는 기록이 남았을 정도로 얄팍한 면모가 있었지만, 조조를 구한 후 '포신과 달리' 오래 살아남은 덕에 큰 영화를 누린다. 조조의 육촌동생이었던 조홍도 훗날 까다로운 조비의 눈 밖에 나서 죽을 위기에 몰리는데, 조비의 모친인 변황후까지 나서서 적극적으로 구명한 덕에 가까스로 살아남았다. 아무래도 친족 신분이다 보니, 확실히 남과는 달랐던 모양이다.

한편 이런 와중에 조정에서 연주자사로 정식 임명한 금상(金尙)이 부임한다. 조조는 금상을 공격해 곧바로 내쫓아 버리고[14], 절치부심(切齒腐心)하여 황건적에 대한 공격을 계속해 30만에 이르는 병사와 100만여 백성을 복속시키는 어마어마한 성과를 거둔다. 조조는 항복한 이들 중 정예를 선발해 자군에 배속했는데, 이들이 향후 조조군의 주축이 되는 '청주병(靑州兵)'이다.

수천에 지나지 않았던 조조의 군세가 청주병의 흡수로 급성장하자, 이번에는 공손찬이 선경(單經)을 연주자사로 임명하고 조조를 공격해 온다.[15] 이때 유비(劉備)도 공손찬의 명에 따라 참전했지만, 조조는 원소의 지원을 받아 선경·유비 등을 모두 격파했고, 이제 자신이 확실한 연주의 지배자임을 대내외에 천명한다.

연의는 순욱·순유·정욱·곽가·유엽·만총과 같은 인재들이 조조가 연주목

---

14) 조조에게 불리한 기록이라선지, 정사에는 이 사실이 나오지 않는다.
15) 공손찬은 당시 원술과 공조 관계였고, 조조에게 쫓겨난 금상이 원술에게 귀부한 점이 출전의 명분 중 하나였다. 공손찬으로선 조조가 연주에서 입지를 굳히기 전에 서둘러 공략할 필요가 있었을 것이다.

의 자리를 굳힌 이즈음 대거 합류했다고 적고 있지만, 이는 정사의 실제 기록과는 차이가 있다. 순욱은 벌써 한 해 전에 조조 진영에 합류한 상태였고, 순유나 곽가의 합류는 이보다 나중의 일이며, 이미 50대였던 정욱(程昱)의 임관만 이때 이뤄졌다. 조조가 연주목으로서 입지를 굳힌 시점에, 조조의 핵심 진용이 큰 틀에서 갖춰졌다는 정도로 이해하면 좋을 것이다.

조조가 연주목이 되는 과정을 연의가 어떻게 다루고 있는지를 살펴보면, 조조를 향한 연의의 시각을 알 수 있다. 조조가 청주 황건적을 물리치고 연주를 얻은 것은 원소의 지원에 힘입은 조조의 주도적 성과였음에도, 연의는 이각·곽사가 조조에게 소탕 임무를 맡긴 덕에 어부지리를 얻은 것처럼 깎아 내리고 있다. 물론 정사의 기록이 조조를 위한 올려치기일 수도 있지만, 조정에서 연주자사를 따로 임명하여 내려보낸 사실로만 봐도[16] 반동탁연합군의 주동자였던 조조에게 중임을 맡기지는 않았을 성싶다.

조조가 치열한 쟁탈전의 결과, 실력으로 연주자사를 지켜 낸 것은 천하를 다투는 군벌로 성장하는 데 큰 의미가 있었다. 원소·유표·유장·유비 등은 모두 지역의 터줏대감인 호족(豪族)들을 중용해야 했던 반면, 호족에 빚진 게 별로 없던 조조는 출신에 구애받지 않고 능력 위주의 인재기용이 가능했기 때문이다.[17]

### ❈ 서주자사 도겸

난세의 인물치고 사연 없는 이가 얼마나 있겠냐마는, 도겸(陶謙)만큼 복잡한 사연을 가진 인물은 따로 없을 것이다. 도겸은 어려서 고아가 되었지만, 거침없고 호방한 성격 덕분에 마을의 아이들이 모두 잘 따랐다고 한다. 태수를 지낸 감공(甘公)이란 사람이 도겸의 기질과 용모를 귀하게 여겨 사위로 삼았는데, 도겸은 이때부터 "학문을 좋아하고, 강직하며 청렴하다"는 평판을

---

16) 전술한 대로, 정작 이 사실은 정사에 없어서 전후맥락을 살펴야 한다.
17) 원소에겐 빚을 지지만, 이후 자력으로 원소의 영향권에서 벗어난다.

얻어 효렴(孝廉)과 무재(茂才)[18]에 연달아 천거되었다. 관직에 나선 이후 승진을 거듭해 유주자사를 지냈고, 천자의 자문역인 의랑(議郎)이 되면서 마침내 중앙 무대에서 활약하기 시작한다.

도겸은 황보숭을 도와 강족의 반란을 진압했고, 한수의 반란 때는 장온에 의해 군사참모로 발탁되지만, '올곧은 성품 탓에' 연회에서 술을 따르라는 장온을 모욕하고 변방으로 쫓겨나기도 한다. 이후 황건의 무리가 일어나자 53세의 도겸이 서주자사에 임명되는데, 이 무렵부터 강직하고 의기 충만했던 도겸의 기록이 어지러워지기 시작한다.[19] 도겸이 정말로 갑자기 변한 것인지, 아니면 도겸을 다룬 사서의 태도가 변한 것인지는 알 수 없다.

도겸은 반동탁연합군에는 참여하지 않았지만, 이각·곽사가 왕윤을 죽이고 조정을 장악했을 때는 공융(孔融) 등과 함께 주준(朱儁)을 추대하여 연합군을 이끌도록 권유한 바 있다. 이때 어렵게 길을 뚫고 궁핍한 천자에게 공물을 전달한 공으로 서주목으로 승진했고, 율양후에도 봉해졌다. 하지만 서주목이 되고 나서는 충직한 인물을 멀리하고 소인배들을 가까이하여 주변의 원성을 샀다고 한다.[20] 훗날 손가(孫家)의 명재상이 되는 장소(張昭)가 도겸의 천거에 불응해 하옥되었다가 겨우 풀려났을 정도다.

심지어 도겸이 '천자를 참칭한' 궐선(闕宣)과 동맹을 맺고 약탈을 일삼다가, 193년에 궐선을 배신해 죽이고는 그의 세력까지 흡수했다는 기록도 있다. 도저히 같은 인물의 기록이라고 보기 힘들 정도로 오락가락하는 모습이 전해

18) 당시는 지방관이나 호족의 추천으로 인재를 등용했다. 태수가 천거하는 효렴과 자사가 천거하는 무재가 있었는데, 이들이 황제의 시험까지 통과하면 고급 관원이 되었다. '효렴(孝廉)'은 효도와 청렴을 뜻하니 유교적 덕목이 중요했고, 유능해도 평판이 나쁘면 천거되지 않았다.

19) 허소(許劭)가 찾아와 도겸을 만난 후 남겼다는 다음의 인물평이 의미심장하다. "도겸은 겉으론 겸손하고 깨끗한 명성을 추구하지만 정직하지 못하며, 지금은 남을 후대하고 있지만 반드시 변할 사람이다."

20) 왕랑·미축·진등을 기용했으니, 좋은 인재를 발탁했다는 반론도 있다.

지는데, 본의든 아니든 도겸이 조조의 부친인 조숭(曹嵩)을 죽게 만들고, 이로 인해 서주대학살의 참극이 빚어지는 것도 모두 같은 해에 벌어진 일이다.

### ◈ 조조의 서주대학살

아무리 부친의 죽음에 대한 복수전의 성격이었다지만, 서주대학살이 조조에게 있어 일생일대의 과오였음은 부정할 수 없다. 서주대학살을 전후해 워낙 동시다발적으로 사건이 벌어진 탓에 실제 사정은 연의의 줄거리보다 훨씬 복잡하기에, 선후를 잘 살펴서 타임라인을 따라가지 않으면 맥락을 이해하기 쉽지 않다.

연의는 다루지 않았지만, 공손찬이 선경·유비로 하여금 연주의 조조를 치게 했을 때 도겸 또한 공손찬 편에 서서 조조를 공격했다 패퇴한 바 있다. 당시는 원소-유표-조조의 연합과 원술-공손찬-도겸의 공조가 대립하는 구도였으니, 도겸이 공손찬의 연주 공략에 동참한 것은 당연한 선택이었다. 도겸을 줄곧 성인군자처럼 묘사하는 연의는 "도겸이 일찍부터 조조의 영웅다운 면모에 끌려 사귀길 원했다"고 밝히며 도겸의 온화함을 강조하지만, 조조와 도겸은 직전까지 전쟁을 벌인 적대관계였던 것이다.

이러한 사정 때문에 도겸의 별장(別將)인 장개(張闓)의 단독 범행이 아니고 도겸의 사주가 있었을 것이란 추측이 많고, 실제로 "도겸이 은밀히 수천 기를 보내서 조숭의 무리를 죽였다"라는 기록도 존재한다. 하지만 "도위(都尉)[21] 장개가 조숭을 죽이고 재물을 약탈한 후 회남으로 도주했다", "사졸(士卒)들이 조숭의 재물을 탐내어 마침내 습격해 죽였다"라는 등의 일련의 기록을 살펴보면, 도겸이 장개를 사주했다고 확언하긴 어려울 것 같다.

물론 사주받아 왔다가 보화에 눈이 멀어 조숭을 죽인 후 재물만 챙겨 도주

---

21) 장군보다 낮은 하급 장교로, 군무와 치안을 담당한다. 연의는 장개를 황건적 출신으로 소개하지만, 정사·후한서 등엔 그러한 기록이 없다.

했을 가능성도 있다. 영제(靈帝)는 아예 공식적으로 매관매직(賣官賣職)을 행했는데, 어차피 환관들이 중간에서 챙길 돈이라면 자신이 직접 받아 쓰는 편이 낫겠다고 판단한 것이다.[22] 조숭은 영제에게 곡식 100만석에 상당하는 1억전을 바치고 태위 벼슬을 샀던 인물이니, 막대한 재산을 가지고 있었다.

도겸이 이 무렵 워낙 예측 불가한 행보를 보였기에, 조조에 대한 화해의 제스처로 부하에게 조숭의 호위를 맡겼다가 우발적으로 사고가 터졌다는 추측도 있다. 공손찬이 192년 1월의 계교전투에 이어 사건 직전인 12월에 용주에서 또다시 원소에게 대패하자, 그동안 공손찬을 뒷배로 여겼던 도겸이 이제는 원소를 대세로 보고 조조에게 호의를 베풀려 했다는 해석이다. 이미 공손찬의 기세가 한풀 꺾인 상황에서 도겸이 무리하게 조조와 맞서려 했겠냐는 현실론으로, 불가능한 얘기는 아니지만 지나치게 도겸의 입장을 배려하는 선의의 해석인 감도 있다. 물론 본의가 무엇이었든 도겸의 부하가 조숭을 죽였다는 사실은 변하지 않는다. 게다가 도겸은 천자를 참칭한 궐선과 동맹을 맺고 약탈을 자행한 대역죄인이라[23], 조조 입장에선 도겸을 응징하지 않을 수 없었다.

하지만 서주(徐州)는 소금을 위시해 물자가 풍부한 지역이고, 연의의 묘사와 달리 도겸도 마냥 물렁한 인물은 아니었다. 무엇보다 도겸의 배후에는 공손찬이 버티고 있어서 조조가 승전을 장담할 수 있는 상황은 아니었다. 주석엔 "조조가 도겸의 토벌을 결심했으나, 도겸이 강대하여 두려워했다"는 기록이 남아 있고, 1차 출진을 앞두고 승전을 확신하지 못한 조조가 가족들에게 "만약 일이 잘못되면 장막(張邈)에게 의탁하라"고 당부했을 정도다.

---

22) 고대 중국엔 별일이 다 있었구나 싶지만, 120년 전 우리나라도 마찬가지였다. 조선의 외교 고문 샌즈(Sands)는 "하다하다 황제(고종)가 직접 뇌물받는 건 처음 봤다"고 했는데, 삼국지를 안 읽은 모양이다.
23) 도겸이 궐선을 치기 위해 작전상 같은 편인 척했다가 죽인 것이란 해석도 있고, 조조의 서주대학살을 정당화하기 위한 왜곡이라는 해석도 있다. 다만 "도겸이 궐선과 동맹했다"라는 기록은 후한서에도 나온다.

실제로 193년 가을 조조가 연전연승하며 10여 성을 함락했는데도 도겸은 무너지지 않았다. 분노한 조조가 수십만의 서주 백성을 사수(泗水) 기슭에 묻었고, 시신이 너무 많아 사수의 물이 흐르지 않는 지경이었다고 한다. 그런데 진수는 정사에 이 기록을 싣지 않고 "조조가 194년 다시 서주를 정벌하여 5개 성을 함락시켰는데, 지나는 길에 잔륙(殘戮)한 곳이 많았다"라고만 적었다. 진수가 서주대학살의 기록을 대폭 축소한 데 대해 비판이 거세지만, 관련자들이 생존해 있는 당대사를 쓰면서 조조의 살육 기록을 남긴 자체가 오히려 대단한 용기라는 반론이 있기도 하다.

서주대학살이 조조의 치명적 실책임은 명백하지만, 서주대학살의 파장을 놓고선 ①조조가 생전에 통일을 완수하지 못하게 된 가장 큰 원인이라는 시각과 ②엄청난 부정적 효과에도 불구하고 대세에 큰 영향을 미치진 않았다는 의견으로 갈리는 것 같다. 만행을 저지른 조조를 용서하지 않고 끝까지 맞섰던 서주 출신 인사들이 적지 않은데, 대표적 인물로는 촉·오의 기둥인 제갈량과 노숙(魯肅)을 꼽을 수 있다. 반면 서주 출신임에도 조조의 지위를 부정하지 않은 왕랑·진등·장소·장굉 등의 인물도 있으며, 심지어 제갈량의 일족인 제갈탄(諸葛誕)조차 조위(曹魏)에서 벼슬을 했다.

그렇다고 서주대학살을 대수롭지 않은 사건으로 볼 수는 없다. 훗날 장판파에서 유비를 따르는 백성들의 피난 행렬과 적벽대전 때 동오가 결사적으로 항전한 데서 드러나듯, 당시 백성들은 '자칫 서주에서처럼 조조에게 학살당할 수 있다'며 커다란 공포심을 가졌음이 분명하다. 400년 전 초한전쟁에서 항우의 최대 패인으로 '20만의 비무장 포로를 파묻은' 신안대학살을 꼽는 것처럼, 양민 학살로 인한 민심 이반은 회복 불능의 치명적 실책이다.

한편 정사는 도겸이 반란수괴인 궐선과 동맹이었다는 사실을 강조하면서 서주대학살의 명분으로 삼고자 공들였지만, 『자치통감(資治通鑑)[24]』은 도겸

---

24) 사마광(司馬光, 1019~1085년)이 주도하여 집대성한 편년체 사서의 대표작. 사료를 엄

이 궐선과 손잡았다는 기록을 거짓으로 보았다. 자치통감의 견해처럼 도겸이 역적과 동맹한 사실이 없었다면, '도겸을 대역죄로 몰아야 할 만큼' 조조가 서주대학살의 후과(後果)를 고민했었음이 드러나는 대목이라 볼 수 있겠다.[25]

### ◈ 방랑하는 여포

동탁을 죽이고 천하를 얻은 줄만 알았다가 불과 40여 일 만에 이각·곽사에게 장안성을 빼앗긴 여포(呂布)는 수백 기만을 이끌고 원술에게 의탁한다. '여남 원씨를 몰살한' 동탁을 손수 죽였으니 원술의 원수를 대신 갚아 준 셈이라 여길만한 데다, 손견이 죽어서 생긴 원술의 군사력 공백 역시 자신이 충분히 메울 수 있다고 믿었기 때문이다. 원소와 한참 경쟁 중이던[26] 원술도 처음에는 여포를 크게 반기고 후대했으나, 방약무인한 여포가 마음대로 군사들을 풀어 영내에서 노략질을 일삼으니 어느새 여포를 근심거리로 여기게 되었다. 원술의 태도가 무언가 달라졌음을 감지한 여포는, 얼마 안 있어 원술의 진영을 떠나 원소에게 향한다.

원소 역시 여포의 가세를 환영했고, 여포는 곧바로 원소의 골칫거리였던 흑산적 우두머리 장연(張燕)과의 싸움에 출전하여 전공을 세운다. 전과를 올린 여포는 이번에도 방자한 태도를 보여 주변의 미움을 샀는데, 특히 자신은 '황제가 정식으로 내린' 장군직과 작위를 받았음을 강조하면서, 원소 휘하 장수들에겐 '황제가 아닌' 원소가 임의로 수여한 관직을 받았다면서 무시하

---

밀히 검증한 후 선별해 실었기에 명저로 손꼽히며 이후 군왕들의 필독서였다. 사마광은 사마의(司馬懿)의 동생인 사마부(司馬孚)의 후손이나, 진나라(서진)에 편향되었다는 평가가 있진 않다.

25) 조조는 서주대학살의 후회를 드러낸 적이 없다. 인정할 수 없었을 것이다. 효를 중시한 당시엔 '부친의 복수' 이상의 살인 명분은 없었다.

26) 원술은 원소가 필요 이상으로 동탁을 자극해 원씨 일족이 몰살당했다고 믿은 것 같다. 일가가 멸족된 이후론 노골적으로 원소를 적대한다.

곤 했다. [27] 이에 분노한 원소가 여포의 제거를 시도했으나 무위에 그쳤고, 여포는 1년여 만에 다시 하내태수 장양(張楊)에게로 향한다.

## ◈ 진류태수 장막

어려서부터 의협심이 강해 따르는 사람이 많았다는 장막(張邈)은 일찍부터 조조·원소와 막역한 사이였다. 원소가 장막을 친형처럼 따랐다고 하니, 장막은 조조는 물론 원소보다도 나이가 조금 많았던 모양이다. 장막은 이후 원소·조조와 함께 반동탁연합군에 합류하였는데, 장막이 맹주로 선출된 원소의 독선적 태도를 공개석상에서 비판하면서 좋았던 관계에 금이 가기 시작했고, 원소에게서 도망친 한복을 장막이 감싸면서 균열이 가속화되었다.

그러다가 원소와 관계가 파탄난 여포가 하내태수 장양(張楊)[28]에게 향하는 도중에 장막을 찾은 일이 있었고, "장막이 여포와 헤어지면서 손을 잡고 맹세했다"는 보고를 접한 원소가 장막에게 더욱 원한을 품었다고 한다. 원소는 결국 조조에게 장막의 제거를 지시하는 데 이르고, 조조가 옛정을 강조하며 겨우 원소를 만류했지만, 장막으로선 '조조는 원소를 따르지 않을 도리가 없으니, 끝내 나를 해칠 수밖에 없을 것'이라 생각했던 모양이다.

194년 조조가 도겸을 응징하려 다시 서주로 향했을 때, 동생인 장초(張超)와 진궁(陳宮)이 "여포를 앞세워 연주에서 반란을 일으키자"고 제안하자 장막이 이를 수용한다. 조조를 연주자사로 적극 밀었던 진궁이 돌아선 데에는 서주대학살이 영향을 미쳤을 것이란 해석이 유력하다. 장막이 여포를 연주목으로 내세워 봉기하자 연주 군현 대부분이 호응했으며, 본거지를 통째로 뺏길 처지에 놓인 조조는 급히 말을 돌려 복양에서 여포군과 대치한다.

여포의 무용에 진궁의 지모가 더해지니, 조조로서도 어려운 싸움이 될 수

---

27) 역적 동탁을 처단한 여포의 명성은 실제로 당대 최고라 여길 만했다.
28) 장양은 병주 출신을 회유하려 했던 동탁에 의해 하내태수로 임명되었고, 원소와는 협력과 적대를 반복했던 인물이다.

밖에 없었다. 이때 조조는 이미 연주 대부분이 돌아선 탓에 군량이 얼마 남지 않은 상황이었는데, 마침 원소가 "군량을 보내 줄 테니 가족들을 내게 맡기라"고 제안하여 별수 없이 수락하려 했다. 하지만 정욱이 나서서 "지금 가족을 보내면 인질이 되니, 온전히 원소의 부하가 되는 꼴입니다"라며 반대하자, 조조도 약해진 마음을 고쳐먹고 다시 심기일전(心機一轉)한다.

이때로부터 여포를 몰아내는 데까지는 장장 2년이 걸리지만, 조조에겐 원소의 도움 없이 자력으로 연주를 장악했다는 사실이 무엇보다 중요했다. 조조에게 패한 여포는 서주목 유비에게 도주하고, 만신창이가 된 장막은 원술에게 구원을 요청하러 가던 중 부하들의 배신으로 저세상 사람이 된다. 장막은 원소와 조조 모두의 절친이었으니 더할 나위 없는 인맥이었지만, 절호의 인연을 잘 살리기는커녕 둘 모두와 대립하다가 멸문을 당하고 말았다.[29]

### ◈ 서주목 유비

연의는 유비가 서주목이 되는 과정을 다음과 같은 맥락에서 서술하고 있다. ①조조의 대대적인 공격으로 위기에 빠진 도겸이 미축(糜竺)을 공융(孔融)에게 보내 도움을 청하고, 공융은 다시 태사자(太史慈)를 유비에게 보내 서주 구원을 요청한다.[30] ②평원상(平原相) 유비는 당대의 명사인 공융이 자신을 알아주는 데 감격하여 도겸을 돕기로 결심하고, 서주에 도착하여 곧바로 인연이 있던 조조에게 도겸과의 화해를 중재하는 서신을 보낸다. ③이때 조조는 사실 여포의 반란으로 연주를 모두 잃을 위기에 빠진 상황이었는데, 때마침 유비가 중재에 나서자 이를 받아들여 도겸과 화의를 맺고는 군사를

---

29) 물론 결과론이다. 재물을 탐하지 않았고 의로웠다는 평가도 있다.

30) 192년 유비가 정병 3천으로 황건적 관해(管亥)에 포위된 북해상 공융을 구원했다는 『태사자전』 기록을 각색했다. 청주 동래군 출신인 태사자는 이후 동향인 양주자사 유요(劉繇)를 따른다. 유요는 『KOEI 삼국지』에선 무능한 인물로 나오지만, 의기가 있어 명성이 높았다.

연주로 돌린다. ④조조가 유비의 휴전 제안을 받아들인 진짜 이유는 여포의 반란 때문이었지만 결과적으로 유비의 중재가 서주를 지킨 셈이라, 도겸은 유비에게 "백성들을 위해 서주목을 맡아 달라"며 간청한다. 이러한 연의의 플롯은 정사의 기록과는 제법 차이가 있지만, 실제 역사보다도 오히려 개연성이 있다고 느껴지니 연의의 필력에 절로 박수가 나온다.

정사에 따르면 당시 공손찬 휘하였던 유비는 도겸이 공손찬에게 원군을 요청했을 때 청주자사 전해(田楷)와 함께 구원하러 왔으며, 유비를 각별히 대접한 도겸이 4천여 병력을 주면서 소패를 맡기자 유비가 공손찬에게 돌아가지 않고 도겸에 귀부(歸附)한 것이었다.[31] 그런데 아들이 둘이나 있는 도겸이 짧은 인연의 유비에게 선뜻 서주를 맡긴 사정은 쉽게 이해되지 않는다. 서주 호족들이 강하게 유비를 지지했고, 조조의 대학살로 서주가 궤멸적 피해를 입은 특수한 상황이라곤 해도, 아들을 제쳐 둔 채 생판 남에게 자발적으로 영지를 넘긴 사례는 달리 찾기가 어려우니, 연의의 서사가 정사의 기록보다 설득력 있게 다가올 수밖에 없다.

유비는 '연의의 묘사처럼' 처음엔 극구 사양하지만, 미축과 진등(陳登)을 비롯한 서주 호족들의 간원을 받아들여 결국 서주목에 오른다. 공손찬의 휘하 장수에 불과했던 서른넷의 유비가 후한 13주 중 하나를 영지로 갖는 어엿한 군벌로 일약 떠오른 것이다. 한편 당시의 사서인『헌제춘추(獻帝春秋)』에는 서주 사람들이 유비의 서주목 임명을 알리려 원소에게 사자를 파견했다는 기록이 다음과 같이 전한다. "하늘의 재앙이 서주에 내려 도겸이 세상을 떠나니 주인 없는 백성이 되고 말았습니다. 간웅(조조)이 빈틈을 노려 맹주(원소)께 근심이 될까 두려워 평원상이던 유비 부군(府君)을 받들어 주인으로 삼았습니다. 지금은 도적떼가 창궐해 갑옷을 벗을 겨를도 없기에 하급관리를 파

---

31) 공손찬이 원소에게 거듭 패전한 데다, 얼마 전 공손찬이 명망 높은 유우를 함부로 죽인 점이 영향을 미쳤을 것이다. 황실 후손으로 한실 부흥을 표방해 온 유비로선 유우의 무고한 죽음을 좌시할 수 없었다.

견해 대신 고합니다." 이에 원소도 "서주인들이 고결하고 신의 있는 유비를 추대했다니, 이는 실로 나의 뜻에 부합하오"라며 흔쾌히 받아들였다.[32]

도겸은 본래 '원소와 치열하게 다툰' 공손찬과 동맹이었고 유비도 공손찬 휘하에서 원소에 맞선 바 있었으나, 이때는 원소도 유비와 공손찬의 결별을 의심하지 않던 모양이다. 흥미로운 대목은 서주 사람들이 조조를 '간웅'이라 표현한 부분이다. 조조는 본래 원소의 부하였으니 원소에게 올리는 문건에는 맞지 않는 표현임이 분명하지만, 이때는 이미 조조가 원소의 그늘을 벗어난 별개의 세력임이 세간에 널리 알려져 있었음을 짐작할 수 있다.[33]

■ **주요 인물명 – 후한**

|  | 자(字) | 중문 간체 (영문) | 일본어 (–는 장음) |
|---|---|---|---|
| 동탁 | 중영(仲潁) | 董卓 (Dong Zhuo) | とうたく (토-타쿠) |
| 가후 | 문화(文和) | 贾诩 (Jia Xu) | かく (카쿠) |
| 화웅 | – | 华雄 (Hua Xiong) | かゆう (카유-) |
| 여포 | 봉선(奉先) | 吕布 (Lu Bu) | りょふ (료후) |
| 초선 | – | 貂蝉 (Diao Chan) | ちょうせん (쵸-센) |
| 하진 | 수고(遂高) | 何进 (He Jin) | かしん (카신) |
| 장각 | – | 张角 (Zhang Jue) | ちょうかく (쵸-카쿠) |
| 황보숭 | 의진(義眞) | 皇甫嵩 (Huangfu Song) | こうほすう (코-호수-) |

---

32) 이를 두고 유비가 원소에게 귀부한 것으로 보는 견해도 있으나, 얼마 뒤 유비가 원술과 싸울 때 원소의 제대로 된 지원이 없었으니 귀부는 아니었다. 공손찬과 갈라섰음을 확실히 하는 서신이었을 것이다.

33) 연의 13회엔 "원소가 안량에게 군사 5만을 주어 조조를 돕게 했다"는 설명이 나오지만, 조조가 연주에서 여포를 몰아내는 데 2년이나 걸린 것은 원소의 도움이 없었기 때문임을 미루어 판단할 수 있다.

# 제13회 ~ 제16회

### ◈ 헌제의 어가

이각(李傕)·곽사(郭汜)의 병사들이 치안을 유지하기는커녕 지들이 노략질을 하는 판이니 백성들은 피눈물이 났지만, 이각·곽사는 대신들의 불만과 백성들의 아우성을 힘으로 억누르며 어찌저찌 끌고 가고 있었다. 하지만 예상치 못한 지점에서 문제가 불거지고 말았는데, 이각·곽사의 부인끼리 사이가 나쁜 탓에 둘도 점차 반목하게 되고, 찰떡같던 공동정권 구도가 틀어져 버린다.

이런저런 오해가 겹치면서 갈등 봉합에 실패한 이각·곽사는 각각 천자와 대신들을 인질로 잡고는 도성에서 몇 달에 걸쳐 교전을 벌인다. 전사자가 1만에 이르렀으니 동탁이 억지로 재건해 놓은 장안은 말 그대로 아수라장이 돼 버렸다. 이때 홍농으로 물러나 있던 장제(張濟)가 나서서 둘을 겨우 화해시키고, 헌제를 일단 자신의 영지로 옮기자는 중재안을 제시한다. 여기에 헌제도 친히 "나고 자란 낙양 근처로 보내 달라"며 탄원하자, 치열한 싸움 때문에 경황이 없었는지 뜻밖에도 이각이 이를 받아들인다.

헌제의 어가(御駕)는 195년 7월에 장안을 떠났고, 헌제의 장인인 동승(董承)과 백파적(白波賊)[1] 출신의 양봉(楊奉) 등이 어가를 호위하였다. 훗날 조조의 필두(筆頭) 무장이 되는 서황(徐晃)이 이때 양봉의 오른팔이었고, 양봉에게 천자 호위의 임무를 맡자고 설득한 인물도 서황이었다고 한다.[2] 유가(儒家)에선 문무(文武)를 겸비한 인물을 이상적으로 보아서 '관을 쓰면 관료

---

1)  황건적 잔당으로, 병주의 백파곡에서 활동해 붙은 이름이다. 연의의 양봉은 조정의 기도위(騎都尉)로 등장하며, 출신에 대한 언급은 없다.
2)  훗날 서황은 조조로의 귀부를 설득하나, 양봉은 원술에게 투항한다.

가 되고, 투구를 쓰면 장수가 되는' 인물을 유장(儒將)이라고 했는데, 양봉에 겐 서황이 바로 장수(將帥)이자 군사(軍師)였다.[3]

본디 이각을 따르다가 반기를 든 이력이 있는 양봉은 변심한 곽사의 헌제 탈취 시도를 두 번이나 막아 내는 혁혁한 공을 세우고 거기장군 자리에 오른 다. '항상 신중하게 처신했던' 서황의 주군이면서 황제를 목숨 걸고 지켜 낸 공신이었으니 양봉도 나름 괜찮은 인물이었겠지만, 도적 출신이라선지 정사 는 물론 후한서에도 열전(列傳)이 전하지 않는다. 역사는 결국 승자의 기록 이라, 얼마 뒤 조조에게 밀려나고 빈털터리 신세가 되는 양봉을 깎아내리기 위해 '충심'보다는 '출신'에 주목한 결과일 수 있다.

황제의 호위라고 하면 일견 근사해 보이지만, 이 당시 헌제의 여정은 생사 의 경계를 넘나드는 처절함 그 자체였다. 황제의 어가는 11월에 장제의 영지 에 도착했는데, 헌제는 홍농에 머무르지 않고 내친김에 낙양까지 내달린다. 자신의 중재안이 거부된 셈이 되자 장제도 이각·곽사와 함께 어가를 추격하 기 시작했고, 발등에 불이 떨어진 헌제는 이락(李樂)·한섬(韓暹)·호재(胡才) 등의 백파적 출신에다[4] 남흉노의 우현왕 거비(去卑)에게도 구원을 요청하여 수천의 추격군을 가까스로 물리친다. 전투가 얼마나 치열했던지 생존한 호 위병이 백 명도 채 되지 않았다고 한다.

대제국의 황제가 도적과 오랑캐의 힘을 빌려 간신히 연명하였으니 헌제의 권위는 땅에 떨어질 수밖에 없었다.[5] 하지만 일단 살아남아야 후일을 도모 할 수 있는 처지라, 이것저것 따질 여유가 없었다. 죽거나 사로잡힌 고위 관 료만 수십 명에 달하는 만신창이 상태로 천신만고 끝에 어가가 낙양에 도착

---

3) 지용을 겸비했다는 의미로, 서황이 학문을 했다는 기록이 있진 않다.
4) 이들은 모두 가절(假節, 전시에 군령을 위반한 사람을 처형할 수 있는 권한)을 받고 사 정장군(四征將軍)에까지 오른다. 어찌하다 큰 공을 세워 잠깐의 호사를 누렸지만, 도적 출신이란 한계는 명확했다.
5) 헌제에게 제대로 된 권위는 없었지만, 이렇듯 추락한 때도 없었다.

했지만, 이번엔 한섬이 동승을 공격하는 등 헌제를 호위한 장수들끼리 공을 내세우며 권력다툼을 하기에 이른다. 이러한 난맥상이 지겹도록 이어지던 196년 6월, 드디어 조조가 헌제를 맞으러 직접 출진한다.

### ◈ 조조의 협천자

195년 12월, 2년여 싸움 끝에 여포를 몰아낸 조조는 해가 바뀌자 헌제의 옹위를 결심하고 조홍을 보내 영접하도록 한다. 순욱과 정욱의 건의에 따른 결단이었지만, 원술 등의 방해로 인해 실제 영접에는 실패하였고, 이에 조조는 원술에 동조했던 예주(豫州)의 황건적 잔당을 먼저 몰아낸 다음 직접 낙양으로 향한다.

이 무렵의 조조가 아주 강고한 세력은 아니었지만, 도적 출신들에 비할 바는 아니어서 헌제도 안심하고 조조를 반겨 주었다. 당시 낙양은 동탁이 불사른 이후로 복구되지 않은 상태여서, 조조는 이를 구실로 헌제를 자신의 영지인 허현으로 모신 후에 허도(許都)로 개칭하니, 허도는 후한의 마지막 수도가 된다.[6]

양봉과 한섬은 자신들이 목숨 걸고 모셔 온 천자가 허도로 향하면서 닭 쫓던 개 지붕 쳐다보는 꼴이 되자[7] 분노하여 조조를 추격했지만, 여포와의 전쟁으로 다져진 조조군의 전투력을 당하지는 못했고 도리 없이 군을 물려 원술에게로 달아난다. 헌제의 지난했던 1년여 여정이 드디어 마침표를 찍은 것이었다.

조조의 헌제 옹립을 두고, 흔히 협천자(挾天子)[8]라고 한다. 그러나 조조가 당시 실제로 내세웠던 명분은 천자를 받든다는 뜻의 봉천자(奉天子)[9]였다. 조조에 비판적인 연의가 '봉천자'의 대의명분을 '협천자'로 교묘하게 바꿔 놓

---

6) 허도는 221년 조비가 즉위한 후에 허창(許昌)으로 이름이 바뀐다.
7) 조조가 헌제를 남양군으로 모시겠다고 약속한 뒤, 허도로 가 버렸다.
8) 挾天子以令諸侯(협천자이령제후). 천자를 끼고 제후를 호령한다는 뜻으로 저수(沮授)의 건의다. 하지만 원소는 "매번 표를 올려야 하니, 당장의 권력이 가벼워진다"는 곽도의 말을 좇아 받아들이지 않았다.
9) 奉天子以令不臣(봉천자이령제후). 조조 휘하인 모개(毛玠)의 말이다.

왔던 것이다. 물론 봉천자든 협천자든 조조의 천자 옹위는 전국의 판도를 단번에 뒤엎는 묘수(妙手)였다.[10] 당대 최강 원소는 역적 동탁의 손에 세워진 헌제를 처음부터 인정하지 않았기에 이제 와서 천자를 보호할 명분이 부족했고, 숙적 공손찬과 5년째 혈전을 벌이는 터라 여유도 없었다.[11] 원소 다음가는 세력이었던 원술은 헌제가 이각·곽사에게 쫓기며 도적과 오랑캐의 도움까지 빌리는 모양새를 보고, 한실(漢室)이 완전히 끝났다고 판단해 천자를 자칭하려 시도했을 정도였다. 여기에 형주(荊州)의 유표나 익주(益州)의 유언은 진작부터 황족 출신임을 내세워 영지에서 황제 흉내를 내고 있었으니[12], 헌제의 진가를 알아챈 군웅은 없던 것이나 마찬가지였다.[13]

사실 군웅들이 바보여서가 아니라, 189년 동탁의 등장과 함께 허수아비 황제가 된 지 벌써 7년이 지난 시점이었다. 이미 전국의 군웅들은 '조정에 표(表)를 올리는 형식만 갖출 뿐' 자기 마음대로 관리를 임명한 지 오래였고, 조정이 정식 임명한 지방관을 완력으로 쫓아내는 일도 예사로 벌어졌다. 동탁이 조정을 장악했을 때는 그나마 반동탁연합군이라도 곧장 일어났었지만, 이각·곽사가 왕윤을 죽이고 다시 정권을 잡자 아예 체념했는지, 헌제가 함부로 핍박받는데도 이렇다 할 토벌 움직임이 없었다. 연합군이 흐지부지 해산한 시점에 군웅들은 한실 부흥보다 각자도생을 택했다고 볼 수 있고, 애초에 헌제를 돕는 세력이 있었다면 도적이나 오랑캐의 도움을 받으며 도망 다닐 일도 없었다.

이렇듯 모두에게 외면당한 헌제였지만, 막상 조조가 나서서 어엿한 천자로 받들고 안팎의 상황을 하나씩 정리해 나가자, 4백 년을 이어 온 한나라 황제로

---

10) 막대한 재정이 들고, 여타 군벌의 타겟이 되니 리스크가 크긴 했다.
11) 196년 7월인 이때는 공손찬이 이미 전의를 상실하고 10중 참호가 있는 역경성을 지어 틀어박혀 있었지만, 패망까진 3년이 더 걸렸다.
12) "헌제가 낙양에 돌아왔을 때 유표가 도왔다"는 야사의 기록은 있다.
13) 조조 휘하에서도 순욱과 정욱을 제외하면 모두 회의적인 입장이었다.

서의 권위가 되살아나기 시작했다. 계속된 혼란상에 위아래 가릴 것 없이 질릴 대로 질리다 보니, 아무리 권위가 실추된 황제라고 해도 어떻게든 헌제를 구심점으로 삼아 세상의 질서를 잡아 보자는 마음이 일었던 것으로 보인다.

조조는 스스로 대장군 겸 녹상서사에 올라 군권과 행정권을 모두 장악하고, 원소에겐 명예직이나 다름없는 태위를 내려 준다. 이에 원소가 대노하자 조조는 대장군을 원소에게 양보하고, 스스로는 한 발짝씩 물러나 사공 겸 거기장군을 맡기로 한다. 여기서 중요한 점은 원소의 분노에 조조가 물러섰다는 사실이 아니라, 헌제의 정통성을 부정하던 원소가 형식적으로나마 헌제가 내린 관직을 인정했다는 것이다. 원소는 더 나아가 허도의 침수 위험을 지적하며 자신의 본거지에서 가까운 견성으로의 천도를 권하니, 뒤늦게나마 '협천자'의 의미를 약간은 깨달았던 모양이다.

또 하나 특기할 만한 대목은 바로 얼마 전까지 서주의 지배권을 놓고 이를 갈아 왔던 조조가 유비를 정식으로 서주목에 임명한 것이다. 이때 유비는 원술과 한참 싸우는 중이었는데, 만약 조조가 유비의 서주목 지위를 인정하지 않으면, 유비가 자칫 원소 편에 설 수도 있다는 정치적 우려에 따른 조치였을 것이다.[14]

### ⊗ 서주자사 여포

유비와 여포는 여러 면에서 극명하게 갈리지만, 결과적으로 배신(?)이 잦았다는 점에서 공통점이 있기도 하다. 사람 보는 안목이 탁월하고 덕망이 높았던 유비는 오래도록 고난의 행보를 반복했음에도 실지로 사람에게 배신당한 사례는 별로 없었는데[15], 여포는 불의(不義)의 대명사답게 그러한 유비의 뒤통수를 치고 배신했으니, 바로 유비의 본거지인 서주(하비)를 빼앗은 것이다.

194년 도겸이 죽고 서주목에 추대된 유비는 조조의 무자비한 학살 때문

---

14) 연의엔 '유비와 여포의 싸움을 붙이기 위한' 순욱의 계략이라 나온다.
15) 전예·진군·서서처럼 유비를 떠난 경우에도, 배신이라 보긴 어렵다.

에 상처가 깊숙이 패인 서주를 빠르게 안정시켜 나간다. 한창 복구에 전념하던 유비에게 여포가 의탁한 것은 195년 여름의 일로, 반목과 배신을 거듭해 온 여포의 행적을 모를 리 없는 유비가 여포를 맞아들인 데엔 나름대로 합당한 이유가 있었다.

본래 유비는 공손찬의 휘하에 있으면서 원소에 맞섰고, 도겸을 구원하러 와서는 조조와 싸운 데다, 진작부터 '서주백'을 자처하며 서주땅에 군침을 삼켜온 원술과는 어차피 전쟁을 피할 수 없는 상황이었다. 뒷배였던 공손찬과 이미 결별한 유비는 홀로 주변의 강적들을 감당해야 했는데, 여포는 이미 원술과 원소를 차례로 등졌고 조조와는 죽자고 싸운 차라 상대편에 붙을 염려가 없다시피 했다. 무엇보다 여포는 동탁을 처단한 공적에다 천하제일의 무력으로 명성이 높았으니, 유비는 '적의 적은 나의 친구'라고 여기고 여포에게 소패를 내주어 힘을 보태도록 한 것이다.[16] 그리고 적어도 1년 동안은 유비의 기대대로 별문제가 없었다.

유비가 서주를 노리는 원술과의 일전에 나섰을 때, 협천자한 조조가 유비를 서주목으로 임명하고 진동장군에 의성정후까지 더해 줬다는 낭보가 전해진다.[17] 그런데 황제로부터 서주목의 지위를 공인받은 유비가 든든한 마음으로 원술을 몰아붙이고 있을 즈음, 장비가 지키던 하비에서 우려했던 문제가 터지고 말았다.

도겸은 본래 양주(揚州) 단양(丹楊) 출신으로, 단양은 정병(精兵)으로 이름난 곳이었다. 도겸은 서주에 부임하면서 단양병들을 이끌고 왔는데[18], 도겸과

---

16) 연의는 '여포의 습격으로 조조가 물러나, 서주가 위기를 모면했다'는 11회의 설정을 이어받아서, 유비가 "여포의 덕을 봤으면서 어찌 외면할 수 있겠소"라며 밝히며 포용한다고 묘사했다. 기막힌 연결이다.

17) 시점은 이설이 있다. 조조가 진동장군이었으니 더욱 의미가 있었다.

18) 도겸의 수많은 전공엔 단양병의 활약이 있었다. 손견의 처남과 주유의 아저씨도 단양태수였으니, 단양병은 손가에서도 용명이 높았다.

함께 4년여를 헌신한 단양병으로선 서주의 호족들이 갑자기 '굴러들어온' 유비를 서주목으로 추대하자 불만을 가질 수밖에 없었다. 특히 하비상 조표(曹豹)는 평원상 유비가 처음 도겸을 구원하러 왔을 때 같이 싸웠던 인물이라, 조표 입장에선 도겸이 죽은 뒤에 유비가 자신의 상급자가 된 상황이 아주 못마땅했을 터다.[19] 때문에 조표는 장비 등과 자주 대립했고, 참다못한 장비가 조표를 선제적으로 제거하는 사고를 쳤던 것이다.[20] 조표를 여포의 장인으로 설정하는 등 연의가 채택한 일련의 서사는 모두 정사에는 없는 창작이고 각색이다.

조표가 죽자 단양병들은 장비가 자신들까지 모조리 죽일 것이라 걱정한 나머지 여포에게 구원을 청한다. 여포가 이에 호응해 군사를 이끌고 하비에 당도하자 성문을 몰래 열어 맞아들였고, 덕분에 여포는 손쉽게 장비를 격파하고 유비의 가족을 생포할 수 있었던 것이다. 사실 연의의 독자는 '기껏 배신을 자행한' 여포가 웬일인지 유비의 가족을 순순히 돌려보내 주고, 유비도 "어찌 여포를 의심하겠느냐"라고 말하는 장면에 어리둥절하기 마련이지만, 이 경우엔 여포의 자발적 배신이 아니라 이미 거병한 단양병들의 요청에 여포가 호응했을 뿐이라는(?) 사서의 기록을 반영한 각색으로 볼 수 있겠다. 여포 딴에는 "내가 반란을 일으킨 게 아니라 오히려 수습한 것"인 데다, 자신이 아니었다면 유비의 가족들이 무사했을 리 없다고 생각했을 법하니 말이다.

본거지를 잃은 유비는 미축을 비롯한 서주 호족들의 도움으로 광릉군에서 재기를 노리지만, 원술의 강한 압박으로 이내 궁지에 몰린다. 유비와 여포는 정반대 입장이 되어 이번엔 유비가 투항하여 여포가 내준 소패에 머무르지만[21], 불안한 동거는 오래가지 못했다. 덕망 높은 유비에게 사람들이 모여들

---

19)   연의의 묘사와 달리, 조조의 퇴각에 유비가 기여한 사실도 없었다.
20)   "조표가 둔영을 견고히 하고 수비했다"라는 주석으로 보아, 조표의 수비진영 구축을 장비가 반란 의도로 판단해 죽였을 가능성이 크다. 연의의 설정과는 정반대로, 실제론 조표가 장비보다 상급자 위치였다.
21)   "유비는 믿을 수 없다"는 제장의 반대가 있었지만, 여포가 받아들였다. 연의는 유비에

어 군사가 1만에 이르자, 이를 경계한 여포가 고순(高順)을 보내 공격한 것이다. 유비의 구원 요청에 화답한 조조가 하후돈을 보내지만 고순을 감당하지는 못했고, 결국 유비는 조조에게 투항하게 된다.

한편 연의 14회는 장비가 조표에게 술을 권했다가 사달이 나는 에피소드를 담고 있지만, 사실 정사 포함 삼국지 관련 사서에선 장비가 애주가였다는 기록을 찾을 수 없다. 훗날 유비는 황제에 오르고 관우는 신격화되다 보니, 애주가와 같이 인간적 면모를 드러내는 역할을 장비한테 몰아주는 과정에서 생긴 설정일 뿐이다. 이런저런 설정이 덧붙여지면서 친숙해진 장비는 인기가 높아져 『삼국지평화』에서는 아예 주인공 역할을 맡기도 한다.

참고로 삼국지평화에서 장비는 번쾌(樊噲)의 환생으로 등장한다. 번쾌는 최고의 맹장이면서 한고조 유방(劉邦)과 동서지간이었으니, 장비와 비슷한 구석이 많다.[22] 특히 번쾌가 홍문연(鴻門宴)에서 항우(項羽)가 내어준 술을 사발째 마셨다는 유명한 일화가 전해지는데[23], 그러한 번쾌의 이미지가 장비에게 투영된 것이라 추론할 수 있다. 흥미롭게도 거침없는 호걸 이미지의 번쾌 역시, 실제론 "선비의 품격이 있고 강직했다"는 기록도 있다.

### ◈ 좌장군 원술

연의를 정사와 비교하며 읽어 나갈 때 가장 의아한 부분 중 하나는 손견이 독립 군벌이 아니고 원술(袁術)의 휘하 장수였다는 사실일 것이다. 특히 정사의 손견은 연의의 손견에 비해 활약상이 갑절로 뚜렷했던 인물이고, 심지어 손견과 원술은 '드라마나 게임 속 이미지와 달리' 동갑내기였기 때문이

---

게 소패를 내준 결정을 진궁의 계책으로 설정했다.
22) 허저의 용맹함에 "나의 번쾌로다"라며 감탄했던 조조는, 연의 21회에서 유비와 천하 영웅을 논할 때 관우·장비를 '두 번쾌'라고 칭한다.
23) '말술도 마다않는다'는 뜻의 두주불사(斗酒不辭)가 이때 유래했다. 61회에 유비와 유장의 장수들이 칼춤을 추자 유비가 홍문연을 언급한다.

다.[24] 물론 원술은 원소와 천하를 다툴 정도로 강성한 세력과 높은 명성을 자랑했고, 공손찬이 무너지기 전까지만 해도 원술-공손찬-도겸의 공조가 원소-조조-유표의 동맹보다 못할 게 없었다. 조조도 친구인 원소의 그늘에서 활동했으니, 손견이 원술의 휘하라고 해서 이상할 일은 아닌데, 조조는 중간에 주종관계를 정리하고 종국엔 원소를 극복하는 반면, 손견은 마지막까지 원술의 지시를 따르다 비명에 죽었으니 더욱 안타깝게 느껴지는 측면도 있다.

사실 이러한 위화감은 연의가 원술을 워낙 모자라는 인물로 그리고 있기 때문이기도 하다. 연의는 손견이 등장하기 전 원술의 행보를 생략한 것도 모자라, 그나마 원술이 주도해 일궈 놓았던 한 줌의 실적까지 모두 손가(孫家)의 몫으로 바꿔 놓았다. 물론 원술은 정사의 평가도 박하기 그지없다. 역사는 공과를 모두 기록해야 함에도, 진수는 황제를 참칭했던 원술의 공(功)을 모두 빼 버렸고, 대역죄인이다 보니 과(過)조차도 구구하게 기술할 필요를 못 느낀 것 같다. 나름 한 시대를 풍미한 거물이었음에도 원술을 좋게 평가한 구절은 한 줄도 없고, 옥새에 대한 내용마저도 누락할 정도로 원술의 행적 자체를 거의 다루지 않았다.

이렇다 보니 삼국지 등장인물의 재평가가 활발한 오늘날에도 원술만큼은 불멸의 머저리로 남아 있다. 물론 억지로 원술을 좋게 포장해야 한다는 의미는 아니다. 삼국지 무대의 주역 중 하나였으니 장점이나 업적이 없지는 않았을 텐데도, 원술에 대한 기록이 너무 부실한 탓에 군웅할거 시대의 전체적인 구도와 맥락을 이해하기 어려워진 부분이 있어 안타깝다는 얘기다.

### ⊗ 소패왕 손책

일찍부터 군공을 쌓아 187년에 장사태수가 된 손견은 대규모 반란을 일으킨 구성(區星)을 토벌하고, 형주자사 왕예(王叡)를 도와 영릉·계양의 반란까

---

24)　손견과 조조는 155년생이 분명하고, 원술은 155년생으로 추정된다.

지 진압하며 오정후(烏亭侯)[25]가 된다. 189년 반동탁연합군 합류를 결정한 손견은, 북진 도중에 '영릉·계양의 반란을 진압할 당시 자신을 무시했던' 왕예를 자살하게 만든다. 왕예는 손견의 상급자였고 진작에 반동탁연합군 가세를 천명했던 인물이라, 날조된 격문을 사실로 믿고 애꿎은 왕예를 죽게 만든 손견의 입장이 아주 곤란해졌다. 그런데 때마침 동탁을 피해 남양으로 내려온 후장군(後將軍) 원술이 황제에게 표를 올려 손견을 중랑장에 임명하고 자신의 휘하로 삼는다.

낙양의 원씨 일족이 동탁에게 몰살을 당한 터라 동탁 타도의 명분이 원가(袁家)로 모아지면서, 당시의 원술에겐 거칠 것이 없었다. 손견은 내친김에 남양태수 장자(張咨)까지 죽여 버리고 후한 최대의 군(郡) 중 하나인 남양을 원술에게 바친다. 원술은 이에 대한 보답으로 재차 표를 올려 손견을 예주자사와 파로장군에 임명하니, 군세가 이미 수만에 달했던 손견에게 날개를 달아 준 격이었다. 이후 손견은 원술의 기대를 아득히 초월하여 동탁을 장안으로 쫓아내고 낙양을 수복하는 등 기세가 하늘을 찔렀지만, 유표(劉表)를 공격하다 창졸간에 전사하니 손견을 앞세워 천하를 꿈꾸던 원술에겐 그야말로 마른 하늘에 날벼락이었다.

손견이 죽었을 때 장남 손책(孫策)의 나이는 17세였다. 훗날의 손권(孫權)은 후계자로 결정되자마자 손가의 후사를 오롯이 이을 수 있었지만, 손책은 아버지의 군세를 다시 이끌기까지 2년 넘게 기다려야만 했다.[26] 손책이 아니라면 정보(程普)나 황개(黃蓋)라도 손견군을 이끌어야 했겠지만[27], "원술이

---

25) 열후(列侯)의 작위는 식읍(食邑)의 규모에 따라 현후(縣侯)·향후(鄕侯)·정후(亭侯) 순이다. 현후는 삼공에 준하고, 향후는 상경(上卿)에 준하며, 정후는 구경(九卿)에 준했다. 50호나 100호를 1리(里)라 하고, 10리면 정(亭)을 따로 만들었으니, 정후의 식읍은 500~1,000호였다.

26) 이 또한 이설이 있긴 하다. 전체적인 맥락으로 이해하시길 바란다.

27) 이들은 관리 출신이라, 하인 출신인 한당(韓當)보다 신분이 높았다. 다만 황개의 진급은 의외로 더뎌서 적벽에서 큰 공을 세운 후에야 중랑장에 오른다. 반면 한당은 적벽

손견의 옛 군사를 맡았다가, 손책을 특별히 여겨 돌려주었다"라는 기록에서 손견의 병력이 원술에게 귀속되었던 사정을 확인할 수 있다.

당시는 아들이 대를 잇고 조상의 제사를 지내는 일을 절대시했지만, "호부(虎父) 밑에 견자(犬子) 없다"는 격언과는 달리 비범한 인물이 걸출한 자식을 낳은 사례는 삼국지 전체를 통틀어도 극히 드물다. 후반부에 등장하는 제갈각·사마사·육항 정도가 먼저 떠오르는데, 이들과 비교해도 손견과 손책은 타의 추종을 불허하는 독보적 호부호자(虎父虎子)였다. 게다가 손책은 사실상 가문을 새로 일으켰다는 점에서 본원적으로 큰 차이가 있다.

사람의 마음을 얻는 마성의 매력[28]이 있었다고 전해지는 손책은 194년부터 본격적으로 원술을 따랐으며, 원술이 양주자사 유요(劉繇)[29]와 벌인 전쟁을 시작으로 눈부신 활약을 이어나간다. 이때 손책이 유요 휘하의 태사자(太史慈)와 벌였다는 일대일 기록이 특징적인데, 정사는 무장의 맞대결을 여간해서 다루지 않지만, 웬일인지 둘의 싸움은 『태사자전』 본문에 생생하게 기록해 놓았다. 연의 15회의 손책과 태사자의 에피소드는 이를 바탕으로 각색한 것이다. 다만 손책이 약관(弱冠)이었는 데 반해 태사자는 이미 스물아홉이었으니, 일부 판본에서 양웅(兩雄)을 '우정을 나누는 동갑내기'처럼 묘사한 것과는 웬만큼 차이가 있다.

손책은 당대 최강이었던 아버지 손견마저 능가하는 맹장 중의 맹장이었다. 왕랑·엄백호 등을 파죽지세(破竹之勢)[30]로 격파하는 모습에, 오죽하면 사람

---

대전 당시 이미 중랑장이었다.

28) 하진과 주준의 부름에도 응하지 않은 장굉이 손책을 만나고는 '가진 건 패기뿐임에도' 초빙에 응하는 등 특별한 일화들이 전해진다.

29) 157~198년. 유요는 조정에서 정식으로 임명한 양주자사였으니, 실은 원술과 손책의 반역인 셈이지만 역사는 승자의 기록이다. 인물평으로 이름난 허소(許劭)가 유요에 의탁했었는데, 허소가 태사자를 낮게 평가한 탓에 유요도 동향인 태사자를 중용하지 않았다고 한다.

30) 연의 마지막회에서 손오를 멸망시키는 명장 두예(杜預)의 말이다.

들이 '소패왕(小霸王)[31]'이라고까지 일컬었다고 한다. 다만 연의가 손책의 강동 평정을 손가의 세력 확장처럼 서술한 맥락과는 달리, 이때 손책은 엄연히 원술의 부하였고 강동 평정 역시 원술의 지시에 따른 임무 수행의 결과였다.

손책이 원술과 결별하는 것은 원술이 황제를 참칭하는 197년의 일이다. 하지만 정황상 회계군을 평정한 후에는 손책이 이미 자립을 마음먹었음을 헤아릴 수 있다. 주유(周瑜)의 천거에 따라, '강동이장(江東二張)[32]'이라 불리며 명성이 높았던 장소(張昭)와 장굉(張紘)을 손책이 직접 찾아가 거둔 때도 이 무렵이다.

### ❖ 가후와 장수

이각·곽사를 화해시키고 홍농에서 헌제를 맞으려 했던 장제(張濟)는 조조가 끼어들어 헌제를 영접하고 허도로 천도하니 졸지에 입장이 아주 애매해졌다.[33] 엎친 데 덮친 격으로 홍농에 기근이 들어 군량이 필요했던 장제는 유표의 영지인 남양군[34] 양현을 공격했는데, 공성 중에 화살에 맞아 비명에 세상을 떠나는 바람에 조카인 장수(張繡)가 장제의 병력을 이끌게 되었다.

장수는 장제를 따라 많은 전장에서 공을 세워 이미 건충장군(建忠將軍)에다 선위후에 봉해진 인물이었지만, 량주를 떠나온 이래로 든든한 뒷배였던 '아저씨' 장제가 갑자기 객사했으니 당황하지 않을 수 없었다. 얼마 전만 해도 황제의 호위를 맡아 볼 예정이었다가, 별안간 낭인(浪人)[35]으로 전락했으니 말이다.

---

31)  항우와 손책의 고향은 인접한 동네로 옛 초나라 땅이다. 27세의 나이로 중국을 제패한 항우를 초패왕(楚霸王)이라 칭했는데, 손책을 항우에 견줬으니 더없는 찬사였다. 단 정사엔 소패왕이라는 표현이 나오지 않으며, 패도(霸道)는 왕도(王道)와는 달리 인의를 가볍게 여기고 무력이나 권모술수로 정복하는 것을 말하니 찬사라고만 할 순 없다.
32)  정사엔 없는 연의의 표현이나, 둘이 늘 세트로 묶이는 계기가 되었다.
33)  황제가 떠나자 이각·곽사는 세력이 급격히 약화된다. 곽사는 197년 부하인 오습(伍習)에게 죽고, 이각은 198년 단외(段煨)에게 주살된다.
34)  남양은 원술의 본거지였지만, 조조와 유표에 패하고 수춘으로 갔다.
35)  떠돌이 무사. 중세에 창기병(Lancer) 중 아직 용병 계약을 맺지 않은 기사를 프리랜서

그런데 뜻밖에도 유표가 장수에게 "공격해 와서 어쩔 수 없이 싸우게 되었지만, 내 본의가 아니었다"며 주요 거점인 완(宛)에 머물지 않겠냐는 제안을 해 온다. 장수에게 유표는 삼촌을 죽인 원수이긴 했지만, 근거지가 필요했기에 고민 끝에 제안을 수락한다. 유표로선 조조의 남하에 대비해 장수가 이끄는 량주 강병에게 완충재 역할을 맡긴 것으로, 완현엔 남양군의 치소(治所)[36]가 있었으니 사실상 남양군을 통째로 넘겨준 '화끈한' 결단이었다. 4년 뒤엔 유비도 신야현에서 비슷한 역할을 맡게 되며, 강하에선 황조가 손가를 막아 내는 방파제 역할을 하고 있었으니, 대학자 출신인 유표가 고안한 전형적 용인술이라 할 수 있다.

조조는 이 무렵 여포에게 배신당하고 쫓겨난 유비를 받아들인다. 연의에선 순욱이 "유비는 영웅이니 없애야 합니다"라며 반대했다고 나오지만, 정사는 정욱의 말로 기록하고 있다. 조조에게 비정하고 적나라한 헌책을 하는 인물은 정욱인 경우가 많다. 이에 조조는 "이제 영웅들을 거둬들일 때인데, 한 사람을 죽여 천하인의 마음을 잃는 격이니 안될 말이다"라며 반대를 물리친 후, 도리어 유비에게 예주를 내어주고 여포를 공격하게 한다.[37]

유비는 참으로 기묘한 인물이다. 유비가 처음 공손찬의 지원을 받은 계기는 노식(盧植)[38]에게서 동문수학한 인연 때문이었지만, 공손찬 휘하에서 내놓을 만한 군공을 세우지도 못했는데 이후 가는 곳마다 크게 환영받는다. 이를 '만인지적(萬人之敵)'으로 불린 관우·장비의 존재 때문이라 보기도 하지만, 관우·장비는 사실 이때까지 정사에 기록된 활약 자체가 없다.[39] 한편으

---

(Free Lancer)라 했는데 의미가 통하는 면이 있다.

36) 지방관이 주재하는 지방정부의 소재지. 남양군청이라고 보면 된다.

37) 허울뿐인 예주목이었지만 "패(沛)로 가서 흩어진 군졸들을 거두려 했다"라는 기록으로 보아 조조의 지원으로 패현을 탈환했던 것 같다. 연의는 기록의 공백을 진등의 활약으로 메우며 매끄럽게 연결한다.

38) 유비처럼 탁현 출신이었다. 아들 노육(盧毓)이 훗날 사공을 지낸다.

39) 앞서 나오는 관우·장비의 활약은 모두 연의의 창작일 뿐이다. 다만 정황상 기록으

로 유비가 이끌었다는 오환 기병 때문이었을 것이란 추측도 있으나, 이는 반대로 '기록된 패전'이 많아서 아무래도 설득력이 없다.

일관되게 드러나는 특징은 오직 하나로, 유비가 가는 곳마다 선정(善政)을 펼쳐 백성들이 깊이 따랐다는 점이다. 난세는 힘이 곧 정의인 시대라 삼국지 세계관에선 덕망 높은 인물이 푸대접받는 장면을 자주 접하게 되지만, 서주 대학살을 자행한 조조 입장에선 서주민의 마음을 얻은 유비의 존재가 소중했을 것이다. 유비는 삼국지의 주인공이고, 독자 중엔 유비가 훗날 촉한 황제에 오른다는 사실을 미리 알고 삼국지를 읽는 경우가 많아서 그냥 지나치기 쉽지만, 천하의 조조가 동고동락한 자기의 수하들을 제쳐 둔 채 '기껏 여포에게 쫓겨나 귀순한' 유비를 예주목으로 삼고 병력을 내어 준 것은 결코 예사로 넘길 대목이 아니다.

유비에 대한 처우를 정리한 조조는 중대한 위협으로 대두된 유표를 공격하러 나선다. 본래 원소-조조-유표는 군사동맹이나 마찬가지였지만, 조조가 협천자한 이후로 독자 행보를 계속하자 유표도 조조의 조정에 협조적이지 않았다. 조조로선 자칫하다 원소와 유표의 협공에 위아래로 시달릴 수 있어서, 후방의 위협을 내버려둘 수 없었던 것이다. 따지고 보면 유표가 자신의 영지를 공격한 장수(張繡)를 벌하지 않고, 도리어 남양군을 내주고 지키게 한 판단도 장수가 조조와 악연이 있었기 때문이었다.

장수에겐 '아주 특별한 모사' 가후(賈詡)가 있었다. 삼국지의 무대는 극심한 환란기였으니, 주군을 수차례 바꿔 가며 살아남은 인물은 제법 있었지만 '천자를 핍박한 대역죄인들을 연이어 섬기고도 천수(天壽)를 다한' 가후와 비교될 만한 사례는 도저히 찾아볼 수 없다. 게다가 가후는 단순히 목숨만 보전했던 것이 아니다. 일흔이 넘도록 영화를 누리다가 최고 벼슬인 태위를 지내고 세상을 떠났으니, 인생 자체가 드라마이자 미스터리다.

---

남지 않은 전공(戰功)이 상당했을 가능성은 크다.

가후는 동탁에 이어 이각·곽사를 따랐다가, 동향인 단외(段煨)에게 의탁한다. 가후는 헌제의 거처인 장안성을 이각·곽사의 수중에 떨어뜨려 천하에 다시금 대환란을 야기한 인물이고, 단외는 헌제를 중심으로 보필하다 기어코 이각을 토벌하고 그 삼족을 멸하는 인물이니 둘의 결합은 실로 놀라운 일이었다. 그런데 이해 못 할 지점은 단외가 가후를 받아들인 사실만이 아니다. 가후는 단외가 이각을 주살하기 얼마 전에 가족을 놔둔 채 홀로 장수에게 향했는데, 단외가 수중에 남겨진 가후의 가족을 따뜻이 보살폈다고 한다. 아무리 동향이라 하지만 단외가 '대역죄인의 무리인' 가후의 가족을 감싸준 사실도 믿기 어렵고, 단외가 자신의 가족을 해치지 않을 줄 가후가 어찌 알았는지도 수수께끼다.

가후에 대한 평가는 오늘날에도 극단적으로 갈린다. 하지만 정사에 기록된 가후의 변명처럼 "어디까지나 목숨을 부지하려고 계책을 냈을 뿐"이었는지도 모르겠다. 어지러운 세상에 '어쩌다 보니' 량주 무위군에서 태어나 같은 지역 출신의 장제를 따랐고, 장제의 상관인 동탁이 생각지도 못한 변란을 일으키는 바람에 별수 없이 반역에 휘말린 사정이었다고 항변할 순 있을 것이다.

실제로 가후는 오로지 가문의 존속에만 충실했고, 평생 누구와도 친분을 맺지 않으면서 언행을 극도로 삼갔다고 한다.[40] 이처럼 도무지 그 속을 알 수 없는 인물이라선지 정사의 평가도 상반되는데, 도덕성을 매우 중시하는 진수지만[41] 웬일인지 가후에 대해서는 평소의 잣대를 엄히 들이대지 않았고, 배송지는 이러한 진수의 모순적 태도를 주석을 통해 강하게 비판한 바 있다.

가후의 생존 본능은 장제가 죽은 이후에도 빛을 발한다. 유표가 남양에 머물면서 지킬 것을 제안해 오자 장수를 설득해 수용하도록 했고, 막상 조조의

---

40) 파벌을 짓지 않아서, 조조·조비가 민감한 문제를 가후와 상의했다.
41) 도덕성을 강조하는 점은 모종강도 마찬가지다. 모종강은 "연의가 실제 역사보다 훨씬 도덕적이라 교육에 더 좋다"고 밝혔고, 능력 있는 사람보다 덕이 있는 사람이 출세하는 편이 바람직하다고 주장했다.

대군이 접근해 오자 머뭇거리지 않고 항복해 목숨을 보전한다. 다만 조조에 투항하여 상황이 종료된 줄만 알았을 때, '숱한 난관 속에서도 귀신같이 활로를 찾아온' 가후에게 예상치 못한 난제가 주어진다. 미모가 빼어났던 장제의 미망인을 조조가 취하면서 일이 엉망으로 꼬여 버린 것이다.

장수는 조조가 숙모를 함부로 범한 데다, 아끼는 부하인 맹장 호거아(胡車兒)까지 매수하려 들자 참을 수 없는 모멸감을 느끼고 극도로 분노한다. 장수의 노여움을 알게 된 조조는 은밀히 장수를 제거하려 일을 꾸몄지만, 계획이 누설되어 도리어 장수에게 대대적인 기습을 허용하고 만다. 조조의 처소로 들이닥치는 장수군을 전위(典韋)가 초인적인 힘으로[42] 막아 내긴 했지만 결국엔 불감당이었고, 장수군의 집중사격으로 도망치던 조조의 말에 화살이 꽂히는 바람에 조조의 장남 조앙(曹昻)이 아버지에게 말을 넘겨주고 대신 죽음을 맞는 비상사태가 벌어진 것이다.

조조의 정실(正室)인 정부인(丁夫人)은 소생이 없어 조앙을 친아들처럼 길렀는데, 이 일로 충격을 받아 친정으로 돌아가서는 영영 돌아오지 않았다. 생전에 서주대학살의 업보도 반성하지 않은 조조였지만, 본인의 욕심 때문에 조앙을 잃고 정실부인을 떠나게 만든 과오만큼은 죽을 때까지 회한했다. 무엇보다 장성한 적장자가 죽으면서 후계 구도가 완전히 엉켜 버려서, 무려 20년이 지난 뒤에야 왕세자를 정할 수 있었다. 이 과정에서 아들 형제를 둘러싸고 파당이 나뉘어 불필요하고 첨예한 소모전을 낳았고, 이는 훗날 위나라의 명운에 돌이킬 수 없는 악재로 작용한다.

장수는 조조가 물러가자 가후의 반대를 물리치고 기병으로 추격하지만, 피해만 보고는 다시 양현으로 돌아왔다. 조조는 제장에게 "내가 장수를 굴복시켰으나, 인질을 잡아 두지 않은 실수 때문에 이 지경에 이르렀소. 이를 잘 살펴서 앞으로 다시는 패하는 일이 없도록 합시다"라고 말하고는 허도로 돌아

---

42) 연의 11회에도 여포의 장수 넷을 전위가 홀로 물리치는 장면이 있다.

왔다. 이후에도 조조와 장수·유표의 공방은 상당 기간 끈질기게 이어진다.

## ■ 낙양말과 장안말

삼국지 도입부에 황도(皇都)로 나오는 낙양(洛陽)은 중국 최초의 왕조인 하나라 이래 가장 오래된 도시다. 그 역사가 4천 년에 이르며, 유구한 전통 때문에 공자도 의례를 주관할 때는 표준어인 낙양말 '아언(雅言)'을 썼다고 한다. 그러다가 동탁이 낙양을 불태우고 전한의 수도였던 장안(長安)으로 천도하니, 장안은 중국을 대표하는 천년고도로 지금의 시안(西安)이다. '장안'이라는 단어 자체가 수도를 의미하기도 하며, '장안의 화제'라는 말이 지금도 쓰일 정도다. 이후 송나라 때까지 중국의 통일왕조는 장안과 낙양을 번갈아 수도로 삼았다. 특히 중국 문명을 크게 발전시킨 당나라가 장안과 낙양을 각각 수도와 부수도로 정했는데, 이때의 표준어는 장안말인 '통어(通語)'였다. 현재 우리가 쓰고 있는 한자의 발음 역시 당나라 때 유입된 통어에 기반한 것으로, 13세기에 몽골에 의해 원나라가 세워지고 몽골어가 통어에 혼입되면서 몽골식 한어가 대두된다. 이는 기존의 아언이나 통어와는 의사소통이 힘들 정도로 달랐다고 하며, 나름대로 통어의 발음을 유지해 온 우리나라와 현대 중국어의 한자 독음이 사뭇 달라진 이유가 여기에 있다. 이처럼 장안말과 낙양말도 달랐다면 지방의 방언과는 차이가 아주 컸을 것이다. 사투리라도 알아듣는 데는 어려움이 없는 우리에겐 낯설고도 신기한 얘기이며, 그들이 왜 그리 동향에 집착했는지 고개를 끄덕이게 된다.

# 제17회 ~ 제20회

## ❖ 중(仲) 황제 원술

공조 관계였던 도겸이 서주목일 때도 '서주백(徐州伯)'을 자처하며 잡음을 빚었던 원술은, 194년 유비가 돌연 서주목이 되자 더 이상 참지 못하고 서주 침공을 결정한다.[1] 원술은 전쟁을 위해 여강태수 육강(陸康)[2]에게 군량 3만 석을 요구했는데, 육강이 거부하자 손책에게 공격을 지시했고, 유력 호족이던 육강이 거세게 저항하여 2년여를 버텼지만 결국엔 무너질 수밖에 없었다.

원술은 당초 손책에게 "육강을 쫓아내면 여강태수로 삼겠다"고 약속했던 바 있다. 하지만 막상 손책이 고생 끝에 여강을 함락하자 약조를 깨고 유훈(劉勳)에게 태수를 맡기니, 이는 손책이 훗날 원술의 울타리를 벗어나 독립하는 요인 중 하나가 된다.[3] 원술이 약속대로 손책에게 여강을 맡겼다면 유비와의 싸움에 손책이 참전했을 가능성이 컸고, 당연히 전황도 달라졌을 것이다.

여강을 손에 넣은 원술은 196년 "내가 여태껏 유비라는 이름을 들어 본 적이 없다"고 호언(豪言)하며 자신만만하게 서주를 공격한다. 하지만 만만찮은 유비의 저항에 막혀 한 달 넘게 대치가 계속되었는데, 이 무렵 여포가 유비를 배신하고 반란하여 하비를 점령한 덕분에 유비는 입술을 깨물며 퇴각

---

1) 연의는 원술이 순욱의 계략에 넘어가 유비를 치는 것으로 각색했다.

2) 126~195년. 바로 육손(陸遜)의 작은 할아버지로, 이로 인해 손가와 육가 사이에 큰 원한이 생긴 셈이었다. 다만 손책의 탓만으로 돌릴 수는 없다. 예전에 손견이 육강 조카의 구원 요청에 호응했었는데도, 육강이 손견의 뒤를 이은 손책을 외면했던 구원(舊怨)이 있었기 때문이다.

3) 원술은 "손책을 구강태수로 삼겠다"는 약속을 이미 물린 적이 있다.

하지 않을 수 없었다. 원술은 내친김에 본거지를 잃고 고립된 유비를 없애고 자 기령(紀靈)을 파견하지만, 여포가 '원술의 예상을 깨고' 유비의 투항을 받아들이는 바람에 더는 공세를 이어가지 못하게 된다.[4]

이처럼 유비는 물러났지만, 이번엔 여포가 서주목을 자칭하고 나섰다. 진작부터 서주를 노려온 원술로선 아주 못마땅한 상황이라, 여포의 부하인 학맹(郝萌)과 진궁(陳宮)에게 모반을 획책하였고, 이들의 반란은 성공하여 순식간에 하비를 차지한다. 하지만 여포가 가까스로 몸을 피해 고순(高順)의 진영으로 도망쳤고, '여포의 조운' 고순의 활약으로[5] 반란은 금방 진압되고 말았다.

자신의 사주로 인한 반란이었음을 여포가 알게 되자 매우 곤란해진 원술은, 역으로 여포에게 사돈을 맺자며 혼인동맹을 제안한다. 어떻게든 우군이 필요했던 여포도 원술의 제안을 깨끗하게 수락하니, 이 무렵엔 배신-반란-동맹이 쉴 틈 없이 이어져서 누가 아군이고 누가 적군인지 정신을 못 차릴 정도다. 그런데 본래 합심과 변심을 반복하는 원술과 여포는 그렇다 쳐도, '연의에는 없는' 진궁의 배신은 상당한 충격으로 다가온다. 더구나 성질 급한 여포가 "진궁은 따르는 무리가 많으니 함부로 제거하면 감당하기 어렵다"면서 진궁의 반란 가담을 불문에 부쳤다니 더욱 놀랍기만 하다. 사람이 하는 일이라서 '죽고 사는' 문제로 귀결되면, 되는 일도 없고 그렇다고 안 되는 일도 없는 것 같다.

사실 원술은 헌제의 어가가 동관에서 이각의 무리에 대패했다는 소식을 접한 시점에, '이제 한실은 회복 불능'이라 인식하고 부하들을 모아 놓고는 다음과 같이 토로한 적이 있었다. "지금 유씨는 쇠미하고 천하는 큰 환란에 휩싸였소. 내 집안은 4대에 걸쳐 삼공을 지내 백성들이 지지하는 바, 하늘의 뜻에 순응하고 백성의 뜻에 따르고자 하는데 여러분들의 생각은 어떠하오?"

---

4) 『후한서』엔 "여포가 원술의 서신을 받고 크게 기뻐했고, 이내 군대를 이끌고 하비를 습격해 유비의 처자를 붙잡았다"라는 기록이 있다. 여포의 하비 점령이 원술의 사주에 의한 배신이었다는 얘기가 된다.
5) 반란군의 하내 사투리에 착안하여, 주동자가 학맹임을 알아차렸다.

이때는 부하들이 극구 만류하여 어떻게든 그 뜻을 물렸지만, 여포와 결맹(結盟)하고 이듬해가 되자 원술은 보관하던 옥새를 내세우고 부명(符命)[6]을 들어 '중(仲)'이라는 나라를 세우고 황제를 자처했다. 손책이 경고장을 보내는 등 제경(諸卿)·제장(諸將)이 극력 반대했지만, 원술은 필두인 장훈(張勳)과 교유(橋蕤)를 대장군에 제수(除授)하며 기어이 중나라의 건국을 강행한다.

원술의 황제 참칭은 전황을 크게 오판하고 미신을 따른 결과이니 일고(一顧)의 가치도 없겠지만, 당시 원술의 다급한 속사정은 잠깐 들여다볼 필요가 있다. 처음 반동탁연합군의 기치를 세웠을 때만 해도, 사세삼공의 여남 원씨 형제[7]가 단연 선두에 자리하고 있었다. 원소는 연합군의 맹주였고 손견을 앞세운 원술은 동탁을 몰아냈으니, 명성으로나 실력으로나 천하의 패권은 둘 간의 경쟁이라서, 이 과정을 '이원(二袁)'의 전쟁이라고도 한다.

당시 원소는 기주(冀州)에 자리 잡아 조조-유표로 이어지는 동맹을 구축했고, 원술은 형주 남양군을 중심으로 공손찬-도겸과 공조해 팽팽하게 맞섰다. 그런데 원술로선 손견의 비명횡사가 치명적이었고, 공손찬마저 193년에 유우(劉虞)를 함부로 죽이면서 민심을 잃어 꺾이기 시작한다. 서주를 유비에게 넘겨 버린 도겸이야 말할 필요도 없다. 194년엔 손책이 가세하여 강동을 평정하니 다시금 천군만마를 얻은 격이었으나, 무슨 연유인지 태수로 삼겠다는 약속을 거푸 어기며 범 같은 손책을 품지 못한다.[8]

원술의 초조함은 196년 조조의 협천자로 극에 달한다. 황제를 끼고 있는

---

6) 하늘이 임금 될 사람에게 내리는 상서로운 징조. 한나라는 유학이 관학이었지만, 음양오행설에 의거해 성쇠득실(盛衰得失)과 길흉화복(吉凶禍福)을 예언하는 도참설(圖讖說)을 비롯해 미신이 크게 유행했다. 진수조차도 스승인 초주(譙周)의 영향으로 도참설을 믿었을 정도다.
7) 원소·원술은 호적상 사촌이지만 실은 이복형제다. 누대에 걸쳐 원가에 신세 진 이들이 전국에 산재해, 원술 모친 장례에 3만 명이 찾았다.
8) 손책이 원술의 예상을 완전히 뛰어넘는 기세여서, 원술 휘하의 숙장들까지 걸출한 손책을 우러렀다고 한다. 원술은 내심 두려웠을 것이다.

조조가 '협력하면 관직을 내리고, 거스르면 반역으로 몰았으니' 원술로선 스스로 황제가 되어 새로운 명분이라도 세우지 않으면 어차피 고사(枯死)할 처지에 놓일 것이라 여겨 폭주한 결과가 바로 '황제 참칭'이었다. 마침 옥새도 지녔으니 말이다.

원술은 제위에 오르면서 금상(金尙)[9]을 태위로 임명했는데, 금상이 이를 거절하고 도망가다 잡혀서 처형되는 희대의 촌극이 발생한다. 사실 손책이 절연(絕緣)을 선언하고 여포가 미리 약속했던 혼사를 물린 것은 타격이 크긴 해도 어느 정도 예상 가능한 일이었다. 그렇지만 자신에게 의탁 중이던 인물조차 제대로 포섭하지 못해, 새 황제(?)가 내린 최고 벼슬을 내던지고 도망가는 사태를 빚은 것은 도무지 이해할 수 없다. 원술의 황제 등극이 얼마나 졸속으로 진행되었는지 짐작하고도 남음이 있다.

한편 원술은 이즈음 스물셋의 주유(周瑜)를 직속 부장(副將)으로 기용하고 싶어 했다. 하지만 천하의 주유가 '원술의 가망 없음'을 모를 리 없었다. 주유는 잠시 거소현장을 맡았다가[10] 이듬해 손책이 있는 오군으로 향했고, 손책은 직접 주유를 맞아 건위중랑장에 임명하고 병사 2천과 기마 50필을 하사했다고 한다.

## ◈ 조조의 남하

원술이 황제를 참칭하니, 천자를 옹위하던 조조도 더는 원술을 내버려둘수 없었다. 197년 7월에 조조가 직접 나서서 원술의 근거지를 공격하였고, 원술은 싸움이 벌어지기도 전에 몸부터 피한 후 대장군 교유와 장훈으로 하여금 기현에서 조조를 막게 한다. 하지만 조조는 손쉽게 기성을 함락하고 교유를 참했으니, 원술이 이후로는 쪼그라든 세력을 다시는 회복하지 못한다.

이 부분에서 연의 17회가 황제 참칭을 응징하기 위해 전쟁의 스케일을 얼

---

9)  연주자사로 정식 임명되고도 조조에 쫓겨나, 원술에 의탁 중이었다.
10) 주유는 이때 동성현의 부호인 노숙(魯肅)과 두터운 교분을 맺는다.

마나 키웠는지 살펴보자. 연의는 먼저 원술의 병력을 20만 대군으로 설정했다. 그런 후에 조조의 요청으로 연합 정벌군이 구성된 것처럼 묘사했는데, 동쪽의 여포·서쪽의 손책·남쪽의 유비에다 북쪽에선 조조가 직접 보기 17만[11]으로 원술을 공격해 들어갔다니, 군세를 떠나 캐스팅이 가히 드림팀이다. 문득 "닭 잡는 데 소 잡는 칼을 쓰려 하십니까!"라고 외친 화웅(華雄)이 떠오르고, 과연 한실을 옹위하는 연의답다는 생각도 든다.

이 무렵 남양과 장릉에선 장수(張繡)에 호응해 모반이 일어난다. 1차로 투입된 조홍이 진압에 실패하자, 1년여 만에 조조가 출진해 유표의 무장 등제(鄧濟)를 사로잡고 상황을 정리한다. 전위와 조앙의 원한을 반드시 갚고자 했던 조조는 몇 달 만에 다시 남하해 양현에서 포위망을 구축했으나, 유표가 배후를 노리고 원소의 낌새도 심상치 않아 공성을 포기하고 허도로 돌아온다.

연의는 이 대목에서 『조만전(曹瞞傳)』을 출전으로 하는 일화 두 가지를 소개하고 있다. 하나는 조조가 군사들의 불만을 잠재우기 위해 군량 담당자를 희생양으로 처형한 일화이고, 다른 하나는 말이 제멋대로 날뛰는 바람에 조조 자신이 군령을 어기게 되자 스스로 머리카락을 잘랐다는[12] 내용이다. 조만전은 저자가 오나라 출신이라고만 알려진 조조의 전기로, 책으로 전하지는 않으나 배송지가 주석에 많이 인용해 놓아서 널리 알려졌다.

'만(瞞)'이라는 한자가 속인다는 뜻이라 속임수에 능했던 조조의 특징을 일부러 부각한 책이라는 비판도 있지만[13], 현대인의 시각에선 조조만의 장점으로 여길 만한 일화도 적지 않으며, 당장 위의 두 가지 일화에서도 조조의 상반되는 면모가 드러난다. 조만전은 다른 사서에는 없는 구체적 일화를 많이

---

11) 연의 30회엔 관도대전을 맞아 조조가 이끄는 군사가 7만이라 나온다.
12) 공자의 가르침을 담은 효경(孝經)은 "우리 몸은 부모님께 받았으니 몸을 다치지 않는 것이 효도의 첫걸음"이라는 내용으로 시작한다. 유교를 숭상한 고대에는 머리카락을 자르는 것도 형벌의 하나였다.
13) 조조의 아명이 아만(阿瞞)이란 연의 1회의 언급도 조만전이 출전이다.

담고 있어, 오늘날 조조가 입체적 캐릭터를 갖는 데 많은 영향을 미쳤다.

### ◈ 맹하후 하후돈

이렇듯 조조의 기세는 용솟음치고 원술은 한없이 추락하는 상황이었는데, 여포가 무슨 영문인지 다시 군을 일으켜 원술의 편을 들고 나선다.[14] 여포는 198년 4월 장료(張遼)와 고순을 보내 유비를 공격했으며, 조조가 급히 하후돈(夏侯惇)을 보내 구원하지만 결국 패하여 유비의 처자까지 여포군에 생포된다. 연의 18회는 이 싸움에서 조성(曹性)의 화살이 눈에 박힌 하후돈이 "아버지의 정기와 어머니의 피로 만든 눈이니 어찌 버릴 수 있겠느냐!"라며 눈알을 뽑아 삼키는 장면을 생생히 묘사하고 있다.

물론 이 에피소드는 연의의 창작이지만, 하후돈이 여포와의 싸움에서 화살을 맞고 왼쪽 눈을 잃은 사실은 정사에 기록되어 있다. 때문에 군중에선 하후돈을 맹하후(盲夏侯)라고 부르며, 하후연(夏侯淵)과 구분했다고 한다. 하후돈은 연의에서 맹장 서영(徐榮)을 참하고 천하의 관우와도 호각으로 싸웠다는 설정이 있어 한동안 조조군 제일의 맹장처럼 여겨졌었지만, 실제로는 후방 지원업무를 주로 담당했고 "여포에게 사로잡힌 일까지 있었다"는 정사의 기록이 알려진 요즘에는 평가가 사뭇 달라졌다.

하후돈에겐 연의의 묘사처럼 초절(超絶)의 무용도 없었고, 정사에 기록된 전공도 딱히 내놓을 만한 것이 없다. 대신 훌륭한 성품과 철저한 자기관리로 조조군을 떠받치는 대들보 같은 존재였으니, 군중에서도 학문을 게을리하지 않은 하후돈은 청렴하면서도 베푸는 데 아낌이 없어서 안팎으로 확고한 지지를 받았다고 한다. 조조의 최측근으로 확실한 2인자였는데도 권세를 부리거나 교만하지 않았으니, 여간해서 찾기 힘든 훌륭한 처신이었다.

---

14) 정사의 기록만으론 정확한 이유를 헤아릴 수 없다. 연의는 조조가 '여포를 제거하기 위해' 꾸민 계략에 넘어갔던 것처럼 각색했다.

다만 하후무(夏侯楙)를 비롯한 일곱 아들이 '아버지와는 달리' 하나같이 절도가 없고 무능했던 탓에 하후돈의 명성까지 깎아버리고 말았다. 공교롭게 하후연도 아들이 일곱이었는데, 이들은 모두 뛰어난 인재들이어서 더욱 선명하게 비교되었다고 한다.

### ◈ 여포의 최후

하후돈마저 패퇴하자, 조조는 10월에 직접 출진하여 팽성을 함락하고 하비로 진격한다. 조조는 여포를 포위한 후 항복을 권했는데, 여포에겐 항복의사가 있었으나 진궁을 비롯한 부하들의 강한 반대로 뜻을 거두고 대신 원술에게 구원을 요청한다. 조조는 원술의 구원병 1천 기도 가볍게 물리치지만, 강으로 둘러싸인 하비성에서 여포가 극렬히 저항하자 철군까지 고민할 정도로 애를 먹었다. 그런데 석 달쯤 지난 시점에 여포의 부하인 후성·송헌·위속이 진궁을 포박한 채로 조조에 투항했고, 상황이 여기에 이르자 여포도 더는 버티지 못하고 결국 항복하고 만다.[15]

여포(呂布)는 누가 뭐래도 삼국지 세계관 최강의 무장이다. 특히 연의의 여포는 관우·장비의 협공을 물리치고, 전위·허저·하후돈·하후연·악진·이전을 한꺼번에 상대하는 초월적 존재다. 하지만 의외로 정사에 실린 여포의 일기토(一騎討)[16]는 곽사(郭汜)를 상대한 기록이 전부로, 연의의 일기토는 모두 창작이다. 그렇다고 여포의 무쌍함이 소설적 과장만은 아니며, 여포의 무용을 강조하는 기록은 많이 남아 있어서[17] 당대에 여포가 제일의 무장이었

---

15) 후성(侯成)이 금주령을 어긴 것이 계기였는데, 정사에는 연의처럼 곤장을 맞았다는 기록은 없다. 여포가 부하들의 처와 사통했다는 기록도 있으니, 사실이라면 이 역시 배신에 영향을 큰 미쳤을 것이다.

16) 일본어 '一騎討ち(잇키우치)'의 한국어 독음이다. 중화권에선 '단도(單挑)'라고 한다. 연의 이전에는 삼국지 서사가 이야기 공연의 형태로 유행했기에, 공연의 편의상 일기토 중심으로 전쟁 상황을 묘사했다.

17) 여포가 150보 떨어진 화극을 화살로 맞혔다는 연의 16회의 원문사극(轅門射戟) 에피

음은 의심할 여지가 없다. 물론 때로 여포가 몸을 사리는 장면이 나오긴 하지만, 여포는 일개 무부가 아니라 어엿한 군웅이고 맹주였다. 군신(軍神)과도 같았던 손견과 손책의 비극적 말로를 떠올린다면, 여포의 신중한(?) 처신이 충분히 이해될 법하다.

흥미로운 지점은 연의의 저자인 나관중 또한 여포의 '최강' 이미지를 지켜주려 했다는 것이다. 뭐든 '싱겁게' 표현하기 일쑤였던 진수마저 "포효하는 호랑이"라고 수식한 천하의 여포가 '간웅' 조조에게 순순히 투항했다는 기록이 못마땅했는지, 여포가 싸움에 지쳐 잠이 들었을 때 어쩔 수 없이 결박당했다는 서사로 바꿔 놓았다. 연의는 때로 사서의 기록보다 더욱 진짜 같다.

사로잡힌 여포가 조조에게 목숨을 구걸한 모습은 약간 실망스럽지만, 인재를 병적으로 탐한 조조가 최강의 기병대장인 여포를 고민 끝에 거두지 않은 것도 눈여겨볼 대목이다. 사실 조위의 오호대장군(五虎大將軍)이라 할 수 있는 오자양장(五子良將)[18] 중에선 악진(樂進)만이 처음부터 조조를 따랐고, '3대장'으로 꼽히는 장료·장합·서황은 모두 항장(降將) 출신이기 때문이다.[19]

조조는 유능함을 인재의 최우선 조건으로 여겼다. "치세에는 덕행 있는 인재를 숭상하나, 난세에는 능력 있는 인재를 포상한다", "청렴한 인재를 중용하되, 욕심이 사소하다면 꺼리지 않는다"고 분명히 밝혔을 정도다. 많은 이들이 '만약 여포가 목숨을 구걸하지 않았다면, 조조가 여포를 거두었을까?'라는 의문을 품고 있으니, 관우를 얻고자 무진 애를 썼던 조조가 정작 여포를 거두지 않은 이유가 몹시 궁금하긴 하다. 물론 관우와 여포는 기본 성품이 전연 달라서, 단순한 비교 대상이 될 수는 없다.

---

소드도 정사의 기록을 토대로 각색한 것이다.

18) 정사가 촉한의 명장인 관우·장비·마초·황충·조운의 열전을 『관장마황조전』으로 엮은 것과 같이, 조위(曹魏)의 명장인 장료·악진·우금·장합(張郃)·서황의 열전을 『장악우 장서전』으로 엮은 데서 비롯된 별칭이다.

19) 우금(于禁)은 본래 포신(鮑信)을 따르던 인물이라 미묘한 차이가 있다.

정말 아쉬운 부분은 초선(貂蟬)의 마무리다. 삼국지는 유독 여성의 역할이 적으며, 정사에 기록된 여성의 활약상조차 제대로 다루지 않은 경우가 많다. 그런 점을 감안하면 삼국지 세계관에서 초선의 역할이나 비중은 단연 돋보임에도, 연의가 동탁 사후 초선의 행보를 한없이 초라하게 만든 것은 못내 안타깝다. 존재감 있는 명장이 죽으면 '병사(病死)였어도 장렬한 전사(戰死)로 포장해 주는' 연의의 꼼꼼한 배려를 생각할 때 더욱 그렇다.

행방을 알 수 없던 초선은 연의 16회에 "여포의 첩 초선은 자식이 없었고"라는 너절한 문장에 잠깐 등장했다가, 하비에선 진궁의 계책을 따르려는 여포의 출진을 말리고 술만 마시도록 권하는 한심한 역할을 떠맡는다. 연의 8회에 나왔던 "소녀가 대의에 보답하지 못한다면 만 번 난도질당해 죽겠사옵니다"라는 비장한 대사가 무색할 지경이다. 그나마 여포가 죽고는 "조조가 여포의 처와 딸을 데리고 허도로 돌아왔다"는 한 줄의 서술이 연의의 마지막 언급이라, 이후 초선의 행적은 알 도리가 없다.

이 때문에 '조조가 데리고 간 사람은 첩이 아닌 처라고 했으니, 첩이었던 초선은 여포를 따라서 자결했을 것'이란 식으로 웃지 못할(?) 추측만 무성하게 되었다. 개인적으로 이런 시대착오적 대목은 청나라 사람 모종강의 개작(改作)을 따를 이유가 없다고 본다. 이문열본은 '가공인물' 초선의 입장을 변호하는 몇 줄의 해설을 덧붙였고, 초선의 대의를 기리기 위해 앞서 왕윤이 죽었을 때 같이 자살한 것처럼 처리한 판본이 있기도 하다.

한편 연의는 이 에피소드에서 장료(張遼)가 관우의 간원으로 목숨을 구했다고 적고 있으나, 이는 정사엔 없는 연의의 각색이다. 아쉽지만(?) 장료는 의연하게 죽음을 청하다 조조의 후의에 감격하여 마음을 바꾼 것이 아니라, 여포에게 가망이 없자 군을 이끌고 순순히 조조에 귀부했다.[20] 연의가 순순

---

20) 장료는 대세를 따른 인물이다. 처음 병주자사 정원을 섬기다가 '정원을 죽인' 동탁과 '동탁을 죽인' 여포를 차례로 따랐다. 조조에 이르러 진짜 주군을 만난 셈이고, 그제야 본인 능력을 유감없이 발휘했다.

히 정사의 기록을 따랐다면 '조조의 혈족이 아닌데도' 장차 독립 부대의 사령관까지 승차하는 필두 무장 장료의 환영식으로는 심히 밋밋하니, 장료의 의로움을 강조한 연의의 각색에 손을 들어 주고 싶다.

사실 진궁과 함께 의연하게 죽은 이는 여포 휘하에서 단연 돋보이는 무장인 고순(高順)이었다. 고순은 적진을 공격할 때마다 실패하는 일이 없어서 '함진영(陷陳營)'이라는 별칭이 붙었고, 여포에게 "나라를 망하게 함은 충신이나 지혜로운 이가 없어서가 아니라, 그들이 쓰이지 않기 때문입니다. 장군께서 거동하실 때 치밀하게 생각하지 않고 번번이 '잘못되었다'라고만 말씀하시니 그런 일이 한두 번이 아닙니다"라고 간언할 정도로 지략과 기개를 갖춘 인물이었다. 게다가 자기관리에도 철저하고 군기도 엄정하게 관리하였으니, 여포에겐 마치 조자룡과도 같은 존재였다.

고순은 난세에 걸맞은 훌륭한 주군을 만났다면 필시 대성했을 영걸이었지만, 여포가 때때로 소원하게 대했는데도 마지막 순간까지 충성을 다하다 무대에서 이르게 퇴장하고 말았다. 안타깝지만 고순의 관운(官運)이 거기까지였다고 봐야 할 것이다.[21]

## ◈ 낭야국상 장패

앞서 연의 11회에 장료와 함께 여포 수하의 맹장들을 이끄는 인물로 장패(臧霸)가 등장한다.[22] 연의에선 장패가 온전히 여포의 부하로만 나오고 별반 활약도 없지만, 실제로는 독자적으로 세력을 이끌며 맹주로도 활약했고, 장료보다도 10년쯤 오래 살면서 조위에서 최고위직까지 올랐던 '존재감이 뚜렷한' 인물이었다.

장패는 18세쯤에 억울하게 압송되는 부친을 구출해 내면서 명성을 떨쳐

---

21)  물론 이는 결말을 아는 현대인의 관점일 뿐이다. 고순이 '역적 동탁을 주살한 당대의 영웅' 여포를 진심으로 따랐음은 기록으로 전한다.
22)  조조 휘하의 악진·하후돈과 여포 휘하의 장패·장료가 뒤엉켜 싸운다.

도겸에게 초빙되었다가, 여포가 서주를 취할 무렵 자신의 세력을 이끌고 들어가 여포의 휘하가 된다. 장패는 이후 여포가 패사하자 곧바로 잠적해 행방을 알 수 없었는데, 장패를 아낀 조조가 기어이 찾아내 낭야국상으로 삼아 청주·서주를 감독하게 하고 장패의 수하들까지 태수로 임명한다. 일견 지나친 감이 있는 조조의 후대는 훗날 원소와의 싸움 때 빛을 발하는데, 장패가 원소의 장남인 청주자사 원담(袁譚)의 공세를 저지하면서 '조조를 사면에서 포위하려던' 원소의 계획을 망가뜨린 것이다.

장패를 보면 "난세엔 오래 살아남는 이가 승자"라는 말이 실감된다. 장패는 장료보다 몇 살 위였는데도, 53세에 병사한 장료보다 10년쯤 더 살아 오래도록 부귀영화를 누린다. 비록 장료만큼 임팩트 있는 전공을 세운 바는 없지만, 위나라 초대 황제 조비(曹丕)가 늘 군사 문제를 상의한 최측근이었고, 제2대 황제 조예(曹叡) 때는 태위 대리를 맡기도 하니 더할 나위 없는 출세였다.

이러한 차이는 둘의 자식 대에까지 이어진다. 장료의 아들 장호(張虎)는 아버지가 죽은 뒤 편장군에 올랐다는 기록이 전할 뿐이지만, 장패의 아들 장애(臧艾)는 태수를 거쳐 청주자사를 맡았다가 구경(九卿)에 오른다. 물론 연의에서의 비중은 정반대로 큰 차이가 있다. 장료의 아들이라는 후광에 힘입은 장호가 '비록 연의의 창작이지만' 촉장 오반(吳班)을 죽이는 등의 활약상을 남긴 데 반해, 장패의 세 아들은 아예 연의에 등장하지도 않는다.

### ◈ 거기장군 동승

여포를 죽이고 서주를 평정한 조조는 거기장군 차주(車冑)에게 서주자사를 맡긴다. 본래 서주목이었던 유비도 내심 바라던 자리였지만, 유비는 여포한테 패한 데다 뚜렷한 공을 세우지도 못했으니 도리 없는 일이었다. 대신 조조는 표를 올려 유비를 좌장군으로 올리고, 관우·장비도 중랑장에 제수하며 예우한다. 오자양장 중에서도 첫 손에 꼽히는 장료가 조조 휘하에서 20년 넘게 활약하며 무수한 전공을 쌓고도 조비가 황제에 오른 후에야 전장군에 올랐으니, 유비에 대한 조조의 후대는 아주 이례적이고 특별했다. 달리 보면 조조의 엄청난 후의에도 불구하고, 안락한 삶을 팽개치고 고생길을 자초한 유비의 그릇도 참으로 대단하다.

연의 20회엔 유비가 헌제를 알현하고, 함께 족보를 살피는 장면이 나온다. 혈통까지 구체적으로 언급하니 썩 그럴듯하게 보이지만, 연의의 설명처럼 유비의 선대(先代)가 17명에 이른다면 황숙은커녕 헌제의 현손(玄孫)[23]쯤 되는 셈이니 이 대목에선 연의의 꼼꼼함이 지나쳤다. 애초에 후한(後漢)의 황제가 전한(前漢) 황실의 방계 후손인 유비와 촌수를 따져 보는 자체가 우스운 일이며, 헌제가 유비를 황숙(皇叔)이라 불렀을 리도 만무하다.[24] 그렇다고 유비가 황실 후손이 아니라는 얘기는 아니다. 헌제의 장인인 동승(董承)이 목숨 걸고 벌인 의대조(衣帶詔) 사건에 유비를 가담시킨 것만 봐도, 헌제가 유비에게 의지했음을 알 수 있다.

동승이란 인물의 인생역정 또한 드라마틱하다. 배송지는 동승이 하태후 때문에 죽은 동태후의 조카라고 주석을 달아 놓았는데, 동승의 고향이 동태후와 같은 기주 하간국이었으니 설령 조카가 아니더라도 일가였을 가능성은 크다. 반면 동승이 동탁 휘하의 장수였다는 기록도 있다. 자신과 성이 같은 동태후를 일가처럼 생각했던 동탁이 동승을 중히 여기는 바람에, 동승의 딸[25]이 헌제의 후궁이 되었을 가능성도 배제할 순 없는 것이다.

동승은 이각·곽사의 다툼을 틈타 헌제가 장안을 탈출했을 때 안집장군으로서 어가의 수행을 맡았고, 천신만고 끝에 헌제를 낙양까지 모시는 데 성

---

23)  손자의 손자를 말한다. 할아버지의 할아버지를 말하는 고조(高祖)에 대칭되게 '고손(高孫)'이라 말하는 경우도 있지만, 손아랫사람에게 '高'를 붙이는 것이 맞지 않아 보통은 고손 대신 현손이라고 한다.
24)  '유황숙'은 삼국지평화에도 있는 설정으로, 나관중의 창작은 아니다.
25)  동귀비는 동승의 '딸'이었는데, 모종강본에선 '누이'로 바꿔 놓았다.

공한다. 그런데 한섬과 양봉 등 어가를 호위했던 공신들이 과도하게 세력을 키우며 다투기 시작했고, 동승은 조조를 낙양으로 맞아들여 이들을 모두 내쫓아 버린다. 하지만 조조의 검은 속내는 3년도 안 되어 만천하에 드러났고, 199년 거기장군이 된 동승은 "조조를 주살하라"는 헌제의 의대(衣帶) 속 밀조에 따라 편장군 왕자복(王子服)·장군 오자란(吳子蘭)·월기교위 충집(种輯) 등과 함께 조조를 제거하기로 결심한다. 정사는 이때 좌장군 유비도 이들과 공모한 사실을 기록하고 있다.

■ 주요 인물명 - 맹주

|  | 자(字) | 중문 간체 (영문) | 일본어 (-는 장음) |
|---|---|---|---|
| 유표 | 경승(景升) | 刘表 (Liu Biao) | りゅうひょう (류-효-) |
| 공손찬 | 백규(伯珪) | 公孙瓒 (Gongsun Zan) | こうそんさん (코-손산) |
| 마등 | 수성(壽成) | 马腾 (Ma Teng) | ばとう (바토-) |
| 유장 | 계옥(季玉) | 刘璋 (Liu Zhang) | りゅうしょう (류-쇼-) |
| 도겸 | 공조(恭祖) | 陶谦 (Tao Qian) | とうけん (토-켄) |
| 공융 | 문거(文擧) | 孔融 (Kong Rong) | こうゆう (코-유-) |
| 장로 | 공기(公祺) | 张鲁 (Zhang Lu) | ちょうろ (쵸-로) |

# 제21회 ~ 제24회

### ◈ 하내태수 장양

198년 12월[1] 조조에게 포위된 여포를 구하려 했던 하내태수 장양(張楊)이 부장 양추(楊醜)의 배신으로 죽는다. 장양은 헌제가 낙양으로 탈출할 때 수천의 군사를 보내는 등 군웅 중에선 사실상 유일하게 헌제를 도왔던 인물이다. 헌제도 장양의 공(功)을 잊지 않고[2] 벼슬을 대사마(大司馬)로 한껏 올리지만, 다른 공신들과 충돌을 빚게 되는 난장판이 벌어지자 장양은 미련 없이 하내군으로 돌아간 바 있다. 결과론이지만 장양도 조조처럼 협천자해서 천하를 노렸어야 했다는 평가도 가능하고, 공을 놓고 치열하게 다투던 양봉·한섬 등이 모두 허망하게 죽었으니[3] 한 발 뺀 장양의 판단이 현명했다고 볼 수도 있겠다. 아무튼 장양이 '목숨 걸고 천하의 패권을 다툴 만한' 그릇이 아니었음은 분명하다. 자신의 부장 양추가 반란을 일으켰을 때도 하염없이 눈물만 흘렸다는 기록이 있으니, 몹시 유약한 성품이었던 것 같다.

장양은 여포와 같은 병주(竝州) 출신이었다. 병주와 량주는 변방이라 인구가 적어[4], 연고의식(緣故意識)이 유달리 강하다는 공통점이 있었다. 장양은 원소를 등지고 도망친 여포를 받아들이는 등 동향의 의리를 지키려 노력했지만, 반대로 말하면 정무(政務) 감각[5]은 바닥인 셈이었다. 그러니 양추가

---

1) 양력으로 199년 2월이다. 여포가 양력 199년 2월 7일에 죽었다.
2) 헌제가 머문 궁전의 이름에 장양의 이름인 '양(楊)'을 넣었을 정도다.
3) 유비가 양봉과 한섬을 참수했다는 정사 기록을 연의도 옮겨 실었다.
4) 인구가 많은 주의 10~20%에 불과했다. 강병(強兵)이 많기도 했다.
5) 법규·논리 등에 매이지 않고, 결과·파장까지 두루 고려하는 현실 감각.

'가망 없는 여포를 도우려 했던 장양을 따르다간 모두 제명에 죽지 못하겠다'
라고 판단하고 반란을 일으킨 것도 어느 정도는 이해가 간다.

그런데 사건은 이것으로 끝이 아니었다. 장양의 목을 조조에게 바치려던
양추를 수고(睢固)가 죽였고, 수고는 조조가 아닌 원소에게 투항을 시도한
다. 흑산적 출신인 수고는 당시 장양에게 의탁하고 있었으며, 일전에 조조와
싸웠던 악연이 있어서 양추를 죽이고 원소를 택한 것이었다. 이즈음 원소는
공손찬을 막 멸망시킨 참이었는데, 원소가 수고에 호응하기도 전에 조조군
이 들이쳐 수고를 참수하고 하내를 점령하니, 조조와 원소의 대립은 표면화
되어 둘 간의 전쟁을 피할 수 없는 국면으로 치닫는다.

## ◈ 원술의 최후

"지금 천하의 영웅은 오직 사군(使君)과 나 조조뿐이오. 원소 같은 무리는
족히 이 대열에 낄 수 없소." 이 무렵 조조가 유비와 식사하면서 나눴다는 정
사의 대화 기록이다. 그러자 유비가 깜짝 놀라서 수저를 떨어뜨렸다는 기술
로 이어진다. 연의 21회는 이 기록을 바탕으로 삼국지의 양대 주역인 조조와
유비의 마지막 독대를 극적으로 묘사하고 있다. 이 당시 유비는 조조의 식객
이나 다름없었고 원소는 당대 최강이었으니, 조조의 과도한 올려치기를 연
의의 창작이라 생각하기 쉽지만 이는 엄연한 정사의 기록이다. 심지어 '사군'
은 이름뿐인 예주자사 유비를 높이는 표현이라, 조조의 말을 듣고 유비가 놀
라지 않았다면 오히려 이상한 일이다. 이는 연의의 서술 순서와 마찬가지로
동승(董承)과의 의대조(衣帶詔) 공모 직후에 벌어진 일화였기 때문이다. 조
조가 자신을 경계하고 있음을 알아차린 유비는 이날 이후로 마냥 밭일로 소
일하면서 주변의 감시를 늦추려 애썼다고 한다.

한편 원술은 동맹이던 여포가 조조에게 죽임을 당한 이후 부하들마저 반
기를 들기 시작하면서, 회복 불능의 상태로 빠져들고 있었다. 속절없이 무너

지던 원술은 고심 끝에 옥새와 함께 원소로의 투항을 결심하는데, 이미 악감
정이 쌓일 대로 쌓였던 원소는 원술의 항복에 미온적이었지만, 조카인 청주
자사 원담(袁譚)이 사람을 보내 원술을 맞으려 했다. 유비는 이러한 천재일
우(千載一遇)의 기회를 놓칠 수 없었고, 청주로 향하는 원술을 막겠다며 조
조에게 군사를 받아 주령(朱靈)과 함께 하비로 향한다.

유비가 하비에 도착해 청주로 가는 길을 막아 버리자, 원술은 수춘으로 우
회를 시도하다 199년 6월 강정에서 피를 토하고 죽음을 맞는다. 진작에 원
소와 힘을 합쳤다면 누구도 넘볼 수 없는 강고한 세력을 구축해 진짜 황제가
되었을지도 모를 일인데, 원술은 이복형인 원소마저 천출(賤出)이라며 무시
했으니 다른 사람의 마음을 얻을 수 있을 리 없었다. 원술은 꿀물을 찾다가
하인의 비아냥에 울화가 치밀어 피를 토하고 죽었다고 한다. 신분과 격식을
목숨처럼 여긴 원술에게 더없이 어울리는 최후였다.

한편 원술이 무리하게 제위에 오르는 바람에 억지로 공주 신분이 되었던
원술의 딸은 가족들과 함께 여강태수 유훈(劉勳)에게 가서 의지하다가[6], 얼
마 뒤 손책이 여강을 함락할 때[7] 사로잡혀 손권의 후궁이 된다. 원부인은 아
비 원술과는 달리 성품이 훌륭했고, 훗날 손권이 황후로 삼으려 했는데도 아
들을 낳지 못했다는 이유를 들어 정중히 거절할 정도로 겸양했다고 한다.

그런데 손권이 원부인 대신 황후로 삼은 반부인이 하필이면 악랄한 인물
이었다. 반부인은 비빈들을 가혹하게 음해했고, 황후 자리를 사양했던 원부
인 역시 상당한 고통을 받았다. 원술처럼 너무 나서도 탈이 나고 원부인처
럼 삼가도 말썽이니, 인생의 기로에선 어떠한 선택이 정답인지 간단히 말하
기 어려운 것 같다.

---

6) 장훈(張勳)·양홍(楊弘) 등의 장수는 손책에게 가려다 유훈에 생포된다.

7) 손책과 주유는 이때 이교(二喬)를 사로잡아, 대교와 소교를 취했다.

## ◈ 서주자사 유비

원술의 죽음으로 소임을 마친 유비는 예상대로 조조에게 돌아가지 않았고, 서주자사 차주(車冑)를 죽인 후[8] 서주를 되찾는다. 이때 서주의 군현 대부분은 '서주대학살의 기억이 여전했는지' 조조를 등지고 유비를 지지했다고 한다. 유비는 하비를 관우에게 맡기고[9] 소패에 머물렀으며, 곧바로 손건(孫乾)을 원소에게 사절로 보내 화친을 맺었다.[10] 유비의 배신을 알게 된 조조가 유대(劉岱)[11]와 왕충(王忠)을 소패로 보내지만, 원소가 보내준 기병대와 함께 맞선 유비군을 못 당하고 패퇴했다. 주석에는 이때 유비가 "조조가 직접 온다면 몰라도 너희 같은 자들이 백 명이 온다 한들 어찌 나와 대적할 수 있겠느냐!"라고 말했다는 기록이 남아 있다. 연의의 유비에겐 어울리지 않는 호기(豪氣)라, 연의 22회에는 장비가 비슷한 대사로 일갈하는 장면이 나온다.

이듬해인 200년 정월, 동승의 암살계획이 조조에게 발각되어 관련자의 삼족(三族)이 주살되고 임신 중인 동귀비까지 죽게 되는 참사가 벌어진다. 유비도 동승과 공모했었음을 알게 된 조조는 대노하여 직접 유비를 치고자 했는데, 제장(諸將)이 "공손찬을 제압한 원소가 배후를 노릴 것"이라며 적극 만류한다. 하지만 조조는 "유비는 인걸(人傑)이니 지금 공격하지 않으면 필시 후환이 될 것이고, 원소가 뜻은 크다지만 형세를 살피는 데 둔하니 필시 움직이지 못할 것"이라며 출진을 강행했다. 조조로선 의대조 사건의 유일한 생존자인 유비를 꼭 제거해야 했을 것이다.

---

8) 연의엔 조조의 지시로 차주가 유비를 급습하려다 죽은 걸로 나온다.

9) 놀랍게도 이것이 정사 『관우전』에 기록된 첫 행적이다. 연의에 소개된 이전까지의 활약상은 모두 연의의 창작이라는 얘기다. 그리고 관우가 유비의 열전인 『선주전(先主傳)』에 두 번째 등장하는 기록이다. 첫 번째는 여포가 유비를 배신했을 때로, 공교롭게도 첫 번째·두 번째 기록이 모두 "유비가 관우에게 하비를 지키게 했다"로 내용이 동일하다.

10) 연의엔 대유학자 정현(鄭玄)의 서신 덕에 원소가 움직였다고 나온다.

11) 특이하게 자(字)까지 같은 두 명의 유대(劉岱)가 실존했다. 앞서 죽은 연주자사 유대는 청주 동래군, 이때의 유대는 예주 패국 출신이다.

이때의 기록은 연의와 정사가 별로 다르지 않다. 조조가 직접 유비를 정벌하러 나서자 전풍(田豊)이 원소에게 조조의 배후를 습격하자고 설득하지만, 원소는 총애하는 자식이 병중임을 이유로 출병을 허락하지 않는다. 기주목이 된 지 8년 만에 최대 라이벌인 공손찬 세력을 멸한 원소는 하북 4주를 통일하여 수십만 병력을 보유했으며, 유대와 왕충이 침입했을 때도 유비에게 기병을 보내준 일이 있었으니, 정작 조조가 친정(親征)에 나섰을 때 팔짱만 끼고 지켜본 것은 도무지 이해할 수 없는 결정이었다.

원소가 도와줄 것이라 굳게 믿고 있던 유비는 조조가 직접 이끌고 온 정예군을 혼자 힘으로 당해 낼 순 없었기에 청주의 원담[12]에게 단신으로 망명했고, 원소는 업(鄴)에서 2백 리 밖까지 친히 마중을 나와서 유비의 귀부(歸附)를 성대하게 맞이했다.

## ⊛ 기주목 가후

유비가 조조를 등지고 원소의 손을 잡은 이 무렵, 장수(張繡)가 조조에게 항복하는 일대 사건이 벌어진다. 연의 23회는 조조와 원소 양편에서 모두 장수를 회유한 것처럼 묘사하고 있으나, 정사에선 조조가 유엽(劉曄)을 보내 장수를 회유했다는 기록을 발견할 수 없고, "원소가 사람을 보내 장수의 귀부를 권했다"는 사실만 남아 있을 뿐이다. 그런데도 장수는 조조에 투항했다.

이때 가후(賈詡)가 먼저 나서서 원소의 회유를 단호히 거절한 후, 장수에게 '원소가 아닌' 조조를 따를 것을 제안했다는 연의의 서사는 정사의 기록을 그대로 가져온 것이다. 조조가 장남과 전위의 복수를 위해 이미 몇 번이나 공격해 왔던 상황에서, 장수가 최대 세력인 원소의 제안을 뿌리치고 역으로 조조에게 항복한다는 설정은 연의조차 '설득력 부족'을 고민했을 만한 전개다.

---

12)  유비가 이전에 서주자사로 있을 때, 원담을 무재(茂才)로 관직에 천거해준 바가 있던 지라 둘은 특별한 인연이 있었다.

이처럼 선뜻 믿기 어려운 대목이라 장수의 귀부에 대해선 당연히 이설(異說)도 많지만, 의외로 수긍이 가는 구석이 있으니 바로 형주 남양군의 전략적 가치다. 남양은 조조에게 급소 중의 급소였다. 조조에게 있어 조앙과 전위의 복수가 중요했음은 물론이지만, 짧은 기간 동안 몇 번이나 남양으로 친정했던 데에는 원소와 벌일 건곤일척의 승부를 앞두고 배후를 단단히 정리해 둬야 했기 때문이다. 실제로 장수가 조조편으로 돌아서자 유표는 남양에서 가로막혀 조조의 배후를 칠 수 없었고, 이는 관도대전의 판도에 결정적 영향을 미친 요인 중 하나로 손꼽히고 있다.

가후의 판단이 소름끼치는 이유는, 마침 유비가 조조를 배신해 원소편에 섰고 원소가 장수를 회유해 온 타이밍을 정확히 노렸다는 점이다. 가후는 조조가 장수를 가장 필요로 할 만한 시점을 택해서 별안간 귀부를 청했고, 극적으로 성사시켰다. 물론 동탁의 수하였던 자신을 원소가 용서하지 않으리라는 판단도 있었겠지만, 이미 원소가 장제의 조카인 장수에게 손을 내민 상태였다.

이에 조조도 가후의 손을 잡고 "내 신의를 천하에 중하게 해 준 이가 바로 그대"라며 격하게 환영했다. 하지만 연의는 공연히 유엽을 중간자로 끼워 넣었고, 조조의 대사도 "지난날 있었던 사소한 일들은 다 잊어버리도록 하오"라고 멋대가리 없이 고쳐 놓았다. 간웅 조조가 '신의' 운운하는 장면이 아무래도 맞지 않는다고 판단한 모양인데, 연의의 솜씨는 참으로 한결같고 꼼꼼하다.

조조는 장수와 가후를 받아들이면서 단순히 용서만 해 준 것이 아니다. 장수와는 사돈을 맺고 열후에 봉해 아주 후하게 대했으며, 가후도 열후에 봉하고 집금오를 맡겼다가 '기주목'으로 임명한다. 기주는 '하북의 패자' 원소의 본거지였으니, 장차 원소를 멸하고 가후를 기주목으로 삼겠다는 의지의 표명이라 할 수 있다.

■ **충무공과 삼국지**

충무공 이순신(李舜臣, 1545~1598년) 장군도 삼국지의 애독자이셨다고 한다. 노승석의 『이순신의 승리전략』에 따르면 『난중일기(亂中日記)』에 기록된 "밖으론 나라를 바로잡을 주춧돌 같은 인재가 없고(外無匡扶之柱石), 안으론 계책을 세울 동량이 없다(內無決策之棟樑)", "배를 늘리고 무기를 보수하면(增益舟船 繕治器械), 적들을 불안케 하고 우리는 편안함을 취할 수 있을 것(令彼不得安 我取其逸)"이란 구절은 연의 22회의 문장을 그대로 옮기신 것이다. 친구가 보내준 연의를 읽고 난 충무공이 "많은 효험을 얻었다"고 밝힌 기록도 전한다고 한다. 이때는 아직 모종강본이 나오기 전이라, 임진왜란에 몇 년 앞서 주왈교(周日校)[13]가 펴낸 연의였을 가능성이 크다. 임란 후 조선에서도 '주왈교본'이 상당히 유행했으며, 이를 정사의 기록으로 오인하는 바람에 과거시험의 시제(詩題)로 인용되는 해프닝까지 있었다고 한다.

---

13) 책을 인쇄해 팔았던 '서방(書坊)'의 주인이었다. 가정본과 모종강본의 중간쯤에 위치한 '주왈교본'은 관색(關索)이 처음 등장하는 판본이다.

# 제25회 ~ 제28회

## ❖ 관우의 항복

소패의 유비군을 제압한[1] 조조는 여세를 몰아 하비를 지키던 관우(關羽)의 항복도 받아 낸다. 정사는 "유비의 장수 관우는 하비에 주둔하고 있었는데, 조조가 다시 진격해 공격하니 관우가 투항했다"라고 짧게 적고 있으며, 이것이 조조의 본기(本紀)인 『무제기(武帝紀)』에 관우가 처음 등장하는 기록이다. 하지만 연의는 '관우가 죽을 뻔한 장료를 구명했다'라는 기존의 설정을 살려서, 이번에는 장료가 나서서 관우를 설득하는 장면을 공들여 묘사했다. 모종강본의 출간 당시엔 이미 관우의 신격화가 이루어졌으니, 충의(忠義)의 상징인[2] 관우가 다른 사람도 아닌 조조에게 항복할 수밖에 없었던(?) 사정을 열심히 변호한 모양새다.

그런데 과정이야 어찌 되었든 조조가 관우를 지극히 아꼈음은 명백한 사실이다. 정사도 "조조가 관우를 사로잡고 돌아와 편장군에 임명하고 두텁게 예우했다"라고 적고 있다. 이때는 장료·악진·우금·서황 등도 아직 장군이 아니었으니, 배신자(?) 유비의 휘하였던 관우의 편장군 임명은 퍽 놀라운 일이었다. 물론 2년 전 조조가 유비를 좌장군에 제수할 때 관우를 이미 중랑장에 임명한 바 있었지만, 그때는 조조가 서주의 민심을 돌리기 위해 유비를 이례적으로 예우한 상황이었고, 지금은 그 유비가 조조를 등지고 원소에게 투항한 마당

---

1)  조조가 직접 온다는 사실을 뒤늦게 접한 유비가 '싸우기도 전에' 가족과 수하들을 버리고 달아났으니, 제대로 된 싸움이 있지도 않았다.

2)  유비와의 관계를 볼 때, 관우의 본질이 충의가 아닌 의협(義俠)이란 주장도 있다. 따져 뭐하나 싶지만, 의협이라면 신격화되었을 리 없다.

이었으니 사정이 전혀 달랐다. 기록으로 확인되진 않지만, 당시 관우의 전공과 명성이 조조 휘하의 제장도 인정할 만큼 대단했음을 엿볼 수 있는 조처였다.

사실 정사의 주석을 통틀어 맨 처음 관우가 언급되는 기록은 엉뚱하게도 여자 문제다. 조조가 하비성에서 여포를 포위했을 때, 관우가 조조에게 "여포의 부장인 진의록(秦宜祿)의 처 두씨(杜氏)[3]를 제게 주십시오"라고 여러 번 청했다는 내용이다. 충의의 상징인 관우가 여자를 탐했다는 사실을 불편하게 여긴 연의는 이 기록을 외면했지만, 미인을 최고의 전리품처럼 여기던 시대라 딱히 이상한 일도 아니었다. 눈여겨볼 대목은 관우가 조조에게 이 같은 요청을 '수차례' 할 수 있었다는 것이다. 조조의 숙장(宿將)들에게도 이러한 '사적인 부탁'의 기록은 나오질 않으니, 관우의 위상이 뚜렷했기에 가능했던 일이라 볼 수도 있겠다.

### ◈ 원소의 출진

조조가 직접 소패성의 유비를 공격한 것은 200년 1월 동승의 의대조 사건이 터진 이후의 일이고, 원소가 곽도(郭圖)·순우경(淳于瓊)·안량(顏良)을 보내 조조 휘하의 동군태수 유연(劉延)을 공격한 때는 그다음 달인 2월이었다. 연의를 읽어 나갈 때는 '편집 순서로 인해' 일정 시간이 경과한 후의 일처럼 느껴지지만, 실제로는 유비가 귀부하자마자 원소가 지체 없이 군을 일으켰던 것이다.[4] 한시가 급할 땐 아들이 아파서 움직일 수 없다던 원소였으니, 종잡을 수 없는 행보에 유비도 장탄식했을 법하다.

일찍부터 조조 공략을 주장했던 전풍(田豊)은 막상 원소가 전면전에 나서

---

3)  둘 사이에서 태어나 조조의 양자가 된 진랑(秦朗)이 102회에 등장한다.
4)  원소의 공격 시점이 유비의 귀부 전이란 견해도 있으나, 유비를 구원하지 않았던 이유를 설명할 수 없다. 연의 22회는 진림(陳琳)의 조조 토벌 격문을 싣고 있는데, 91회에 나오는 제갈량 출사표보다 분량이 많다.

려 하자, 저수(沮授)와 마찬가지로 지구전(持久戰)이 상책이라 주장한다.[5] 하북 평야의 넉넉한 생산력을 확보한 원소는 황하(黃河) 하류를 장악하여 수운(水運)도 가능하지만, 경작지가 적은 조조는 병량이 부족한 데다 허도와 관도 사이에는 물길이 없어 육로로 보급할 수밖에 없다는 것이 주된 이유였다.

사실 원소와 공손찬의 싸움이야말로 당대 최강끼리의 진짜 패권 다툼이었는데도, 연의가 이들의 8년여 전쟁을 거의 다루지 않은 탓에 독자들은 원소 수하들의 활약상과 진면목을 알기 어렵다. 원소가 혈전 끝에 강적 공손찬을 무너뜨린 데에는 분명 뛰어난 무장과 책사의 활약이 있었을 텐데도 말이다. 예나 지금이나 사람들이 주목하지 않으면 없었던 일처럼 치부되기 마련이다.

원소는 예주 여남군 출신이다. 여남(汝南)은 이웃한 영천(穎川)과 더불어 후한에서 고위 관료를 가장 많이 배출한 지역으로, 이들이 당시 한나라 명사(名士)의 주류였다. 그런데 사세삼공(四世三公)의 여남 원씨는 워낙에 대대로 고위 관료를 지냈기에, 원소는 여남이 아닌 수도 낙양에서 나고 자랐다.[6] 그래서인지 동탁을 피해 달아날 때 조조처럼 고향으로 향하지 않고, 멀리 떨어진 기주(冀州) 발해군에 터를 잡고 세력을 쌓기 시작한다. 다만 이를 두곤 후한을 건국한 광무제 유수(劉秀)가 하북 평정을 시작으로 천하를 제패한 전례를 따르려 했던 것이란 해석도 있다.

이미 전국적으로 명성이 높았던 원소는 기주에서 빠르게 세를 불렸고, 급기야 한복(韓馥)[7]을 겁박해 기주목의 자리마저 강탈해 버린다. 그런데 하필

---

5) 진작 유비를 구원해 서주를 지킨 상태에서 조조를 공격해야 했다는 의미다. 호기를 놓친 원소를 책망하는 의미도 있었을 것이다. 출신 지역이 같았던 저수와 전풍은 놀라울 정도로 사안마다 의견이 일치했다.

6) 후한의 고위 관료는 황제의 허락 없이 도성을 떠날 수 없었기 때문.

7) 한복은 본래 동탁이 원소의 감시를 목적으로 임명한 인물이다. 실제 원소를 많이 견제했으나, 원소의 지지가 높아지자 반동탁연합군에 합류하여 원소와 함께 유우(劉虞)를 황제로 추대한다. 연의의 한복은 어리석어도 착하게 그려지지만, 정사의 한복은 용렬한 기회주의자였다.

이면 한복이 바로 영천 출신이었고, 특히 한복은 순욱(荀彧)이 친족들을 이끌고 기주로 피난갔을 때 최고의 예우로 맞아 준 인연이 있었다. 한복은 역사의 평가가 좋지 않은 인물이지만, 원소가 억지로 기주목을 빼앗은 후에도 한복을 지속적으로 핍박했던 무리수가 순욱·곽가(郭嘉) 등의 영천 출신 인재들이 원소를 등지는 데 적잖은 영향을 미쳤던 모양이다.

실제로 영천 엘리트 중 순욱·곽가·순유·진군·서서·종요 등 최고의 인재가 대거 조조에 힘을 보탰고, 곽도·순우경·신평·순심 정도가 원소에 사관(仕官)한다. 곽도(郭圖)는 삼국지 최악의 인물이고 신평(辛評)도 '연의의 묘사와 달리' 옹졸한 간신이었으니, 아예 영천군 허현(許縣)을 수도로 삼아 영천 사족(士族)을 중심으로 나라를 이끌어 간 조조와는 극명한 차이를 낳을 수밖에 없었다.

한편 연의 22회에는 순욱이 전풍·심배·봉기·안량·문추 등 원소의 부하들을 신랄하게 비판하는 장면이 나온다. 한데 멀쩡한 인물들조차 깎아내리는 와중에, 웬일인지 최악의 빌런인 곽도와 신평은 언급 없이 넘어가는 바람에 오해의 소지가 생겼다. 공평무사(公平無私)했던 순욱이 동향이라고 곽도·신평을 봐주지는 않았겠지만, 원소의 부하를 하나씩 지적하면서 정작 필두(筆頭)인 곽도를 깜빡하여 놓쳤다고 볼 수도 없어서 살짝 난감해진다.

그런데 이 대목은 연의의 창작이 아니라, 정사 『순욱전』의 본문을 그대로 옮겨 놓은 것이다. 원소와의 전쟁을 경계한 공융(孔融)이 전풍·허유·심배·봉기·안량·문추의 여섯 명을 높이 평가한 데 대한 순욱의 반론이었다. 애초에 공융이 곽도와 신평을 언급하지 않아서, 순욱의 반박에도 자연스럽게 둘이 빠진 것뿐이었다. 다만 공융이 원소군의 주축을 일일이 거명하면서, 정작 필두 3인방인 저수·곽도·순우경을 모두 빠뜨린 이유는 알 수 없다.

기주에 터를 잡은 원소는 영천 출신인 곽도·신평·순우경 등을 중용했지만, 지역에 연고가 없었던 만큼 기주 호족(豪族)의 지지 또한 절실했다. 원소

휘하엔 기주 출신의 저수·전풍·심배·장합·최염 등이 있었는데, 이들은 영천 사족(士族)과 여러 현안에서 입장이 상이해 사사건건 대립했다. 당장에 협천자(挾天子) 문제만 보아도 저수는 적극 찬성했지만, 곽도와 순우경은 줄곧 반대했다.[8] 원소를 따라 기주에 들어온 이들로선, 원소가 처음부터 헌제의 정통성을 부정했던 마당이라 쉽게 찬성할 수 없었을 것이다.

그렇다고 기주 호족들이 일치된 목소리를 낸 것도 아니었다. 기주 호족의 필두인 저수는 한복이 기주목이던 시절에도 요직을 맡았던 반면, 전풍과 심배는 소외됐었으니 그들 나름의 복잡한 역학관계가 있었다. 원소 진영의 속사정은 이렇듯 복잡했지만 공손찬과 다툴 때만 해도 그럭저럭 문제가 없었는데, '천자를 낀' 조조와 싸울 때가 되니 영천 사족과 기주 호족의 이질성이 부가되기 시작했다. 동서고금(東西古今)을 막론하고 통치 엘리트의 분열은 망국(亡國)의 결정적 원인이 된다. 기어이 하북을 평정한 원소였지만, 내부에선 큰 균열이 일어나고 있었던 것이다.

원소가 마침내 조조를 벌하기로 결심한 데에는 유비의 가세가 크게 작용했다. 유비는 조조를 주살하라는 천자의 밀조를 받은 유일한 생존자였으니, 천자를 끼고 있는 조조와 싸울 명분을 세우기에 유비 이상의 적임자는 없었다.[9] 그렇지만 조조를 응징하는 방법론을 두곤 수하들 사이에 의견이 갈렸다. 조정을 장악한 조조와 싸우면 자칫 반역으로 몰릴 수 있다는 점을 경계한 저수와 전풍은 공손찬과의 오랜 전쟁으로 물자가 충분치 않다며 지구전을 주장했고, 동탁의 손에 옹립된 '정통성 없는' 천자를 의식할 필요가 없다고 여겼던 곽도와 심배는 군사력의 차이가 현격하니 조조에게 시간을 줄 이유가 없다며 속전속결을 주장했다.

원소는 곽도와 심배의 판단에 손을 들어 주었고, 그동안 감군(監軍) 저수

---

8) 『원소전』엔 곽도도 찬성했다고 나오지만, 배송지는 이를 부정했다.
9) 연의의 원소도 "황제의 의대조를 받들어 도적을 토벌한다"고 밝힌다.

한 사람에게 집중되었던 군권도 분할하여, 저수·곽도·순우경이 도독(都督)을 맡아 함께 지휘하는 '3인 도독 체제'로 변경한다. 이는 조조와의 일전을 '중앙 사정에 밝은' 영천 출신을 중심으로 치르겠다고 선언한 것이나 마찬가지였다. 이때 저수는 패전을 예상하고 동생을 비롯한 일족에게 재물을 나눠 주었다고 하며, 얼마 안 가 칭병(稱病)하고 도독의 지휘권마저 반납한다.

### ◈ 관우와 조조

무엄한(?) 말이지만 관우가 맹활약하는 연의 25회부터 28회까지는 삼국지의 하이라이트인 동시에, 정사의 기록과 무관한 에피소드의 연속이라 상당히 어지러운 파트이기도 하다. "연의는 7할이 사실이고 3할이 허구"라는 '칠실삼허(七實三虛)'의 틀에서 완전히 벗어나기 때문인데, 필자도 삼국지의 본령은 정사가 아닌 연의에 있다고 믿지만, '연의(演義)'는 덧붙여 늘렸다는 뜻이니 정사의 기록을 바탕으로 창작을 덧붙이는 것이 곧 『삼국지연의』의 정체성이기도 하다.[10] 물론 정사의 기록이 꼭 '맞다' 할 수는 없고, 연의의 내러티브 자체에 몰입하는 독자가 정사의 기록에 관심 있는 독자보다 월등히 많다는 점도 부인할 수 없다.

모종강본 25회에서 28회에 해당하는 정사 기록을 정리하면 대체로 다음과 같다. "조조는 처음부터 관우의 사람됨을 크게 여겼으나 그가 오래 머물 뜻이 없음을 깨닫고는 장료에게 관우의 뜻을 알아 오도록 한다. 이에 관우는 '조공께서 후대하심을 잘 알고 있으나, 유장군(유비)의 두터운 은혜를 입었고 함께 죽기로 맹세했으니 이를 저버릴 순 없소. 비록 이곳에서 끝까지 머물 순 없으나 반드시 공을 세워 조공께 보답한 뒤 떠날 것이오'라고 답한다. 장료가 고민 끝에 그대로 보고하니 조조는 더욱 관우를 의롭게 여겼다. 원소

---

10)  연의를 읽을 때 특히 감탄하고 열광하게 되는 대목은, 사서에 기록된 사실(史實)을 잘 살리면서 정성껏 각색해 놓은 부분인 경우가 많다.

가 대장 안량(顔良)을 보내 공격해 오자, 조조는 장료와 관우를 선봉으로 삼아 맞서게 한다. 멀리서 안량의 휘개(麾蓋)를 확인한 관우는 수많은 적병 사이를 뚫고 맹렬히 달려가 안량을 찔러 죽이고 수급을 베어 돌아온다. 원소의 제장 중에는 관우를 당해 낼 자가 없었고, 결국 원소는 백마의 포위를 풀고 군을 물리고 만다. 조조는 표를 올려 관우를 한수정후(漢壽亭侯)에 봉하고, 포상을 무겁게 베풀었다. 하지만 관우는 하사품을 모두 봉해 놓고는 작별을 고하는 서신을 남긴 후 원소군에 있던 유비에게로 향한다. 좌우에서 관우를 추격하려 했지만, 조조가 '주인을 위해 가는 것이니 뒤쫓지 말라'고 명했다."

이 기록에는 두 가지 중요한 사실이 담겨 있다. 하나는 관우가 적진 한가운데로 쇄도해 적장 안량의 목을 베고 개선(凱旋)한 것으로, 이는 삼국지를 통틀어 가장 강렬한 장면으로 꼽힌다. 다른 하나는 '미리 공언한 대로' 큰 공을 세우고 유비에게 돌아가는 관우를 조조가 쫓지 않은 것으로, 이는 삼국지 전편에서 가장 의로운 장면이라 할 수 있다. 정사의 기록만으로도 충분히 인상적인 장면들이지만, 연의는 이처럼 믿기 힘든 두 가지 사실을 바탕으로 양웅의 운명적 만남을 한층 극적으로 묘사하고 있다.

그러면 연의에서 추가된 설정을 살펴보자. 일단 관우가 항복할 때 유비의 처첩인 미부인·감부인이 함께 있었는지는 기록이 없어 알 수 없다. 서주 최고의 부호 미축(糜竺)의 여동생인 미부인은 아쉽게도 유비와 혼인을 맺었다는 사실 외에는 전하는 기록이 없다.[11] 감부인은 이후의 기록에도 등장하니 유비 홀로 원소에게 도망간 난리통에도 살아있었음은 확인되고, 유비랑 소패에 있다가 잡혔든 하비에 머물다 관우와 잡혔든 조조의 수중에 떨어졌을 가능성이 높다. 다만 감부인은 연의의 묘사와 달리 정실이 아닌 첩실이었다. 유비는 동지들을 끔찍이 아꼈지만 처와 딸은 여러 차례 버렸고, 이때는 감부인이 유선(劉禪)을 가진 때도 아니니 연의의 서사처럼 관우가 감부인을 보호

---

11) 연의에선 장판파 싸움 때 아두를 살리기 위해 우물에 몸을 던진다.

하려 항복했을 가능성은 없다. 때문에 관우가 탈출할 때 유비의 처첩을 동반했을 리도 없다고 보는 견해가 많지만, 그렇다고 가능성이 제로는 아니니 연의의 각색대로 관우가 조조 진영을 탈출할 때 감부인을 데리고 유비에게 향했다고 믿어도 문제 될 일은 없겠다.

하지만 관우가 다섯 관문을 지나면서 여섯 장수를 베었다는 '오관육참(五關六斬)'은 완전한 연의의 창작이다. 굳이 따진다면 관문은 다섯 곳이 아닌 두 곳만 존재했고, 애초에 조조가 깨끗하게 보내주었으니 관문을 통과하며 적장을 벨 필요가 없었다. 관우가 베었다는 여섯 장수는 모두 가공인물이며, 관우를 돕는 이들도 요화(廖化)[12]를 빼곤 전부 가공인물이다. 이처럼 사실(史實)을 모티브로 하지 않으면서 온전히 가공인물만으로 처음부터 끝까지를 창작한 에피소드는 연의에서 오관육참말고는 따로 없다.

오관참장은 연의를 상징하는 에피소드 중 하나지만, 연의의 창작보다 정사의 기록이 오히려 더 큰 울림을 주는 감이 있다. 일단 관우는 장료에게 속내를 털어놓았으니, 유비에게 돌아갈 마음을 숨긴 적이 없다. 조조도 처음부터 관우를 선봉으로 썼으니, 관우가 공을 이룰까 봐 두려워한 적이 없다. 관우는 가장 중요한 전투에서 단기필마로 적장의 목을 따와 약속대로 무쌍(無雙)[13]의 전공을 세웠고, 관우를 어떻게든 잡고 싶었던 조조는 포상을 후하게 했을 뿐이다. 그런데도 관우는 보화를 그대로 둔 채 유비에게 떠났으며, 조조도 주인에게 돌아가는 관우를 잡지 않았으니, 이야말로 진정한 영웅담의 정수(精髓)라고 할 수 있다.

관도대전(官渡大戰)[14]은 천하의 주인을 가리는 건곤일척(乾坤一擲)의 승

---

12) 요화도 20년쯤 뒤에야 기록에 등장하지만, 연의가 등장을 앞당겼다.
13) 견줄 데가 없이 뛰어나다는 뜻. 일본어엔 일찍부터 삼국무쌍(三国無雙)이란 말이 있었는데, 이때의 삼국은 일본·중국·천축(인도)을 의미한다. 삼국의 의미를 '위·촉·오'로 치환한 게임 『삼국무쌍』이 유명하다.
14) 200년 2월의 백마전투·연진전투와 8월의 관도전투를 합해서 말한 것.

부나 마찬가지였다. 때문에 관우가 관도대전의 서전에서 대장 안량을 죽여 원소군의 예기(銳氣)를 완전히 꺾어 놓은 것은 그 자체로 삼국지 제일의 전공이었다. 그런데 연의가 공연히 기병대장인 문추(文醜)까지 참한 것처럼 가공의 사실을 끼워 넣는 바람에 외려 임팩트가 희석된 측면이 있다. 특히 관문을 통과하며 필부들을 여럿 베었다는 사족은 천하의 관우로선 특별히 득 될 여지가 없다. 오히려 뻔한 무용담 때문에 유비를 향한 관우의 드높은 충의가 가려진 것 같아 아쉬움이 남기도 한다.

### ◈ 주창과 관평

유·관·장이 재회하는 연의 28회에는 주창(周倉)과 관평(關平)이 처음 등장한다. 주창은 연의의 가공인물인데도 관우 사당에 '관평과 더불어' 수호신으로 모셔져 있고, 후베이성 당양현에는 주창의 묘까지(?) 남아 있다고 한다. 주창은 74회에 이르러 방덕(龐德)을 사로잡는 전공을 세우는데, 연의가 이례적으로 "주창은 본래 물에 익숙하고, 또 형주에 있는 몇 해 동안 수련을 쌓아 힘이 세어져 방덕을 사로잡은 것"이라는 설명까지 친절하게 덧붙여 놓았다. 이쯤 되면 관우의 후광이 지나치다 싶기도 하다.

관왕묘(關王廟)에 가면 마치 장비처럼 곰 같은 체구에 검은 얼굴[15]을 한 주창이 관평과 함께 관우의 좌우를 지키고 있는데, 이 때문에 관우 사당에 다녀온 분들 중에는 "중국에 가니 관우가 가운데 의자에 앉아 있고, 유비랑 장비가 옆에 서 있더라"며 오해하시는 경우가 가끔 있다. 충의(忠義)의 화신인 관우가 자기는 앉고 주군인 유비를 세워둘 리 없으니 재미있는 해프닝이다.

민간전승에 따르면 주창은 발에 '비모(飛毛)'라는 털이 있어, 말을 타지 않고도 나는 듯이 달렸다고 한다. 비모는 무려 적토마보다 빨라서 어딜 가든 주창이 제일 먼저 도착했고, 청룡언월도를 들고 서 있다가 관우가 도착하면

---

15) 중국 경극에선 검은 얼굴이 충성심을, 흰 얼굴이 음흉함을 상징한다.

건네주었다고 한다. 비모도 적토마도 없었던 관평은 어떻게 두 사람을 따라 다녔다는 얘긴지 살짝 궁금하지만, 그만큼 오래 사랑받았다는 증거이며 지금의 삼국지는 바로 이러한 과정을 거치면서 완성된 결과물이다.

한편 연의는 이 대목에서 관우가 관평을 양자로 들이는 장면을 삽입했다. 관평은 엄연한 관우의 친아들이며 연의 이전의 삼국지 전승에선 양자라는 설정이 없었기에, 연의가 관평을 양자로 설정한 이유에 대해 다양한 추측이 있다. 유력한 가설은 관우가 주군인 유비가 한참 고생하던 시절에 처를 들여서 '유비도 가지지 못한' 아들까지 낳았다는 점이, 평생 대의를 따른 관우에 부합하지 않아서라는 지적이다. 물론 이는 설득력이 부족하다. 관평은 아버지 덕분에 나관중의 출생보다 200년 이상을 앞서 무이후(武夷侯)로 추봉되었고, 모종강이 태어나기 훨씬 전에 왕으로 모셔졌기 때문이다. 관평은 동네의 관우 사당에서 흔히 접할 수 있는 친숙한 존재여서, 뒤늦게 양자로 바꿔 놓을 필요가 없었다. 게다가 연의엔 관우의 과년한 딸에 대한 언급이 따로 나오기도 하니, 관우의 혼인을 만혼(晩婚)으로 설정했던 바도 아니다.[16] 이 밖에도 훗날 큰 과오를 저질러 처형되는 유비의 양자 유봉(劉封)과의 선명한 대비가 목적이었다는 등의 다양한 가설이 있다.

개인적으로 딸은 놔두고 친아들만 양자로 만든 데서 착안해 추리해 보았다. '유비가 양자를 들이는 시점에 관우에게 친아들이 있었다면, 유비가 의형제인 관우의 아들을 양자로 택하지 않은 결정이 어색하다고 생각한 때문이 아닐까?'라고 말이다. 사실 관평은 "아버지와 함께 죽었다"는 기록만 남아 있을 뿐, 구체적 행적은 사서에서 찾을 수 없다. 그런데도 연의가 관평의 등장을 20년 정도 앞당기고, 가공의 활약상도 많이 만들어 넣은 덕분에 삼국지 무대에서 존재감이 뚜렷해졌다. 일찍부터 관우 사당에 모셔져 있던 멀쩡한 아들을 일부러 양자로 만들었을 때는 분명 이유가 있었을 터이니, 연의의 깊

---

16) 73회엔 관우가 형주로 와서 처를 얻고 일남일녀를 두었다고 나온다.

은 뜻이 자못 궁금하긴 하다.

### ■ 삼국지와 게임

몇 년 전, 삼국지에 처음 관심을 가진 시기가 '고등학교 졸업 이전'이라고 답한 사람이 94%에 이른다는 일본의 설문 결과에 적잖이 놀랐던 기억이 있다. 그런데 더욱 흥미로운 지점은 삼국지를 접하게 된 계기가 '게임'이라고 밝힌 비율이 60%나 된다는 사실이었다. ('책'이라고 답한 비율은 10%에 그쳤다)

일본의 'KOEI(코에이, 光榮)'가 전략 시뮬레이션 게임『삼국지』를 처음 출시한 때는 1985년이었다. 게이머가 삼국지 속 등장인물이 되어 '천하통일을 목표로' 국가를 경영하고 전쟁을 치른다는 개념은 이전에 경험하지 못한 것이라 신선한 충격을 안겨주기에 충분했다. 국내에서도『삼국지2』가 인기를 끈데 이어, 1992년에 출시된『삼국지3』[17]까지 대히트하면서 30년이 지난 오늘날까지 인기 게임시리즈로 자리매김하고 있다.

사실 당시엔 저작권 개념이 희박해서 불법 복제된 PC판으로 즐긴 유저가 대다수였고, PC 판매업체에서 OS를 그냥 설치해주고는『KOEI 삼국지』까지 서비스로 깔아주는 것이 기본(?)일 정도였다. 물론 그때도 일부는 일본에서 밀반입된 콘솔(게임기)판으로 플레이했는데, 게임팩 하나가 14,800엔이나 해서 열 권짜리 삼국지 전집보다 몇 배나 비쌌다. 참고로 1992년을 2024년과 비교하자면 물가는 20~25% 정도였고[18], 시간당 925원인 최저임금은 10%에도 미치지 못했다. K-컨텐츠에 전 세계가 동시에 열광하는 현재의 감각으로 보면, 여러모로 격세지감(隔世之感)이 들지 않을 수 없다.

---

17)  국내 정식 발매는 1994년 9월이었다. 1편인『삼국지』는 정발된 적이 없고, 1989년작인 『삼국지2』가 1994년 1월에야 정발될 정도로 일본 현지와는 상당한 시차가 있었다.
18)  지하철 요금이 250원, 짜장면은 1,800원이었다. 당시 엔화 환율은 650원 정도였으나, 밀반입 제품이라 엔화 가격에 '0'을 하나 더 붙여서 구입하는 것이 보통이었다.

# 제29회 ~ 제32회

### ◈ 손책의 죽음

황제를 참칭한 원술과 절연한 손책(孫策)은 얼마 안 있어 헌제로부터 작위와 함께 "원술을 정벌하라"는 조서(詔書)[1]를 받는다. 이때 조조는 원술을 견제할 목적으로 진우(陳瑀)[2]를 오군태수에 임명하지만, 오군은 이미 손책의 영지나 다름없어서 임지에 갈 방법이 마땅치 않았다. 이에 진우는 손책이 원술 공격을 위해 출진한 틈을 타 오군을 빼앗을 계획을 세웠으나, 낌새를 알아챈 손책이 수하를 시켜 먼저 공격하니, 수천의 군세는 죽거나 포로로 잡혔고 진우만 간신히 원소에게 피신하였다. 이를 계기로 손책은 서주의 대호족인 '하비 진씨'와 원한 관계가 생겼는데, 서주자사 도겸이 처음부터 동향인 손책을 꺼렸다는 기록으로 보아, 도겸 때부터 서주와 구원(舊怨)이 쌓여 온 탓일 수도 있다.

손책은 소패왕(小霸王)이라는 별호에 걸맞게 거침이 없었다. 당초 원술에게 약속받았었던 여강태수 자리를 유훈(劉勳)을 속여서 결국엔 빼앗았고, 예장태수 화흠(華歆)[3]도 간단히 굴복시키더니, 기세 좋게 허도까지 위협하는 과감함을 드러낸다. 조조는 손책을 달래기 위해 차남 조창(曹彰)을 손분(孫賁)[4]의 딸과 맺어주었지만, 손책은 대장군 자리를 달라고 떼를 쓰는 등 과도한 요구를 계속했고, 이에 조조도 더는 참지 못하니 둘의 관계는 파국을 맞

---

1)  황제의 명령으로 칙서(勅書)라고도 한다. 왕의 명령은 교서(敎書)다.
2)  유비에게 서주자사를 권했던 광릉태수 진등(陳登)의 오촌당숙이다.
3)  157~231년. 손책 사후 조조를 따르며, 훗날 사도와 태위를 지낸다.
4)  손견의 형인 손강(孫羌)의 아들. 손책이 화흠 대신 예장태수에 앉혔다. 연의엔 조인의 딸을 손책의 아우 손광(孫匡)과 혼인시켰다고 나온다.

는다. 연의 29회엔 조조가 손책을 "사자 새끼"에 비유하는 장면이 나오는데, 정사는 훨씬 더 적나라하게 "미친개"라고 적고 있다. 천하의 조조도 손책을 감당하기 참 버거웠던 모양이다.

손책이 조조-원소의 전쟁을 틈타 허도를 치기로 마음먹은 이때, 오군태수 허공(許貢)이 조정에 '손책은 장차 큰 화가 될 것'이라는 밀서를 올린 사실이 발각된다. 허공은 모르는 일이라며 발뺌했지만, 믿지 않은 손책은 허공을 잡아서 죽인 뒤 허도 공략계획을 예정대로 진행한다. 연의는 허도를 노린 손책의 행보를 제대로 다루지 않았지만, 정사의 손책은 실제 북상하여 광릉태수 진등(陳登)과 대치했고, 공교롭게도 진등은 '얼마 전 손책에게 패주한 진우의 조카여서' 손책에게 원한을 품고 있던 차였다.

그런데 이 무렵 예상치 못한 일이 터져 버린다. 군량 도착을 기다리며 사냥에 나섰던 손책이 허소(許昭)라는 자객에게 불의의 습격을 당해 '아버지 손견처럼' 허망한 죽음을 맞은 것이다. 그의 나이 불과 26세였다. 허소에 대해선 허공의 빈객이라는 얘기도 있고 진등이 보낸 자객이라는 설도 있지만[5], 허소의 실체가 무엇이든 '많은 피를 보며 세력을 확장해 온' 손책으로선 결코 경계를 게을리해서는 안 됐다. 그만큼 업보가 쌓였기 때문이다.

지금과는 비교도 안 되게 수명이 짧았던 고대(古代)에는 스물이 되기 전에 죽는 일이 많았지만[6], 일단 장성한 인물의 요절(夭折)은 보통 서른을 지나서 벌어졌다.[7] 손책은 병사(病死)가 아닌 사고사라 경우는 다르지만, 제갈량·순욱·사마의가 출사한 나이가 각각 27세·29세·30세임을 감안하면 너무 이른 죽음이었다.

한편 연의는 이 대목에서 중상을 입은 손책 앞에 우길(于吉)이 나타나 온

---

5) 연의는 자객이 오군태수 허공의 문객이었다는 설을 채택하고 있다.
6) 서구를 지배한 로마인의 평균 수명도 30세를 넘기지 못했다고 한다.
7) 곽가·주유·방통·조예·진등·장온·육적·낙통·손등·손준·손휴 등이 모두 30대에 요절했다. 보통 기대 수명의 절반도 채우지 못하면 요절이라 하며, 유비도 "오십이면 요절이라 하지 않는다"고 말한 일이 있다.

갖 조화를 부리는 장면을 담고 있다. 우길은 장각(張角)이 퍼뜨린 태평도(太平道)의 창시자라 여겨지는 도사(道士)로, 이때까지 살아있었다면 100세 가까운 나이가 된다. 배송지가 주석에 손책이 우길을 죽였다는 야사의 언급을 길게 남겼지만, 아무래도 신빙성 있는 기록으로 보긴 어렵다. 주석에는 손책이 명망 높은 학자인 고대(高岱)를 함부로 죽였다는 장문의 기록도 전하므로, 연의가 이를 바탕으로 에피소드를 구성한 듯하다.

이런저런 기록들을 몇 번이나 반복해서 찾아보는데도 볼 때마다 까먹거나 놓치는 부분이 생기니, 정사와 연의의 저자들이 겪었을 고생을 저절로 떠올리게 된다. 현재와 비교하면 자료의 검색과 검증이 수천 배는 어려웠을 시대에, 온갖 기록을 찾아 꼼꼼하게 검토하여 기록한 진수·배송지는 물론이고, 사서에 남겨진 방대한 기록을 두루 살펴서 하나의 완결성 있는 이야기로 멋지게 꾸며 낸 나관중·모종강의 위대함을 새삼 실감하기 때문이다.

### ◈ 군좨주 곽가

원소를 대적하기에도 벅찼던 조조는 손책까지 미친 듯한(?) 기세로 덤벼드는 상황을 심각하게 우려했던 모양이다. 조조는 손책의 5촌 조카딸을 며느리로 맞아들인 외에도, 동생의 딸을 손책의 동생에게 시집보냈고, 양주자사에게 명하여 손권을 무재(茂才)로 천거해주기까지 했다. 그런데도 만족을 몰랐던 손책은 북진해서 장강(長江, 양쯔강)을 건너 허도를 급습하려 했던 것이다.

이때 군좨주(軍祭酒)[8] 곽가(郭嘉)가 나서서 "손책이 강동을 평정하며 함부로 죽인 자들도 실은 모두 영웅호걸이었습니다. 그들에겐 죽음을 무릅쓰고 은혜를 갚으려는 무리가 있을진대, 손책은 경박하여 이들을 방비하지 않으니 필시 필부(匹夫)의 손에 죽고 말 것입니다"라고 예언하며 조조를 안심시켰다. 연의는 이러한 정사의 기록을 "손책은 필부의 용맹을 지닌 것뿐이니,

---

8) 수석 고문으로, 참모들의 우두머리다. 이때의 '祭'는 '좨'로 읽는다.

훗날 반드시 소인배들의 손에 죽고 말 것"이라고 비틀어서 옮겨 실었는데, 죽기를 각오하고 은혜를 갚으려 했던 자객을 덮어놓고 소인배로 치부하다니 잘못 고쳐도 한참을 잘못 고쳐 놓았다.

곽가는 예언이 적중했다는 기록이 사서에 많이 남아 있는 아주 비범한 인물이다. 삼국지 세계관에서도 방통·법정·마속·양수·예형·제갈각처럼 지력(智力)이 특출난 인물은 교만하거나 방종(放縱)한 경우가 많은데, 곽가 역시 몸가짐은 바르지 않았다고 한다. 하기야 제갈량도 항상 자신을 관중·악의와 비교했다고 하니[9], 가후나 사마의처럼 지략이 출중하면서도 삼가고 또 삼갔던 인물이 특별하다 하겠다.[10] 능력이든 배경이든 남보다 월등한 면이 있으면, 상대를 얕보고 자만하는 것은 인지상정일지도 모르겠다.

하지만 곽가에겐 단점을 상쇄하고도 남는 독보적인 통찰력이 있었다. 조조는 순욱의 천거를 통해 곽가를 처음 만났는데, 곽가와 천하의 대사를 논하고 나서는 "나의 대업을 이뤄 줄 이는 필시 이 사람"이라며 극찬한 바 있고[11], 이후로도 "나의 뜻을 잘 헤아리는 사람은 오직 곽가"라며 품은 속내를 드러내기도 했다.

'군중무희언(軍中無戲言)[12]'이란 말이 있듯, 건곤일척의 승부를 앞둔 엄중한 상황에서 웬만한 자신감 없이 적장인 손책의 피살 가능성을 함부로 내뱉었을 리 없다. 탁월한 예측력에 두둑한 배포까지 갖췄던 곽가는, 극도로 언행을 삼가면서 물음에만 답했다는 가후와 함께 조위를 대표하는 천하의 기재(奇才)였다.[13]

---

9) 관중(管仲)은 춘추시대의 전설적 재상이고, 악의(樂毅)는 전국시대 최고의 명장이다. 그런데 정사는 실제로 제갈량을 관중에 버금가는 명재상이라고 적고 있다. 다만 제갈량의 무략은 높게 평가하지 않았다.
10) 다른 이들은 일찍 죽었지만, 가후와 사마의는 일흔을 넘겨 장수했다.
11) 곽가도 조조를 만난 후 "실로 나의 주인이시다"라며 매우 기뻐했다.
12) 군중에선 실없는 말이 통하지 않는다는 뜻. 연의 속 주유의 말이다.
13) 『KOEI 삼국지』도 곽가와 가후의 지력을 조위(曹魏) 제일로 설정했다.

## ❖ 중호군 주유

197년에야 원술로부터 독립한 손책이 불과 3년 만에 갑자기 세상을 떠났으니, 손책이 일궈 놓은 세력이 겨우 19세였던 동생 손권에게 무탈하게 이양되었다면 오히려 이상한 일일 것이다. 이는 손가(孫家)의 수하들이 불의해서가 아니라, 한 치 앞을 내다볼 수 없는 난세에는 강력한 맹주의 존재가 가문의 생존과 직결되기 때문이다. 손권의 자질은 높은 평가를 받았지만, 별안간 맹주가 된 손권의 성장을 기다려 줄 만큼 여유가 없었고, 특히 손권은 부형(父兄)과 달리 사납지 않다는 점이 문제였다. 호족을 지켜 줄 강인한 군벌임이 손오 정권의 본질이었으니 말이다.

모두의 생존을 위해 수하들이 합심해서 불비(不備)한 맹주를 갈아 치운 사례는 동서양을 막론하고 얼마든지 발견할 수 있다. 멀리서 찾을 필요 없이 도겸의 미욱한 아들들을 믿지 못한 서주의 호족들이 조조의 대항마로 유비를 세운 바 있고, 익주목 유언이 죽고 적장자인 유장이 뒤를 이었는데도 아둔한 유장(劉璋)을 믿지 못한 수하들이 곧바로 반란을 일으켰던 전례도 있다.[14]

게다가 손오(孫吳)는 군벌과 호족의 연합정권이라는 특수성이 있었다. 처음부터 손견을 따랐던 3대 공신 중 정보(程普)와 한당은 멀리 유주 출신이고 황개는 형주 출신이었는데, 손견은 이들과 함께 고향인 오군에 터를 잡았다. 손견이 전국을 누비며 무명(武名)을 떨친 덕에 부곡(部曲)[15]을 거느리던 호족들의 지지를 얻었고, 손책 대에 가세한 서주 출신의 명사(名士) 장소·장굉이 군벌과 호족 사이에서 균형추 역할을 맡는 복잡한 체제였다.

훗날 감녕(甘寧)이 황족인 손교(孫皎)와 싸운다거나, 여몽(呂蒙)이 손권의 허락도 없이 감녕을 죽이려 들었던 일화는 조위나 촉한에서는 상상조차 어려운 장면으로, 오나라 내부의 독특한 권력 구조가 드러나는 대목이다.

---

14) 유장은 이미 장성한 30대였고, 황실의 후손이었는데도 마찬가지였다.
15) 평시엔 농사짓다가, 전시엔 주인을 따라 전장에 나가는 농민병 집단.

손권의 왕권이 확립된 뒤에도 그 정도였으니, 이 당시의 손오는 오죽했겠나 쉽게 짐작할 수 있다.

삼국지 무대에선 동향(同鄉)이 강조되는 장면을 자주 접할 수 있다.[16] 동향 이란 사실이 중요한 판이니, 지역에 뿌리내리고 있는 호족들의 영향력은 말 할 필요가 없다. 난세를 돌파해야 할 호족 입장에선 자신들의 생명과 재산을 지켜줄 '실력 있는' 무장 세력이 무엇보다 필요했고, 그런 면에서 손견과 손 책이라는 당대 최강의 범 같은 맹주는 더없이 든든한 존재였을 것이다. 그런 데 빛이 강하면 그림자도 짙은 법이라, 손책의 빈자리를 손권이 메우는 상황 을 호족들은 분명 우려했을 터이고, '대를 이은 충성'을 당연시했을 무장들과 는 입장이 전혀 달랐음이 분명하다.

이때 앞장서서 손오의 중심을 잡아 준 인물이 바로 주유(周瑜)다. 손견은 동탁을 토벌하러 출진하면서 가족을 여강군 서현으로 옮겨 살도록 했는데, 당시 15세의 손책이 마침 '서현이 고향인' 주유와 둘도 없는 친구가 되었다.[17] 손권이 여덟 살 꼬맹이였을 때부터 지켜봤을 주유는 다른 신하들이 손권을 가벼이 대하는 와중에도, 홀로 무겁게 주종(主從)의 예를 지켰다고 한다.

주유가 손오의 다른 인사들과 근본적으로 달랐던 점은 중앙의 명문가 출 신이라는 것이었다. 당시의 강남은 소위 변두리였고, 후한 대에도 동남아 계 통의 언어가 활발히 쓰이는 수준이었다. 그러다가 손권 대에 이르러서야 본 격적으로 개발이 시작된 셈이니, 장(張)·주(朱)·육(陸)·고(顧)를 '오의 사성 (四姓)'이라 칭송하긴 하지만 기껏해야 시골에서 잘 나갔다는 의미여서, 그 나마 중앙에서 출세했다는 육씨조차 육손(陸遜)의 윗대에 교위나 도위를 지 낸 이력이 전부였다. 장소나 장굉도 내로라하는 가문은 아니었고, 무장 중엔 정보나 황개처럼 하급관리 출신이 돋보일 정도였다.

---

16) 예나 지금이나 인맥이 중요한데, 당시엔 혈연(血緣) 다음으로 지연(地緣)을 중시했다. 학연(學緣)이 부각되는 시점은 근대 이후의 일이다.

17) 손책이 명성 높은 주유를 찾아가 이사를 권했다는 기록도 있다.

그런데 주유는 고조부가 상서령(尙書令)[18]을 역임했고 종조부와 당숙이 태위(太尉)를 지냈으니, 이들과는 차원이 다른 전국구 명문가 출신이었다. 낙양령을 지내던 주유의 아버지가 요절하는 바람에 영락하여 낙향했다지만, "주유가 손책에게 큰 저택을 내어줬다"라는 정사의 기록만으로도 주씨 가문의 여력을 짐작할 수 있다. 엄격한 신분제 사회였던 후한 말엽에, 중앙에서 대대로 고관을 배출한 여강 주씨의 상징성은 실로 대단했을 것이다.

이러한 사정이라 손책은 주유가 합류하자마자 숙장인 정보에 버금가는 직분을 맡겼다. 물론 주유는 출신 가문만을 등에 업은 평범한 인물은 아니고, 워낙에 영준하다고 정평이 나 있는 영걸이었다. 실제로 정사 속 주유는 통찰력과 통솔력이 출중하고, 인격적으로도 흠잡을 데 없는 완벽에 가까운 인물이었다.[19]

그래서 오히려 의문을 품게 된다. 주유가 강력하게 지지하고 나선 덕에 손책의 권력이 손권에게 온전하게 이양된 줄은 알겠는데, 모든 걸 갖추고 있었던 주유는 왜 직접 맹주를 맡을 생각을 하지 않았을까? 삼국지 세계관에서 '출신 가문을 빼면' 주유 이상으로 완벽한 인물이었던 제갈량(諸葛亮)은 '한실 부흥'이라는 뚜렷한 대의(大義)가 있었기에 훗날 유비의 탁고(託孤)에도 불구하고 직접 옥좌에 오르지 않았지만[20], 일찍부터 '천하이분지계(天下二分之計)[21]'를 구상해 온 주유가 대의를 제쳐두고 손책과의 우정을 지켰다는 설명은 뭔가 충분하지 않기 때문이다.

이를 두고 주유가 "천명에 따라 유씨를 대신할 인물은 동남쪽에서 일어난다"는 참언(讖言)을 믿었기 때문이란 기록이 있다. 진시황도 일찍부터 "동남쪽에 천자의 기운이 있다"고 지적했고, 동방 순행을 통해 이를 누르려 했다

---

18)  행정 수반으로 황명을 출납한다. 순욱이 바로 한나라의 상서령이었다.
19)  대인배로 소문난 영화배우 주윤발(周潤發)이 직계 후손임이 밝혀졌다.
20)  어쨌든 당시엔 유(劉)씨가 한실을 이어야 한다고 믿는 사람이 많았다.
21)  형주와 익주를 병합해, 천하를 조조와 남북으로 이등분하자는 전략.

는 기록도 전하지만, 원술이 참언을 따랐다가 처참하게 패망한 것이 불과 한 해 전의 일인데, 천하의 주유가 비슷한 참언을 이유로 손권을 지지했다고는 아무래도 믿고 싶지 않다. 다만 오죽하면 이런 억측이 생겼을까 싶기는 하다. 주유가 대권을 노리지 않았던 이유는 뭘까?

### ◈ 도독 저수

무리한 비교인 줄 알지만, 원소 진영에서 주유에 견줄 만한 인물을 찾는다면 저수(沮授)가 첫손에 꼽힐 것이다. 수하들의 출신이 한미했던 손가와 달리, 원소는 그 자신이 당대 최고 명문가의 자제라 수하들의 가문을 따지는 일이 그다지 의미 없긴 하지만, 어찌 되었든 기주 출신 중에선 단연 저수의 체급이 높았다.

무엇보다 저수는 주유가 천하이분지계를 구상했던 것처럼, "먼저 북방 4주를 평정하고, 황제를 맞아 낙양에서 종묘를 회복하면 누구도 맞서지 못할 것"이라는 대전략을 원소에게 피력하여 군권을 맡았던 인물이다. 원소의 자(字)인 본초(本初)와 당시의 연호인 초평(初平)을 놓고는, "본초가 세상을 평정한다는 의미"라고 풀이했다는 일화도 전하니 기지(機智) 또한 상당했던 모양이다.

책상물림이 아니라 문무를 겸비했다는 점과 대국적 안목이 탁월했다는 면에서도 주유와 닮았다. 저수는 일찍이 원소에게 협천자를 건의했고, "원담을 청주자사로 임명하면 후계 구도의 재앙이 될 것"이라고 만류했으며, 보급에 어려움이 컸을 조조와는 지구전을 펴야 한다고 제안했고, 협량(狹量)인 안량을 대장으로 삼아선 안 된다고 진언한 데다, 조조가 병량을 노릴 가능성이 크다는 점을 지적하고 수송대의 호위 병력을 늘리자고 강변했다.

저수는 중요한 순간마다 주유 뺨치는 통찰력을 드러냈으니, 저수의 건의를 하나도 받아들이지 않은 원소가 허무하게 패망한 것은 결코 불운 탓이라

할 수 없다. 다만 주유는 원가(袁家) 못지않게 내부 사정이 복잡했던 손가(孫家)에서 '자신의 대두를 불편하게 여긴' 정보(程普)마저도 끝내 감복하게 만든 인격자였지만, 저수는 정적(政敵)이던 영천 세력은 말할 것도 없고 같은 기주 출신의 호족들과도 두루 화목하지는 못했다는 차이가 있다.

물론 원가의 문제는 9할이 원소 자신에게 있었다. 원소는 조조와의 싸움을 앞두고 처음부터 기주 호족들을 배척했다. 북방 4주를 평정하는 과정에선 북쪽 사정에 밝은 기주 호족들을 중용했지만, 막상 4주를 통일하고 나자 4주의 자사를 모두 아들과 조카에게만 맡겼다.[22] 사병을 동원하여 원소의 세력 확장에 큰 힘을 보탰던 호족들로선 불만이 쌓일 수밖에 없었다. 게다가 조조와의 싸움에선 저수에게 집중되었던 군권을 영천 출신의 곽도와 순우경에게 억지로 나눠 주었고, 고비마다 저수와 전풍 대신 간악한 곽도의 계책을 채택하여 참패를 자초했다. 곽도나 신평 같은 무리는 극도로 무능한 데다 불의하기까지 했으니, 정작 원소에게 끝까지 충의를 지킨 인물은 오로지 가장 유능했던 저수였다.

원소가 관도에서 패주하면서 조조에게 사로잡힌 저수는 "나는 항복한 것이 아니고 힘과 지혜가 모자라서 사로잡혔을 뿐이다. 가족의 목숨이 원씨에 달렸으니 속히 나를 죽여 달라"고 호소했다. 이에 인재를 알아보는 눈이 남달랐던 조조가 "원소가 모략이 없어 그대의 계책을 써 주지 않았을 뿐이니, 내가 일찍 그대를 얻었다면 천하가 근심하지 않았을 것"이라며 귀순을 권했지만, 저수는 끝내 거부하고 안타까운 죽음을 맞았다. 이 대목에서 의문이 머리를 떠나지 않는다. 정사엔 저수와 전풍이 거듭 진언하고 "원소가 듣지 않았다"는 기술이 반복되는데, 어차피 듣지 않을 거라면 원소는 왜 계속 저수를 썼던 것일까? 그리고 저수는 원소가 계속 듣지 않는데도 왜 끝까지 원소를 따랐던 것일까?

---

22) 조조와는 정반대 조처였다. 조조는 친족을 중심으로 군권 유지에 집중했고, 지방관은 민심을 얻을 적임자를 두루 고려하여 임명했다. 이에 곽가도 "원소는 의심이 많아 혈육만을 중시한다"고 지적했다.

### ◈ 허유와 장합

허유(許攸)는 일찍부터 조조·원소 모두와 친했던 인물로, 빼어난 재주에도 불구하고 오만하고 경박하며 탐욕스러웠다고 한다. 정사엔 허유에 대해 눈에 띄는 기록이 남아 있는데, 허유가 황건군이 일어난 이듬해인 185년에 기주자사 왕분·양해·진일과 함께 영제를 폐위하고 합비후(合肥侯)[23]를 새 황제로 옹립하려고 모의했다는 것이다. 조조와 친구였던 허유만이 이때 31세 전후였고, 나머지는 모두 40대 중반 이상의 관록 있는 인물들이었다.

이때 조조도 가담을 제안받았으나 거절했다는 기록이 있으니, 허유의 배짱과 야망이 몹시 컸음을 짐작할 수 있다. 왕분은 187년 영제가 조정으로 소환하자 사정도 모른 채 겁을 집어먹고 자살하지만, 함께 역모에 가담했던 허유는 어찌 된 일인지 처벌받지 않았고, 189년 원소가 낙양을 떠날 때 함께 기주로 향한다.

허유는 본래 심배(審配)와 사이가 좋지 않았다. 그런데 허유가 관도대전에 참모로 종군한 상황에서 심배가 허유 일가의 부정부패를 적발하여 가족들을 체포하자, 허유는 곧장 도망가서 조조에게 투항한다. 이때 조조군은 백마와 연진에서 이기고도 군량 보급이 어려워 관도로 물러난 상태였는데, 원가의 내부 사정을 소상히 알고 있는 허유가 원소군의 아킬레스건을 조조에게 정확히 짚어 준 것이 불리한 전황을 바꾸는 결정적 열쇠가 된다.

"전쟁 중에는 장수를 바꾸지 않는다"는 유명한 격언이 있다.[24] 심배가 어디까지나 자신의 직분에 충실했던 것인지, 아니면 사사로운 감정 때문에 공연히 허유의 잘못을 추궁했는지는 알 수 없지만, 하필이면 치열한 전쟁의 한가운데 개인 비리를 들쑤시는 바람에 결과적으로 엄청난 국가적 재앙을 부르고 말았다.

한편 조조의 참모들 간에는 허유가 제공한 정보의 진위를 놓고 설전이 벌

---

23) 영제(靈帝)의 유일한 동생인데, 이후 기록이 없으니 요절한 듯하다.
24) 물론 반대 의견도 있다. 마샬 플랜으로 유명한 미국 육군참모총장 조지 마샬(George Marshall)은 "결과를 못 내면, 꾸짖지 말고 교체해야 한다"고 주장했고, 2차대전 중 장성 수십 명을 바꿔 군기를 세웠다.

어진다. 그도 그럴 것이 원소의 세력권 안쪽으로 진입해야 하는 위험한 작전이라, 자칫 정보가 어긋나기라도 하면 대참사로 이어질 수 있었기 때문이다. 하지만 조조 특유의 판단력과 과단성은 이때에도 빛을 발한다. 조조는 허유의 투항이 불리한 판도를 바꿀 수 있는 천재일우의 기회라 믿고, 직접 보기(步騎, 보병과 기병) 5천을 이끌고 순우경(淳于瓊)이 1만의 병력으로 군량을 지키고 있던 오소(烏巢)를 벼락같이 급습한다.

연의는 원소군이 술판을 벌이다 참패한 것처럼 적고 있지만, 도독 순우경이 그렇게까지 허술한 인물은 아니었다. 순우경은 불의의 기습에 맞서 거세게 저항했고, 만만찮은 전황이었지만 조조가 사력을 다해 독전한 끝에 가까스로 이길 수 있었다. '장합(張郃)의 건의대로' 원소가 처음부터 순우경을 구하는 데 집중했다면 오히려 조조가 궁지에 빠졌을지도 모를 일이었다. 반면에 기필코 성공해야 하는 작전이라 '수하들만을 보내지 않고' 직접 도박에 나섰던 조조의 승부수가 통쾌하게 적중한 결과였다.

이때 조조는 생포한 적장들을 모두 참수하면서도, 순우경은 코만 자른 채 죽이지는 않았다. 12년 전 낙양에서 서원팔교위를 함께 한 인연이 있던 순우경을 거둘 마음이 있었던 것이다. 하지만 허유가 나서서 "순우경은 코가 잘린 원한을 결코 잊지 않을 것"이라 말하자, 조조도 뜻을 접고 순우경을 죽였다고 한다.[25]

"전쟁은 칼이 아니라 쌀로 하는 것"이란 말이 있을 정도로, 적의 보급선을 차단하면 승전으로 직결된다.[26] 조조는 병량 수송에 어려움을 겪으면서도 쌀수레를 이중으로 둘러싸고 호위한 덕에 원소군의 기습을 막아 냈고, 원소는 '자신의 내밀한 정보를 가진' 허유가 배신했는데도 조조가 감히 자신의 영역으로 침입할 것이라곤 예상하지 못해 충분히 방비하지 않았던 것이다.

---

25) 『악진전』엔 "악진이 힘을 다해 싸워서 순우경을 참했다"고 나온다.
26) 훗날 번성을 포위한 관우군도 병량이 떨어지자 속절없이 해체된다.

한편 불리한 전황을 뒤엎는 제일의 전공을 세운 허유는 자신의 공을 지나치게 자랑하고, 조조와 친구 사이임을 물색없이 과시하다 겨우 4년 만에 목이 달아나고 만다. 연의엔 주유가 생일이 고작 한 달 빠른 손책을 깍듯이 형으로 대하고, 친구의 동생인 손권에게 정중히 예를 갖추는 장면이 나오는데, 허유에겐 주유와 같은 주종(主從)의 분별이 없어서 목숨을 재촉하고 말았다.

이 대목을 읽는 현대의 독자는 조조가 기껏 적의 병량을 빼앗고는 수천여 대에 달하는 수레를 깡그리 불태운 장면이 의아할 만하다. 아무래도 교전(交戰)에 흥미가 있지 병참(兵站)까지 관심을 두긴 어렵지만, 당시 1만 군사의 한 달 치 식량을 허도에서 관도까지 운송하려면 수레 5백 대·소 1천 마리·몰이꾼 1천 5백 명을 동원해도 꼬박 사흘이 걸렸다고 한다. 여기에 운송 과정에서 호위병·몰이꾼·소가 소비할 식량과 건초 등은 별도로 준비해야 했으니, 탈취한 병량을 아군 진영까지 옮기는 선택지는 처음부터 고려 대상이 아니었고, 서둘러 태워 버릴 수밖에 없었다.

이 같은 보급의 어려움으로 인해 전장에선 또 다른 형태의 참극이 빚어지기도 한다. 원소를 패퇴시키는 과정에서 7~8만의 원소군을 포로로 잡은 조조가 이들을 모두 산 채로 묻어 버린 것이다. 사실 고대의 전쟁사를 보면 장평대전 당시 백기(白起)의 대학살이나 항우(項羽)의 신안대학살처럼 수만 아니 수십만의 포로를 생매장했다는 기록을 종종 접할 수 있다. 전 세계 인구의 두 배를 먹여 살릴 식량을 생산하고 있는 현대의 감각으론 도저히 이해할 수 없지만[27], 훗날 관우의 참담한 실패 사례에서 보듯 군량이 확보되지 않은 상태에서 감당할 수 없는 포로를 살려두었다간 도리어 아군마저 죽음으로 내모는 결과를 낳기도 한다.

원소에게 있어 병량 못지않게 뼈아픈 손실이 장합(張郃)의 이탈이었다. 시

---

27) 그런데도 2023년 기준 7억 명 이상이 굶주린다니, 현실의 역설이다. 또한 학살의 원인을 오로지 보급의 문제로만 볼 수도 없다.

종일관 나쁜 꾀만 내는 곽도(郭圖)는 '제 살 궁리를 하느라' 장합과 고람을 무리하게 참소해 급기야 조조에 투항하게 만들어 버렸다.[28] 원가와 조조의 싸움은 이후로도 5년 넘게 이어지는데, 장합은 조조 휘하에서 30년을 필두로 활약하는 핵심 전력이었다. 국의(麴義) 사후 이렇다 할 명장의 활약이 없었던 원소군 입장에선, 장합의 빈자리가 크게 느껴질 수밖에 없었다.

그리고 보면 조운(趙雲)도 기주 상산군 출신이었음이 떠오른다. 그렇다고 원소가 '조운의 부재'를 아쉬워할 필요는 없으니, 연의는 조운이 원소에 임관했다가 실망하여 공손찬에 귀부한 것처럼 각색했지만, 정사에는 조운이 원소 휘하였다는 기록이 없기 때문이다. 연의가 원소를 깎아내리려고 덧붙인 설정일 뿐이다.

### ◈ 형주목 유표

연의는 관우가 백마전투에서 안량(顏良)을 참하고, 이어진 연진전투에서 문추(文醜)까지 베는 것처럼 각색했다.[29] 하지만 정사에 따르면 문추는 관우에게 죽은 것이 아니라, 6천여 기병을 이끌고 조조군을 추격하다 복병에 걸려 전사했다. 이때 『원소전』에는 "원소가 유비를 문추와 함께 연진전투에 내보냈다"라는 기록이 있지만, 유비의 열전인 『선주전(先主傳)』에는 연진전투에 대한 언급이 없어서 당시 유비의 구체적인 행적은 알 수 없다.

대신 원씨의 본가가 있는 여남에서 유벽(劉辟) 등이 조조를 등지고 원소를 따르자, "원소가 유비를 보내 유벽과 호응하여 허도 남부를 공략하게 했다"는 기록이 전한다. 관우가 조조의 품을 떠나 유비에게 돌아오는 시점이 바로 이 무렵이다. 허도 남부를 노리던 유비는 조조가 보낸 조인(曹仁)이 공격해 오자 당해 내지 못하고 일단 업성에 되돌아간다. 그리고 원소를 떠날 궁리를

---

28) 안량·문추·장합·고람을 하북사정주(河北四庭柱)라고 칭한 판본도 있다.

29) 연의의 문추는 2대1로 덤빈 장료·서황을 물리친 후 관우에 당한다.

하던 유비는 "유표와의 동맹을 굳건히 해두는 것이 중요합니다"라고 원소를 설득하여 유표가 다스리는 형주로 향하게 된다.

유표(劉表)는 연주(兗州) 산양군 고평현 출신이다. 경제(景帝) 차남의 후손인 유비가 280년 전에 하사받은 선조(先祖)의 봉토(封土)인 유주 탁군 탁현에서 나고 자랐듯이, 경제 4남의 후손인[30] 유표도 270년 된 조상의 봉지에서 나고 자랐다. 저명한 유학자였던 유표는 환관들의 핍박을 피해 오래 은거하다 마흔이 넘은 나이에 대장군 하진(何進)에게 전격적으로 발탁되었는데, 하진이 암살당한 뒤 정권을 잡은 동탁(董卓)에 의해 형주자사에 임명되면서[31] '생각지도 못했던' 난세의 패권 경쟁에 휘말리게 된다.

갑작스레 출세한 유표가 처음부터 꽃길만을 걸었던 것은 아니다. 말이 좋아 형주자사였지 기반이 없는 지역에 단신으로 부임하다 보니, 원술의 견제와 무릉만(武陵蠻)[32]의 기승에 시달려 치소(治所)가 있는 무릉까지는 내려가지도 못하고 양양(襄陽)에 머무르게 된다. 이때 벌써 50세였던 유표는 채모(蔡瑁)의 누나를 후처로 맞는 등 양양의 유력 호족들과 정치적으로 연대했고, 숫제 무릉 대신 양양에 자사부를 새로 차려서 업무를 개시한다.

이때 유표의 고민은 원술만이 아니었다. 나라가 어지러워지자 형주에도 '족당(族黨)'이라 불리는 씨족집단들이 들고 일어나 각 지역을 점거하고 있었다. 유표는 괴월(蒯越)의 계책에 따라 족당의 우두머리들을 회유해 모이도록 하고는, 수십 명이나 되는 이들을 모조리 참수하고 지역에 남아 있는 잔당까지 전부 소탕한다. "8척 장신에 외모가 매우 준수했고, 학자의 풍모가 돋보였다"는 유표의 묘사는 마치 제갈량의 그것과도 같지만, 어지러운 세상은 유표가 고매한 학자로 남도록 내버려 두지 않았고, 살아남기 위해선 손에 피

---

30)  익주의 유언(劉焉)도 경제의 4남인 노공왕 유여(劉餘)의 후손이다.

31)  손견에게 죽은 왕예의 후임이었다. 동탁의 뒤를 이어 정권을 잡은 이각·곽사가 유표의 지지를 얻어 내려고 '형주목'으로 올려 준다.

32)  형주 일대에 분포해 한족과 다투던 이민족으로, 게릴라전에 능했다.

를 흠뻑 묻히는 외에 다른 도리가 없었다.

10년 만에 남부권 최강자로 우뚝 선 유표는 조조와 원소가 큰 싸움을 벌이자 사태를 관망하고 있었다. 한숭(韓嵩) 등이 나서서 "패업을 이루시려면 10만 군사로 일어나시고, 그게 아니라면 진실로 누구를 따를지 택하셔야 합니다"라고 진언했지만, 유표는 원소를 돕지도 않았고 그렇다고 조조를 따르지도 않았다. 채모가 일찍부터 조조와 친분이 있었고 괴월도 줄곧 조조로의 항복을 지지했는데도 응하지 않은 것으로 보아, 황제 흉내를 내곤 했던 이 무렵의 유표에게 '없던 야심'이 생겼음이 분명하다.

관도대전이 끝난 이듬해 유비가 귀부해 오자, 유표는 크게 환영하며 맞아들인다. 이미 공손찬·조조·원소를 차례로 등진 유비라서 유표도 내심 '믿을 수 없는 인물'로 판단했겠지만, 중간지대에서 기회를 노리던 유표로서는 유비가 조조나 원소편에 설 수 없다는 사실이 오히려 장점으로 다가왔을 터다. 무엇보다 유비는 "조조를 주살하라"는 천자의 밀조를 받은 인물이고, 용병에도 능했다. 유표 입장에선 여러모로 유비의 가세를 환영할 만했다.

### ◈ 원소의 죽음

관도대전에서 참패하고 업(鄴)으로 돌아온 원소가 기껏 서두른 처분은 전풍(田豊)의 죄를 물어 죽인 것이었다. 전풍은 저수와 함께 원소 진영을 대표하는 출중한 전략가였고[33], 실제 공손찬을 평정할 때도 전풍의 모책이 크게 기여했다는 기록이 남아 있다. 그런데 '실로 원가가 망하려고 그랬는지' 원소가 전풍과 저수의 간언(諫言) 대신 곽도의 간언(奸言)을 좇아 관도대전에 덜컥 나섰다가 참패했고, 패하고 돌아와서라도 전풍을 중심으로 심기일전했다면 얼마든지 기회가 있었을 텐데도 '봉기(逢紀)의 참언(讒言)을 믿고' 옥에 가둬놓았던 전풍을 그대로 죽여 버린다.

---

33) 저수는 사령관이었고 전풍은 참모였으니, 위상의 차이는 있었다.

조조는 자신의 부하들이 몰래 원소와 주고받은 밀서를 발견하고도 모두 태워 버리고 불문에 부친 바 있었으니, 맹주로서 그릇의 차이가 이렇듯 현격했다. 이로써 기주 호족의 대표 격이자 능력으로도 가장 뛰어난 저수와 전풍이 모두 사라졌으니, 안 그래도 내부가 분열되고 인재가 부족했던 원가에 있어 치명적인 악재였다. 오죽하면 진수가 "원소가 전풍을 죽인 과오는 항우가 범증(范增)[34]을 내친 실책보다 더한 것"이라 비판했을 정도다.

그런데 전풍을 죽여 버린 최악의 오판에도 불구하고, 원소의 가장 큰 허물은 50세도 안 되어 갑자기 세상을 떠났다는 점이었다. 관도에서 패했다지만 어디까지나 조조의 땅에서 벌인 싸움이었고, 원소는 여전히 북방 4주를 다스리는 전국 최강자였다. 관도대전 대패의 여파로 기주 곳곳에서 반란이 일어났지만, 원소는 1년여 만에 이를 깨끗이 평정하고 원가의 건재함을 과시하기도 했다. 그런데 내부 단속을 마치고 다시금 조조 토벌의 기회를 노리던 원소가 관도대전이 끝난 지 1년 반도 되지 않은 202년 5월, 자신의 후계자조차 제대로 정리하지 못한 채 급사하니[35] 원가는 돌이킬 수 없는 혼란의 소용돌이에 빠져들게 된다. 반면 원소와 천하를 다투던 조조로선 또 한 번 천운이 따른 셈이었다.

원소에겐 세 아들이 있었는데, 원소는 장남 원담(袁譚)을 동탁에게 죽은 친형 원기(袁基)의 양자로 보냄으로써, 총애하던 막내아들 원상(袁尙)을 자신의 후계자로 세우겠다는 의중을 드러낸다. 원소 본인도 '차남이라 장남 대신' 큰아버지의 양자가 된 것이니, 차남 원희(袁熙)를 놔두고 일부러 장남을 양자로 보내 버린 시점에 이미 원담은 후계 구도에서 탈락했다고 볼 수 있었다.

문제는 원소가 탈적(脫籍)[36]한 원담에게 청주자사를 맡겨서 분란의 씨앗

---

34) BC 278~204년. 이간계에 빠진 항우가 내치자 울화병으로 죽는다.
35) 『원소전』은 "패배 이후로 병이 나서 걱정하다 죽었다"라고만 적고 있다. 후계 정리도 못한 정황으로 보아, 급작스러운 죽음이었을 것이다.
36) 배송지의 주석에는 '폐출(廢絀)'로 나오지만, 이는 심배가 원담을 꾸짖는 글에 나오는 멸칭이라 맞지 않아 바꿨다. 주석에 따르면 이후로 원소는 원담을 조카라 칭했고, 원

을 만들었다는 점이다.[37] 거기에다 일이 꼬이려고 그랬는지(?) 청주에 부임한 원담이 뛰어난 능력을 발휘해서 공손찬 휘하의 전해(田楷)와 북해의 공융(孔融)을 몰아내고, 황건적 잔당과 해적까지 모두 축출해 지역민들의 열렬한 환영을 받는다. 원소는 본거지인 기주를 원상에게 맡기고, 원희를 유주자사·외조카인 고간(高幹)을 병주자사로 각각 임명하여 '나의 후계자는 원상'이라는 속내를 드러내긴 했지만, 어린 원상의 후계자 지위를 공식화하기도 전에 갑자기 세상을 떠나는 바람에 청주에서 명성을 쌓은 원담이 후계 경쟁에 뛰어들 빌미를 준 셈이 되었다.

근본적인 문제는 원가의 내부가 두 패로 갈라져 있는 데서 기인했다. 원소가 일찍부터 원상을 후계자로 점찍었다고 해도, 원소가 급사한 이때 원상은 16세 정도에 불과해 이렇다 할 경력이 없었다.[38] 이에 반해 원담은 본래 장남인 데다 이미 서른 즈음으로 실적도 쌓았고 명성도 얻었으니, 조조와 전쟁 중인 상황에서 적잖은 이들이 원담을 지지한 것은 자연스러운 일이었다.[39]

원상의 지지세력은 기주가 중심이었는데, 기주 출신들은 이미 권력 게임에서 한 발 밀려난 상태였고 주축인 저수와 전풍이 죽어 심배(審配) 정도만 남은 상황이었다. 이에 따라 심배 중심의 기주 세력이 지지하는 원상과 곽도·신평 등 영천 출신이 지지하는 원담이 대립하는 '형제간 내전' 양상이 벌어지고 말았다.

### ◈ 감군 심배

심배(審配)는 쉽게 이해하기 어려운 인물이다. 주석에 따르면 "심배는 어렸을 때부터 불의(不義)에 참지 않는 성격이라, 범접할 수 없는 절개가 있었

---

담도 원소를 숙부라 불렀다고 한다.
37)  저수가 "필시 재앙의 시초가 될 것"이라며 만류했지만 듣지 않았다.
38)  사환(史渙)을 사살하고 장료와 일기토를 벌이는 등 연의의 설정은 사뭇 다르다. 조창(曹彰)을 연상케 하는 무력과시형 캐릭터로 나온다.
39)  책임지고 물러났던 곽도가 원담을 부추긴 것이 혼란을 가중시켰다.

다"라고 하며, 한복(韓馥)이 기주목일 때만 해도 지나치게 곧은 성격 때문에 중용되지 못했다고도 한다. 하지만 이때의 학습 효과(?) 때문인지 원소 휘하에선 돌변하여 원소의 입맛에 맞는 말만 하기 시작했고, 이 때문에 원소에게 직언을 아끼지 않았던 저수·전풍과는 사이가 좋을 수 없었다.

고향인 기주 출신과도 화목하지 못한 심배였으니, 곽도를 비롯한 영천 출신이나 허유·봉기 등의 남양 출신과도 골고루 사이가 나빴음은 물론이다. 하지만 행정 능력만큼은 원소에게 인정받아, 관도대전 때도 후방 지원의 책임을 맡게 된다. 그런데 심배는 앞서 언급한 대로 원소군이 한창 조조를 밀어붙이는 가운데 허유의 가족을 체포해 대사를 결정적으로 그르친다. 만에 하나 허유에 대한 사감(私感)이 작용했다면 말할 것도 없거니와, 단지 엄정한 업무 처리의 결과였다고 해도 이 같은 '정무 감각의 결여'는 책임자로서 용납할 수 없는 흠결이다. 세상일은 때로 예상치 못한 곳에서 스노우볼(Snowball)이 커다랗게 굴러가기 마련이다.

관도대전을 이끌었던 세 명의 도독 중 저수와 순우경은 이미 죽고 곽도만 남은 상황에서, 심배는 패전의 책임이 큰 곽도를 탄핵하고 군권까지 장악한다. 원소의 용인술에서 드러나는 특징 중 하나는 권한과 책임을 효과적으로 배분하지 못했다는 점이다. 권력을 나누어 상호 견제를 통해 밸런스를 맞추는 '견제와 균형의 원리'에 충실했던 유비·조조·손권 등과는 근본적으로 달랐다. 물론 권한이 집중된 인물이 사심 없고 유능하면 문제 될 일이 없어서, 저수가 감군(監軍)일 땐 강적 공손찬을 제압할 수 있었다.

그런데 196년에 접어들어 공손찬이 응전을 포기하고 역경성에서 칩거를 시작하자, 원소는 저수·전풍 중심의 기주 호족을 견제할 필요를 느끼고 영천 세력에게 힘을 싣기 시작한다. 그러다가 관도대전을 앞두고는 아예 영천 중심으로 권력 구조를 재편했고, 관도대전이 참패로 끝나자 이들의 책임을 묻고 다시 심배에게 권한을 몰아준다. 위·촉·오에는 이런 식의 널뛰기가 없어서, 개국 공신들은 대부분 대를 이어 충성했고 그만큼의 지위를 보장받았다. 하지만 원소는 수하들을 아우르지 못하고 어설피 갈라놓기만 해서, 건전한 긴장 관계는 사라지고 앙금만 남게 되었다.

하나부터 열까지 문제투성이였던 곽도를 몰아낸 것은 그나마 다행이었지만, 원소의 급사로 후계 분쟁이 일어나자 기주의 실권을 쥐고 있던 심배의 '모난' 인간관계가 커다란 걸림돌이 되었다. 특히 심배는 원담과도 사이가 나빴기에, 원담은 심배가 공개한 원소의 유명(遺命)을 '조작'이라 주장하며 원상을 후계자로 인정하지 않았고, 스스로 거기장군을 칭한 뒤 여양에 주둔했다.

원상은 원담을 설득하기 위해 봉기를 보냈는데, 마침 조조가 북상하자 원담도 하는 수 없이 원상에게 병력 지원을 요청한다. 하지만 원상은 원담이 병력을 빼앗고 돌려주지 않을 가능성을 염려해 원군을 보내지 않았고, 이에 분노한 원담은 봉기를 죽여 버린다. 사태가 이쯤 되자 원상은 "지원을 거절했던 것은 봉기 때문"이라고 둘러댄 후 직접 원군을 이끌고 원담을 도우러 나섰으며, 심배를 업성에 남겨 후방 지원을 맡도록 조치한다.

### ❈ 4주목 원상

원소의 후처인 유부인(劉夫人) 소생의 원상(袁尙)은 원담·원희와는 나이 차이가 많아서, 이때 16세쯤이었을 것으로 추정된다.[40] 역사에선 후처나 첩실 소생의 늦둥이 때문에 심각한 후계 분쟁이 일어나는 사례를 흔히 접할 수 있지만, 원소가 원상을 총애했던 이유가 단지 늦둥이였기 때문만은 아니었다. 원담은 어려서부터 포악했고 원희는 반대로 유약해서 원소의 걱정이 많았는데, 일찍부터 신동으로 이름난 원상은 성품도 훌륭하고 용모도 위엄이

---

40) 원상이 유부인 소생이란 것은 조비가 쓴 『전론(典論)』의 기록이다. 전론에는 "악독한 유부인이 원소의 첩 다섯을 죽였다"는 기록이 있고, 연의 32화도 이를 옮겨 실었다. 조비의 부인이 원가 출신이긴 했지만, 원가를 멸하고 일어선 조씨의 기록임을 감안하여 볼 필요는 있다.

있어서 왕이 될 그릇으로 주변의 기대를 모았다고 한다.

그런데 원상에게 아무리 뛰어난 자질이 있었다고 해도, 너무 이른 나이에 '그것도 갑자기' 거대 원가의 맹주가 되었다. 손권도 19세에 손책을 이었다지만, 손권은 이미 15세 때 현장(縣長)을 맡았고 무재로 천거되어 교위까지 겸했으며, 형을 따라 참전하여 군공을 세우기도 했다. 그런데 원상은 불과 2년 전 유비가 서주에서 구원을 요청했을 당시, 원소가 '병치레를 걱정했던' 어리고 귀여운 아들[41]이었으니 협천자한 조조와 목숨 걸고 싸워야 하는 원가의 안팎에선 걱정 어린 시선이 많을 수밖에 없었다.

원소의 급사 소식을 접한 조조는 202년 9월에 대군을 이끌고 출진한다. 원상과 원담은 여양에서 대치했지만 연달아 패했고, 조조가 여양성을 포위하려고 들자 업성까지 물러나 수성전(守城戰)을 준비한다. 그런데 『무제기』엔 이 시점에 이상한(?) 기록이 불쑥 튀어나온다. "원상을 추격하여 업성에 이른 조조가 보리를 거두어들인 후 군대를 이끌고 허도로 돌아왔다"라는 생뚱맞은 내용이 바로 그것이다. 무제기가 조조의 패전을 축소하거나 가리려고 애쓰는 점을 참작하여 사서의 다른 기록들과 교차해 비교하면, 조조는 이때 원상의 역공에 패주했을 가능성이 농후하다. 『후한서(後漢書)』는 아예 "조조가 계속 공격해 오자, 원상이 역격하여 조조를 격파했다"라고 분명하게 기록해 놓기도 했다.

원가가 백마-연진-관도-여양에서 연전연패하는 와중에 처음 조조를 물리쳤으니 승전의 의미는 더할 나위 없이 컸고, 이는 어린 나이에 맹주가 된 원상의 입지를 탄탄히 해 준 결정적 전환점이 된다. 졸지에 기주·청주·유주·병주의 하북 4개 주를 이끌게 된 원상이었지만, 초전부터 아버지 원소의 기대에 걸맞은 실력을 과시한 셈이었다. 원상과 함께 싸워 승리를 거둔 원담은 여세를 몰아 조조를 추격해 궤멸시키자고 제안한다. 하지만 원담의 저의(底意)를 의심한 원상은 받아들이지 않았고, 오히려 원담에게 영지인 청주로

---

41)  원소가 걱정했던 아들이 원상이 아니라는 견해도 있기는 하다.

돌아가라고 요구한다. 이때 곽도와 신평이 극히 비열한 수작을 부리니, 원담에게 '큰 집에 양자로 가게 된 건 심배의 계책'이었다며 부추겨 기어이 원상을 공격하게 만든 것이다.

기껏 조조를 물리치고는 형제간 내전을 시작한 원담은 스스로 '어리고 경험 없는 동생을 꺾지 못할 리 없다'고 여겼겠지만, 원상의 군재는 만만치 않았고 무엇보다 원상이 이끄는 중앙군과의 양적·질적 차이를 극복하지 못해 완패하고 남피로 도망간다. 이 무렵 원담을 구원하러 온 청주별가 왕수(王脩)가 "형제와도 화목하지 못하는데, 도대체 세상 누구와 친하게 지낼 수 있겠습니까? 간신들을 베어 버리고 형제간에 친목하여 함께 사방을 방어한다면, 결국 천하를 호령할 수 있을 것입니다"라고 충언했지만, 원담은 끝내 받아들이지 않고 의미 없는 싸움을 계속했다.

이후 원담은 호기롭게 전쟁을 이어 갔지만, 원상의 계속된 공격에 대패하고 평원까지 도망가는 처지가 된다. 그런데 이처럼 궁지에 몰린 원담이 '믿을 수 없게도' 조조에게 투항하여 구원을 요청한다. 동생에 대한 원한이 얼마나 컸길래 부친의 원수에게 구원을 요청하나 싶지만, 이 또한 곽도의 제안이었으니 과연 명불허전(名不虛傳)[42]이었다. 원소가 이 사실을 알았다면 하늘이 무너지는 심정이었겠지만, 천하에 몹쓸 곽도를 중용하고 저수와 전풍을 멀리한 장본인이었으니 어디까지나 자업자득이었다.

### ❖ 심배의 죽음

시간의 허비(虛費)를 모르는 조조는 이때 유표를 치기 위해 형주 접경에 주둔하고 있었다.[43] 203년 10월 조조는 원담을 돕는다는 명분으로 북상했고, 조조가 여양에 이르자 원상은 평원의 포위를 풀고 업성으로 돌아간다. '형제

---

42) 본래는 악명(惡名)이 아닌 명성이 전해짐을 의미한다. 정사 『서막전(徐邈傳)』이 출전으로, 조비(曹丕)가 서막에게 한 말에서 유래했다.
43) 연의엔 원가의 분열을 살피며 유표를 치자는 곽가의 전략으로 나온다.

가 싸우는 원가엔 희망이 없다'라고 판단한 여광(呂曠)·여상(呂翔)이 원상을 등지고 동군 양평현을 차지하여 조조에게 귀순한 때가 이 무렵이다. 원담과 조조의 혼인동맹은 그만큼 충격적인 사건이었으며, 소식을 들은 원상조차 "아무리 그래도 그럴 리는 없다"며 믿지 않았고, 유표도 원담에게 서한을 보내 "친족을 버리고 적에게 나아가 근본을 베어낸 자가 어찌 오래 살아남겠는가?"라며 강하게 꾸짖었다.

그런데 이것이 원담 딴에는 '일단 거짓 항복하여 후일을 도모하는' 계책의 일환이었던 모양이다. 원담은 조조에게 항복한 여광·여상에게 은밀히 장군인(將軍印)을 새겨 주면서, "나중에 내가 봉기하면 내응하라"는 뜻을 전달했다. 하지만 여광·여상은 이미 망조(亡兆)가 든 원가 대신 조조를 따르기로 마음먹은 터라 조조에게 이 일을 고했고, 조조도 원담의 딴마음을 알아채게 된다.

204년 3월 원담에 대한 분노가 극에 달한 원상은 심배(審配)에게 업성을 맡기고 원담을 치기 위해 평원으로 출진한다. 조조를 놔둔 채 원정을 감행하는 판단은 위험천만했지만, 그만큼 조조와 결맹한 원담을 응징하겠다는 원상의 의지가 강했다. 아니나 다를까 원상의 공백을 틈타 조조가 다시 북상해 업성을 공격한다. 다만 심배는 '모나긴 했어도' 곽도처럼 무능한 부류와는 본질이 달랐다. 안으론 조조와 내응하려는 무리를 적발하고 밖으론 지략과 기개로 분투하여 조조의 총공세를 석 달이나 막아 낸다.

이해할 수 없는 점은 유주의 원희(袁熙)와 병주의 고간(高幹)이 잠자코 있었다는 것이다. 조조가 원가의 본거지인 업성을 몇 달째 공격하는데도, 원희의 지원군은 지체되었고 고간 역시 적극적으로 돕지 않았다.[44] 당초 원소는 세 아들과 조카의 유기적 협력을 기대하고 영지를 분점하도록 했지만, 원소 사후 불과 2년 만에 세 아들과 조카가 제 살길만 찾는 꼴이었다. 10년 전 연

---

44)  연의엔 조조가 쳐들어오자 원희·고간이 합류해 함께 싸운 걸로 나오지만 사실이 아니다. 다만 고간은 곽원의 공격 때 가세한 바 있다.

주에서 조조의 부재를 틈탄 여포의 반란을, 피붙이도 아닌 순욱과 정욱 등이 목숨 걸고 막아 낸 장면이 떠오르지 않을 수 없다.

심배의 거센 저항에 막힌 조조는 물길을 바꾸는 공사를 벌여서 업성을 수몰시키기로 한다. 삼국지에는 야전에선 화공(火攻), 공성전에선 수공(水攻)의 기록이 많다. 수공 전술은 적중하여 잔인한 결과를 낳는데, 8월에 업성이 함락될 때까지 성안 사람들이 절반 넘게 굶어 죽었다고 한다. 원상은 업성이 위태롭다는 소식에 결국 군사를 되돌렸고, 심배와 안팎으로 호응을 계획하고 필사적으로 조조군을 야습했지만 허무하게 참패로 끝나고 만다.

조조는 도망가는 원상군을 집요하게 쫓아 궤멸시켰다. 비록 원상은 놓쳤지만 원상이 버리고 간 의복과 인수·절월(節鉞)[45] 등을 거둬들여 농성 중인 업성 앞에 내놓았고, 이 때문에 간신히 버티던 업성의 사기가 '원상이 죽은 줄만 알고' 땅에 떨어진다. 그런데도 심배는 "원희의 구원군이 유주에서 곧 당도한다"고 병사들을 독려하며 죽기를 각오하고 항전했지만, 정작 조카인 심영(審榮)이 배신하여 성문을 여는 바람에 어이없이 함락되고 만다. 191년 7월에 원소가 기주목이 된 지 13년 만의 일이었다.

---

45) 황제가 장군이나 지방관에게 내리는 절(節)과 부월(斧鉞)을 말한다. 수기(手旗)와 비슷하게 생긴 절은 황제의 권위를 대리함을 상징하고, 도끼같이 만든 부월은 생사여탈권(生死與奪權)이 주어졌음을 상징한다. 가절(假節)은 전시에 군령을 위반한 사람을 죽일 수 있는 권한이고, 지절(持節)은 평시엔 관직 없는 사람을 죽일 수 있으면서 전시엔 녹봉 2천석 이하의 관리까지 죽일 수 있는 권한이며, 사지절(使持節)은 평시와 전시를 가리지 않고 2천석 이하의 관리까지 죽일 수 있는 권한이다. 가절월(假節鉞)은 가절·지절·사지절마저 죽일 수 있는 권한이다.

삼고초려

# 제33회 ~ 제36회

◈ 문소황후 견씨

삼국지 하면 떠오르는 미인의 대명사는 누가 뭐래도 초선(貂蟬)이겠지만, 초선은 연의가 탄생시킨 가공인물이니 정사의 기록에 따라 실존인물로만 따지면 훗날 문소황후가 되는 견씨(甄氏)[1]를 삼국지 세계관 최고의 미인으로 꼽을 수 있겠다. 물론 그밖에도 손책과 주유의 여자가 되는 강동이교(江東二喬)나 조조가 관우와의 약조를 어기면서까지 취한 두씨(杜氏)[2] 등도 있으나, 이들은 사서의 기록이 뚜렷하지 않다는 약점이 있다. 연의 33회는 업성이 함락된 후, 조조의 장남 조비(曹丕)가 원소의 차남 원희(袁熙)의 부인인 견씨를 만나는 장면으로 시작한다.

조비는 무선왕후 변씨(卞氏)의 소생으로 본래 조조의 삼남이었지만, 유부인(劉夫人) 소생의 이복형 둘이 먼저 죽으면서 맏아들이 되었다.[3] 조비와 변황후 모두 장수(張繡)로 인해 인생이 바뀐 셈인데, 장수의 반란 때 장남 조앙(曹昂)이 조조 대신 죽으면서 조비가 장자가 되었고, 조앙을 친아들처럼 아꼈던 정실(正室) 정부인(丁夫人)이 조조에 대한 배신감 때문에 친정으로 가서는 끝내 돌아오지 않은 바람에 천첩(賤妾)이었던 변씨가 일약 조조의 정실 부인이 된 것이었다. 한편 조앙이 죽을 당시 11세였던 조비도 아비규환의 현

---

1) '甄(견)'을 이름에 쓸 때는 '진'으로 읽어야 한다는 주장이 있다. 후백제를 건국한 견훤(甄萱, 867~936년) 또한 '진훤'이 맞다는 얘기다.

2) 두씨는 조조의 첩실이 되어 2남 1녀를 낳는다. 조조에겐 31명의 친자식이 있었는데, 무선왕후 변씨만이 두씨보다 많은 아이를 낳았다.

3) 조앙의 동복 동생인 차남 조삭(曹鑠)은 조앙보다도 먼저 죽은 듯하다.

장에 있다가 가까스로 탈출했다는 기록이 있으며, 생지옥을 목도했던 이때의 트라우마가 이후 조비의 비뚤어진 인격 형성에 상당한 영향을 미쳤을 것이라는 분석도 있다.

견씨를 처음 만났을 때 조비는 18세였다. 조비보다 다섯 살이 많았던 견씨는 독보적인 미모와 훌륭한 성품을 겸비한 데다, 학문에 조예(造詣)가 있어 지성미 넘치는 완벽한 여성이었다고 전해진다.[4] 견씨가 얼마나 매력적이었던지, 시아버지인 조조도 견씨를 탐했고 조비의 동생인 조식(曹植) 또한 평생 견씨를 연모했다는 이야기가 그럴듯하게 포장되어 지금까지도 구설(口舌)[5]에 오르고 있다. 하지만 업성을 평정하자마자 원소의 묘에서 제를 지내며 곡(哭)을 했던 조조가 '친구의 며느리'를 드러내놓고 탐하지는 않았을 듯하고[6], 이때 13세에 불과했던 조식이 열 살 많은 형수를 연모했다는 얘기도 썩 와닿는 러브스토리는 아니다.

연의는 견씨를 '경국지색(傾國之色)[7]'이라 적고 있다. 이는 '군주를 홀려 나라를 위태롭게 한다'는 부정적 의미로 쓰는 예가 많으니 인품이 훌륭했던 견씨에게 적합한 수식어는 아니다. 물론 견씨가 훗날 제2대 황제가 되는 조예(曹叡)를 낳았으니 조위(曹魏)에 지대한 영향을 미치긴 했지만, 곧은 성품의 견씨는 자신의 미모를 앞세워 조비를 치마폭에 감싸려 들지는 않았다. 오히려 조비가 가급적 많은 아들을 갖는 편이 황실을 위해 바람직하다면서, 측실들을 두루 아끼도록 권했던 현명한 여성이었다.[8]

---

4) 조비가 견씨를 죽였기에 정사 본문일 순 없고, 모두 주석의 기록이다.
5) 구설은 부정적인 의미로 쓰며, 칭찬일 경우엔 '회자(膾炙)'를 쓴다.
6) 조조가 업성 함락 후 즉시 견씨를 데려오라고 명했다는 야사가 있긴 하다. 당나라 현종이 33살 어린 며느리 양귀비(719~756년)에 반해, 아들과 헤어지게 한 후 자신의 후궁으로 삼았던 사례도 있다.
7) 환관 이연년(李延年)이 자신의 누이를 한무제에게 바칠 때 썼던 말.
8) 물론 견씨에 대해서도 상반된 평가가 없진 않다. 조비에겐 20명이 넘는 처첩에게서 얻은 9명의 아들이 있었으나 대부분 일찍 죽었다.

삼국지를 사랑하는 사람으로서 꼭 지적하고 싶은 포인트가 있다. 초선 때도 언급한 바 있지만, 연의에서 가장 아쉬운 부분은 여성에 관한 묘사다. 남성에 대해선 예리한 통찰과 폭넓은 이해를 자랑하는 연의지만, 여성을 언급할 때면 유독 한심한 서술이 눈에 띈다. 이는 조조와 견씨의 첫 대면에서도 여지없이 드러나는데, 연의는 이 장면에서 "견씨의 아름다운 자태에 반한 듯 한참 동안 물끄러미 바라보던 조조가, 마침내 고개를 끄덕이며 '과연 내 며느릿감이로다'라고 중얼거렸다"고 유치하게 적어 놓았다. 천하의 패권에 성큼 다가선 조조가 다른 아들도 아니고 적장자의 며느릿감을 택하는 장면 치곤 지나치게 저급한 묘사다.

여성 편력이 대단한 조조였지만 정실부인에게 상처 줬던 기억을 평생에 가장 후회한 인물이니, 가문 전체를 이끌어야 할 종부(宗婦)를 단순히 외모만 보고 정했을 리 만무하다. 가문도 보통 가문이 아니니 말이다. 실제로 연의가 참고한 주석도 "조비가 견씨의 미모를 칭찬하고 탄식하니, 조조가 그 뜻을 헤아리고는 둘을 결혼하게 하였다"라는 내용이 전부다. 혈기방장한 18세 조비의 시각과 맹주인 조조의 관점을 동일시한 일차원적 오류다.

사실 17세기만 해도 여성의 사회적 위상이 지금과는 전혀 달랐으니[9] 당시의 감각대로 구성한 연의를 지나치게 나무랄 일은 아니라고 생각한다. 삼국지와 함께 중국 4대 기서(奇書)로 꼽히는 『수호지』·『서유기』·『금병매』에서도 미인을 '재앙의 불씨'처럼 경계하는 시각은 선명히 드러나기 때문이다. 그렇지만 21세기를 살아가는 독자가 공감할 수 없다면, 생명력 있는 작품이라 말할 수 있을까? 핵심 서사에 영향을 주지 않는다면, 시대착오적인 묘사는 현대의 번역 과정에서 적절하게 손볼 필요가 있겠다.[10]

---

9)  미국조차도 여성의 투표권을 인정하지 않다가 1920년에야 부여했다.
10) 이문열본은 조조가 견씨를 만나서 몇 가지를 묻는 장면을 추가했다.

## ◈ 곽도와 왕수

원담은 조조가 업현에서 공성전을 벌이는 와중에 기주의 발해·하간 등 4개 군국(郡國)을 공격해 취하는 데 성공한다. 기세가 오른 원담은 204년 10월 업성을 잃고 패주하는 원상을 추격해 대파하고, 원상의 패잔병 대부분을 병합하는 커다란 전과도 올린다.[11] 하지만 조조는 이미 원담의 속내를 꿰뚫고 있던 차라 본격적 세력 확대에 나선 원담을 제거하기로 마음먹었고, 204년 12월 직접 대군을 이끌고 원담이 주둔 중인 용주로 출진한다.

본래 원담은 조조와 일전불사할 각오였지만, 준비 태세를 갖추지 못한 상태에서 신속하게 기동한 조조의 정예군이 벼락같이 나타나 코앞에 진을 치자 전의를 상실했고, 야음을 틈타 남피로 달아나서 아군의 합류를 기다린다. 하지만 조조는 원담에게 시간을 줄 생각이 없었다. 조조는 곧바로 남피를 급습해 원담과 곽도를 베어 버리고, 처자들까지 남김없이 주륙한다. 부친의 원수와 손을 잡는 꾀까지 짜낸 원담이었으니, 더없이 허무한 최후였다.

이때 원상은 둘째형 원희가 다스리는 유주로 피신해 있었다. 그런데 원희 휘하였던 초촉(焦觸)과 장남(張南)이 조조에 투항하고 반란을 일으키자, 이를 수습하는 데 실패하여 원희와 함께 오환(烏桓)으로 도망가고 만다. 오환은 만리장성 넘어 이민족의 땅이었으니, 원가는 사실상 이때 망한 것이나 다름이 없었다.

당대 최고 세력이던 원가가 허망하게 멸문에 이른 원죄는 물론 원소에게 있다. 하지만 피를 나눈 형제지간에 피 튀기는 반목만을 거듭했던 원담과 원상의 책임 또한 원소 못지않을 것이다. 여기에 맹주였던 이들을 제외하고 원가 패망의 원흉을 찾는다면, 망설임 없이 곽도(郭圖)를 첫손에 꼽을 수 있다. 원소와 원담 2대에 걸쳐 한결같이 나쁜 꾀만을 냈던 곽도는 삼국지 세계관에서 경쟁자를 찾기 어려울 정도의 독보적 간신이다. 삼국지 등장인물 중 누구

---

11) 원소의 외조카인 병주자사 고간(高幹)이 이 무렵 조조에게 항복했다. 조조는 고간의 지배권을 인정하여, 계속해서 병주를 맡도록 한다.

를 살펴봐도 그림자가 있으면 빛도 있기 마련이지만, 곽도는 이론의 여지가 없는 무능과 무책임의 극치였다. 다만 원소도 전풍·저수의 충언 대신 곽도의 참언을 채택했고, 원담도 왕수의 간언 대신 곽도의 간계를 따랐으니, 사람을 홀리는 재주만큼은 감히 따를 자가 없었다. 수많은 목숨이 달린 과분한 위치까지 올라가서 문제였지, 그 또한 능력이라면 능력일 것이다.

유교적 도덕관에 충실한 삼국지는 악인이 최후를 맞을 때 독자들에게 카타르시스를 선사하는 장면이 많다. 하지만 곽도의 경우엔 '조조에 맞선 인물이라선지' 연의가 준엄하게 응징하지 않아, 많은 아쉬움을 남긴다. 곽도는 마지막 순간까지도 기껏 계책이랍시고 "백성들을 (방패 삼아) 앞장세우고, 죽기로 싸우자"며 발악하여 읽는 이의 분노를 자아내지만, 연의는 무슨 영문인지 '악진의 화살에 맞아 전사하는' 영예(?)를 곽도에게 선사하니 뒷맛이 영 개운치가 않다. 고대엔 전장에서 죽는 것을 가장 명예롭게 여겼기에, 분명 곽도에게 차고 넘치는 '그릇된' 각색이다.[12]

아첨하는 소인배를 중용한 원가에선 충신을 찾기 힘들지만, 이런 원가에 큰 위안이 되는 인물이 있으니 바로 왕수(王脩)다. 왕수는 전풍이나 저수처럼 중앙에서 곽도와 권력을 다툰 위치가 아님에도, 원소에게 등용된 이후 흔들림 없이 충의를 지킨 지사다. 강직한 왕수는 곽도·신평 같은 간신들을 없애고 원상과 화목해야 한다고 거듭 간언했는데, "이미 곽도에게 겁박당해 어쩔 도리가 없던 원담이 통곡했다"라는 기록으로 보아, 원담도 늦게나마 진짜 충신은 왕수임을 깨달은 것 같다. 늦어도 너무 늦었다.

청주에서 남피로 군량을 수송하다 원담의 전사 소식을 들은 왕수는 용기 있게 조조를 찾아가 "저는 원씨의 두터운 은혜를 입었으니, 시신을 거두어서

---

12) 정사엔 "205년 정월, 조조가 남피를 함락시키고, 원담과 곽도 등을 참수했다"라고만 나온다. 연의도 "말이 발을 헛디뎌 해자 속에 처박혀 버렸다"고 우스꽝스럽게 적긴 했다. 연의는 존재감 있는 인물이 병이나 노환으로 죽은 경우, 장렬한 전사(戰死)로 처리한 대목이 많다.

염(殮)[13]을 할 수 있게 해 주신다면 죽어도 원이 없을 것입니다"라고 간청하여 허락을 얻는다. 이후 조조는 하북을 평정하고 원가의 재산을 몰수했는데, 심배를 비롯한 고관들이 막대한 재산을 축적한 것과는 달리 왕수에게선 열 섬 남짓한 곡물과 수백 권의 책만 나왔다고 한다. 이에 조조도 "참된 선비는 그 명성을 망령되게 하지 않는다"며 크게 감탄했고, 왕수를 위군태수로 삼았다. 왕수는 10년 넘게 조조를 따르다 죽었으며, 아들 대에도 출세하여 정사에 『왕수전』을 남겼다. 곽도는 물론 저수와 전풍 같은 원가의 최고위 관료들도 정사에 열전(列傳)을 남기지 못했으니, 진정한 승자는 왕수라 하겠다.

### ◈ 병주자사 고간

원소는 하북 4주를 평정한 후, 누나의 딸인 고간(高幹)에게 병주를 맡긴 바 있다. 당대 최고 명문가의 여식인 원소의 누나가 평범한 가문에 시집갔을 리는 없고, 실제 고간의 아버지 고궁(高躬)은 문무를 겸비한 명문가 자제였다고 한다. 사실 원소 자신이야 어디까지나 대의를 위해 동탁에 맞섰을 뿐이라 항변했겠지만, 결과적으로 일족이 몰살당하는 참화를 빚었으니 원소는 가문 전체에 어마어마한 빚을 진 것이다. 원소가 느꼈을 부채의식은 "외조카 고간을 아들처럼 배려했다"는 기록에서도 드러난다.

능력 있는 수하에게 지방관을 맡겼던 조조와 달리, 원소는 피붙이에게만 지방 권력을 나눠 주었는데, 출신을 중시했던 원소로선 믿을 수 있는 이는 혈연뿐이라고 여겼던 것 같다. 하지만 '형제·사촌지간에 서로 의지하고 협력할 것'이라는 원소의 바람과는 정반대로 원담·원희·원상·고간은 각자도생(各自圖生)을 꾀하다 각개격파(各個擊破) 당했고, 특히 고간은 원상이 협조를 구하려 파견한 견초(牽招)를 외려 죽이려 드는 등 제 살길만 찾았다.

---

13) 죽은 이의 몸을 씻기고 수의를 입힌 뒤, 베나 이불 등으로 싸는 것.

연의에선 고간이 원상의 명에 따라 호관을 지키다가 여광·여상[14]의 거짓 투항에 속아 죽는 것처럼 간단히 처리되었지만, 실제론 5만 대군을 보유하고도 '조조에게 포위되어 풍전등화였던' 업성을 수수방관했고, 원상을 도와야 한다는 의견도 물리쳤다. 고간은 업성이 함락되자 조조에게 항복했으며, 조조는 만만찮은 군세를 가진 고간의 존재를 인정하고 계속 병주를 맡긴다.

기왕에 조조에 항복했으면 주어진 영지나 잘 다스리면 될 일인데, 원술이나 원담처럼 스스로를 과대평가하는 종족 특성이 발현되었는지 고간은 조조가 오환 원정을 준비하는 틈을 노려 대대적인 반란을 일으킨다. 이때 고간의 사촌동생 고유(高柔)[15]마저 거사의 실패를 예상하고 조조에게 항복했으니, 뜬금없는 반란임에는 틀림이 없었다. 물론 고간의 전력은 만만치 않아서, 반란 진압의 명을 받은 악진(樂進)도 고전한다. 『악진전』에는 악진이 거둔 약 15차례의 승전 기록이 나오는데, 악진의 유일한 '미션 실패'가 바로 병주의 고간 정벌이었다.[16] 하지만 원소의 정예군을 오롯이 물려받은 원상조차 조조를 당해내지 못한 터라, 고간의 추락은 필연이자 시간문제였다. 206년 1월 조조가 직접 병주 정벌에 나서자, 고간은 반년을 버티지 못하고 죽음을 맞는다.

원가의 패망 과정은 상식적으로 이해하기 어려운 지점이 너무나도 많다. 훗날 유비의 촉한은 효정에서의 참패로 인해 국력의 대부분을 소진하고도 똘똘 뭉쳐 40년이나 버티는데, 아무리 못해도 촉한 국력의 열 배는 되었을 원가는 쪼개질 대로 쪼개져서 원소 사후 5년을 못 견디고 소멸되었으니 말이다. 원가가 워낙 삽시간에 무너지다 보니 '역사는 승자의 기록이라, 조조를 높이려고 원가에 불리하게 왜곡된 기록이 많을 것'이라 상상하기도 하고, 아

---

14) 연의 35회에서 서서의 계책에 빠져 각각 조운과 장비에게 죽는다.
15) 174~263년. 조조는 처음에 고간의 사촌인 고유를 믿지 않아 어떻게든 트집 잡아 죽이려 했다. 하지만 품행이 엄정하고 워낙에 치밀하여 삼공의 자리를 모두 거칠 정도로 크게 출세했고, 90세까지 장수한다.
16) 조조를 따라 참전한 경우를 포함하면, 유수구에서도 실패한 바 있다.

니면 '원가엔 기록으로 전하지 않는 불가피한 사정이 있었을 것'이라며 곰곰이 따져 보지만 모두 부질없는 가정일 뿐이다.

원담과 고간 모두 처음부터 조조를 따를 생각이 아니었다면, 왜 진작 원상과 힘을 합쳐 조조에 맞서지 않았을까? "선거에 나가는 사람 치고, 자신이 낙선되리라 여기는 사람은 없다"는 말이 있지만, 이들 역시 나이 어린 원상을 제거하고 원가의 주도권만 잡는다면, 조조쯤은 어떻게든 극복할 수 있다고 여긴 건지 원가의 멸망 과정은 생각하면 생각할수록 수수께끼투성이다.

### ◈ 흑산적 장연

이즈음 흑산적 출신의 장연(張燕)이 무려 10만의 무리를 이끌고 조조에게 귀부한다.[17] 연의의 장연은 존재감이 없지만, 정사의 장연은 열전이 따로 있을 정도로 꽤나 흥미로운 행적을 남긴 인물이다. 장연의 고향은 기주 상산군 진정현으로, '상산(常山)' 조자룡과 정확히 같은 현(縣) 출신이다.[18] 하지만 "황건군이 봉기했을 때 이미 1만여 부하를 거느렸다"는 기록으로 보아 조운보다 열 살은 위였고, 장연은 천민 출신이라 조운과의 접점은 없다. 다만 제비처럼 민첩해 '연(燕)'이란 이름이 붙었고, 여포처럼 '비장(飛將)'으로 불렸으니[19] 조운만큼이나 날랬던 모양이다.

장연은 천민 출신임에도 한때 100만에 이르는 무리를 이끌었다. 때문에 흑산적을 정벌할 여력이 없던 조정은 아예 장연을 평난중랑장으로 임명해 주고 제도권으로 편입시켰다.[20] 원소와 다투던 시절엔 장연이 일시적이나마

---

17) 원가와 악연이 있던 장연은 조조편에 서겠다는 의사를 미리 밝혔었다.
18) 군(郡)만 같아도 동향으로 여겼으니 현까지 같으면 완벽한 동향이나, 중국은 워낙 넓어 단위가 다르다. 진정현은 지금의 허베이성 스좌장시 정딩현으로, 면적은 서울보다 조금 작고 인구는 약 60만이다.
19) 여포가 장연을 꺾는 과정에서 '인중여포 마중적토'라는 말이 생겼다.
20) 효렴 추천의 권한까지 부여했으니, 사실상 태수처럼 대우한 셈이다.

업성을 점령한 바도 있었고, 199년에는 원소에게 포위된 역경의 공손찬을 구원하기 위해 10만 대군을 이끌고 출진했다는 기록도 전하니, 한낱 도적 두령은 아니고 20여 년을 하북에서 활약한 어엿한 군웅 중 하나다.

그런데 이 대목에서 궁금증이 생길 법하다. 하북(河北)은 진작에 원소가 평정했다더니, 기주·병주 등지에서 웅거했다는 장연은 도대체 어디서 나왔냐는 의문이다. 사실 고대사를 접할 때 생기는 흔한 오해가 군웅들의 영토를 '점(點)'이 아니라 온전한 '면(面)'으로 인식하는 데서 비롯된다.[21] 이 당시의 점령(占領)은 보통 치소(治所)를 중심으로 하는 요충지를 장악했다는 의미로, 역내의 모든 땅을 구석구석 다스렸다는 의미는 아니다. 예를 들어 원소가 유주(幽州)를 차지했다는 의미는 치소가 있는 계현(薊縣)[22]을 장악했다는 의미에 가깝다. 실제 유주의 서부는 협천자 이후 조조에게 항복하여 205년 오환 정벌에도 종군하는 선우보(鮮于輔)가 지배했고, 유주의 동부는 공손씨가 다스리고 있었다. 이는 변방으로 갈수록 더욱 심해져서 삼국시대에 본격적인 개발이 시작된 강동의 손오(孫吳)는 산월(山越) 등의 이민족 때문에 영지와 영지 사이에 물길만 확보되고 육로는 차단된 경우도 많았다.[23] 당시의 교통이나 통신 수준을 생각하면 이해가 쉬울 것이다.

장연은 무리를 10만이나 이끌고 귀순하여 정후(亭侯)에 봉해졌지만, 할당된 식읍은 의외로 5백 호에 불과했다. 아무리 장연의 출신이 미천하다지만 영제 때 이미 정식 관직을 받은 몸이었으니, 야박한 대접임이 분명했다. 비옥했던 하북의 당시 호(戶)당 인구는 여섯 명쯤으로, 장연을 따라 귀부한 인구만을 거칠게 따져봐도 1만 5천 호가 넘는다는 계산이 나오니 말이다. 그렇지만 장연은 원담·고간과 달리 현실에 만족할 줄 알았고, 현명하게 처신해서 아들은 물론 손자 대까지 무탈하게 작위를 이어갔다.

---

21) 거점을 선으로 연결하여 생기는 면적이 모두 영토인 것은 아니다.

22) 현재의 중화인민공화국 수도인 베이징(北京, Peking)에 해당한다.

23) "산월족을 토벌했다"라는 정사 기록이 반복되는 것도 같은 이유다.

장연으로선 후손이 과하게 잘난 것이 오히려 큰 화를 부른다. 장연의 증손자인 장림(張林)은 훗날 서진에서 사마륜(司馬倫)[24]의 심복으로 엄청나게 출세하여 최고 권력자 중 한 명이 되지만, 종국에는 권력 투쟁에서 패한 탓에 삼족이 멸해지고 만다. 이는 장연이 조조에게 귀부한 지 거의 100년 뒤에 벌어지는 일이다.

### ※ 조조의 오환 정벌

장연이 귀부한 205년 4월, 오환(烏桓)에 망명한 원상이 재기를 노리고 오환왕 답돈(踏頓)과 함께 유주의 선우보를 공격해 왔다. 대세는 이미 조조에게 기운 상태였지만 원소의 사위이기도 했던 답돈이 원상을 적극적으로 돕고자 일어난 것인데, 8월에 조조가 직접 선우보의 구원에 나서자 다시 물러나고 말았다. 일단 업성으로 돌아온 조조는 대규모로 오환을 칠 계획을 세운다. 국내를 평정하는 데 만족하지 않고 만리장성을 넘어 이민족 오환을 공격한다는 것은, 조조가 사실상 천하의 패권을 쥐었음을 대내외에 천명하는 상징성이 있었다. 그런데 병주자사 고간이 206년 1월 반란을 일으키는 바람에 고간을 진압하느라 한동안 발이 묶였고, 이듬해인 207년이 되어서야 오환 원정에 나서게 된다.

연의에서는 조조의 오환 원정이 거의 무너진 원상의 숨통을 끊는 일종의 확인사살처럼 다뤄지지만, 실제로는 몽골 초원에서 만만찮은 세력을 형성하고 있던 북방민족 오환을 복속시킨다는 의미가 더욱 컸다. 오환 정벌 자체가 간단치 않은 일이고, 유비가 유표를 설득해 이 틈에 허도를 공격해 올 가능성도 있었기에 반대의 목소리가 컸지만, 이번에도 곽가(郭嘉)가 나서서 "유목민들은 봄에 가축을 키우느라 여념이 없어 전쟁 대비가 부족할 것이고, 유표는

---

24) 249?~301년. 사마의의 9남으로, 301년에 서진의 2대 황제 사마충(司馬衷)을 끌어내리고 황제에 올랐으나 두 달 만에 주살된다. 이로 인해 '팔왕(八王)의 난(亂)'의 대혼란이 시작되며, 서진도 멸망에 이른다.

유비를 경계하고 있으니 허도 공격에 나설 가능성은 없습니다"라고 단언한다. 곽가의 예상은 적중하여 답돈은 예상치 못한 조조의 급습에 허둥대다 백랑산에서 전사했고, 원상과 원희는 겨우 요동으로 몸을 피했지만 믿고 있던 요동태수 공손강(公孫康)의 손에 어이없이 불귀(不歸)의 객이 되고 만다.[25]

후한 대에도 못 이룬 오환 정복에 성공했다는 사실은 중국사적으로도 커다란 의미가 있었고, 이로써 조조는 북방 이민족의 리스크를 상당 부분 덜어내고 국내 평정에 전념할 수 있게 된다. 게다가 오환족의 강점인 기병 전력을 흡수해, '오환돌기(烏丸突騎)'라고 불리는 기병대를 별도 구성해 효과를 톡톡히 본다.

### ◈ 유선의 탄생

201년 형주의 유표에게 의탁한 유비는 계속해서 남양군 신야현에 주둔하고 있었다. 유표는 유비를 예우하면서도 배신(?)을 거듭했던 유비의 전력 때문인지 경계를 늦추지는 않았던 것으로 보이며, 유비가 "조조가 이역만리 원정으로 허도를 비웠으니, 이 기회를 놓쳐선 안 됩니다"라고 역설했음에도 유표는 '곽가의 예상대로' 움직이지 않았다. 다만 유표는 이미 66세의 고령이었고 이듬해 종기로 죽었으니 건강 문제가 있었을 가능성이 있고, 특히 207년엔 손권이 형주(강하)에 쳐들어오기도 했다. 물론 조조가 원가와 싸우는 동안 공략 기회가 많았는데도, 웬일인지 유표가 적극적으로 공세에 나서지 않았음은 분명한 사실이다.

정사에 따르면 유표가 처음부터 조조와 싸울 생각이 없지는 않았던 것 같다. 연의와 전개가 다르지만, 유비가 202년 유표의 명에 따라 북진했다는 기록이 남아 있기 때문이다.[26] 이때 조조는 하후돈과 우금을 보내 유비를 막게

---

25) 요동왕을 자처하며 조정과 대립해 왔던 공손강의 화해 제스처였다. 이에 조조도 호응하여 공손강을 양평후에 봉하고 지위를 인정해 준다.

26) 『선주전』에는 정반대로 하후돈·우금을 유비가 막은 것으로 되어 있다.

했는데, 유비가 일부러 둔영(屯營)에 불을 내고 물러나자 급하게 추격하다 매복에 걸려 패했다. 이어 이전(李典)까지 투입되자, 유비도 물러나게 되었다.[27]

연의가 31회에 '유비가 유벽·공도의 수만 군사를 아울러 조조와 싸운' 에피소드를 삽입하긴 했지만, 202년의 박망파전투를 제갈량 등장 이후로 미뤄서 각색하면서[28] 유비의 행적에 상당한 공백이 발생했고, "207년 봄 감부인이 유비 평생의 일점혈육(一點血肉)[29]인 유선을 낳았다"라며 시간을 훌쩍 뛰어넘는 바람에, 독자로선 유비가 한동안 허송세월한 것처럼 느껴질 수도 있다.

하지만 안락한 조조의 울타리를 일부러 박차고 나온 유비가 마냥 놀고 있었을 리는 없다. 앞서 언급한 대로 유비는 형주에 온 지 얼마 안 돼 박망파에서 실력을 입증한 데다, 유비 특유의 인간적 매력에 감화된 지역의 호걸들이 속속 유비를 따랐다고 한다. 문제는 이로 인해 유표와 형주 호족들의 경계심이 올라가는 역효과를 낳아서 오히려 운신(運身)의 폭이 좁아져 버린 것이었다. 오죽하면 채모와 괴월이 유비를 연회에 초대해 목숨을 노렸다는 기록이 있으며[30], 연의 35회에서 유비가 적로(的盧)를 타고 계곡을 뛰어넘어 도망치는 에피소드는 이를 각색한 것이다.

상황이 이렇듯 복잡해진 데에는 유표 집안의 얽히고설킨 속사정이 영향을 미쳤다. 유표가 형주자사로 단신 부임하여 채모의 누나와 결혼할 무렵 이미 50세였고, 채부인 역시 출산이 어려운 나이였다. 연의는 장남 유기(劉琦)만 유표 전처의 소생이고, 차남 유종(劉琮)은 후처인 채부인 소생인 것처럼 설정했지만[31] 둘은 사실 동복형제였다. 다만 유종이 채부인의 조카딸과 맺어졌기에,

---

27) 연의 34회에서 반란을 일으키는 장무·진손은 모두 가공인물이다.
28) 원나라 때의 잡극에도 있었던 설정으로 나관중의 창작은 아니다. 박망파전투가 206년경이었다는 견해도 있으며, 연의에선 39회에 나온다.
29) 유비에겐 딸들이 있었지만, 고대엔 대를 이어 줄 외아들을 의미했다.
30) 주석에 나오는 내용인데, 손성(孫盛)은 이 기록의 신빙성을 부정했다.
31) 그래서 연의는 채부인을 채모의 '누나가 아닌' 여동생으로 설정했다.

형주 호족들의 무게추가 유종 쪽으로 쏠린 것뿐이었다. 유표는 본래 '자신을 닮은' 장남 유기를 총애했지만 채씨들의 등쌀에 유종을 후계자로 정할 수밖에 없었고, 상황이 이리되자 유기와 유종은 동복형제였음에도 원수지간처럼 벌어지고 말았다. 채씨들에게 밀려난 유기는 더욱 유비에게 의지했고, 유기가 유비에게 다가갈수록 유비에 대한 채씨들의 경계심은 더욱 불탔을 것이다.

연의의 유표가 형주의 절대권력자로 그려지다 보니, 어디까지나 유표의 우유부단으로 조조를 도모하지 못한 것처럼 느껴지지만, 형주의 실권자인 채모와 괴월이 진작부터 조조로의 항복을 권하고 나섰던 상황이라 설사 유표에게 야심이 있었다고 해도 별도리가 없었을 가능성이 크다. 때문에 유표로선 천자의 밀지까지 받은 '황실 후손' 유비의 귀부를 절호의 기회라 여기고 202년에 북진을 결행했겠지만[32], 유비가 하후돈과 우금을 물리쳤음에도 더 이상 허도를 넘보지 못한 데에는 형주 호족의 강력한 발목 잡기가 있었음을 짐작할 수 있다. 유표의 죽음 이후에 드러난 형주의 선택을 보면 전후의 맥락을 유추할 수 있기 때문이다.

맹주인 유표가 이럴진대 '가진 건 명성뿐인' 이방인 유비가 속수무책이었음은 뻔한 일이고, 대의를 위해 조조의 후대를 뿌리치고 고생길을 무릅썼던 유비가 형주에서 꼼짝없이 시간만 보내고 있었던 건 바로 이러한 사정 때문이었다. 그런데 절치부심하던 유비가 207년에 47세 나이로 유선(劉禪)을 얻게 된다. 온갖 고초를 겪으며 도망 다니느라 수차례 처와 딸을 버려야 했던 유비에게 드디어 고대하던 첫아들이 태어난 것이다. 유선의 탄생으로 유비가 새롭게 의지를 다졌음은 분명하고, 실제로 유비는 이즈음부터 오랜 침묵을 깨고 본격적으로 기지개를 켜기 시작한다.

---

32) 당시 유비가 북진해 조위를 공격했다는 입장을 채택한 해석이다. 조정의 좌장군 자리도 뿌리치고 나온 유비가 단순히 신야성주로 안주했을 리 없고, 이는 유비의 이후 행적을 보면 분명히 알 수 있기 때문이다.

## ※ 사마휘와 서서

연의 35회는 유비가 채모에게 쫓기다 적로 덕분에 목숨을 구한 뒤 '수경(水鏡) 선생'이란 별호를 가진 사마휘(司馬徽)를 만나는 장면으로 시작한다. 영천 출신인 사마휘는 정사 삼국지에 열전을 남긴 제자만 여섯이나 기록되어 있는데, 아쉽게도 제갈량과 방통(龐統)을 제외하곤 연의에서의 존재감은 없다시피 하다.[33] 하기야 제갈량을 배출했으니 무슨 말이 더 필요할까 싶긴 하다.[34]

그런데 연의는 사마휘를 마치 신선처럼 묘사하면서도, "방통보다 다섯 살 연상"이란 엉뚱한 언급을 붙여 놓아 독자를 어리둥절하게 만든다. 물론 아무렇게나 갖다 붙인 설정은 아니고 『양양기(襄陽記)[35]』의 기록을 꼼꼼하게 반영한 것인데, 만약 이 기록대로 사마휘가 174년생이라면 이때 34세가 되니 제자인 상랑(向朗)보다 적어도 일곱 살 이상 어렸다는 얘기가 된다. '연상의 제자'가 불가능하다고 할 순 없지만, "상랑은 젊어서 사마휘를 스승으로 모셨다"는 기록도 있어서 아무래도 어색하다. 이듬해인 208년 "조조가 사마휘를 크게 쓰려고 했지만 병사했다"는 기록으로 보아, 사마휘는 당시 적어도 40대였을 가능성이 높다.

연의에서 사마휘가 유비에게 복룡(伏龍)과 봉추(鳳雛)를 추천하는 장면도 양양기의 기록을 채택해 재구성한 것이다. 정사 본문은 "서서(徐庶)가 유비에게 제갈량을 와룡(臥龍)이라며 추천했다"라고만 짧게 적고 있다. 또한 연의는 서서에게 유비 진영 최초의 군사(軍師) 역할을 맡겨 눈부신 활약상을 흥미진진하게 그리고 있지만, 정사에 기록되어 있는 서서의 행적은 "208년 서서의 모친이 당양에서 조조군에 붙잡히자, 서서가 유비에게 안타까운 이

---

33) 나머지는 상랑(向朗)·윤묵(尹默)·이선(李譔)·유이(劉廙)로, 이들은 모두 학식으로 이름이 높았다. 유이를 빼면 모두 촉한의 신하가 된다.

34) 『제갈량전』에는 사마휘가 스승이란 언급이 없다. 다만 제갈량이 서서의 학우라는 기록이 있고, 서서는 상랑의 학우라는 기록이 있으며, 상랑이 사마휘의 제자라는 기록이 있어서 추론할 수 있다. 연의의 사마휘는 유비에게 "제갈량이 관중과 악의보다도 뛰어나다"고 말한다.

35) 습착치(習鑿齒, ?~384년)가 양양 출신의 명사에 대해 기록한 사료다.

별을 고하고 조조에게 항복했다"라는 것이 전부다. 이토록 짧은 기록을 바탕으로 연의가 아주 인상적인 드라마를 구성한 것으로, 서서가 등장하는 에피소드는 예외 없이 연의의 창작이다.

그렇지만 서서는 유비에게 제갈량을 천거한 장본인이니, 서서 이상의 공로자도 따로 없을 것이다. 뛰어난 인물 간에도 상성(相性)이 맞아야만 상승효과가 생기는 법인데, 수어지교(水魚之交)[36]라는 고사성어를 탄생시킨 유비와 제갈량은 중국사를 통틀어 가장 합이 잘 맞는 군신 관계였다. 인물됨과 가능성을 꿰뚫어 보고 둘을 맺어 준 서서야말로 비범한 인물임에 틀림없다.

한편 20여 년 뒤 제갈량이 "서서가 위나라에서 어사중승(御史中丞) 벼슬에 있다"는 소식을 전해 듣고는, "위나라에는 선비가 너무 많구나. 서서가 어찌 그처럼 쓰인단 말인가!"라고 한탄했다는 기록이 있다. 본래 어사중승은 어사대부의 부관이었으나, 조조가 어사중승을 승상(丞相) 직할로 바꾸면서 어사대부를 대신해 어사대의 수장이 되었다. 서서에 몇 년 앞서 사마의(司馬懿)도 어사중승을 지냈으니, 오늘날의 감사원장 내지는 검찰총장에 견줄 만한 요직이었다. 제갈량이 조위에서 어사중승 벼슬이 격상되었음을 몰랐을 수도 있고, '일인지하(一人之下) 만인지상(萬人之上)'이었던 승상 제갈량 입장에선 격상 여부와 무관하게 서서[37]의 그릇에는 맞지 않는 자리라고 판단했을 수도 있다.

## ■ 어사중승 황보숭

이 대목에서 문득 동탁 밑에서 어사중승을 지낸 황보숭(皇甫嵩)이 떠오른다. 안 그래도 연의에서의 비중이 낮은 황보숭이라, 이야기가 이쯤 진행됐으면 삼국지 극초반에 등장했던 황보숭의 존재를 제대로 기억하지 못하는

---

36) 유비가 "내게 공명이 있음은 물고기에게 물이 있는 것과 같다"고 말한 데서 유래했다. 둘의 나이 차가 스무 살이었으니, 더욱 놀랍다.

37) 본명은 서복(徐福)이었다. 어사중승이 되면서 서서로 개명했다고 한다.

독자도 있겠지만[38], 강직하고 청렴했던 '마지막 충신' 황보숭은 후한 말 제일의 명장이었다.

황건적 토벌을 비롯한 각지의 반란 진압에서 독보적인 전공을 세운 황보숭은 영제가 와병 중이던 대혼란기에 3만의 정병을 이끌고 있었기에, 마음만 먹었다면 충분히 천하를 노려볼 만했다. 실제로 "장군의 기세는 한신(韓信)보다 강하고 지금의 황제는 유방(劉邦)의 발끝에도 못 미치니, 부패한 정권을 몰아내고 새 왕조를 여십시오"라는 부추김도 있었지만, 황보숭은 끝내 후한의 충신으로 남는 결정을 했다. 황보숭에게 야심이 있었다면, 동탁이나 조조 등에게 기회가 돌아가지 않았을 가능성도 크다.

그런데 난세는 황보숭의 바람대로 돌아가지 않아서, 야심만만한 동탁이 3천에 불과한 병력으로 조정을 장악하는 돌발 사태가 벌어진다. 동탁은 자신의 상관이었던 황보숭에게 원한을 품었던 바 있어 바로 감옥에 가두었는데, 동탁과 친분이 깊었던 아들 황보견수(皇甫堅壽)가 눈물을 흘리며 간원한 덕에 목숨을 부지했고 도리어 어사중승 자리까지 떠맡게 된다. 황보숭의 부하였던 조조가 동탁의 제안을 뿌리치고 도망가서 반동탁의 기치를 들었음을 감안하면 아쉬움이 남는 행보였다. 이때 동탁이 "아직도 내게 복종하지 않을 것이오?"라고 묻자 황보숭은 순순히 "공께서 이리 되실 줄은 미처 몰랐습니다"라고 답했다는 기록이 있다. 황보숭은 '설령 천자가 동탁의 꼭두각시라고 해도' 천자의 명에 충실히 따르는 것만이 신하의 본분이라고 믿었던 모양이다.

왕윤(王允)의 동탁 주살 계획에 참여할 기회가 주어지지 않았던 것도 황보숭으로선 통탄할 일이었다.[39] 동탁이 여포에게 주살된 후에야 황명을 받아 동탁 일족을 멸족시키는 데 힘을 보태긴 했지만, 후한 최고의 명장이자 마지막 충신인 황보숭에 어울리는 대임(大任)은 아니었다. 하지만 황보숭에게

---

38) 정사 삼국지의 분문에는 '황보숭'이란 이름이 『손견전』에만 한 번 등장한다. 후한서에 열전이 따로 있는 거물치고는 의외의 무관심이다.

39) 왕윤은 량주 출신인 황보숭이 동탁과 가까워졌다고 여겼을 것이다.

있어 가장 결정적인 문제는 역시 후한이 끝내 재흥하지 못하고 멸망했다는 사실이다. 후한이 존속하지 못한 탓에 만고의 충신인 황보숭의 의미도 퇴색할 수밖에 없었고, 현대에 와서는 역설적으로 '시대의 흐름을 읽지 못한 비운의 명장' 쯤으로 인식되고 있기 때문이다.[40]

황보숭은 조조가 협천자하기 1년 전인 195년에 병사했다. 『후한서』에 "이각이 난을 일으킨 무렵에 병들어 죽었다"라는 기록이 있고, 이각·곽사가 조정을 장악한 이후로는 구체적 행적이 전하지 않으니 한동안 투병하다 세상을 떠난 모양이다. 병석에 누워 있느라 이각·곽사가 일으킨 '삼보(三輔)의 난'이나 헌제의 장안 탈출, 조조의 협천자 등의 사건을 목격하지 않았다면 오히려 다행이라는 생각도 든다. 장수(長壽)는 분명 홍복(洪福)이지만, 연신 못 볼 꼴을 보게 된다면 마냥 기쁠 수는 없을 테니 말이다.

■ 주요 인물명 – 원가

|  | 자(字) | 중문 간체 (영문) | 일본어 (–는 장음) |
|---|---|---|---|
| 원소 | 본초(本初) | 袁绍 (Yuan Shao) | えんしょう (엔쇼-) |
| 원상 | 현보(顯甫) | 袁尚 (Yuan Shang) | えんしょう (엔쇼-) |
| 저수 | – | 沮授 (Ju Shou) | そじゅ (소쥬) |
| 전풍 | 원호(元皓) | 田丰 (Tian Feng) | でんほう (덴호-) |
| 안량 | – | 颜良 (Yan Liang) | がんりょう (간료-) |
| 문추 | – | 文丑 (Wen Chou) | ぶんしゅう (분슈-) |

---

40) 연의는 황보숭·주준·노식을 후한 말의 3인방처럼 다루고 있지만, 황보숭은 당·송 대에 걸쳐 무성왕묘(武成王廟)에 배향된 인물이니 차이가 있다. 황보숭이 역사가 공인하는 명장(名將)임은 의심할 여지가 없다.

# 제37회 ~ 제40회

### ❖ 융중의 제갈량

연의 37회에는 유명한 삼고초려(三顧草廬) 에피소드가 등장한다. 삼국지에 소개되는 고사성어(故事成語)는 수백 가지에 이르며, 그중 삼국지에서 처음 유래되어 현재까지도 빈번히 쓰이는 고사성어만 해도, 괄목상대(刮目相對)·난공불락(難攻不落)·수어지교(水魚之交)·명불허전(名不虛傳)·파죽지세(破竹之勢)·고육지계(苦肉之計)·읍참마속(泣斬馬謖)·화중지병(畫中之餅)[1]·백미(白眉)·계륵(鷄肋)·반골(反骨) 등 두 손으로 꼽지 못할 정도로 많다. 특히 삼고초려는 도원결의(桃園結義)와 더불어 가장 많이 인용되며, 도원결의가 온전히 연의의 창작에서 비롯된 데 반해 유비가 제갈량(諸葛亮)을 만나기 위해 20여 리나 떨어진 융중의 초가집으로 세 번이나 찾아간 일은 엄연히 정사에 기록된 사실(史實)이다.

그런데 『위략(魏略)[2]』에 "제갈량이 먼저 번성의 유비를 찾아가 헌책했고, 이에 유비가 제갈량을 상객(上客)으로 예우했다"는 내용이 있어 아직껏 삼고초려의 진위(眞僞)를 두고 갑론을박이 있으며, 이문열본의 경우엔 위략의 기록을 바탕으로 에피소드를 전면 재구성하기도 했다. 배송지는 위략의 기록을 주석으로 달면서도, 제갈량이 출사표에 '유비의 초려 방문'을 적시했음을 밝히고 있다. 사실 삼고초려를 부정하는 입장도 충분히 이해는 간다. 비록 유비가 형주에 틀어박혀 하릴없이(?) 소일하는 처지였다지만, 유비는 천하

---

1) '그림의 떡'으로 많이 쓴다. 조예가 노육과 나눈 대화에서 유래했다.
2) 조위에서 벼슬한 어환(魚豢)이 지었다. 당대사(當代史)라 가치가 높다.

인이 모두 아는 영걸이었다. 당대의 명사(名士)도 아닌 27세의 백면서생을 만나려 융중까지 세 번이나 찾아갔다니 고개를 갸웃할 만하다. 그만큼 특별한 케이스였으니 말이다. 세 번이나 찾아온 유비의 진심에 감복한 제갈량은 마침내 마음을 열고 다음과 같이 천하삼분지계(天下三分之計)를 설파한다.

"지금 조조는 백만의 군사를 거느린 채 천자를 끼고 제후에게 호령하고 있으므로, 그와 다툴 수는 없습니다. 손권도 강동을 차지한 지 이미 3대가 지나 백성들이 따르고 유능한 이들이 쓰이고 있어서, 동맹으로 삼을지언정 도모할 수는 없습니다. 형주(荊州)는 북쪽·동쪽·서쪽으로 통하는 요충지이지만 지금의 주인이 능히 지킬 수 없으니, 이는 하늘이 장군께 형주를 맡기려는 것입니다. 장군은 형주를 취할 뜻이 있으신지요? 익주(益州)는 비록 험준하지만 아주 기름져서 고조(유방)께서 제업을 이룬 땅으로, 유장(劉璋)이 어리석고 나약하여 백성들과 선비들은 명군을 고대하고 있습니다. 장군께서는 황실의 후예로 널리 신의를 떨쳤으니 형주와 익주를 차지하여 서쪽과 남쪽의 이민족을 달래고, 밖으로는 손권과 화친을 맺은 뒤 천하가 혼란스러울 때 상장(上將)으로 하여금 형주의 군사들로 완(宛)과 낙양으로 향하게 하고, 장군께서는 몸소 익주의 군사를 이끌고 진천으로 출병하신다면 감히 누가 장군을 영접하지 않겠습니까? 이를 행한다면 가히 패업(霸業)이 이루어지고 한실(漢室)이 흥할 것입니다." 이것이 바로 정사에 기록되어 있는 제갈량의 원대한 구상이며, 오늘날엔 '융중의 대책'이란 의미로 흔히 '융중대(隆中對)[3]'라고 줄여서 부른다.

서주 출신의 제갈량은 조실부모하여 숙부 제갈현(諸葛玄)을 따랐고, 제갈현이 원술에 의해 예장태수에 임명되자 그와 함께 양주로 내려왔다. 이들이 고향을 떠난 데에는 조조가 서주를 핍박한 영향도 있었을 것이다.[4] 하지만 제갈현은 부임한 지 얼마 되지 않아 조정에서 정식 임명된 주호(朱皓, 주준

---

3) 한국·중국과 달리 일본에선 '융중책(隆中策)'이라는 표현을 많이 쓴다.
4) 『제갈근전』 본문에 "난을 피해 강동으로 왔다"는 기록이 있다.

의 아들)에게 쫓겨났고, 별수 없이 일찍부터 교분이 있던 유표에게 의탁하고 자 형주로 옮겨 왔다. 만약 제갈현이 계속 예장을 지켰다면, 제갈량이 원술 휘하에서 활약했을 가능성도 없진 않았으니 흥미롭다.

그런데 제갈량이 17세 때인 197년 숙부 제갈현마저 세상을 떠나면서, 직접 농사를 지어야 생계가 유지되는 형편이 되었다. 일곱 살 위의 형 제갈근(諸 葛瑾)이 어렸을 때만 해도 낙양에서 유학할 정도로 여유가 있었지만, 선대가 일찍 세상을 뜨면서 가세가 많이 기울었고, 이즈음 제갈근은 출사를 앞두고 있던 상태여서 동생인 제갈량이 가장(家長) 역할을 맡았던 것으로 보인다.

다행히 누나 둘이 모두 형주의 유력 가문으로 출가하면서 살림이 피기 시 작했다. 제갈량은 훤칠한 키에 용모도 빼어났으니, 누나들도 재색을 겸비했 던 모양이다. 큰누나는 방덕공(龐德公)[5]의 아들, 작은누나는 괴월의 조카와 결혼했으며 덕분에 제갈량도 공부에 전념할 수 있게 되어 영천의 서서(徐庶) 와 석도(石韜)·여남의 맹건(孟建) 등과 함께 유학(遊學)[6]했다는 기록이 있다.

제갈량은 세 사람에게 "경들이 벼슬길에 나서면 자사나 태수까지는 오를 것"이라 말하면서도, 정작 자신에 대한 물음에는 웃을 뿐 답하지 않았다고 한다. 스스로를 항상 관중(管仲)과 악의(樂毅)에 견주었다는 제갈량은 천하 경영의 포부를 일찍부터 숨기지 않았던 것인데, 이처럼 원대한 꿈을 실현해 줄 주군으로 당시 유표의 객장(客將)에 불과했던 유비를 선택했다는 점이 의 미심장하다. 융중대는 바로 그러한 선택의 이유를 밝힌 문장이다.

### ◈ 토로장군 손권

200년에 손책의 뒤를 이은 손권은 조조에 의해 토로장군(討虜將軍)[7]과 회 계태수에 임명된다. 손책의 도발에 머리를 싸맸던 조조는 당시 원소와의 일

---

5) 제갈량을 와룡, 방통을 봉추, 사마휘를 수경이라 칭한 방통의 숙부다.
6) 타향에서 공부한다는 뜻으로, 외국에서 공부하는 유학은 '留學'이다.
7) 토역(討逆)장군 손책과 파로(破虜)장군 손견에서 한 자씩 따온 것이다.

전을 앞둔 상태라 동오를 다독일 필요가 있었고, 19세에 갑작스레 오주(吳主)가 된 손권으로서도 어수선한 내부 단속이 시급했기에 형처럼 중앙을 노려볼 엄두를 내지는 못했다. 정사의 손권 열전인 『오주전』도 "영웅호걸들이 각 군에 퍼져 있었고, 빈객들도 자신의 안위에 따라 머물 곳을 정하였으므로, 군주와 신하의 두터운 관계는 없었다"라고 동오의 당시 상황을 적고 있다. 오죽하면 어린 손권을 못 미더워한 사촌형 손보(孫輔)가 강동을 바치려고 조조에게 편지를 보냈다가, 이내 발각되어 손보의 측근들이 대거 처형되는 사태까지 벌어졌다.

그럼에도 손권은 주유와 장소의 지지를 바탕으로 뚝심 있게 혼란을 수습하려 했다. 무엇보다 인재 확보에 힘써 노숙(魯肅)·육손(陸遜)·제갈근(諸葛瑾)·서성(徐盛) 등의 걸출한 인물들이 새로 가세한다. 202년이 되자 원소의 급사로 인해 여유를 찾은 조조가 "형제나 아들을 보내라"고 압박해 왔지만, 손권은 미적대는 장소 대신 주유의 단호한 반대 의견을 받아들여 인질을 보내지 않으니, 집권 2년 만에 상당한 자신감이 붙었음을 확인할 수 있다.

손권은 이듬해인 203년 아버지 손견의 원수를 갚기 위해 황조(黃祖) 공격에 나선다.[8] 손권은 황조의 수군을 격파하고 강하를 포위하였으나, 산월족 등이 이 틈을 노리고 동시다발적으로 반란을 일으키자 어쩔 수 없이 포위를 풀고 각지의 반란 진압에 집중한다. "산월족이 반란을 일으켜서 손권이 토벌했다"라는 기록은 이때부터 40년이나 이어지니, 중국사 최초로 강남 지역을 본격 개발해 영토를 늘린 손권의 어려움을 가늠할 수 있다.

손권의 갖은 노력에도 불구하고 내부 혼란은 끊이지 않았고, 204년엔 친동생인 단양태수 손익(孫翊)이 살해되는 사건이 발생한다. 21세였던 손익은 소패왕 손책을 연상케 하는 강인하고 사나운 성정이라, 장소 등은 애초부터

---

8) 연의는 앞서 '황조가 아닌' 여공(呂公)에게 손견이 죽었다고 각색했었는데, 손권은 막상 황조를 부친의 원수로 간주하니 설정 오류다.

문약한 손권 대신 손익으로 손책의 뒤를 잇게 하려고 고민했을 정도였다. 강건한 손익이 오래 살았다면 친형인 손권에게 큰 힘이 되었겠지만 손가의 불행한 요절은 계속되었고, 사태 수습차 보낸 손하(孫河)마저 살해당하는 등 손권에겐 '연의가 다루지 않은' 우여곡절이 참으로 많았다.

제갈량은 207년의 융중대(隆中對)에서 손권을 강고한 세력처럼 평가하며 "동맹할지언정 도모할 수 없습니다"라고 밝혔지만, 일련의 사태에서 드러나듯 당시 손오의 위상이 굳건했다고 말할 수는 없다. 아무래도 친형 제갈근이 이미 손권에게 출사해 있었던 사정이 제갈량의 구상에 영향을 미친 것이라 볼 수 있다.

아무리 난세라 해도 손권처럼 직계가족을 차례차례 잃은 경우는 찾아보기 어려울 것이다. 10세 때 천하제일의 용장이던 아버지를 갑자기 잃고 19세 때엔 '태산과도 같았던' 형이 26세의 나이로 암살당한 데다, 21세에 어머니[9]도 세상을 떠났고 23세엔 두 살 터울의 혈기왕성한 동생이 살해되었다. 설상가상으로 얼마 뒤엔 막냇동생 손광(孫匡)마저 요절하니, 스물다섯이 되기도 전에 양친과 동복형제가 모두 각기 다른 사정으로 이승을 떠나 버린 것이었다. 연의 29회에는 손책이 동생들에게 "내가 죽은 뒤에 너희들은 열심히 둘째 형을 도와야 한다"는 당부를 남기고 눈을 감는 장면이 나오는데, 유언이 무색하게 모두 일찍 세상을 떠나고 말았다. 소문난 애주가였던 손권은 사람들을 궁으로 불러 모아 지독하게 술을 권하는 나쁜 버릇이 있었고, 주사(酒邪)가 퍽 심했다는 기록도 많이 남아 있다. 홀로 남겨진 손권의 괴로움과 외로움이 얼마나 짙었을지 엿볼 수 있는 대목이라 하겠다.

---

9)  무열황후 오씨. 연의는 손권의 모친이 207년에 병사한 것처럼 각색했지만, 정사 본문에 따르면 202년에 죽었다. 연의에 등장하는 오국태는 유비와 손부인의 결혼 에피소드 때문에 투입한 가공인물이다.

## ❖ 감녕의 귀부

손오(孫吳)의 무장들은 상대적으로 임팩트가 약하고 심심한(?) 편이지만, 감녕(甘寧)은 유달리 개성이 돋보이는 입체적 인물이다. 감녕은 본래 형주 남양군 사람이었지만 조상대에 익주 파군에 뿌리내렸고, 요란스레 무리 지어 싸움하길 좋아해서 수적(水賊)이 되어 20여 년이나 물길을 장악하고 이권을 취했다. 주석에 따르면 감녕은 194년 유장이 아버지 유언의 뒤를 잇자 반란에 가담했으나 실패에 그쳤고, 8백의 무리와 함께 선조가 살았던 남양으로 돌아왔지만 유표가 감녕을 제대로 거두지 않았다고 한다.

감녕 또한 유표군의 군기(軍紀)가 엄정하지 않은 것을 보고 무리를 이끌고 손오에 투항하려 했는데, 황조(黃祖)가 물길을 막고 있어 별수 없이 황조에게 의탁했다. 감녕은 203년 손권이 공격해왔을 때 능조(淩操)를 죽이고 황조를 구하는 등 큰 공을 세우지만, 황조는 오히려 감녕을 견제하며 박대했고 이를 안타깝게 여긴 소비(蘇飛)[10]의 도움으로 208년에야 손권에 귀부한다.

이때 감녕은 이미 50세 가까운 나이였을 텐데, 야단스럽고 호방한 이미지 덕분에 2차 창작물에선 젊고 역동적으로 그려지는 경우가 많다. 물론 사서의 기록으로 봐도, 감녕은 나이를 잊은 듯 에너지가 넘치는 인물이긴 했다. 손권은 황조군의 사정을 소상히 파악하고 있는 감녕의 귀순을 큰 기회라 여기고 특별히 대우했다. 감녕 또한 만년(晚年)에 자신을 알아주는 주군을 만나서 재주를 마음껏 펼칠 수 있게 되었으니 말 그대로 원-윈이었다.

정사는 감녕이 황조 토벌을 진언하는 장면을 자세히 기록하고 있는데, 감녕은 놀랍게도 손오의 중추인 장소(張昭)의 반대를 강하게 논박하며 자신의 주장을 관철시킨다.[11] 물론 손권의 정벌 의지가 강했기에 가능한 일이었겠

---

10) 황조에게 수차례 감녕을 추천한 인물로, 강하의 도독이다. 손권은 황조 다음으로 소비에 깊은 원한을 품었지만, 소비의 은혜를 잊지 않은 감녕이 피눈물을 흘리며 간원한 덕에 목숨을 구할 수 있었다.

11) 장소가 "나라의 사정이 현재 위급하니, 군대가 무리하게 출진한다면 더욱 어지럽게 될

지만 손가에 합류하자마자 권부의 핵심인 장소와 맞선 것이니 감녕의 거침 없는 기질과 배포를 짐작할 수 있다. 다만 장소가 워낙 노인 이미지라 그렇지, 나이로만 따지면 둘은 동년배였다. 장소는 147년생인 가후 또래쯤으로 느껴지지만, 실제론 순유보다 딱 한 살 많은 156년생이었다.

208년 손권은 대대적으로 공격에 나서고, 감녕의 계획이 주효했는지 철옹성 같았던 강하성 함락에 마침내 성공한다. 이때 풍칙(馮則)이 도망가는 황조를 죽여 성문에 효수했으니, 손견이 죽은 지 17년 만에 비로소 손권이 원수를 갚은 것이다. 다만 정사의 기록은 연의의 각색과는 차이가 있다. 연의는 감녕이 직접 황조의 목을 벤 것처럼 설정하는 등 감녕의 분전에 포커스를 맞추고 있지만, 정사엔 여몽·능통·동습·풍칙 등의 전공이 언급되는 반면 감녕의 구체적 활약은 나오지 않는다. 항장을 즉각 원소속과의 싸움에 투입하여 중책을 맡기는 경우는 사실 흔치 않다.

27세의 손권이 '소패왕' 손책조차 이뤄내지 못한 복수전에 성공한 것은 몇 년간 이어졌던 강동의 혼란상이 수습되었음을 대외적으로 천명하는 동시에, 안으로는 '오주(吳主)'로서의 위상을 굳건히 하는 상징적 사건이었다. 이로부터 겨우 몇 달 뒤에 조조가 형주로 남하하고 운명의 적벽대전이 벌어짐을 감안하면, 감녕의 귀부는 손권에게 있어 그야말로 천운이 따른 것이었다.

당시 손오 내부선 '손견의 원수인' 황조 토벌조차 반대하는 여론이 강했으니, 이때 승전을 거두지 못했다면 조조와는 감히 싸워 볼 엄두를 내지 못했을 가능성이 크다. 감녕의 항복은 따져 볼수록 절묘한 타이밍이었고, 감녕 덕분에 손권이 '꼭 필요했던' 승전을 기록했으니, 역사의 수레바퀴가 '통일이 아닌' 삼국의 정립(鼎立)을 향해 굴러갔다고 느껴지는 것도 무리는 아니다.

---

것이오"라고 전쟁을 반대하고 나서자, 감녕은 "나라에서 그대에게 소하(蕭何)와 같이 보급의 임무를 맡겼거늘, 그대는 본진에 남아서 지키면서 혼란만을 걱정하고 있으니, 그러면서 어찌 고인을 배울 수 있겠소!"라며 통렬하게 반박한다. 손권은 매사에 딴지를 걸고 소극적이던 장소 대신 고옹(顧雍)에게 20여 년간 승상을 맡긴다.

다만 이때 조조가 하북 평정의 여세를 몰아 손권의 항복을 받아 내고 천하 통일을 앞당겼다면, 전쟁에 시달렸던 백성들의 고통은 오히려 줄어들었을 터다. 게다가 중국 대륙에서 환란이 이어지면, 한반도에 위치한 우리에겐 아무래도 유리하게 작용하는 측면이 있다. 이처럼 역사에 가정법을 들이대기 시작하면 계산이 한없이 복잡해지기 마련이니, 세상일을 선과 악으로 구분하긴 생각만큼 쉽지 않다. 내 편과 네 편으로 가르기가 쉬울 뿐이다.

### ❈ 강하태수 유기

형주의 정세는 급박하게 돌아갔다. 병석의 유표에게 회복의 기미가 없자 채씨들은 유종을 후계자로 굳히려고 장남 유기(劉琦)를 더욱 핍박했고, 신변의 위협을 느낀 유기는 제갈량의 조언에 따라 자원하여 강하태수를 맡는다.[12] 강하는 양주(揚州)에 접한 지역으로[13], 얼마 전 황조를 처단한 손권이 정보(程普)를 강하태수로 임명했다는 기록도 있어 조금 어지럽지만, 이는 강하군의 동쪽 일부를 점하고 있었다는 의미로 이해하면 좋을 것이다.

한편 연의 39회에는 유비가 제갈량에게 유기를 도울 계책을 묻자, 제갈량이 "사사로운 남의 집안일에 관여하고 싶지 않습니다"라고 시큰둥하게 답하는 장면이 나온다. 그렇지만 제갈량의 장모가 바로 채모의 큰누나였다. 제갈량의 장인인 황승언(黃承彦)[14]과 유표가 동서지간이고, 제갈량과 유기도 인척이었으니 '남의 집안일'이라 말할 순 없는 처지였다. 다만 정사에도 "유기가 제갈량을 매우 중시하여 여러 번 자문을 구했으나, 제갈량은 미온적으로 대응했다"라는 눈에 띄는 기록이 있다. 유비를 처음 만났을 때부터 "대업을

---

12) 『유표전』은 "채모 등이 당파를 만들어 장남 유기를 강하태수로 내보내고, 유종을 후계자로 삼았다"고 적고 있어, 쫓겨난 것일 수 있다. 이때 유표가 유비에게 형주를 맡겼다는 주석도 있지만, 신빙성이 없다.
13) 장강(長江) 물류의 중심지인 우한(武漢)이 바로 강하군 지역이다.
14) 연의 84회에 등장하여 팔진도(八陣圖)에 갇힌 육손을 구해 준다.

위해 형주를 취해야 합니다"라고 주장한 제갈량이었으니, 유기를 가족처럼 생각하지는 않았을 것이다.

208년 1월, 조조는 업성에 돌아오자마자 현무지(玄武池)라는 인공 호수를 파서 수군 전력이 센 유표를 공격할 준비를 한다. 원가를 멸하고 오환까지 정벌해 사실상 천하를 손에 쥐었다고 여긴 조조는, 일단 승상(丞相)의 자리에 올라 권력을 독점한 후 6월에 곧바로 출진한다. 그런데 조조군이 도착하기도 전에 유표가 67세를 일기로 세상을 떠나면서, 형주의 사정이 급변하였다.

정사는 "유표의 외모는 선비처럼 단아했지만, 마음에 의심과 꺼리는 일이 많았다"라고 적어 놓았다. 실제로 천하를 노릴 만한 군세를 가지고도, 눈치만 살피다가 제대로 겨뤄 보지도 못한 채 허망하게 퇴장하고 말았다. 유표의 객장에 불과했던 유비나 강동에서 악전고투했던 손권이 불과 몇 달도 지나지 않아 삼국시대의 한 축으로 부상하는 점을 생각하면, 역설적으로 그간 유표에게 얼마나 많은 기회가 있었는지를 새삼 절감하게 된다. [15]

그렇지만 『후한서』에는 "유표가 형주에서 20여 년을 머물렀지만, 쌓아 놓은 재산이 없었다"라는 기록도 있다. 혈혈단신으로 형주에 부임한 유표가 실제론 대호족들이 내세운 일종의 '바지사장'이었을 가능성도 배제할 수 없다는 얘기다. [16] 효성스러웠던 유기가 아버지 유표의 병세를 돌보고자 했지만, "양양성 진입조차 막아서, 성 밖에서 눈물을 쏟았다"는 기록을 보면, 와병 중이던 말년의 유표는 채씨가 쳐 놓은 '인의 장막'에 둘러싸여 외부와 완전히 단절된 상태였는지도 모른다. 정확한 사정이야 지금 와서 알 길이 없지만, 자신을 쏙 빼닮은 장남을 총애했었다는 유표가 임종의 순간에 유기의 얼굴을 보고 싶지 않았을 리 없다. 하지만 친아들의 임종조차 막은 이들은 도리어 "병상의 아버지를 돌보지 않으니, 유기는 불효막심한 놈"이라며 매도했을 것이다.

---

15)  손오의 실권자가 되는 제갈각(諸葛恪)도 이 점을 지적한 바 있다.
16)  청빈(淸貧)했을 뿐이란 반박도 가능하지만, 유표는 대세력의 맹주였다.

물론 채씨의 눈으로 본다면 유표는 '한 줌의 명성만 있었을 뿐' 애초에 빈털터리였고, 자신들로 인해 형주목의 지위나마 보전할 수 있었다고 여겼을 수 있다. 문득 이 대목에서 원소가 떠오른다. 원소 역시 연고가 없는 기주로 도망가서 맨땅에 헤딩했지만, 능숙한 솜씨로 호족들을 요리해(?) 통째로 집어삼켰으니 말이다. 그렇다고 기주 호족이 무능했다거나 형주 호족이 유능했다고 단정할 수는 없고, 원소와 유표의 배경이 천지 차이긴 했다.

## ◈ 청주자사 유종

채씨 가문과 혼인한 덕분에 형을 제치고 유표의 뒤를 이은 유종(劉琮)이었지만, 맹주에 오른 영광을 누려 보지도 못하고 조조가 양양에 당도하자마자 곧바로 항복한다. 일찍부터 조조와 친분이 있었던 채모(蔡瑁)는 조조가 협천자한 무렵부터 유표에게 귀부를 건의했고, 괴월과 한숭 또한 이에 동조했으니 유표가 세상을 떠난 시점에 형주의 항복은 정해진 수순이나 마찬가지였다.[17]

하지만 유종도 처음엔 "지금 경들과 초나라 땅을 가지고 선군의 유업을 지키면서 천하를 관망하고 있는데, 조조에 맞서지 못할 이유가 무엇이 있겠는가"라며 항전을 고민했다. 이에 부손(傅巽)이 나서서 "장군은 스스로 유비보다 낫다고 생각하십니까? 유비조차 조조를 당해 낼 수 없고, 설사 유비가 조조를 막아 낸다고 하더라도 유비는 장군 밑에 있을 자가 아닙니다. 부디 다른 마음을 먹지 마십시오"라며 유종을 설득했다는 기록이 전한다. 채씨와 결탁했던 유종이 막상 맹주가 되자 '유기를 도왔던' 유비와 협력해 조조에 맞설까 고민했다는 사실이 정말이지 뜻밖이다.

정사에는 이때 왕위(王威)가 "이미 형주에 입성해서 방심하고 있는 조조를 습격해 죽인다면 천하를 평정하는 것도 꿈이 아닙니다"라고 진언했다는 기록도 있다. 물론 유종은 왕위의 제안을 일축하고 조조에게 순순히 항복하지

---

17) 연의의 유표는 유비에게 형주를 맡기려 애쓰지만, 실권이 없었다.

만, 이에 대해『자치통감』은 "유종이 왕위의 진언을 받아들였다면, 조조는 이때 끝장났을 것"이란 특별한 견해를 싣고 있다. 불가능한 가정은 아니지만, 노회한 유표도 형주 호족들의 반대를 어쩌지 못했는데, 유종이 일가의 목숨을 내놓고 조조 암살을 감행할 수 있었을 리 없다.

이 당시 유비는 유종이 이처럼 쉽게 항복하리라곤 꿈에도 생각하지 못하고 있었다. 게다가 유종이 항복 사실을 유비에게 미리 알려주지도 않아서, 뒤늦게 알고는 극대노했다. 이미 융중대에서 "유표를 대신해 형주를 취해야 합니다"라고 주장했던 제갈량이 유종을 쳐서 양양성을 차지하자고 설득했지만, 유비는 "내가 이제 와 유표와의 신의를 저버리고 스스로를 구할 수는 없소. 죽은 뒤 무슨 면목으로 유형주를 만날 수 있겠소"라며 거절한다.

당시 형주 호족들이 천혜의 요새인 양양성과 번성의 진가(眞價)를 몰랐을 뿐, 10만 군세[18]의 유종이 유비와 함께 결사 항전했다면 천하의 조조라도 승전을 장담할 수 없었다. 훗날 관우가 양·번을 완전히 포위하고도 끝내 함락시키지 못한 사실은 차치하고라도, 1천 년 뒤에 중국의 역대 통일왕조 중 가장 문약했던 남송(南宋)이 세계 전쟁사 최강의 제국인 몽골 대군을 막아 낸 철옹성이 바로 양·번이었다.[19] 실제로 유비는 한번 조조의 수중에 떨어진 양양성과 번성을 다시는 수복하지 못했다. 제갈량의 말대로 이때 유종을 쳐서 '물자가 풍부하고 인재도 많았던' 형주를 확보했다면, 삼국의 판도는 딴판으로 전개되었을 것이다.[20]

한편 연의에선 항복한 유종이 청주로 쫓겨나는 도중에 채부인과 함께 우금의 손에 죽는 것처럼 나오지만, 실제론 무탈하게 청주자사에 부임했고 이후에도 꾸준하게 관록을 먹으며 여생을 보낸다. 특히 부손은 유종에게 항복

---

18)   연의에는 기병 5만, 보병 15만, 수군 8만으로 도합 28만이라 나온다.
19)   이때의 양양성을 그대로 썼던 것은 아니고, 주변에 새로 지었다.
20)   유비가 유표와의 신의를 지킨 덕에 세상의 인심을 얻었음도 명백하다.

을 설득했던 공로를 인정받아 조조에 의해 관내후[21]에 봉해지는데, 1년 뒤 태어나는 조카 부하(傅嘏)가 훗날 사마의의 아들 사마사(司馬師)의 핵심 참모가 되어 승승장구한다. '조조에게 순순히 항복한' 유종의 선택이 옳았는지는 지금도 판단하기 어렵지만, 부손이 '자신의 가문과 형주 호족을 위해' 가장 안전한 선택을 했음은 의심할 여지가 없다.

■ 주요 인물명 – 위 · 촉 · 오 주역

|  | 자(字) | 중문 간체 (영문) | 일본어 (–는 장음) |
|---|---|---|---|
| 유비 | 현덕(玄德) | 刘备 (Liu Bei) | りゅうび (류-비) |
| 관우 | 운장(雲長) | 关羽 (Guan Yu) | かんう (칸우) |
| 장비 | 익덕(翼德) | 张飞 (Zhang Fei) | ちょうひ (쵸-히) |
| 제갈량 | 공명(孔明) | 诸葛亮 (Zhuge Liang) | しょかつりょう (쇼카츠료-) |
| 조조 | 맹덕(孟德) | 曹操 (Cao Cao) | そうそう (소-소-) |
| 순욱 | 문약(文若) | 荀彧 (Xun Yu) | じゅんいく (쥰이쿠) |
| 하후돈 | 원양(元讓) | 夏侯惇 (Xiahou Dun) | かこうとん (카코-돈) |
| 장료 | 문원(文遠) | 张辽 (Zhang Liao) | ちょうりょう (쵸-료-) |
| 손권 | 중모(仲謀) | 孙权 (Sun Quan) | そんけん (손켄) |
| 주유 | 공근(公瑾) | 周瑜 (Zhou Yu) | しゅうゆ (슈-유) |
| 육손 | 백언(伯言) | 陆逊 (Lu Xun) | りくそん (리쿠손) |
| 태사자 | 자의(子義) | 太史慈 (Taishi Ci) | たいしじ (타이시지) |

---

21) 關內侯. 열후처럼 백성을 동원하진 못했고, 봉읍의 조세권만 있었다.

# 제41회 ~ 제44회

### ❖ 강하태수 문빙

　조조는 유종에게 '순순한 항복'을 권했던 형주의 관리들을 열다섯이나 열후(列侯)에 봉하며 굉장히 후대했다. 조조의 벗이었던 채모는 말할 것도 없고 괴월(蒯越)과 한숭(韓嵩)도 구경(九卿)[1]에 제수되었는데, 특히 조조는 장릉태수였던 괴월을 중히 여겨 "형주를 얻은 것은 기쁘지 않으나, 괴월을 얻은 것은 기쁘오"라고 말할 정도였다. 괴씨 집안사람들 들으라는 공치사(空致辭)로 오해하기 쉽지만, 이는 공개 발언이 아니라 순욱에게 따로 보낸 서찰에 실렸던 내용이니 조조의 진심이었을 가능성이 크다.

　그런데 정작 조조가 오래도록 중용한 인재는 문빙(文聘)이었다. 문빙 역시 전쟁을 주장한 주전파(主戰派)는 아니었지만, 하나같이 항복을 바랐던 형주 관리 중에선 드물게 충성스러운 인물이었다. 조조는 순순히 항복한 이들을 후대하면서도, 끝까지 충성한 수하를 거둬서 무겁게 쓰는 것이 용인술(用人術)의 큰 특징이었다. 배신과 협잡이 난무하는 시대라 충의지사가 필요한 데다[2], 사람의 천성은 여간해서 변하지 않기 때문이었을 것이다.

　조조가 유종의 항복을 받아 낸 후 문빙이 본진에 들자 "어째 이리 늦게 오셨는가?"라고 물었는데, 문빙은 "살아서는 주군을 배반하지 않고 죽어서는

---

1)　한나라의 관직은 삼공구경(三公九卿)으로 구성되었는데, 삼공은 국가 대사를 책임지는 세 자리의 최고 관직이며, 삼공 다음 가는 고관인 구경은 실무를 관장하는 아홉 명의 대신(大臣, 장관)을 의미한다.

2)　조선도 왕조의 질서가 잡힌 후엔, 고려 타도의 일등 공신인 정도전(鄭道傳)보다 고려를 끝까지 지키려 애쓴 정몽주(鄭夢周)를 더욱 높였다.

지하에 부끄럽지 않기만을 바랐습니다. 수비를 맡아 영토를 보전하려 하였
으나 계획대로 되지 못했으니, 실로 한스럽고 부끄러워 뵐 낯이 없었습니다"
라면서 눈물을 쏟았다고 한다. 이에 조조가 "경은 실로 충신이로다"라며 감
탄했고, 문빙에게 강하태수를 맡기고 관내후의 작위도 내려 주었다.

이후 문빙은 조조의 기대대로 손오와의 접경인 강하를 수십 년이나 흔들
림 없이 지켜 냈다. 수전(水戰)에 대한 이해가 높았고 선정(善政)을 펼쳐서
지역민들도 성심을 다해 따랐다고 하니, 인재가 풍부한 조위에서도 문빙은
대체 불가한 인재였다. 항복을 주도했던 채모도 한양정후에 그쳤지만, 문빙
은 관내후-연수정후-장안향후-신야후로 영전에 영전을 거듭했고 후장군에
도 올랐다. 유종의 항복으로 인한 최고 수혜자는 다름 아닌 문빙이었다.

### ◈ 장판파의 조자룡

번성에 주둔하던 유비는 유종의 항복을 뒤늦게 알았으니 남쪽으로 도주할
수밖에 없었다. 백성들은 물론 일부 유종의 측근들까지 유비를 따라서, 피난
하는 무리가 10만에 이르렀다고 한다. 유비의 행군이 백성들로 인해 더뎌지
자, 조조는 조순(曹純)의 5천 호표기(虎豹騎)[3]에다 지역 사정에 밝은 문빙을
붙여 주고 쫓도록 했다. 호표기는 밤낮을 가리지 않고 300리씩 추격했으며,
당양현 장판에 이르러 마침내 유비의 행렬과 맞닥뜨리게 된다.

연의는 장판에서의 긴박한 전황을 삼국지 전편을 통틀어 가장 인상적인
에피소드로 각색했다. 장판파(長坂坡)[4]에서의 조운(趙雲)의 종횡무진과 장
판교에서의 장비(張飛)의 일기당천(一騎當千)은 가히 압권이다. 비록 조운
이 연의의 묘사처럼 수십만 대군 속을 헤집으며 이름 있는 장수 50여 명을

---

3) '호랑이·표범같이 용맹하고 날래다'는 의미의 조조군 최정예 기병대다. 조조는 조순·조
진·조휴 등 조씨 친족에게만 호표기를 맡겼다.
4) '파(坡)'는 언덕·고개를 말한다. 장판교와 구분하기 위해 쓴 것 같다.

죽인 바는 아니었지만[5], 조조군 최정예인 5천여 기병대의 포위망을 뚫고 '유비가 만년에 간신히 얻은' 적장자 유선(劉禪)을 구해 냈으니 이를 능가하는 공적은 따로 없을 것이다.[6] 장판파 전투는 연의를 통틀어 워낙에 백미로 꼽히는 장면이니, 별다른 해설이 필요하지 않을 성싶다.

워낙 임팩트가 커서 이를 연의의 창작 에피소드로 여기는 독자도 있겠지만, 유비가 조조군에 쫓겨 가족까지 버리고 달아나는 난리통에 조운이 유선과 감부인을 필사적으로 보호한 것이나, 장비가 불과 20여 기만으로 다리를 끊고는 천둥같이 고함치며 호표기의 추격을 막아 낸 것은[7] 모두 정사에 기록된 사실이다. 한편 연의에선 '장비가 일부러 다리를 끊은 것'을 두고 유비가 장비의 아쉬운 지략을 지적하는 묘사가 나오지만, 정사엔 비슷한 언급이 없으며 "감히 접근하는 적군이 없었기 때문에 위기를 모면하게 되었다"라고만 적고 있다. 애초에 정사엔 장비의 지략이 모자랐다는 기술이 없으니 당연한 일이다. '장비의 지략 부족'은 연의가 캐릭터성으로 부여한 설정 중 하나일 뿐이며, 정작 연의의 장비도 이곳저곳에서 지략을 뽐내는 장면이 의외로 많이 나온다.

조운은 삼국지에서 가장 인기 있는 캐릭터 중 한 명이다. 충의의 대명사인 조운은 빼어난 무예에다 지략까지 갖췄고, 용맹하면서도 냉철했으며, 강직하면서도 온화했고, 많은 공적이 있었음에도 겸손하고 청렴했으니 가히 흠잡을 데 없는 인물이었다. 실제로 정사를 비롯한 여러 사서에서 조운에 대한 부정적 언급을 찾을 수 없다. 물론 정사 기록이 널리 알려진 오늘날에는 "조운은 독립부대를 지휘한 경험이 없었다"라든가, "사방장군이었던 관우·장비·마초·황충과는 분명 위상이 달랐다"라는 등의 지적이 있지만[8], 1530년

---

5) "활을 쏘지 말고 생포하라"는 조조의 명령을 덧붙여 설득력을 더했다.
6) 이때 유비의 두 딸은 조순에게 사로잡혔지만, 유선의 구출에 묻혔다.
7) 연의는 하후돈·하후연·조인·허저·장합·장료·악진·이전·문빙이 모두 장판교에 이르고도, 단기로 버티는 장비의 기개에 물러났다고 각색했다.
8) 2대 황제 유선은 260년 9월, 관·장·마·황의 시호만을 먼저 추증한다.

북경에 세워진 역대제왕묘(歷代帝王廟)에는 되려 제갈량과 조운만이 공신 (功臣)으로 배향되어 있기도 하다.[9]

물론 조운이 연의 최고의 수혜자라는 사실은 부정할 수 없다. 연의의 조운이 20차례 이상 일기토를 벌여서 베어낸 장수들은 죄다 가공인물이거나 허구이니 말이다. 애초에 정사의 본문과 주석에 기록된 일기토는 다 합해서 일곱 차례에 불과하므로[10], 삼국지의 일기토는 어디까지나 연의가 출간되기 전 '삼국지가 이야기 공연의 형식으로 유행하던 시절에' 공연을 보러 온 관객에게 전쟁 상황을 쉽게 설명하기 위한 방편쯤으로 이해하는 것이 좋다.

요즘은 정사의 기록을 바탕으로 조운에 대한 평가가 살짝 달라지기도 했지만, 애초에 연의가 조운을 높인 것은 정사 속 조운이 충의의 화신인 데다 능력·성품·자기관리 등 여러 면에서 두드러졌기 때문이다. 유비·관우·제갈량 등 삼국지 주인공과의 특별한 인연 때문에 이런저런 설정이 유리하게 덧붙여진 몇몇 등장인물의 경우와는 본질적인 차이가 있다. 오히려 연의가 과도하게 설정하여 불필요한 논쟁을 낳은 측면이 있고, 특히 조운이 원소와 공손찬을 등진 것처럼 묘사한 부분은 논란의 여지가 있다. 조운이 원소를 따른 적은 아예 없고, 공손찬 휘하에 있다가 유비를 도우라는 명을 받든 이후 변함없이 유비를 섬긴 것뿐이다.

앞서 언급한 바 있지만, 촉한에 대한 정사 본문의 기록은 매우 부실하다. 그래서 배송지는 주석을 달면서 촉한의 기록을 특별히 많이 보충했다.[11] 예를 들어 조위의 '장·악·우·장·서'나 조인 등의 기록에는 새로 추가된 내용이

---

9)  삼황오제부터 명나라까지의 황제 164명과 79명의 공신을 모신 곳이다. 유비와 관우는 황제로 모셔져 있으며, 삼국지 등장인물로는 이 넷이 전부다. 촉한을 정통으로 봤기에, 위·진과 손오의 인물은 빠졌다.

10)  여포〉곽사, 태사자=손책, 마초〈염행(閻行), 관우〉안량, 곽원〈방덕, 여몽〉진취(陳就), 조성=학맹. 염행과 진취는 각각 한수와 황조의 수하다.

11)  배송지에게 삼국지 주석을 달도록 명한 유의륭(劉義隆)이 한나라 계승을 표방한 유송(劉宋, 420~479년)의 황제였던 때문이기도 했다.

없다시피 하지만, 촉한의 열전은 배송지의 주석 없이 진수의 본문만으론 읽어 나가기 어려운 경우가 많다. 물론 '누구보다 꼼꼼했던' 배송지조차 찾지 못한 기록이 많아서, 『황충전』의 경우엔 숫제 한 줄도 더하지 못했다.

『조운전』역시 정사 본문은 황충전과 다를 것이 없다. 그런데 천만다행으로 『운별전(雲別傳)』이란 책이 전해져 배송지가 많은 주석을 추가할 수 있었다. 칭찬일색인 운별전의 신뢰도에 대해선 평가가 엇갈리지만, 까다로운 진수 역시 정사에서 조운을 나쁘게 적은 바가 없다. 『장비전』에 덧붙인 주석이 단 한 줄에 불과한 점을 생각하면, 삼국지 애호가로서 고맙기 그지없는 사료다.

### ◈ 노숙의 혜안

유표가 죽었다는 소식을 접한 손권에게도 형주의 사정은 초미의 관심사였다. 조조에게 있어 형주의 다음 타겟은 보나 마나 강동일 것이기 때문이었다. 연의 42회는 노숙(魯肅)이 손권에게 진언해 형주로 조문 가는 장면을 묘사하고 있는데, 정사에 기록된 노숙의 대계(大計)는 다음과 같다. "우리와 인접해 있고 모든 것이 풍부한 형주를 차지한다면, 분명 제업의 토대가 될 것입니다. 유표의 두 아들은 반목하고 있고 장수들도 두 패로 나뉘어 대립하고 있으며, 유비와 같은 천하의 영웅이 의탁했는데도 유표는 그의 재능을 질시하여 중용하지 않았습니다. 만일 유비가 유종·유기와 협력한다면 우리도 결맹해야 하지만, 그들 사이가 멀어진다면 마땅히 새로운 계획으로 대사를 이뤄야 합니다. 저는 유표의 두 아들에게 조문하고, 유비에겐 유표의 부하들을 아울러서 함께 조조에 대항하자고 설득하겠습니다. 유비는 흔쾌히 수락할 것이고, 만일 성공한다면 천하를 평정할 수 있을 것입니다."

유·손의 동맹은 연의의 설명처럼 제갈량이 손권을 설득한 결과가 아니라 노숙의 제안이었다는 증거로, 배송지 역시 주석에서 손권과 유비가 손잡은 것은 제갈량의 계책이 아니고 어디까지나 노숙의 대전략에 따른 결실이었음을 분명히 밝혀 두고 있다.

서주 하비국 출신의 노숙(魯肅)은 연의의 각색 과정에서 가장 저평가된 인물 중 하나다. 연의는 공손찬이나 도겸처럼 유비를 후대한 인물을 좋게 포장해 주는 경향이 강하지만, 손오에서 대표적으로 '친(親) 유비' 행보를 보였던 노숙은 이상하리만치 희화화되어 무골호인(無骨好人)으로만 그려진다. 노숙이 하필이면 삼국지의 양대 성역(?)인 제갈량·관우와 엮이는 장면이 유독 많은 탓에 제갈량·관우를 높이는 과정에서 상대적으로 손해를 본 측면이 크고, 노숙은 잔꾀를 부리기보다는 대전략 수립에 탁월한 인물이라 에피소드마다 뚜렷한 임팩트가 부족했던 까닭인 것 같다.

하지만 손바닥도 마주쳐야 소리가 나듯이 제갈량의 천하삼분지계가 기능한 배경에는 오로지 노숙이라는 존재가 버티고 있었다. 노숙은 처음부터 '항복'이라는 선택지를 전혀 고려하지 않았고[12], 손권·유비가 동맹하여 조조에 대항하면 승산이 있다고 믿었다. 노숙이 유비의 역할에 주목한 데에는 유비의 육전 지휘 능력이 일차적으로 영향을 미쳤겠지만, 손가가 형주와 오랜 원수지간이었음을 반영한 전략적 접근이기도 했다. 불과 몇 달 전 강하의 황조 일가를 도륙 낸 손오였으니 '형주 조문'이라는 발상 자체가 노숙의 유연한 사고가 아니라면 불가능했다. 연의 42회에도 '원수지간에 무슨 문상이냐'라는 유기의 언급이 있다.

그런데 노숙이 형주로 향하는 도중에 "유종이 이미 항복했으며, 유비는 강하로 도주했다"는 소식을 접하게 된다. 노숙은 곧바로 말머리를 돌려 장판에서 유비와 대면하고 "동맹을 맺고 힘을 합쳐 조조에 대항하자"라는 손권의 의향을 전달한다. 208년 10월의 일이었다. 이미 제갈량을 통해 '손권과의 동맹'이 절실함을 깨닫고 있던 유비는 흔쾌히 수락했고, 사자(使者)를 자청한

---

12) 노숙도 제갈량처럼 서주 출신이었으니 서주대학살의 영향이 있었을 것이다. 노숙은 막대한 가산을 정리해 가난한 사람을 도왔다고 한다.

제갈량을 손권에게 보내 결맹에 따른 후속 절차를 매조지게 한다.

연의 43회는 이때 제갈량이 화려한 언사로 장소·우번·보즐·설종·육적·엄준·정병 등 내로라하는 손권의 문신들과 설전을 벌여 논파하는 장면을 그리고 있다. 정사의 제갈량도 손권을 자극해 조조와 싸울 것을 설득하긴 하지만 노숙의 동맹 제안에 대한 답례 사절의 성격이었고, 손권에게 동맹 차원의 구원병을 요청하러 왔던 참이었다. 문제는 막상 조조가 '80만 대군'을 들먹이며 손권을 협박해 오자, 손오의 신료 대다수가 고분고분한 항복을 원했고, 이미 유비와 동맹하여 조조에 맞서려 결심했던 손권마저 큰 고민에 빠지게 된다. 순순하게 형주를 내주고 항복한 유종과 형주 관리들을 조조가 대거 열후에 봉하고 후대했음을 확인한 마당에, 전력상 절대열세였던 손권이 멸문을 각오하고 조조와 전쟁을 벌인다는 것은 정말이지 어려운 결정일 수밖에 없었다.

제갈량이 손권을 설득하는 장면은 연의의 묘사가 정사의 기록과 별 차이가 없다. 다만 손권을 일부러 협량(狹量)처럼 묘사한 부분은 극적 재미를 위한 연의의 각색이며, 손권 역시 당대의 영웅이었으니 실제로는 호기롭게 항전을 결정했다. 여러 기록을 교차해 살펴볼 때 손권이 온전히 제갈량의 설득으로 전쟁 결심을 굳혔을 가능성은 적고, 이미 조조와의 결전을 마음먹은 손권이 '항복을 원하던' 수하들의 찬성 의사를 이끌어 내는 과정에 제갈량의 설득이 일정 부분 기여했다고 보는 편이 타당할 것이다.

한편 『주유전』엔 유종의 항복으로 곤란해진 손권이 급히 대책을 논의하는 장면이 나오는데, 주유와 손권의 대화에서 유비가 전혀 언급되지 않는 점이 흥미롭다. 본래 주유는 천하를 남북으로 나누어 조조와 겨루는 천하이분(天下二分)을 주장했었는데, 마초·한수를 조조의 후환이라 거명하면서도 웬일인지 유비의 이름은 입에 올리지 않는다. 손권 역시 "조조는 나를 제외하면 원소·원술·여포·유표를 꺼렸을 뿐이고, 지금은 이 중에서 오직 나만 남았소"라며 유비를 거론하지 않으니[13], 결국 노숙만이 유비를 '천하의 영웅'이라며 높이 평가한 셈이다. 유비와 결맹하여 조조에 맞서자는 구상도 오로지 노숙에서 비롯되었음을 알 수 있다.[14]

사실 주유의 천하이분이든 노숙의 천하삼분이든 어느 쪽이 옳으냐의 문제는 아니었다. 협천자한 조조의 강압에 맞서 싸우기 위해선 명분이 중요했고, 강대했던 원가조차 조조에 의해 '천자에 맞서는 반란군'으로 규정되는 바람에 역적으로 몰릴까 걱정한 수하들이 상당수 이탈한 바 있다. 조조에 맞서려는 손권에겐 조조를 주살하라는 천자의 밀지를 받은 좌장군 유비의 존재가 반드시 필요했고, 무엇보다 유비는 자신을 배신하고 조조에게 항복할 가능성이 '제로'여서 확실하게 믿고 같이 싸울 수 있었다.

정사 삼국지의 조조 본기(本紀)인 『무제기(武帝紀)』는 적벽대전의 기록에서 손권의 이름을 아예 빼 버리고, "조조가 적벽에 이르러 유비와 더불어 싸웠는데 불리했다"고만 짧게 적고 있다. 어찌 보면 조조에게 있어 손권은 단지 '불손한 변방 무리의 새파란 우두머리'에 불과했고, 진정한 주적(主敵)은 누가 뭐래도 '반역도당의 수괴' 유비였을 수 있다. 유비와의 동맹이 최우선 과제라고 판단한 노숙의 혜안과 추진력이 보석처럼 빛나는 이유다.

### ◈ 좌도독 주유

노숙을 두고 흔히 연의의 피해자(?)라 말하지만, 실상 주유야말로 둘째가라면 서러울 최대의 피해자다.[15] 정사 속 주유(周瑜)는 명문가 출신으로 탁월한 능력에 훌륭한 성품을 겸비했고, 근사한 외모·당당한 풍채·예술가적

---

13) 이 장면은 연의 44회에 그대로 나온다. 단 43회의 제갈량과의 주연에선 손권이 유비를 슬쩍 끼워 넣으며 "모든 영웅이 차례로 멸하고, 이제 유예주와 나만 남았소"라며 높여 준다. 연의의 디테일이 이와 같다.

14) 노숙의 목표는 한실 부흥이 아닌 '독립적 존속'이었다는 해석도 있다.

15) 이중톈(易中天) 교수는 저서에서 '왜곡된 주유'를 첫머리에 다룬다.

풍모까지 두루 갖춘 삼국지 세계관을 대표하는 완벽남이었다.[16] 그런데도 연의는 오로지 제갈량을 높이기 위해 주유를 '괜찮은 재주를 가졌지만' 아주 속 좁고 얄팍한 인물로 비틀어 놓았다. 노숙은 그나마 제갈량과 여러 차례 대면했다는 기록이라도 남아 있지만, 주유는 제갈량과 실제로 만난 적이 있었는지도 불분명하니 억울함(?)이 곱절이 되었다.

연의가 워낙에 주유를 사정없이 깎아내리다 보니 "나관중(羅貫中)에게 주서(周敍)라는 친구가 있었는데, 주서만 과거에 합격하자 나관중이 열등감 때문에 주서와 성이 같은 주유를 의도적으로 폄하했다"는 출처 불명의 억측마저 그럴듯하게 돌아다닌다. 하지만 나관중 출생 전에 출간된 『삼국지평화』에도 이미 유사한 설정이 있었으니 사실일 리 없다. 다만 나관중은 연의를 쓰면서 정사를 꼼꼼하게 살폈던 터라, 무슨 연유로 '주유에 대한 왜곡'을 거르지 않고 그대로 채택했는지는 엄히(?) 추궁할 수 있겠다.

연의의 저자 나관중에 대해선 현재까지도 알려진 바가 거의 없다. 출신지마저도 얼마 전에야 밝혀진 판이니, 행여 장원급제한 친구의 존재가 사실이라면 나관중의 정체에 대한 큰 실타래가 풀리는 셈이라 삼국지 애호가로서 쌍수를 들고 환영할 일이다. 그런데 놀랍게 이마저도 찾아본 분들이 있었다. 명나라 때 급제자 중에는 주서(周敍)란 이름이 세 번 나오며, 나관중과 접점이 있을 만한 이는 아쉽지만 없었다고 한다. 수백 년 전 명단까지 확인하는 탐구열과 집요함에는 두 손 두 발을 다 들게 된다.

주유는 연의 44회부터 본격적으로 등장한다. 제갈량과 설전을 벌이다가 발끈하는 장면이 이어지면서, 슬슬 주유의 찌질한(?) 캐릭터가 잡히기 시작한다. 이때 주유는 사실상 손오의 2인자였고, 제갈량은 유비에 출사한 지 불과 2년차로 군사(軍師)의 위치도 아니었다. 제갈량이 사절로 선택된 데에는 친

---

16) 『KOEI 삼국지』에서도 주유의 능력치 총합은 조조에 이은 전체 2위다.

형인 제갈근의 존재가 영향을 미쳤을 법하지만[17], 주유가 제갈량의 존재를 의식했을 가능성은 제로에 수렴한다. 설사 존재를 알았어도 그냥 제갈근의 동생쯤으로 인식했을 터다. 한편 제갈량은 주유를 살살 긁는 와중에 조조의 아들 조식(曹植)이 지은 동작대부(銅雀臺賦)[18]를 슬쩍 언급하여 주유의 마음에 불을 지른다. '이교(二橋)'를 '이교(二喬)'로 바꾸어[19] 절세미인인 대교와 소교의 이야기로 매끄럽게 치환하는 연의의 솜씨에는 과연 감탄이 절로 나온다.

강동의 문무백관이 모두 모인 자리에서 손권이 조조와의 전쟁 의지를 천명하는 대목은 대부분 정사의 기록을 그대로 반영한 것이다. 다만 주유는 대도독(大都督)이 아니라 좌도독(左都督)이었고, 우도독 정보(程普)와 함께 손오의 병력을 나누어 지휘했다. 정사에 따르면 좌도독 주유는 당초 5만의 군사를 원했지만, 손권은 3만을 준비하여[20] 주유와 정보에게 각각 1만씩을 배속했고, 나머지 1만은 중군(中軍)으로 삼아 자신이 직접 이끌었다.

연의와 정사 사이에는 1천 년이 넘는 시차가 있어, 연의에 등장하는 숫자들은 정사의 그것보다 대폭 부풀려진 경우가 많다. 하지만 놀랍게도 정사 또한 "이때 조조가 80만에 이르는 엄청난 군세로 손권을 겁박했다"라고 적고 있다. 조조가 엄포성으로 과장했을 가능성이 크긴 하지만, 손권 휘하의 장수들이 강 건너에서 빤히 지켜보는 상황이니 어림없이 뻥튀기했을 리는 없고, 이때 주유가 직접 추산한 조조군 병력만 해도 22만 정도였다는 기록이 있다. 3만으로 22만을 대적하라는 손권이나, 달랑 1만의 군사로 천하의 조조를 잡겠다고 나선 주유나 보통 사람으로선 도무지 이해할 수 없으니, 그래서 영웅

---

17) 정사의 노숙이 제갈량을 만났을 때, 자신이 제갈근의 친구임을 먼저 밝힌다. 손권은 제갈근을 높이 평가하여 노숙과 동등하게 대했다.
18) 실제론 4년 뒤인 212년의 작품이다. 연의가 당겨 각색한 것이다.
19) 사실 정사에는 교씨가 '橋'로 나오지만, 연의는 일부러 '喬'로 바꿨다.
20) 손권이 전쟁 전 '10만 대군'을 호언하는 장면이 『제갈량전』에 나오지만, 전쟁을 반대한 호족들이 병력 차출에 소극적이었던 것 같다.

(英雄)이라 하는 모양이다.

이 대목에서 궁금증이 인다. 1400년 뒤에 단 12척의 배로 무려 133척의 왜선을 물리친 충무공께서도 삼국지를 열독하셨다는데, 적벽의 대승에서 영감을 얻은 부분이 있으셨을까? 충무공은 명량대첩이 있던 1597년 9월 16일, 『난중일기』에 "이는 실로 천행이었다(此實天幸)"라고만 담담히 적어두셨다고 한다. 국가존망의 위기에서 역사에 길이 남을 대승을 거둔 날의 기록이라고는 도저히 믿어지지 않으니, 그래서 성웅(聖雄)이신 모양이다.

■ 주요 인물명 – 조위

|  | 자(字) | 중문 간체 (영문) | 일본어 (-는 장음) |
|---|---|---|---|
| 곽가 | 봉효(奉孝) | 郭嘉 (Guo Jia) | かくか (카쿠카) |
| 순유 | 공달(公達) | 荀攸 (Xun You) | じゅんゆう (쥰유-) |
| 조인 | 자효(子孝) | 曹仁 (Cao Ren) | そうじん (소-진) |
| 하후연 | 묘재(妙才) | 夏侯渊 (Xiahou Yuan) | かこうえん (카코-엔) |
| 전위 | – | 典韦 (Dian Wei) | てんい (텐이) |
| 장합 | 준예(儁乂) | 张郃 (Zhang He) | ちょうこう (쵸-코-) |
| 악진 | 문겸(文謙) | 乐进 (Yue Jin) | がくしん (가쿠신) |
| 우금 | 문칙(文則) | 于禁 (Yu Jin) | うきん (우킨) |
| 서황 | 공명(公明) | 徐晃 (Xu Huang) | じょこう (죠코-) |
| 허저 | 중강(仲康) | 许褚 (Xu Chu) | きょちょ (쿄쵸) |

# 제45회 ~ 제48회

## ◈ 채모의 죽음

연의는 45회부터 본격적인 적벽대전(赤壁大戰) 모드로 진입한다. 적벽대전은 삼국지 세계관에서 가장 유명한 싸움임은 물론, 우리에겐 세계 전쟁사를 통틀어도 가장 지명도(知名度)가 높은 전쟁일 것이다. 현재까지 전해지는 판소리[1] 다섯 마당 중 하나가 『적벽가(赤壁歌)』일 정도로, '삼국지의 독자가 아니더라도' 옛날부터 익숙한 이름이니 말이다. 하지만 유명세와 달리 정사 속 적벽대전의 기록은 그야말로 한 줌에 불과하다. 적벽대전이 워낙에 단기전으로 끝나기도 했지만[2], 조조의 대패로 귀결된 탓에 애써 전쟁의 의미를 축소하고 일부러 간략하게 기록한 때문이었다.

연의는 적벽대전의 역사적 의미가 지대하다는 점에 착안하여 전체 120회 중 무려 8회에 해당하는 분량을 할애하고 있는데, 정사의 기록이 부실한 까닭에 다른 기록에서 일부를 따와 각색하거나 아니면 순전히 창작으로 채울 수밖에 없었다. 대표적인 예가 제갈량이 안개 낀 새벽녘에 조조 진영으로 쾌선을 끌고 나가 10만 대의 화살을 얻어서 돌아오는 46회의 에피소드로, 이는 213년 1월 유수구전투 당시 손권의 활약상을 모티브로 한 것이다. 이때 조조가 "아들을 낳으려면 응당 손권과 같아야지, 유표의 아들들은 개

---

1) 17세기에 등장한 한국 고유의 민속 악극으로, 소리꾼 한 명이 고수의 북소리에 맞춰 이야기를 풀어내는 노래극이다. 처음에는 평민이 대상이었지만, 점차 양반 문화로 변모했다. 현전하는 판소리 다섯 마당은 유일한 외국 소재의 적벽가를 비롯해 춘향가·심청가·흥부가·수궁가다.

2) 11월 한 달간 벌어졌다. 관도대전은 8개월, 이릉대전은 13개월이었다.

돼지와 같구나!<sup>3)</sup>"라고 탄식했다는 일화가 유명하다. 기실 삼국지 전장에서 손권이 활약하는 모습은 안 그래도 찾기가 힘들다. 그런 판에 연의가 이마 저도 빼앗아서(?) 제갈량에게 얹어 주었다는 걸 손권이 알았다면 분통을 터 뜨렸을 법하다.<sup>4)</sup>

연의의 각색에서 일관되게 드러나는 특징 중 하나는, 핵심 인물을 높이는 과정에서 불의한 인물을 준엄하게 응징한다는 점이다. 이는 연의의 창작 내 용이 상당 부분 덧붙여진 적벽대전에서 더욱 두드러지며, 조조가 주유의 계 략에 빠져서 채모(蔡瑁)와 장윤<sup>5)</sup>을 주살하는 서사를 삽입해 '유비를 버리고 조조에게 항복한' 이들을 여지없이 심판한다. 실제 역사는 여간해서 '사필귀 정(事必歸正)<sup>6)</sup>'의 카타르시스를 안겨주지 못하고 오히려 장탄식만 부르는 경 우가 많으니, 극적 개연성을 갖춰서 독자에게 통쾌함을 선사하는 것이 연의 의 최대 매력 중 하나다. 연의는 더해서 채중과 채화라는 가공인물을 채모의 동생으로 등장시켜 조조를 벌하는 징검다리로 써먹으니, 연의의 집요함은 참으로 대단하다.

### ◈ 황개의 고육지계

연의는 반면에 충의가 있는 인물을 아주 화끈하게 포장해 준다. 황개(黃蓋) 의 고육지계(苦肉之計)<sup>7)</sup>가 그 대표적인 예로, 물론 황개는 실제 주유에게 화 계(火計)를 제안한 장본인이니 단순히 수혜자로 치부할 순 없지만, 삼국지를 상징하는 적벽대전 무대에서 일약 주연급으로 격상되었고 그 덕에 병법서인 『삼십육계(三十六計)』에 예시로 등장할 정도로 이름을 널리 알리게 되었다.

---

3) 연의 61회에 그대로 나온다. 기껏 항복한 유종으로선 섭섭할 만하다.
4) 7회에도 손견이 황조로부터 화살을 얻어내는 비슷한 장면이 나온다.
5) 張允. 유표의 외조카였는데, 연의에선 계속 채모와 콤비로 나온다.
6) 백성들의 희생을 막은 셈이니 채모가 불의했다고 잘라 말할 순 없다.
7) 적을 속이기 위해, 제 몸을 상하게 하면서까지 꾸미는 계책을 말한다.

황개는 어릴 적 고아가 되어 온갖 고생을 하면서도, 강한 의지로 공부하여 관리가 된 인물이다. 황개는 손견 대부터 수많은 공을 세워 손가의 필두 공신이 되었으나, 갑자기 한참 어린 주유의 지휘를 받는 처지가 되었고, 심지어 형주 출신이어서 이만해도 사항계(詐降計)[8]에 더없는 적임자였다. 하지만 연의는 상대가 천하의 조조라는 점을 고려하여 고육지계라는 그럴듯한 설정까지 덧붙여서 설득력을 배가했다. 조조·유비·손권이 총출동하는 적벽대전은 삼국 정립의 신호탄이 되는 무대이다 보니, 연의는 단지 분량만 늘려놓은 것이 아니라 여러 인물을 대거 소환해서 이야기 구조를 매끄럽고 탄탄하면서도 박진감 있게 구성했다.

따지고 보면 온전히 연의의 혜택을 입은 인물은 감택(闞澤)이다. 감택은 훗날 손오의 고위직에 오르나 딱히 인상적인 기록을 남긴 바는 없고, 정사에 등장하는 시점도 이로부터 10년이나 뒤의 일이다. 빈농 출신임에도 학문에 매진해 유학(儒學)에 정통했던 감택은 평판이 두루 좋았던 인물이라, 연의가 등장을 앞당겨 황개의 거짓 항복을 성사시키는 연결 고리 역할을 맡겼다.[9]

연의는 여기에 만족하지 않고 방통(龐統)과 서서(徐庶)까지 동원한다. 과연 연의 최대 에피소드에 어울리는 호화 캐스팅이다. 양양 출신의 방통은 유표 시절부터 남군태수의 보좌관이었고, 적벽대전 뒤엔 새로 남군에 부임한 주유의 휘하가 된다. 다만 방통은 적벽대전에 참전한 기록이 없고, 방통이 없었으니 조조군의 선단을 쇠고리와 못으로 연결했다는 연환계(連環計) 또한 사실이 아니다. 아니 조조의 배들은 처음부터 연결되어 있어서, 애초에 방통이 나설 필요가 없었다. 그런데 다시 한번 강조하지만, 삼국지의 본령(本領)은 연의에 있다. 연의의 재미를 더하고 이해를 높이려 정사의 기록과 비교하며 살피는 것뿐이다.[10] 고육지계도 연환계도 모두 있어야 비로소 '삼

---

8)  거짓으로 항복하는 계책. 채중·채화의 사항계를 사항계로 맞받아쳤다.
9)  감택은 83회의 이릉대전 때도 육손을 천거하는 굵직한 역할을 맡는다.
10) 적벽대전 같은 창작 위주의 에피소드는 아무래도 설명할 부분이 적다.

국지'라고 말할 수 있다.

### ◈ 평범한(?) 조조

연의 45~48회의 에피소드를 찬찬히 따져 보면, 천하의 조조가 갑자기 '평균 이하'의 인물처럼 변모한 사실을 발견할 수 있다. 주유에게 속아 애꿎은 채모와 장윤을 죽였고, 제갈량의 계책에 10만여 화살을 헌납하고는, 고육지계로 꾸민 황개의 사항계도 간파하지 못했으며, 방통의 요설에 넘어가 선단을 묶어 버린다. 그것도 모자라 거짓 반란의 소문에 속아 서서를 타지로 보내 주기까지 하니, 삼국지 최고 존엄(?)을 속절없이 농간(弄奸)에 넘어가는 멍청이로 만들어 놓은 연의의 각색은 확실히 지나친 감이 있다.

그런데 이렇듯 하나씩 나열해 놓으니 알 수 있을 뿐, 막상 85페이지 분량의 본문을 읽어 나갈 땐 그다지 위화감을 느끼지 못하고 적벽대전 서사에 빠져들기 마련이다. 심지어 고개를 연신 끄덕거리면서 손에 땀을 쥐게 되니, 바로 이 대목이 연의 최고의 분수령(分水嶺)이자 클라이맥스이기 때문이다. 조조가 주유·제갈량·방통에게 정신없이 휘둘린 것처럼, 독자도 연의의 필력에 이끌려 절정으로 치달으니 이제 모든 준비가 끝났다. 자 드가자!

# 제49회 ~ 제52회

### ◈ 제갈량의 동남풍

『정사 삼국지』에서 적벽대전의 주역은 단연 주유(周瑜)다. 연의의 제갈량(諸葛亮)은 주유와 함께 적벽대전의 쌍두마차로 활약하지만, 정사의 제갈량은 전쟁을 앞두고 유비의 사절로서 손권을 설득했다는 기록이 자취의 전부다. 그런데도 연의는 주유와 제갈량의 대립 구도로 이야기를 끌고 나가면서 긴장감을 극대화하니, 주유의 상대가 조조인지 제갈량인지 때로 헷갈릴 정도다.[1]

연의에서 주유와 제갈량의 경쟁 관계에 쐐기를 박는 것이 바로 동남풍 에피소드다. 제갈량이 칠성단(七星壇)[2]을 쌓아 제를 지내고 동남풍을 불러오는 시점에 이르면, 마치 "인간계에서의 대결은 이로써 끝났소"라고 주유에게 선언하는 것만 같다. 물론 정사의 본문에는 동남풍에 대한 언급이 없고, 『주유전』에 "마침 동남의 바람이 세차게 불었다"라는 주석이 있을 뿐이다. 조조군이 주유군과 수상 교전을 벌인 상황이 아니라, 함선들이 묶인 채로 정박 중이다가 거짓 투항한 황개의 화공에 휩쓸린 터라, 동남풍이 아니더라도 결과가 아주 달라지진 않았겠지만, 불길이나 화살 세례가 뒷바람 때문에 거세졌음은 충분히 예상할 수 있다.

동남풍 전설 또한 고스란히 나관중의 창작은 아니며, 아주 일찍부터 "주유가 동풍을 빌렸다"는 민간 전설이 있었다고 한다. 이는 연의 48회에 소개되

---

1) 유·손 동맹의 주축인 유비조차 연의의 적벽에선 존재감이 희미하다.
2) 북두칠성을 신으로 모신 제단. 고대인들은 동서양을 막론하고 별자리를 사후세계와 연관 지어 중요하게 생각했고, 별자리를 대표하는 북두칠성(Big Dipper)은 종교가 탄생하기 이전부터 신앙의 대상이었다.

는 당나라 천재 시인 두목(杜牧)[3]의 영사시(詠史詩)[4] 『적벽(赤壁)』에 "동풍이 주유를 위해 불어 주지 않았다면, 이교(二喬)는 봄 깊은 동작대에 갇혔으리[5]"라는 구절이 있는 데서도 알 수 있다. 그런데 근래의 연구에 따르면 적벽에선 전쟁 초기 한 차례 교전이 있었을 뿐, 조조의 선단을 불사른 주유군은 장강(長江) 북쪽 기슭의 오림(烏林)에 상륙했다고 한다. 초전에 패퇴한 조조군이 오림에 주둔했고 가장 중요한 전투도 오림에서 벌어졌으니, 적벽대전이 아니라 '오림대전'이라 명명해야 한다는 주장이 힘을 얻고 있는 이유다. 실제로 주유전·노숙전·여몽전·정보전·감녕전 등에는 "오림에서 조조를 무찔렀다"라는 기록이 반복된다. 물론 무제기(조조)·선주전(유비)·오주전(손권)처럼 맹주의 기록에는 '적벽'만 나오고 '오림'은 찾을 수 없으며, 일세를 풍미한 문인들이 이미 적벽을 제목으로 삼아 유명한 작품까지 발표한 마당이라, 적벽이 더 어울린다는 느낌은 있다.

그런데 중국 현지에서는 이러한 논란의 불씨조차 도저히 받아들일 수 없었던지, 유명관광지 '적벽'을 보유하고 있는 푸치시(蒲圻市)가 1998년에 지역명 자체를 아예 적벽(赤壁, 츠비)으로 바꿔 버렸다.[6] 적벽대전이 벌어진 지 1790년 만에 도시의 이름이 변경된 것이니, 중국 내 삼국지의 영향력이 대략 이 정도다.

참고로 중국 최고의 대문호 소동파(蘇東坡, 1037~1101년)가 대표작 『적벽

---

3) 803~853년. 서진에서 활약한 두예(杜預)의 후손으로, 남성적이고 호방한 시를 썼다. 두보(杜甫, 712~770년)에 견주어 소두(小杜)로 불린다.
4) 역사적 사실이나 인물을 제재로 하는 시를 말한다. 모종강본은 영사시가 빼어나고 비중도 크지만, 아쉽게도 번역으로는 맛을 살릴 수 없다.
5) 東風不與周郞便(동풍불여주랑편) 銅雀春深鎖二喬(동작춘심쇄이교). 연의가 나오기 훨씬 전부터 이교에 얽힌 스토리가 있었다는 증거다.
6) 츠비시에는 '삼국적벽고전장(三國赤壁古戰場)'이라는 국가공인 관광지가 대규모로 조성되어 있다. 최고 등급에 해당하는 '5A급' 관광지로, 5A급 관광지는 중국 전역을 통틀어 320여 곳에 불과하다고 한다.

부(赤壁賦)』를 지은 곳은 적벽시(赤壁市)가 아니고, 이곳에서 43km 떨어진 황강시(黃江市)라고 한다. 황강에도 수직으로 솟은 붉은 색의 암벽이 있는데, 소동파가 그곳을 적벽대전의 전장으로 잘못 알았기 때문이다. 적벽에서 썼으니 유·손(劉·孫)의 역사적 대승을 찬탄한 작품인가 싶겠지만, 적벽부는 '조조와 같은 영웅도 덧없이 사라진 데서 인생무상을 느낀다'라는 내용이다. 유독 고려를 싫어했다는 소동파는 위·진 정통론자였다.

### ❊ 조조의 패주

정사에 따르면 황개는 장강 북쪽에 주둔한 조조군의 배들이 앞뒤로 연결되어 있는 광경을 보고, 주유에게 "수적 열세로 인해 장기전은 어려우니 화공으로 단번에 몰아냅시다"라고 제안했다. 주유는 수십 척의 배에 풀을 가득 실어 기름을 부어 놓게 하고는, 황개에게 거짓 항복 편지를 써서 조조에게 전하도록 했다. 조조는 황개의 사자에게 "네 말이 거짓일까 두렵다"면서도, "만약 황개의 항복이 신실하다면 더없이 큰 상을 내릴 것"이라 약속했다. 조조는 전쟁 전부터 손권의 수하 대부분이 항복을 원했음을 이미 파악하고 있었기에 황개의 투항을 믿을 만한 사정이 있었고, 이 무렵 정사의 기록에는 무제기·선주전·오주전·주유전을 가릴 것 없이 "조조의 진중에 질병이 돌았다"는 언급이 있으니, 역병으로 인해 마음이 급해졌을 가능성도 배제할 수 없다.[7]

한편 연의 50회는 조조의 패주와 오림에 상륙한 손권군과 유비군의 추격전을 실감나게 그리고 있지만, 관우가 화용도(華容道)에서 조조를 놓아줬다는 에피소드를 포함해 대부분의 서사는 정사에는 없는 연의의 각색이다. 다만 조조가 화용도를 통해 도주한 사실은 주석에 나오며, 이때 조조가 "유비는 나의 맞수지만, 계책을 쓰는 것이 부족하고 늦구나"라고 평했다는 기록이

---

7) 특정 인물이 역병에 걸렸다는 기록은 없으니, 패전의 핑계일 수 있다. 다만 1400년 뒤 이순신 장군이 지휘한 조선 수군 총 18,500명 중에도 감염자가 20%나 되었다니, 수군이 역병에 취약했음은 물론이다.

있다. 화용도는 진창이라 정신없이 도망치는 중에 인마에 밟혀 죽은 병사가 많았는데도 짐짓 호기를 부렸다니 과연 조조답다.

## ◈ 정남장군 조인

연의 51회에선 적벽대전에 이어 남군공방전[8]이 시작된다. 참패한 조조는 업성으로 물러나면서 조인(曹仁)에게 서황을 붙여주어 남군의 치소가 있는 최전선 강릉(江陵)을 지키도록 했고, 악진(樂進)에겐 양양(襄陽)의 수비를 맡긴다.[9] 조조의 육촌 형제로 일찍부터 기병대를 이끈 조인은 주요 전장에 거의 모두 참여했고 전공도 가장 많이 세운 조위 최고의 명장인데도, 연의가 평범한 인물로 취급한 탓에[10] 한동안 B급 장수의 이미지가 있었다.

하지만 근래 들어 정사 기록에 바탕을 둔 재평가가 이뤄지면서 조인의 위상도 점차 제자리를 찾아가고 있다. 당장 강릉포위전만 해도 천하의 주유와 유비가 지휘하고, 여몽·감녕·관우·장비 등 유·손의 맹장들이 총공세를 펼쳤는데도 1년 넘게 막아 냈다. 조인의 능력에 대해선 두말할 나위가 없으며, 오죽하면 조인의 위용에 휘하 장수들이 "장군은 실로 천인(天人)이십니다"라고 감탄했다는 기록이 있다. '하늘 천(天)'은 중국 문명에서 가장 중요한 글자로, '결코 함부로 쓸 수 없는' 천인(天人)이란 표현만으로도 당시 조인의 활약상이 얼마나 대단했는지 짐작할 수 있다.

조조는 평생 능력 위주의 인사를 하려 애썼지만, 독립적으로 임무를 수행하는 상급 부대의 사령관 만큼은 조씨나 하후씨를 기용했다. 하지만 조인은 친족으로서 출신에만 기대지 않았고[11], 실력과 실적에서 최고임을 인정받았

---

8) 남군공방전(南郡攻防戰)을 적벽대전의 연장으로 보는 시각도 있다.
9) 연의엔 '적벽대전에 참전하지 않은' 하후돈에게 맡긴 걸로 나온다. 형주의 요충인 강릉과 양양은 묘하게도 강원도의 지명과 한자까지 같다.
10) 형주에서 유비와 싸울 때마다 성질 급하고 속 좁은 면모가 부각된다.
11) 오히려 조조의 6촌 형제라서, 연의에서 저평가 당했다고 볼 수 있다.

으니 높이 평가할 만하다.

적벽에서의 기록적 대승은 유비·손권 동맹의 기대를 훨씬 뛰어넘는 것이었다. 조조군은 유종이 '예상을 깨고' 순순히 항복하면서 아무런 손실 없이 곧바로 남하했고, 유·손은 상황이 워낙에 급박해서 사정 가릴 것 없이 일단 동맹부터 맺고 죽기로 싸웠던 것인데, 하룻밤 사이에 조조의 수십만 대군을 무너뜨렸으니 뚜렷한 후속 계획이 마련되어 있을 리 없었다. 유·손 간에는 '조조에게 항복했던' 형주 땅에 대한 구체적 합의가 없었기 때문에, 치열한 소유권 쟁탈이 벌어지리라는 것은 불을 보듯 뻔했다.[12]

이때 손권은 직접 동쪽으로 나아가 회남의 요충지인 합비(合肥)를 노렸지만 끝내 이기지 못했고, 주유는 서진하여 강릉을 공격했지만 조인의 결사 항전에 막혀서 뚜렷한 성과가 없었다. 조인이 1년 넘게 주유의 발목을 잡는 사이 유비는 일단 유기(劉琦)를 형주자사로 삼았고, 주유의 강릉 공략에 힘을 보태는 와중에 형주 남부의 4군인 무릉·장사·계양·영릉을 슬쩍 복속시킨다.

유비가 형남 4군을 얻는 과정은 자세한 기록이 전하지 않는다. 따라서 연의가 관우·장비·조운을 모두 등장시켜 흥미롭게 구성한 일련의 에피소드는 전부가 창작이다. 다만 특이하게도 "조운이 계양태수가 되었을 때, 전임 태수 조범(趙範)이 과부가 된 형수를 조운과 맺어주려 했다"라는 내용만 주석으로 남아 있다.

한편 연의 51회에는 조인의 부장(副將)으로 우금(牛金)이 등장한다. 우금(牛金)은 오자양장(五子良將)의 우금(于禁)과 동명이인으로[13], 연의에선 이때만 반짝 등장했다 사라지는 인물이다. 于禁이 워낙 유명해서 牛金은 상대적으로 '듣보잡' 취급을 받지만, 牛金도 훗날 후장군에 오르는 거물이었다. 다만 본격적인 활동 시기가 '주목도가 확 떨어지는' 25년쯤 뒤라는 것이 牛金

---

12) 이때의 아픈 기억으로 이후의 유·손 합의는 아주 꼼꼼하게 이뤄진다.
13) 중국과 일본에선 독음이 달라 혼동할 일이 없다. 참고로 손견·손권과 원소·원상은 일본어 독음이 같다. 맹주라 비중이 커서 더욱 헷갈린다.

으로선 불운이었다. 시운(時運)이란 것이 그만큼 중요하다. 참고로 삼국지에서 동명이인이 가장 많은 이름은 '장제'다. 최고위직을 지낸 인물로만 따져도 후한의 사공 張濟, 한자까지 같은 동탁의 필두 무장 張濟, 위나라의 태위 蔣濟, 오나라의 승상 張悌가 있다. 물론 어디까지나 한국어 독음 한정으로 그렇단 얘기다.

### ◈ 우도독 정보

주유는 강릉포위전을 앞장서 이끌다가 화살에 맞는 등[14] 고전하지만, 결국 조인을 몰아내고 강릉성을 얻는 데 성공한다. 주유를 일관되게 '시기심 많고 신경질적인' 인물로 묘사하는 연의는 이 대목에서도 주유를 괴롭히는데(?), 독화살의 극심한 통증 때문에 정보(程普)에게 병권을 위임한 주유가 공연한 트집을 잡아서 정보를 질책하는 장면을 담은 51회의 에피소드가 바로 그것이다. 물론 이번에는 계략의 일환이란 설정이지만, 사서에 기록된 주유와 정보의 인물됨과 배치되는 무리한 각색이라 어색하다.

주석에는 "정보가 연장자임을 내세워 주유를 자주 무시했는데도, 주유가 한결같이 깍듯한 태도로 대하자 정보도 마침내 감복하여 주유를 존중하게 되었다"는 기록이 남아 있다.[15] 환갑에 가까운 정보가 아들뻘인 주유와 불편한 관계였음은 사실이지만, 정보 또한 "사귐이 좋았고 베풀기를 즐겼다"는 기록이 있으니 무턱대고 주유를 견제하진 않았을 터다. 손가의 필두인 '백전노장' 정보의 눈에는 '주유가 패기만 믿고 덤빈다'라고 보였을 것이고, 주유의 자만(?)이 자칫 손가의 멸문을 부를지 모른다며 위태롭게 여겼을 법하다. 연의의 정보는 주유처럼 주전파(主戰派)로 묘사되지만, 정사의 정보는 조조와의 전쟁에 소극적이었던 이유다.

---

14) 연의는 '조조가 조인에게 남긴' 계략에 빠져 피격된 것으로 각색했다.
15) 정보가 "주유와의 사귐은 마치 좋은 향의 맛있는 술을 마시는 것 같아서, 스스로 취함을 느끼지 못한다"고 말했다는 내용이 전한다.

정보는 손가의 가신으론 드물게 최북방의 유주(幽州) 우북평 출신이다. 본래 관리 출신이라 한당(韓當)처럼 완력을 앞세우는 무부(武夫)와는 결이 다른 인물이었고, 실제로 학식이 있는 정보는 손가의 참모 역할까지 맡곤 했다.[16] 그러면서도 손견을 따라 쉼 없이 전투를 치르느라, 온몸에 수많은 상흔이 있었다고 한다.

정보의 인생역정을 살펴보면 그야말로 파란만장(波瀾萬丈)하다. 난세에 고향을 떠나 손견을 주군으로 모시고 수도 없는 전장을 누볐고, 마침내 중앙 무대까지 진출해 용명을 한껏 떨치는 찰나에 손견이 유언조차 못 남기고 비명에 죽고 만다. 천하를 노리다 졸지에 낭인(浪人)으로 전락한 정보의 황망함은 이루 말할 수 없었을 테지만, 절치부심하여 주군을 빼닮은 손책을 도와서 단기간에 어엿한 독립 세력을 구축하는 데 성공한다. 손책의 기량은 손견 이상이라 천하의 조조도 두려워했으니, 손책의 기세가 무탈하게 이어졌다면 손가의 필두인 정보 역시 관우나 하후돈처럼 최고의 위치에 올라 온 세상에 이름을 떨쳤을 것이다. 그런데 항우의 재림이라던 26세의 손책마저 창졸간에 암살당하고 만다. 정보는 또다시 주군을 제대로 모시지 못했다는 엄청난 자책감에 사로잡혔음은 물론, 하늘의 무심함을 한없이 원망했을 것이다.

범 같은 손견과 항우 같은 손책을 보좌했던 정보는 문약한 손권을 어찌 여겼을까? 정보뿐 아니라 손가의 제장은 '아직 아무것도 모르는' 손권이 '허우대만 멀쩡하고 경험도 일천한' 주유에게 손가의 명운(命運)을 걸었다고 태산같이 걱정했을 것이다. 당시 손권은 건곤일척의 승부를 앞두고도 기껏 3만의 병력밖에 모으지 못했는데, 강동 안팎에서 심각한 우려가 있었다는 방증이다.

정보가 비록 적벽대전 때 손권의 의지와는 다른 선택을 했지만, 결과적으로 가문의 운명을 손가에 걸었던 판단은 보기 좋게 적중했다. 손견·손책도 아닌 손권에 의해서 손씨 왕조가 이뤄졌으니 말 그대로 '삼세번'이었고, 손권

---

16) 연의 6화엔 정보가 전국옥새에 대해 자세히 설명하는 장면이 나온다.

은 훗날 황제에 오른 뒤 정보의 오랜 공로를 기려서 아들 정자(程咨)를 정후 (亭侯)에 봉한다.

하지만 손견·손책의 비명횡사를 연거푸 목격했던 정보는 죽을 때까지 손 권의 안위를 걱정했을 것만 같다. 정보가 죽은 해는 212년쯤으로 추정되는데, 주석엔 "강하태수 정보가 수백의 반란군을 불 속에 내던져 죽인 후, 갑자기 병 이 심해져서 백여 일 만에 죽었다"라는 기록이 있다. 손권은 이때 31세였으 며, 비명에 세상을 떠난 부형(父兄)과는 달리 이후로도 40년을 더 살았다.[17]

■ 주요 인물명 – 손오

|  | 자(字) | 중문 간체 (영문) | 일본어 (–는 장음) |
|---|---|---|---|
| 손책 | 백부(伯符) | 孙策 (Sun Ce) | そんさく (손사쿠) |
| 노숙 | 자경(子敬) | 鲁肃 (Lu Su) | ろしゅく (로슈쿠) |
| 여몽 | 자명(子明) | 吕蒙 (Lu Meng) | りょもう (료모-) |
| 감녕 | 흥패(興霸) | 甘宁 (Gan Ning) | かんねい (칸네-) |
| 주태 | 유평(幼平) | 周泰 (Zhou Tai) | しゅうたい (슈-타이) |
| 황개 | 공복(公覆) | 黄盖 (Huang Gai) | こうがい (코-가이) |
| 정보 | 덕모(德謀) | 程普 (Cheng Pu) | ていふ (테-후) |
| 한당 | 의공(義公) | 韩当 (Hang Dang) | かんとう (칸토-) |
| 능통 | 공적(公積) | 凌统 (Ling Tong) | りょうとう (료-토-) |

---

17) 유독 요절이 많았던 손오에서 가장 장수한 인물은 여대(呂岱)로 96세에 죽었다. 여대 는 유비와 동갑이지만 33년을 더 살았는데, 대사마까지 지낸 거물임에도 연의 108회 손권의 임종 장면에 한 번 등장한다.

# 제53회 ~ 제56회

### ◈ 비장군 황충

유표의 객장으로 7년여를 보냈던 유비는 적벽대전 대승의 여세를 몰아 형주 남부의 4개 군(郡)을 병합하며, 드디어 확실한 지역 기반을 구축하게 되었다. 또한 조조가 물러가면서 남겨진 형주의 인재들을 속속 받아들여 인적 토대도 착실히 다진다. 이 무렵 합류한 대표적 인재는 마량과 황충이다. 형주 양양의 명문가 출신인 마량(馬良)은 재주가 뛰어나 '백미(白眉)'라는 고사성어까지 남긴 인물로, 이때 23세의 젊은 나이였으니 '흰 눈썹'이 특별히 눈에 띄긴 했을 것 같다. 제갈량이 마량을 유독 아껴서 둘은 형제처럼 지냈다는데, 동문수학했던 학우들마저 내심 한 수 아래로 보았던 제갈량의 눈에 들었다면 마량은 비범한 인물이었음이 분명하다. 연의도 '형남 4군의 복속'을 마량의 대전략으로 설명하고 있다. 마량의 동생인 마속(馬謖)도 이때 출사하여 약관의 나이에 종사(從事, 보좌관)를 맡아 재주를 뽐냈다고 한다.

신진급 인사였던 마량과 달리, 황충(黃忠)은 영입 당시 이미 중량급 인재였다. 정사는 "조조가 형주를 점령한 후 황충에게 비장군(裨將軍)을 대행하도록 했고, 이전처럼 장사태수 한현(韓玄)에 속하게 하였다. 이후 유비가 남쪽으로 4군(四郡)을 정벌하자, 장사태수 한현이 항복했다"고 적고 있으며, 연의는 이 기록을 바탕으로 에피소드를 새로 창작해 재구성했다. 다만 불과 몇 달 전에도 순순히 항복했던 태수들이라 '장강 이남에 고립된 상황에서' 격렬하게 저항했을 가능성은 크지 않다. 유비가 무난하게 장사군을 접수하면서, 황충도 자연스럽게 유비를 따랐을 것이다.

"용맹과 군셈이 삼군의 으뜸"이라는 황충의 가세는 유비에게 천군만마와도 같았다. 그간 외곽 수비가 주된 임무였던 황충으로서도 천하의 영걸들과 기량을 다퉈 볼 기회가 주어졌으니, 말년에 큰 복이 굴러들어온 셈이었다. 황충은 조운처럼 능력과 인품을 겸비한 인물로, 용맹하면서도 온화했고 강직하면서도 인정이 많았다고 한다. 이에 연의도 황충이 한현의 시신을 장사지내 주고, 상관이던 유반(劉磐)을 유비에게 천거하는 내용을 추가해, 황충의 의로움을 부각시켰다. 한편 연의는 황충을 146년생으로 설정해 '노장(老將)의 대명사'로 만들었지만, 황충의 생년은 기록으로 전하지 않는다. 다만 관우가 '황충과 나란히' 사방장군에 임명되었다는 소식에 "대장부는 평생 노병(老兵)과 동렬(同列)에 서지 않는다!"고 격분했다는 기록이 『비시전(費詩傳)』에 있다. 노장(老將)도 아니고 노병이라니 관우의 프라이드가 지나쳤다.

### ◈ 위연의 입지전

연의 53회는 한현이 황충을 죽이려 할 때, 위연(魏延)이 홀연히 나타나서 황충을 구하는 장면을 담고 있다. 앞선 41회에 잠깐 등장했던 위연이지만[1] 유심히 보지 않은 독자는 지나쳤을 가능성도 있는데, 삼국지 전편을 통틀어 위연만큼 입체적인 캐릭터도 흔치 않아 재등장한 이후로는 또렷이 뇌리에 남는 인물이다.

정사에 따르면, 위연은 이때 처음 유비를 따른 것이 아니다.[2] 위연은 '연의의 설정과 달리' 유비가 유표의 객장일 때부터 이미 유비의 부곡(部曲, 사병)이었다. 위연은 엄격한 신분제 사회였던 당시에 사병으로 출발해서 군부 최고위직까지 거머쥐는 입지전적(立志傳的)[3] 인물이며, 삼국지에는 전위·한

---

1) 유비가 양양성에 도착해 유종을 부를 때, 성문을 열고 문빙과 싸웠다.
2) 한현이 황충을 죽이려 한 적이 없으니, 위연이 황충을 구한 일도 없었다.
3) 큰 뜻을 세우고 노력해서, 어려운 환경을 이겨 내고 목적을 이뤘다는 의미다. 자수성가(自手成家)와도 뜻이 통하긴 하지만, 입지전은 '기록으로 남길 만한 커다란 성취'를 의미하니 적잖은 차이가 있다.

당·장연처럼 신분의 한계를 극복한 인물이 더러 있지만, 위연과 비교될 만한 대성(大成)의 사례는 여몽(呂蒙)과 등애(鄧艾)가 전부라 하겠다.

입지전적 인물에게서 곧잘 드러나는 특징은 강인하고 철저하면서도, 자기확신이 강해 타협을 모르는 점이라 한다. 위연도 자긍심이 지나쳐서 "사람들이 함께하길 꺼려했다"는 기록이 전하니, 신분의 한계마저 극복하고 큰 성과를 일군 자신의 노력과 능력이 다른 사람들을 압도한다고 철석같이 믿었을 가능성이 크다.

그런데 연의는 '무슨 이유인지' 위연에게 처음부터 모반(謀反)의 프레임을 씌우고, 제갈량과 위연의 긴장 관계를 예고한다. 행여 제갈량의 눈 밖에 났다면 위연이 촉한에서 출세할 수 있었을 리 만무하니, 당연히 정사엔 없는 연의의 설정이다. 유비는 삼국지 무대를 통틀어 사람의 본성을 꿰뚫어 보는 감식안(鑑識眼)으로 정평(定評)이 난 데다, 한편으론 남을 등진(?) 이력 또한 만만치 않은 인물이다. 그런데도 제갈량이 유비에게 '위연은 반골(反骨)'이라 지적한다는 연의의 각색이 여러 면에서 흥미롭지 않을 수 없다. 그래서인지 어지간하면 제갈량의 말을 수용하는 연의의 유비도[4] "지금 위연을 죽이면 앞으로 항복해 오는 무리가 모두 불안에 떨 것"이라고 공명을 다독이며 상황을 정리한다.

고대에는 지금보다 훨씬 외모를 중시했고, 온갖 미신(迷信)을 믿었다. 동서양을 막론하고 관상(觀相, Physiognomy)에 대해 관심이 높았고, 심지어는 말의 관상까지 살폈다고 한다. 인간은 시각·청각·후각·미각·촉각의 오감(五感) 중에서 뇌까지 전달되는 정보의 90% 이상을 시각에 의존하고 있다고 하니 당연한 일이다. "인상을 쓰다"라는 말은 요즘도 자주 쓰는데, 이때의 '인상(人相)'에는 얼굴 생김새를 보고 점을 친다는 의미가 들어있다고 한다. 관상을 중시해 온 오랜 역사의 흔적이 묻어나는 단어인 셈이다. "인상에 남는다"라고 할 때는 '인상(印象)'이라 쓴다.

---

4)  정사의 유비는 '인화(人和)형 리더가 아닌' 카리스마형 리더였다.

## ❖ 태사자의 죽음

유비가 황충을 얻었을 즈음, 손권은 태사자(太史慈)[5]를 잃었다. 정사에 따르면 황충이 유반 밑에서 장사군 유현의 수비를 맡았을 때, 손권 휘하에서 황충과 맞선 인물이 바로 태사자였다. 대학자 유표의 조카답지 않게 아주 사나웠던 유반은 지키는 데 만족하지 않고 손오의 여러 현을 수시로 침범하며 영토 확장을 꾀했는데, 202년에 태사자가 배치된 후로는 어쩌지 못했다고 한다.

사실 정사의 태사자는 적벽대전이 일어나기 이태 전인 206년에 41세의 나이로 안타깝게 병사했다. 지용(智勇)을 과시하며 화려하게 등장했던 태사자임을 감안하면 몹시 허무한 죽음이었는데, 연의도 태사자의 이른 죽음이 아쉬웠는지 수명을 조금 늘려 적벽대전 이후 벌어진 합비공방전에서 장료의 계략에 빠져 화살 여럿을 맞고 전사하는 '라스트 댄스'의 무대를 선사해 주었다.

태사자는 숨을 거두면서 "장부가 세상에 태어나 7척 칼을 지니고 천자의 계단에 올라야 하거늘, 뜻한 바를 이루지 못하고 어찌 죽을 수 있단 말인가!"라고 절절하게 탄식했으며, 연의도 정사의 주석을 그대로 옮겨 놓았다. 태사자는 손가의 필두인 정보조차 누리지 못한 '인상적인' 최후를 맞았고[6], 연의의 '선물과도 같은' 각색은 이후 상당한 위력을 발휘한다. 사실 태사자는 손오의 주요 전장에서 이렇다 할 활약이 없다. 그래서 '범 같은 12명의 장수'를 뜻하는 강동십이호신(江東十二虎臣)[7]에도 포함되지 않았다. 그런데도 연의 덕에 오나라 제일의 무장처럼 여겨져서, 『KOEI 삼국지』시리즈에서도 항상

---

5) 태사(太史)가 성씨인 복성이다. 고대엔 성(姓)과 씨(氏)가 구분되었는데, 성(姓)은 혈연(血緣)을 의미하고 씨(氏)는 지연(地緣)의 개념이다. '태사(太史)' 벼슬을 지낸 사람의 자손이 씨로 삼았음을 알 수 있다.

6) 연의가 정보의 최후를 다루지 않은 점은 아쉽다. 불꽃같은 삶이었던 태사자의 정사 기록은 20년을 더 살았던 정보의 다섯 배가 넘는다.

7) 진수가 정보·황개·한당·장흠·주태·진무·동습·감녕·능통·서성·반장·정봉의 열전을 '관장마황조'와 '장악우장서'처럼 한 권으로 묶어 놓아 유래했다. 이들은 모두 장군을 지냈고, 태사자는 중랑장일 때 병사했다.

손오 장수 중 무력 수위를 다툰다. 특히 연의의 애독자였던 마오쩌둥(毛澤東)이 직접 순위를 매긴 삼국지 무장 10걸에도 선정된 바 있으니[8], 연의의 버프(Buff, 스펙 상승)로 말한다면 예의 그 조운마저 따돌릴 만하다.

### ◈ 여장부 손상향

연의 54회는 주유가 감부인이 죽은 것을 알고, 손가와의 혼인을 미끼로 유비를 없애려 드는 내용을 담고 있다. 정사에는 이때 주유가 "유비는 용맹하여 영웅다운 자태를 갖고 있으며, 관우와 장비처럼 곰과 호랑이 같은 장수도 있으니 남의 밑에 있을 사람이 아닙니다. 유비를 오군으로 불러 궁전을 성대하게 지어주고 미녀와 보물로 눈과 귀를 즐겁게 한 다음, 제가 관우와 장비를 지휘한다면 대사는 안정될 것입니다"라고 상소했다는 기록이 있다. 주유가 관우·장비를 언급하는 부분에 눈길이 가는데, 강릉포위전 때 이들을 지휘한 주유가 깊은 인상을 받았던 모양이다.

연의는 손권이 주유의 계책을 수락하는 서사를 채택했지만, 정사의 손권은 '자칫 잘못하여 유비와의 관계가 틀어지면 큰일'이라 여기고 받아들이지 않았다.[9] 반면 정사엔 "손권이 유비와의 결속을 위해 자신의 여동생을 시집보냈다"는 기록이 있으니, 유비가 형주에서 세력을 급격히 불리자 손권이 먼저 결혼동맹을 제안했다는 얘기가 된다.[10] 형주가 손오와 오랜 원수 관계임을 고려했을 가능성이 크며, 이는 209년 12월의 일로 유비의 첩실 감부인이 세상을 떠나기 몇 년 전이라 추정된다. 물론 감부인은 첩실이어서 정실부인을 들이는 혼사와는 관계가 없고, 유비는 훗날 황제에 오르고도 유선의 친모인 감부인을 황후로 추증하지 않았으니, 손부인을 들임에 있어 감부인을 의식했을 리는 없다.

---

8) 여포-조운-전위-관우-마초-장비-황충-허저-손책-태사자 순이다.
9) 위상이 높아진 주유를 견제하려고 손권이 반대한 것이란 해석도 있다.
10) 20대 초반이던 형주자사 유기가 부임 1년 만에 병사한다. 이미 형남 4군을 병합했던 유비는 유기의 세력마저 흡수하고 형주자사가 된다.

손권의 여동생 손부인은 친오빠인 손책이나 손익처럼 사납고 교만한 성품에다, 늘 무장한 시녀들을 대동해서 "유비마저 손부인을 두려워했다"는 특이한 기록이 전한다. 손가는 외모도 수려한 집안이니 유비가 '서른 살이나 어린' 손부인을 어여삐 여겼을 만도 하지만, 그다지 살가운 사이는 아니었던 모양이다. 하지만 연의는 손부인이 진심으로 유비를 아끼고 따른 것처럼 각색했고[11], 그 덕에 현대의 각종 2차 창작물에 손상향이라는 그럴듯한 이름으로 등장해서 삼국지팬들의 많은 사랑을 받고 있다.

연의는 제갈량의 지략과 조운의 무용이 '결혼을 위해 동오로 향하는' 유비를 지켜내는 과정을 흥미진진하게 묘사하고 있다. 하지만 혼인을 제안한 쪽은 손권이라 유비가 위험을 무릅쓰고 호랑이굴로 들어가는 일은 없었고, 실제론 손권이 먼저 여동생을 보내온 뒤에야 유비가 안심하고 경구로 가서 손권을 만나 처남·매부 간의 정을 나누게 된다. 유비가 "내가 형주를 관할할 테니 강릉을 빌려 달라"고 밝힌 시점도 바로 이때다.[12] 적벽대전에서 역사적 대승을 거두고도 북진이 좌절되어 강릉밖에 얻지 못했던 손권으로서는 여간해서 받아들이기 어려운 제안이었으나, 오직 노숙(魯肅)만이 "유비에게 땅을 빌려주고, 힘을 합쳐 조조에 대항해야 합니다"라고 설득했고 손권도 결국 이를 수락한다.

사실 영토 문제는 명확하게 선을 그어 놓아도 분쟁이 생기기 십상이라, 영토를 빌려줬다가 돌려받는다는 건 애초에 지켜지기 어려운 약속이었다. 그렇지만 강릉성 함락에만 1년이 걸렸고 합비 총공세도 무위로 돌아간 손권 입장에선, 여전히 강대한 조조와 맞서기 위해 육전(陸戰)에 능한 유비와의 협력이 절실했다.

게다가 형주와는 20년을 원수로 지냈고 불과 1년 전만 해도 죽기로 싸웠던

---

11) 백성을 그토록 아끼는 유비가 정작 부인과 불화했다면 어색하긴 하다.
12) '강릉(남군) 대여'라는 쟁점에 대해선 여러 해석이 있으나, 본서는 캐주얼 가이드이므로 다수의 견해를 따른다. 실은 강릉성의 위치조차 특정하지 못하고 있으며, 무려 1800년이 지났으니 자연스러운 일이다.

사이라, 형주 사람들을 달래기 위해서라도 그들의 신망을 얻고 있는 유비의 존재가 필요했다. 무엇보다 유비는 이제 친동생의 남편이었으니, 손권으로서도 유비의 간곡한 요청을 거절하기 어려웠을 터다. 두고두고 유·손 동맹의 약한 고리로 작용하는 형주의 영유권 문제는 이러한 사정에서 비롯되었다.

## ⊛ 주유의 죽음

혼인을 미끼로 내세운 계략조차 제갈량에 의해 모조리 간파되어 손부인만 유비에게 바친 꼴이 되자, 주유는 연의 56회에서 가도멸괵(假途滅虢)[13]의 계책으로 유비를 속여 형주를 차지하려 한다. 이 대목에서도 정사의 기록은 연의의 서사와 상당한 차이가 있다. 일찍부터 천하이분을 주장해 온 주유는 "저는 손유(孫瑜, 손권의 사촌형) 장군과 함께 촉(蜀) 지방을 취하러 나가고자 합니다. 촉을 얻고 장로(張魯)를 병합한 후에 손유 장군을 남겨 지키도록 한다면, 량주의 마초(馬超)와 동맹할 수 있을 것입니다. 그리고 제가 돌아와 장군과 함께 양양을 점거하고 추격한다면, 북방의 조조 역시 도모할 수 있습니다"라고 고하여, 손권의 허락을 득하고 본격적인 서천(西川) 정벌을 준비한다.[14] 유비를 경계한 주유였지만 유비가 손부인과 혼인을 맺자, 대신 유장(劉璋)을 쳐서 천하를 남북으로 가른 뒤 패권을 다투려는 계획이었다.

연의에선 제갈량이 가도멸괵의 계책마저 꿰뚫어 보고, 주유에게 또다시 수모를 안겨 준다. 연의의 제갈량은 유독 주유를 상대할 때 공격적이고 도발적인 언사를 거듭하는데, 자존심 강한 주유의 화를 계속 돋우면서 유비에게 있어 최대 위협인 주유의 분사(憤死)를 노린다는 맥락이었던 모양이다. 끝

---

13) "길을 빌려 괵나라를 멸한다"는 춘추시대 고사로, 진짜 의도를 숨기기 위해 가짜 수단을 내세운다는 뜻이다. 임진왜란 때 일본도 "명나라를 칠 것이니 조선은 길을 빌려 달라"며 정명가도(征明假道)를 내세웠다.

14) 이때 유비가 "유장은 저와 같은 한나라 종실"이라며 익주 정벌을 강하게 반대한 기록이 있다. 서천(西川)은 당나라 때의 행정구역명이다.

내 제갈량을 당하지 못하고 울화병이 크게 도진 주유는 "하늘은 이미 주유를 내시고(旣生瑜), 어찌하여 제갈량을 또 내셨단 말인가(何生亮)!"라는 유명한 대사를 남기고 세상을 하직한다. 일련의 서사는 비록 연의의 창작이지만, 최고의 영걸다운 인상적인 최후라 하겠다.

정사에 따르면 주유는 익주 정벌을 준비하다 210년에 36세의 나이로 병사했다.[15] 주유는 연의의 대사와는 사뭇 다른 유언을 다음과 같이 담담하게 남겼다. "길고 짧은 것이 인생이니 애석해할 일은 아닙니다. 다만 제 작은 뜻을 펼치지 못하고, 다시는 주군의 명을 받지 못함이 한스러울 따름입니다." 주유가 죽었다는 소식에 손권은 눈물을 쏟으며 "왕자(王者)의 자질을 가진 주유가 홀연히 생을 다했으니, 이제 나는 누구를 의지하면 좋단 말인가!"라고 한탄했다고 하며, 연의도 이 기록을 그대로 옮겨서 싣고 있다. 주유는 자신의 후임으로 노숙(魯肅)을 추천했고 손권도 주유의 뜻을 따랐으며, 적벽대전 때 주유를 보좌했던 노숙의 도독 승진은 유비로서도 쌍수를 들어 환영할 만한 인사였다.

주유의 요절은 이후 정세에 결정적인 영향을 미쳤다. 보신주의(保身主義)가 팽배하여 가문의 존속만을 내세우던 손오에서, 천하 통일의 대전략을 설계했고 실제로 조조까지 대파했던 주유는 대체 불가능한 영걸 중의 영걸이었다. 손오는 주유가 죽은 뒤 진취적 기상을 상실한 채 소극적인 태도로 일관하며, 강릉에서 조인을 몰아낸 것과 같은 전과 또한 더 이상 거두지 못한다.

반면 유비에겐 주유의 이른 죽음이 더없이 반가운 소식이었다. 주유는 유비를 경쟁자로 보아 제거하려 애썼고, 단지 조조와 천하를 양분하려 했다. 그런 주유가 죽고 노숙이 뒤를 이었으니, 유비로선 천운이 따른 결과였다. 연의의 노숙은 "형주는 무슨 수를 쓰든 제가 되찾겠습니다"라며 의지를 보이지만, 정사의 노숙은 유비와 함께 천하를 삼분해야 한다고 믿었기 때문이다.

---

15) 남군공방전 당시 입었던 부상이 원인일 것이라는 추측이 많다.

강릉을 빌린 유비는 얼마 뒤 익주까지 취하고 삼국지 무대의 주역으로 우뚝 서지만, 이는 주유가 생존해 있었다면 감히 결행하기 어려운 과정이었다. 당시 주유의 상여(喪輿)를 오군까지 운구한 이는 다름 아닌 방통(龐統)이었는데, 방통은 남군태수 주유의 보좌관이었다.[16] 방통이 유비에게 "익주를 취하십시오"라고 건의하고 나선 데에는, 분명 주유의 영향이 있었을 것이다.

---

16)  고대엔 장례가 더욱 중요했으니, 방통의 명성이 높았음을 알 수 있다. 연의의 방통은
    주유의 보좌관이 아니어서, 연의에선 노숙이 운구한다.

# 제57회 ~ 제60회

### ◈ 봉추선생 방통

연의 57회는 제갈량이 주유의 빈소(殯所)에 조문(弔問)하는 에피소드를 담고 있다. 그런데 이 장면에서 공명이 제문을 읽으며 통곡하자, 노숙이 '공명이 저렇게 인정 있는 사람인데, 주유가 소견이 좁아서 죽음을 자초했구나'라고 탄식했다는 어처구니없는 묘사가 나와 실소를 자아낸다. 이는 주유와 노숙은 물론이고, 이들과 기량을 겨뤄온 제갈량마저 격하시키는 연의 최악의 각색이다. 주유를 높여야 제갈량도 높아지기 마련인데, 연의에선 무슨 영문인지 주유가 거론되는 장면마다 얄팍한 서술이 두드러진다. 주유의 대접이 문제가 아니라 연의 전체의 극적 완성도를 떨어뜨리니 안타깝다는 얘기다. 극적 개연성을 높이려 애쓰는 이문열본도 이 부분은 아쉽게도 그대로 옮기고 있으며[1], 요시카와본은 노숙이 아닌 '오나라 장병'의 속마음이라고만 살짝 바꿔 놓았다.

연의는 장례를 마친 후, 노숙이 방통(龐統)을 손권에게 추천하는 장면으로 이어진다.[2] 연의의 손권은 '볼품없는' 외모의 방통이 거만하게 주유를 폄하하는 듯한 언사를 내뱉자, "미친 선비를 중용해서 무슨 도움이 되겠소?"라고 역정을 내면서 곧바로 내쳐 버린다. 사실 정사는 방통의 외모를 언급하지 않으니, 용모가 수려했던 '와룡(臥龍)' 제갈량과 '봉추(鳳雛)' 방통의 대비 효과를 노린 연의의 설정이다. 더구나 방통은 주유의 보좌관으로 이미 상여까지 운구해 온 차라, 노숙이 따로 천거할 필요도 없었다.

---

1) 대신 "연의의 저자가 주유를 미워하여 왜곡했다"는 평을 달아 놓았다.
2) 제갈량을 연상시키듯, "관중과 악의에 못지않습니다"라며 극찬한다.

남군태수의 보좌관이던 정사의 방통은 손권이 유비에게 강릉을 빌려주면서 유비 휘하에서 일하게 된다. 유비가 방통에게 현령을 맡겼지만 제대로 다스리지 않아 이내 면직되었다는 독특한 기록도 남아 있다. 면직 소식을 접한 노숙이 유비에게 서신을 보내 "방통은 백리지재(百里之才)[3]가 아닙니다"라며 추천하고 제갈량까지 나서서 거드니, 유비도 마침내 방통에게 '제갈량과 동등한' 군사중랑장(軍師中郎將)의 중임을 맡겼다고 한다. 감식안이 탁월한 유비가 봉추(鳳雛)의 진가를 몰라봤다는 점이 재미있다.

### ◈ 전장군 마등

적벽에서의 대패로 인해 한동안 숨죽였던 조조는 량주의 마등(馬騰)부터 먼저 정리하기로 결심한다. 마등은 두 번이나 반란을 일으켰던 변경의 군벌이지만, 마등의 장남인 마초(馬超)가 훗날 유비의 촉한에서 오호대장군(五虎大將軍)에 오르는 덕분에 연의에선 후한의 충신인 양 미화되었다.[4] 연의는 '역적' 동탁군에 합류하려 했던 마등을 반동탁연합군의 일원으로 바꿔 놓았고, 마등이 한수(韓遂)와 함께 조정에 반기를 들었던 사실은 생략하는 한편, 오히려 헌제(獻帝)를 구하기 위해 의대조(衣帶詔) 사건에 가담한 것처럼 정반대로 각색했다. 연의 20회의 의대조 에피소드에선 마등이 "나라를 구할 사람이 없다니 무슨 소리요? 아직도 조조 그 도적놈을 믿는단 말이오! 우리는 죽을 각오로 오늘의 맹세를 저버리지 맙시다"라며 열변을 토하고, 유비에게 거사 참여를 제안하는 역할까지 맡는다. 역적을 충신처럼 포장해 놓았으

---

3) 100리 되는 고을을 다스릴 만한 재주. 보통 이상의 그릇이긴 하지만, 아주 큰 그릇은 아니라는 의미다. 그런데 사방 100리로 계산하면 서울 면적의 두 배가 넘는다. 한국 기준으론 충분히 큰 그릇인 셈이다.

4) 오호대장군은 연의의 별칭으로, 정사의 마초는 관우·장비·황충과 함께 사방장군이었다. 연의는 마등이 후한의 이름난 충신인 복파장군 마원(馬援)의 후손임을 강조하지만, 마원은 이미 160년 전에 죽은 인물이다. 연의 89회엔 제갈량이 마원의 사당을 발견하고 절하는 장면이 있다.

니, 연의의 진짜 수혜자는 마등이라 해도 틀린 말은 아니다.

마등의 실제 인생은 지독한 난세의 인물치고도 파란만장했다. 가난했던 아버지와 이민족인 강족(羌族) 출신의 어머니 사이에서 태어난 마등은 8척 남짓에 피부가 하얗고 이목구비가 뚜렷했다고 한다. 강족은 본래 백인계열 이라는 견해도 있으니, 마등의 외모가 바로 그랬던 모양이다. 기골이 장대했 고 따르는 사람도 많았던 마등은 거듭 군공을 세워 편장군에 올랐으나, 량주 자사의 부장으로 반란군을 진압하다 적장인 한수에게 사로잡히는 바람에 애 꿎게도 반란군 편에 서게 된다. 마등은 유독 한수와 죽이 잘 맞아 의형제를 맺고 량주에서 할거했으며, 이때 이들을 진압하는 임무를 맡아 고전했던 인 물이 다름 아닌 동탁(董卓)이다.

그런데 몇 년 만에 바로 그 동탁이 조정을 장악하는 뜻밖의 정변이 발생했 고, 이에 한실(漢室)을 지키려는 관동의 지방관들이 반동탁연합군을 결성해 들고 일어났다. 동탁도 연합군에 대항하기 위해 '량주 출신으로' 동향인 마등 과 한수를 회유하여 도성으로 불러들이지만, 마등이 도착하기도 전에 동탁 이 돌연 왕윤에게 주살되면서, 역적 동탁과 결맹했던 마등의 입장이 아주 난 처해지고 만다. 그런데 하늘이 마등을 버리지 않았는지(?) 동탁의 부하인 이 각·곽사가 곧바로 왕윤을 죽이고 재차 정권을 잡았고, 마등은 이각에 의해 정서장군으로 발탁되어 후한 대접을 받는다.

그럼에도 마등은 이각의 후대에 만족하지 않았다. 마등은 194년에 "이각 이 원조 요청을 거절했다"는 이유를 들어 한수와 다시 반란(?)을 일으키는데, 이때는 조정 대신들이 이각·곽사를 몰아내기 위해 마등을 부추겼다는 기록 도 있으니, 어느 쪽이 반란군인지 당최 알 수 없을 만큼 극심한 혼란의 연속 이었다. 하지만 마등·한수는 이각·곽사를 못 당하고 량주로 물러났으며, 전 선의 확대를 원치 않았던 이각이 얼마 뒤 마등을 또다시 사면해 주면서, 두 번에 걸친 마등의 반란은 모두 없던 일이 되었다.

문제는 찰떡같던 마등과 한수의 사이가 벌어지기 시작하면서 비롯되었다. 둘은 사납게 다투다 못해 한수가 마등의 처자식을 죽이는 참극까지 빚으며 원수지간이 되는데, 마침 협천자한 조조가 이들을 화해시키고 마등을 전장군에 보한다. 조정의 권위를 세워야 했던 조조로선 량주를 안정시킬 필요가 있었을 것이다.

그렇지만 막상 조조가 원가와 싸우자, 마등은 원상(袁尙)과의 연합을 꾀했다. 그러나 종요(鍾繇)[5]의 설득으로 다시 조조 편에 섰고, 마등은 방덕(龐德)을 보내 원상의 상장인 곽원(郭援)을 참하는 등 결정적 전공을 세우기도 한다. 마등의 기록에선 어찌나 반란-반목-배신이 이어지는지, 눈으로 텍스트를 쫓아가는데도 숨이 가쁠 정도다. 참고로 곽원은 종요의 조카였다. 종요는 곽원의 수급을 보고 통곡하면서도, "조카가 죽어 슬프지만, 나라의 적일 뿐"이라 말했다고 한다. 난세의 비극이 아닐 수 없다.

208년에는 조조가 유표와 손권을 평정하기에 앞서, 관서 지방을 안정시키기 위해 마등을 적극 회유하고 나선다. 조조가 마등에게 장관급인 위위(衛尉)[6]를 제안하고 장남 마초도 편장군에 제수하자, 오랜 싸움에 이골이 난 마등은 자신의 량주 군세를 마초에게 물려준 뒤 일족 대부분을 이끌고 업성으로 들어가 정착한다. 변경에서 두 번이나 반역을 일으켰던 마등이 일약 조정 대신이 된 것이니, 대환란기가 아니라면 꿈도 꾸지 못할 일이었다.

정사 기록과는 전개가 전연 딴판이지만, 연의가 마등에 포커스를 맞춘 시점이 바로 이 무렵이다. 연의는 황규·묘택·이춘향이라는 가공인물을 등장시켜, 마등이 조조를 해치려다 발각되어 주살되는 과정을 지어 넣었다. 이는 "190년경 예주자사를 지낸 황완(黃琬)이 조조를 죽이려 했지만, 진소(秦邵)

---

5) 서예의 대가로 현대 한자의 정자체인 해서(楷書)의 시조다. 263년에 10만 대군을 이끌고 촉한을 정벌하는 종회(鍾會)의 아버지다.
6) 구경(九卿)의 하나로, 궁성을 수비하는 병사를 관할하는 관직이다.

가 조조를 구하고 대신 죽었다"는 주석에서 착안해 각색한 에피소드로[7], 연의의 설정이 일견 그럴듯해 보이지만 190년경이면 조조가 의롭게 동탁에 맞설 때라 전후 사정이 전혀 달랐다. 협천자 이후에 검은 속내를 드러내는 조조와는 다른 사람이나 마찬가지였기 때문이다.

또한 연의는 조조가 마등을 죽이자 분노한 마초가 군을 일으키는 과정을 그리고 있으나, 당연히 정사 기록과는 반대다. 마등을 죽여서 마초가 일어난 것이 아니라, 마초가 일어났기 때문에 조조가 마등을 죽인 것이었다. 연의가 역적을 충신으로 바꿔 놓다 보니, 아무래도 과격한 설정으로 선후가 달라진 부분이 많다.

211년 조조가 한중(漢中) 공격을 준비하자, 마초와 한수는 이러한 움직임이 실상은 '한중이 아닌' 량주를 노리는 것이라 판단했다. 이에 마초가 량주 군벌들과 대대적으로 군사를 일으켜 조조에 맞섰고, 분노한 조조가 업성에 있던 마등의 삼족을 멸한다. 두 번이나 조정에 반란을 일으키고도 무탈했던 마등이었지만, 정작 조정 대신이 된 후에 '장남으로 인해' 삼족이 멸해졌으니, 마등의 기록은 정사 쪽이 연의보다 훨씬 더 소설 같다.

### ◈ 편장군 마초

전술한 대로 정사와 연의는 전개가 사뭇 다르지만, 마초(馬超)가 한수(韓遂)와 함께 대대적으로 군사를 일으켜 조조와 싸웠음은 기록된 사실이니, 이 싸움이 동관전투다. 연의는 양추(楊秋)·이감(李堪)·성의(成宜) 등 8부(八部)의 수하를 거느린 한수가 마초와 연합한 것처럼 적고 있지만, 정사에 따르면 이들은 각각이 관서의 독립 군벌이었다.[8] 마초가 이들을 통솔했다지만 실제

---

7)  연의는 황규가 '황완의 아들'이라는 진짜 같은 설정을 더했다. 조조는 진소의 아들을 거뒤서 성을 조씨로 바꿔 친자식처럼 길렀고, 진소의 아들 조진(曹眞)은 훗날 조비의 고명 대신이 되고 대장군에도 오른다.

8)  마초와 한수가 무리를 이끌었기에 흔히 '량주 군벌'이라고 하지만 8부 중 량주 출신은 양추 하나였다. 후선(侯選)·정은(程銀)·양흥(梁興)·이감은 량주와 가까운 사례 하동군

론 대등한 관계여서, 주석은 '관중제장(關中諸將)'이라 지칭했다.

이 대목에선 마초가 '아버지의 원수' 한수와 연합한 사실에 주목하지 않을 수 없다. 마초는 한수와 결맹하면서 "관동사람들은 믿을 수 없습니다. 저 마초는 이제 부친을 버리고 대신 장군을 아버지로 모시려 하니, 장군께서도 자식을 버리고 이 마초를 자식으로 삼으십시오"라고 밝혔다고 한다. 마초가 한수와 동맹한 이유를 납득되게 설명할 수 없다 보니, 마초가 한수를 내세워 '가족과의 절연(絕緣)'을 천명하고, 이를 통해 업성에 있던 일족의 연좌(連坐)를 어떻게든 피하고자 한 것이란 분석이 있다.

고대에는 가문의 존속을 최우선시했으니, 조정 대신이 된 부친과 일족의 몰살을 초래한 마초의 선택은 지금까지도 풀리지 않는 미스터리다. 절대 열세였던 유·손 동맹이 적벽에서 조조를 완파한 데 자극받은 마초가 '량주의 강병과 관중제장의 협력만 있으면 능히 조조를 제압하고 천하를 통째로 거머쥘 수 있다'고 여겼는지 모르지만[9], 멀쩡하던 일족이 몰살당했으니 설령 천하를 제패한들 무슨 의미가 있을까? 마초의 진의가 실로 궁금하다.

관중제장은 각각 1만여 병사를 부곡에서 징집하여 총 10만의 대군으로 장안성을 지나쳐 동관(潼關)을 점거한 후 조조군과 대치한다. 조조도 처음엔 조인을 보내 굳게 지키도록 했지만, 적의 기세가 심상치 않자 211년 7월에는 장합·우금·서황 등의 필두 무장과 함께 정예병을 이끌고 직접 마초를 상대하기로 한다.

량주병은 이민족과의 기병전 경험이 풍부하고, 특히 장창을 능숙하게 다루는 천하제일의 강병이었다. 여기에 삼국지 세계관을 통틀어도 첫손에 꼽히는 마초의 군재(軍才)가 더해지니, 천하의 조조라도 고전을 면치 못했고 전사자가 금세 1만에 이를 정도였다. 오죽하면 정사의 조조도 "마초를 죽이지 못하면 내가 죽어도 묻힐 땅이 없겠구나!"라고 개탄하며 초조함을 숨기지 못했다.

---

출신이니 '관서군'이 맞겠다. 관우가 하동군 출신이며, 장횡(張橫)·마완(馬玩)·성의의 출신지는 불명이다.

9) 량주 출신의 동탁과 이각·곽사가 두 차례나 조정을 장악하긴 했다.

하지만 연합군이라는 태생적 한계가 마초의 발목을 잡고 말았다. 36세의 마초가 무리를 통솔했다곤 하지만, 한수를 비롯하여 '전쟁터에서 잔뼈가 굵은' 관중제장은 마초의 생각대로 움직여주질 않았다. 조조는 이러한 약점을 파고들어 정면 승부를 피한 채, 마초와 한수의 사이를 이간하기로 한다. 연의 59회에 나오는 한수와 조조의 화평 회담은 대체로 정사의 기록을 옮긴 것이며[10], 가후(賈詡)의 이간계로 인해 서로를 의심하게 된 관서 군벌들은 211년 10월 조조의 철기병에 참패하고 뿔뿔이 흩어진다.

한수는 관중제장 중 독보적 존재감을 자랑하는 인물로, 수 없는 생사의 기로(岐路)에서 '놀라운 생존 본능'을 과시해 온 특별한 이력의 소유자다. 연의엔 조조에 항복하여 서량후에 봉해졌다고 나오지만, 실제론 량주로 도망간 이후 '운이 다했는지' 잇따라 패전하고 215년에 70여 세의 나이로 질긴 인생을 마감한다.

나머지 관중제장의 운명은 제각기 달아났던 모양새 그대로였다. 먼저 성의와 이감은 전사했고, 양흥은 농성하다 죽었다. 반면 이듬해 항복한 양추는 계속 안정을 다스렸고, 정은과 후선은 장로에게 의탁했다가 215년 장로가 조조에 귀순할 때 같이 항복해 원래의 자리를 지켰다. 결과적으로 끝까지 항전한 이들은 모두 죽고 항복한 이들은 지위를 보전했으니, 애초에 관중제장이 목숨 걸고 싸운 이유가 뭐였는지 헷갈릴 정도다. 힘을 내세우기에 앞서, 정확한 정세(情勢) 판단이 중요함을 보여주는 예시다.

마초는 궤멸적 대패를 당하고 간신히 도주했지만, 량주에서의 명성과 영향력은 여전했다. 마초가 상규에 이르자 많은 사람이 모여들어서 현령이던 염온(閻溫)이 신변에 위협을 느끼고 피신할 노릇이었는데, 당시엔 '염온의 도주'에 아무도 관심 두지 않았지만 마초에겐 얼마 뒤 또 다른 비극을 야기하는 불씨가 된다.

---

10) 마초가 화평 조건으로 조조의 아들을 인질로 요구했고, 조조도 전략적으로 이를 수용한다. 한편 연의엔 나이를 묻는 조조에게 한수가 '마흔'이라 답하는 장면이 나오는데, 코미디 같은 설정 오류다. '마초의 양부' 한수는 조조보다 열 살은 많았으며, 이때 일흔이 목전이었다.

한편 출진한 지 5개월 만인 12월에 도성으로 귀환한 조조는, 이듬해인 212년 5월에 마등의 일족 200여 명을 남김없이 주살한다. 190년 동탁에 의해 몰살당한 여남 원씨 일족이 70여 명이었으니, 마등은 량주의 일족을 있는 대로 끌어모아 업성에 들어왔던 모양이다.[11] 사실 마등의 가문은 본래 량주 출신이 아니라 수도권인 사례(司隷) 출신이었다. 마등으로선 '변경 생활에 종지부를 찍고, 자손 대부터는 선조들처럼 중앙에 뿌리내릴 것'이라 작심했겠지만, 일족의 이주는 생각지도 못한 참극으로 귀결되었다. 마초가 처음부터 일족의 위험을 도외시했을 리는 없으나, 일족이 모두 업성에 있는 상황에서 조조에게 무모하게 맞섰으니 위험천만한 도박이었다. 마초는 결국 돌이킬 수 없는 비극을 마주했고, 피를 토하며 괴로워했다는 기록이 여러 곳에 전한다.

죄책감에 시달리고 복수심에 불탔던 마초는 이로부터 10년 뒤에 47세로 세상을 떠나는데, 유비에게 다음과 같은 소원을 남긴다. "신의 종족 2백여 명이 모두 조조에게 죽어, 오로지 사촌 아우 마대(馬岱)만이 남았습니다. 미천한 종족을 위해 제사라도 이어질 수 있기를 폐하께 간절히 부탁드립니다. 그외에 더 드릴 말씀은 없습니다." 마초의 딸은 유비의 아들인 양왕(梁王) 유리(劉理)의 부인이었는데도, 제사 걱정을 하고 죽은 것이다.[12]

### ❖ 별가 장송

조조가 동쪽으로 강대한 원가를 제압하고 북쪽으로 만리장성 넘어 오환을 정벌한 뒤에, 남부권 최강자인 유표까지 복속시켰으니 익주목 유장(劉璋)의 눈에도 조조의 천하 통일은 시간문제로 보였을 것이다. 유언(劉焉)의 4남이

---

11) 생존을 위해 인구 증가를 중시했던 강족은 형이 죽으면 형수를 거뒀고, 부친이 죽으면 계모를 맞아들이는 독특한 풍습이 있었다고 한다.

12) 우리나라 역시 불과 50년 전만 해도 대를 잇지 못해 제사 지낼 사람이 없어짐을 가장 큰 불효라고 여겼다. 고대에는 말할 것도 없다.

었던 유장은 피치 못할 사정으로 부친의 뒤를 이었을 뿐[13] 별다른 야심이 있던 인물은 아니어서, 일찍부터 조조에게 복종 의사를 밝히며 환심을 사려고 노력해 왔으며, 조조가 형주를 칠 무렵에도 별가(別駕, 수석보좌역) 장송(張松)을 파견해 조조의 심기를 살피도록 신경을 썼다.

연의는 서술 순서를 맞추느라 장송이 동관전투 후에 허도를 방문한 것처럼 조정했지만, 정사의 장송이 조조를 만난 때는 조조가 형주를 접수하고 유비를 당양에서 패주시킨 무렵으로, 연의보다 3년여 이른 시점이었다. 당시 조조는 형주가 예상 밖으로 순순히 항복해와서 기세등등했고, 내친김에 손권마저 겁박하여 굴복시키려던 참이라 익주는 안중에 없었던 모양이다. 조조는 장송을 무시하고 달랑 현령직을 제수했는데, 일전에 장숙(張肅)[14]이 예방했을 때 태수직을 내려 준 것과는 크게 비교되는 조처였다.

그런데 일이 희한하게 돌아가서, 조조가 적벽에서 유·손 동맹에 참패를 당하고 말았다. 조조의 홀대에 단단히 뿔이 난 장송은 유장에게 돌아와, '익주를 깔보는 조조' 대신 '황실 종친 유비'와의 연합을 권하기에 이른다. 유장 또한 육전에 능한 유비가 유표에게 마지막까지 충의를 다했던 사실에 주목하던 차라, 장송이 추천한 법정(法正)을 사절로 보내 유비와 우호 관계를 맺고는, 곧바로 유비에게 수천의 수비병까지 지원해 준다. 연의의 서술처럼 장송이 주도하여 일사천리로 유비의 입촉(入蜀)이 이루어진 것이 아니라, 결맹과 입촉 사이에는 2년여의 시차가 있었다.

주석에는 이 무렵 손권이 "장로(張魯)가 한중에서 왕 노릇하며 조조의 눈과 귀가 되어 익주를 노리고 있습니다. 유장은 군세지 못하여 자신을 지킬 수 없으니, 만약 조조가 촉을 얻게 되면 형주까지 위험해집니다. 지금 먼저 유장을 취하고 장로를 토벌한다면, 비록 열 명의 조조가 있다 한들 근심할

---

13) 유언이 '이각·곽사를 공격한' 마등·한수를 몰래 지원한 사실이 밝혀져 중앙 관리였던 장남과 차남이 주살되었다. 삼남은 정신병으로 죽었다.
14) 장송의 형으로, 왜소했던 장송과 달리 훌륭한 외모에 위엄이 있었다.

일이 없을 겁니다"라고 유비에게 제안했다는 기록이 있다. 하지만 이미 유장과 연합 관계를 맺어 놓은 유비는, 조조의 남하 가능성과 익주 공략의 어려움을 이유로 들어 거절한다. 이에 손권도 굴하지 않고 손유(孫瑜)를 하구에 주둔시키며 익주 공략의 의지를 피력하지만, 유비가 실력 저지의 태세를 보이자 뜻을 접을 수밖에 없었다.

211년 조조가 한중을 정벌한다는 소문이 퍼지자, 익주도 불안감에 들썩인다. 진작부터 '우둔한 유장과는 큰일을 도모하기 어렵다'고 생각해 왔던[15] 장송은 이를 다시없을 기회라 여기고, 유장에게 "조조와 원수지간이고 용병에도 뛰어난 유비를 불러들여, 장로를 치고 한중을 합병해야 합니다"라고 간언한다. 장송의 꿍꿍이를 알아채지 못한 유장은 옳은 판단이라 여기고 법정을 다시 유비에게 보내려 했는데, 황권(黃權)과 왕루(王累)가 나서서 "유비는 장로보다 큰 적"이라며 극구 반대한다. 이 부분의 서사는 연의가 대체로 정사의 기록을 옮겨 놓았다고 보면 된다.

하지만 유장은 '유표를 7년이나 충실히 보필한' 유비 이상의 선택지는 없다고 마음먹고 법정 파견을 강행했다. 법정은 곧바로 유비를 만나 "장군의 영명한 재주로 유장의 유약함을 틈타십시오. 익주의 중신인 장송이 내응할 것입니다. 그런 후에 익주의 풍요로움을 기반으로 하여 천험(天險)에 의지하신다면, 대업을 이루시기 어렵지 않을 것입니다"라며 솔직한 속내를 털어놓는다. 이에 유비가 마침내 입촉을 결심하고, 형주엔 관우와 제갈량 등을 남겨 지키게 한 뒤 수만의 보병을 이끌고 익주로 향한다. 위·촉·오 삼국 정립을 위한 커다란 첫걸음을 내디딘 것이다.[16]

---

15) 외래 세력인 유장에게 익주를 지켜낼 역량이 없다면, 익주 호족들은 '생존을 위해' 다른 선택지를 찾을 수밖에 없다. 강동 호족들이 자신들의 생명과 재산을 지켜 줄 맹주로 손가를 선택한 것처럼 말이다.

16) 이는 연의 60회의 내용으로, 전체 120회 분량의 딱 절반 지점이 된다. 유비 입촉의 상징성을 생각하면 아주 절묘한 배분이다.

# 제61회 ~ 제64회

### ◈ 유장의 백일연

유장(劉璋)은 성도(成都)에서 360리[1]나 떨어진 광한군 부현까지 유비를 영접하러 나간다. 장송·법정은 물론 방통까지도 "마중 나온 유장을 습격해 해치우시라"고 권했지만, 유비는 듣지 않았다. 유표·유장과 같은 한나라 황실 후손은 여타 군웅들과 달라서, 이들을 함부로 건드리면 '한실 부흥을 표방하는' 대의가 뿌리째 흔들린다고 여겼던 모양이다. 상황의 핵심을 꿰뚫어 보고, 뭇사람들의 마음을 얻는 능력이야말로 유비의 최대 장점이었다.

유장은 부성에서 백일 동안이나 주연(酒宴)을 열어 유비와의 우의를 다졌고, 장로 토벌을 위한 전쟁 물자와 병사도 내주었다. 유장의 지원에 힘입은 유비는 도합 3만의 군세로 북진하여 광한군 가맹현에 주둔하지만, 곧바로 장로 토벌에 나서지는 않고 백성들에게 은덕을 베풀면서 익주의 민심을 얻는 데 주력했다. 유비는 익주로 향하면서 관우·장비·조운·제갈량을 모두 형주에 남겼는데, 형주의 방비를 중시했기 때문이겠지만 정황상 처음부터 유장을 위해 적극적으로 싸울 생각은 없었던 것 같다.[2]

### ◈ 동부도위 장굉

유비의 입촉 소식을 들은 손권은 유비를 '교활한 늙은이'라고 욕하며 크게

---

1) 한나라 때 1리는 415.8m였으니 150km나 되는 거리였다. 조선의 1리는 본래 445m였는데, 일제 강점기 때 393m로 조정되었다. 3,927m였던 일본의 1리와 차이가 너무 커서, 10분의 1로 줄여 쓴 것이다.
2) 물론 정사의 유비는 그 자신이 정상급 지상전(육전) 지휘관이었다.

분노한다. 유비가 단순히 유장을 돕고자 입촉한 것이 아니라, 진짜 목적은 익주 탈취에 있음을 손권도 알아차렸기 때문이었다. 연의 61회는 손권의 문무백관이 "이 틈에 형주를 공격하자"고 입을 모으는 장면을 그리고 있는데, 앞서 손권의 익주 공략 제안을 유비가 이런저런 핑계를 대며 실력으로 저지한 바 있음을 감안하면 당연한 반응이었다. 다만 연의는 '손권이 익주 공략을 제안하고, 유비가 반대했던 사실'을 다루지 않는다.

유·손의 혼인 동맹이 굳건하려면 손부인과 유비 사이에 후사(後嗣)가 있어야 했다. 하지만 오십이 넘은 유비가 별거 중이던 손부인을 형주에 놔둔 채 익주로 떠나자, 손권은 손부인을 다시 데려오기로 한다. 다만 연의는 손부인이 처음부터 진심으로 유비를 따랐던 것처럼 설정했기에, 가공인물 주선(周善)을 등장시켜 손부인의 귀환 에피소드를 꾸며서 정리한다. 귀환 과정의 서사는 거의 상상력의 산물이지만, 유선(劉禪)을 강동으로 데려가려는 손부인을 조운이 막아선 일화는 주석으로 전한다. 손부인은 아쉽게도 이후의 기록에서 더는 나오지 않으며, 연의에선 82회에 손권이 '유비의 분노를 가라앉히기 위해' 손부인을 보내주겠다고 제안하나 유비가 거절하고, 84회에 '유비가 전사했다'라는 잘못된 소문을 접한 손부인이 강물에 몸을 던졌다는 언급이 나온다.

한편 한 해 전인 210년 교주(交州)[3]를 복속시킨 바 있는 손권은 이때 본거지를 말릉(秣陵)으로 옮기고, 이름을 건업(建業)이라 고친다. 손권은 강남을 이곳저곳 개척하느라 그동안 일정한 본거지가 없이 여러 지역을 옮겨 다니곤 했는데, 마침내 장굉(張紘)의 건의를 받아들여 장차의 도읍을 정한 셈이니, 이곳이 바로 훗날 중국 4대 수도의 하나가 되는 남경(南京, 난징)이다.[4]

---

3) 후한 13주 중의 하나로 중국 최남단과 '하노이를 포함한' 베트남 북부를 아우르는 지역이다. 연의에는 '교주'라는 지역명이 나오지 않는다.

4) 동경(東京)인 낙양과 서경(西京)인 장안은 많은 왕조가 수도로 삼은 대표적 도읍이고, 남경은 손오로 시작해서 송나라와 명나라의 수도였다. 북경(北京)은 금나라(大金) 때

말릉의 본래 이름은 금릉(金陵)이었다. 그런데 진시황이 금릉에 서린 '제왕의 기운'을 누른다며 소나무를 빽빽이 심고 이름을 말릉으로 바꿨다고 한다. 전국을 순행하며 제왕의 기운을 억눌렀던 시황제는 최초의 통일제국 진(秦)이 영원할 줄 알았겠지만, 진나라는 진시황이 죽고 5년이 안 되어 멸망했고, 손권은 진시황이 지명을 바꾼 지 450년 만에 건업에서 황제에 오르게 된다.

장굉은 같은 서주 출신의 장소(張昭)와 함께 '강동의 이장(二張)'이라 불린 필두 가신이었다. "한나라 황실을 떠받치는 강력한 제후국이 되자"는 손오의 건국 이념을 정한 장굉이지만, 의외로 연의에선 비중이 크지 않다. 사실 장굉은 손권이 오주(吳主)에 오르는 과정에서도 결정적인 역할을 수행한 적이 있다. 200년에 허도를 위협하던 손책이 갑자기 죽자, 내친김에 강동을 평정하여 후환을 없애려 했던 조조를 설득해 주저앉힌 인물이 바로 장굉이었다. 손권이 오주가 되도록 도왔고, 명당(明堂)으로 도읍을 정해 훗날 황제에 오르는 데도 기여했으니, 과연 손가의 필두 가신이라 이를 만했다. 참고로 『KOEI 삼국지』 등의 2차 저작물에서는 장굉은 장년이되 장소는 노년으로 표현되는 경우가 많지만, 실제론 153년생인 장굉이 손위여서 장소보다 세 살이 많았다.

### ◈ 상서령 순욱

원가를 멸하고 승상의 자리에 올랐던 조조는, 마초의 반란을 제압하고 돌아온 212년 1월 헌제로부터 특전(特典) 3세트를 허락받기에 이른다. 특전의 내용은 '천자를 배알할 때 호명하지 않아도 되는' 찬배불명(贊拜不名)과 '입조할 때 종종걸음을 하지 않아도 되는' 입조불추(入朝不趨), 그리고 '칼을 차고 신발을 신은 채로 어전에 오를 수 있는' 검리상전(劍履上殿)의 세 가지였다.

연의 61회에는 조조가 동소(董昭)로부터 위공(魏公)[5]의 지위와 구석(九

---

처음 수도가 되어 지금에 이르고 있다. 수도가 바뀌면 언어와 음식부터 확 달라졌으니 엄청난 영향이 있었다.

5) 공작(公爵)-후작(侯爵)-백작(伯爵)-자작(子爵)-남작(男爵)의 순서로 구성된 5등급 작위

錫)[6]의 예우를 제안받는 장면이 있는데, 이는 『순욱전』의 기록을 각색한 것이며 실제 조조가 위공에 올라 구석의 예우를 받는 때는 213년 5월이다. 순욱(荀彧)은 자문을 구하러 온 동소에게 "조공(조조)이 의병(義兵)을 일으킨 취지는 조정을 바로잡고 나라를 편안케 하기 위함이었으니, 충정으로 물러나서 겸양하시는 편이 옳소"라고 반대 의사를 밝히며 제동을 건다.

순욱이 조조 진영에 합류한 지 21년 만에 '시한폭탄처럼 잠복해있던' 문제가 이때 불거진 것으로, 순욱은 "자신이 조조를 따랐던 것은 어디까지나 한실(漢室) 부흥을 위한 방편이었으며, 조조 개인에게 충성했던 것은 아니"라는 점을 분명하게 밝힌 셈이었다. 사실 순욱은 천자를 허도에 모신 뒤로는 조조를 따라 전장에 나서지 않았고, 조정에 남아서 헌제의 곁을 묵묵히 지켰다.

물론 연의의 흐름을 열심히 쫓아온 독자로선 이 대목에서 어리둥절할 수밖에 없다. 196년 협천자 이후 계속된 조조의 핍박을 지근거리에서 지켜봤을 순욱의 '커밍아웃[7]'이 뜬금없기 때문이다. 특히 연의의 순욱은 14회에서 "한나라가 화덕(火德)을 입었다면 장군은 토명(土名)을 타고 나섰습니다. 토덕에 속하는 허도로 가시면 흥하게 마련입니다"라고 말한 바 있으니 더욱 그렇다.

독자도 그럴지니 조조가 받았을 충격이야 오죽했을까 싶기도 하다. 순욱은 조조에게 있어 소하(蕭何)이자 장량(張良)[8]이었으며, 둘은 자식끼리 혼인을 맺은 사돈지간이기도 했다. 조조는 분명 순욱이 '기운이 다한' 한나라를 대신할 '새로운 세상'을 열기 위해 열과 성을 다한 줄로만 알았을 것이다. 순욱이 한실 부흥의 의지를 꺾지 않았으리라곤 미처 생각하지 못했을 터다.

---

제의 최고 작위다. 공(公)은 왕의 바로 아래가 된다.
6)  천자가 공적이 지대한 제후·대신에게 하사하는 아홉 가지 물품이다.
7)  벽장에서 나온다는 뜻의 'Coming out of the Closet'에서 유래했다.
8)  BC 250~186년. 소하·한신과 함께 유방을 보좌해 한나라 통일을 일궈낸 대전략가 장자방을 말한다. 조조가 순욱을 만나 보고는 "이 사람이 나의 장자방"이라 말한 바 있다. 장량이 바로 영천군 출신이었다.

그렇지만 어느덧 예순을 바라보는 조조로선 기다려 줄 시간이 많지 않았고, 순욱의 굳은 의지를 확인한 이상 사태의 수습을 서둘러야 했다. 이에 조조는 손권을 정벌하러 가면서 '느닷없이' 순욱을 전장에 대동하는 결정을 한다. 문관의 필두(筆頭)인 순욱의 상징성이 워낙에 컸기에 영천 사족(士族)에 미칠 수 있는 파장을 고려하면 그대로 허도에 내버려둘 수는 없었고, 협천자 이후 16년간 줄곧 행정 수반인 상서령(尙書令)을 맡아온 순욱에게 더 이상 조정 총괄의 중책을 맡길 수 없다는 메시지이기도 했다.

연의는 조조의 역린(逆鱗)을 거스른 순욱이 빈 합(盒)을 받아들고 자결하는 과정을 속전속결로 묘사하고 있다. 연의 특유의 각색이 붙지 않아서 '순욱의 급작스러운 죽음'을 오히려 잘 전달하고 있다. 정사는 "순욱이 손권 정벌에 종군하다 병사했다"라고만 적고 있어서 자세한 사정을 알 수 없지만, 아무래도 토사구팽(兎死狗烹)이라는 의견이 많은 것 같다. 의외로 정사『무제기』에선 관도대전 이후로 순욱의 이름을 발견할 수 없으며,『순욱전』에는 "순욱이 죽은 이듬해 조조가 마침내 위공이 되었다"라는 의미심장한 문장이 있으니, 진수(陳壽)의 의중이 숨겨져 있는 듯하다.

순욱은 조조 최고의 브레인으로, 유비의 제갈량이나 손권의 주유에 비견되는 인물이다.[9] 위·촉·오 중에선 위나라를 승자라 볼 수 있으니 조조를 주군으로 선택한 순욱의 안목이나 관운(官運)이 제갈량·주유보다 낫다고 말할 수 있겠지만, 아이러니하게도 경쟁에서 승리한 조조가 천하를 손에 쥐고 한실을 흔드는 바람에 순욱은 제갈량·주유보다 훨씬 불행한 최후를 맞이하고 말았다.

역사에선 주군을 위해 온갖 노력을 기울여 엄청난 공을 세우고도, 막상 집권(執權)이 이뤄진 뒤 어이없이 내쳐지는 사례를 흔히 볼 수 있다. 권력(權力)의 본질은 '복종을 이끌어 내는' 힘이라, 부자간에도 나눌 수 없는 특별한

---

9) 순욱은 후방 지원을 주로 맡았기 때문에, 촉의 전권을 가졌던 제갈량이나 직접 군대를 지휘한 주유와는 역할에서 차이가 있다. 이 셋은 뛰어난 지략은 물론, 출중한 외모의 소유자였다는 공통점도 있다.

속성이 있기 때문이다. 사사로이 권력을 탐하지 않은 순욱은 조조의 성공에 자신의 지분이 상당하다고 믿었겠지만, 유교 정치와 신권(臣權)을 상징하는 영천 사족의 필두로서 왕권(王權)을 노리는 조조의 폭주에 과감히 제동을 걸었다가 힘없이 꺾이고 말았으니, 단순한 권력의 피해자라기보다는 권력 다툼에서 패배한 결과로 해석하기도 한다.

진수는 이로부터 약 70년 뒤인 진나라(西晉) 대에 『정사 삼국지』를 완성한다. 그런데 진수는 순욱의 손자뻘인 순욱(荀勖)[10]의 노여움을 사서 관직 생활에 어려움을 겪었다고 한다. 정사를 쓰면서 순욱(荀彧)의 장인이 악명높은 환관이었다는 사실을 일부러 적지 않았을 정도로 배려했던 진수로선 억울한 처사였지만, 뜻밖에도 진수가 핍박받은 원인은 다른 지점에 있었다. 진수가 정사를 쓰면서 순욱(荀彧)의 열전(列傳)을 순유·가후와 한데 묶어놓았음을 알게 된 순욱(荀勖)이 "후한의 충신인 할아버지를 감히 조위(曹魏)의 신하처럼 취급했다"라며 분노했기 때문이었다.

일견 강직한 荀彧의 후손다운 태도라 볼 수도 있지만, 우습게도 荀勖은 荀彧과는 딴판으로 얄팍한 간신배였다. 행여 이때까지 조위가 건재했다면 오히려 쌍수를 들고 반겼을 인물인데, 당시는 조위가 이미 서진에 무너진 후라 기회주의적으로 처신했을[11] 가능성이 농후하다. 사마염(司馬炎)의 최측근이었던 荀勖은 거만한 태도로 수많은 악행을 저질러 서진의 몰락에 일조했다.

위나라가 오래지 않아 몰락하는 데에 순욱(荀彧)의 토사구팽이 적지 않은 영향을 미쳤다는 견해도 있다. 순욱의 죽음을 계기로 영천 사족이 조위에 대한 지지를 점차 거두게 되었다는 말이다. 물론 영천 사족들의 거개가 조위에 등을 돌렸다는 지적은 아니며, 당장 순욱보다 '여섯 살 많은' 7촌 조카 순유(荀攸)도 연의의 묘사와 달리 2년 뒤 조조의 위왕(魏王) 등극에 찬성한다.[12]

---

10)  ?~289년. 공교롭게도 한국어 독음이 같다. 조부가 荀彧과 사촌이다.
11)  荀彧의 불행한 최후에서 학습효과를 얻었는지도 모를 일이다.
12)  연의 66회에 "순유가 조조의 위왕 등극에 반대하다 울화병으로 죽자, 조조가 뜻을 접

## ❀ 수성의 손권

조조는 적벽에서 참패한 지 4년 만인 212년 10월 다시 손오 공략에 나선다. 마초의 반란을 제압한 조조의 남하는 손권으로서도 충분히 예상 가능한 수순이어서, '여몽(呂蒙)의 건의에 따라' 유수구(濡須口)[13]에 보루를 설치하는 등 대비태세를 갖추고 있었다. 다만 40만에 이른다고 전해진 조조의 군세는 예상을 훌쩍 뛰어넘는 수준이었다. 이에 손권은 급히 유비에게 원병을 청한 뒤, 7만 군사와 함께 직접 유수구로 출진한다. 손권 입장에선 적벽대전 때와 비교해도 갑절이 넘는 대군이었지만, 이번에는 조조도 작심하고 내려오는 만큼 결코 판세를 낙관할 수 없었다.

유수구전투 역시 정사에는 자세한 전황이 나오지 않으며, "조조가 213년 정월에 한 달 남짓 대치하다 물러갔다"는 기록이 전부다. 조조가 친히 나섰는데도 이렇다 할 성과가 없는 경우 정사는 대부분 한두 줄로만 언급하니, 연의의 유수구 에피소드는 대부분 창작의 산물이다. 다만 "조조가 손권군의 엄정한 군기를 보고 찬탄했다"는 서술은 연의가 정사의 기록을 그대로 옮긴 것이고, 앞서 밝혔듯 제갈량이 적벽대전 당시 10만의 화살을 얻어 내는 에피소드는 이때 실재했던 손권의 대활약에서 비롯되었다.

『손자병법(孫子兵法)[14]』의 모공편(謀攻篇)은 "열 배의 군사로 적을 포위하고, 다섯 배의 군사로 공격하라"는 십위오공(十圍五攻)의 원칙을 소개하고 있다.[15] 공격전에 성공하려면 일반적으로 수비군의 3배가 넘는 전력이 필요하며, 상륙전인 경우엔 10배의 전력이 필요하다는 주장도 있다. 현대의 미국 육군『야전

---

었다"고 나오지만, 사실이 아니다. 214년에 순유가 죽고, 2년 뒤 조조가 위왕에 오르는 점에 착안한 연의의 각색이다.

13)  유수와 장강의 합류점. 조위와 손오의 경계라 수차례 싸움터가 된다.

14)  손무(孫武)의 저작으로 여겨지는 역대 최고의 병법서. 손자병법의 현전하는 판본의 대부분은 놀랍게도 조조(曹操)의 주석이 원전이다.

15)  두 배라면 응당 적을 분산시킨 후에 공격하라는 내용이 이어진다.

교범(Field Manual)[16]』에도 이 같은 '3대 1의 원칙'이 실려 있다고 하니, 군사력을 오로지 인마(人馬)에 의존했던 고대에는 절대적 기준일 수밖에 없었다. 실제로 삼국지의 3대 대전인 관도대전·적벽대전·이릉대전도 어긋남이 없이 수비군의 압승으로 귀결되었으며, 한국사나 세계사에서 '대전(大戰)'이라 꼽히는 전쟁은 대부분 수비군이 전력의 열세를 극복하고 대승을 거둔 것이다.[17]

그중에서도 손권은 유독 공수(攻守)의 편차가 극명하게 드러나는 군주였다. 공격전에선 이긴 적이 거의 없고, 수비전에서 패한 사례도 없다시피 하다. '수성(守城)의 군주'라는 별호는 손책의 요절로 인해 별안간 오주(吳主)가 된 손권이 손오를 잘 지켜냈다는 의미가 더욱 크지만, 손권이 전쟁 군주로서 수비전에 유달리 능했다는 의미로도 통한다. 삼국지 세계관에서 조조의 통일 대업을 가로막은 '필생의 라이벌'로는 유비를 꼽는 것이 보통이지만, 조위의 계속된 남하를 손권이 철통같이 막아 냈기에 위·촉·오 삼국의 균형추가 맞춰질 수 있었음은 이론의 여지가 없다.

### ◈ 비장군 이엄

연의는 극적 긴장감을 위해선지 손부인이 강동으로 돌아간 이후의 유·손 동맹을 '동상이몽(同牀異夢)'의 관계처럼 다루고 있지만, 아직 유비가 익주를 얻기 전이었고 천하삼분을 지지하는 노숙도 건재했기에 큰 틀의 결속에는 문제가 없었다. 유비가 손권의 구원 요청에 호응하려던 움직임도 단순한 헐리웃 액션[18]은 아니어서, 유비는 유장에게 보낸 서신에서 "조조가 오를 공격하니[19]" 손

---

16)  원칙을 지킨다는 의미의 "FM대로 한다"는 말이 여기서 유래했다.
17)  다만 중국·일본에선 '대전(大戰)'이라는 표현을 잘 쓰지 않는다. 적벽대전도 적벽지전 (赤壁之战), 적벽의 전투(赤壁の戦い) 정도로 쓴다.
18)  Hollywood Action. '반칙을 당한 것처럼 과장되게 행동한다'는 의미의 콩글리시로, 시뮬레이션(Simulation)이 맞는 표현이다.
19)  원문엔 정벌(征伐)로 나온다. 정벌은 죄 있는 무리를 치는 걸 말한다.

씨와 나는 입술과 이와 같은 관계입니다. 게다가 관우가 청니에서 악진(樂進)과 맞서고 있어[20] 반드시 이를 구원해야 합니다. 만약 악진이 이겨서 익주를 침범하는 날에는 장로(張魯)보다 더한 근심거리가 될 것입니다"라고 밝히고 있다. 실제로 이 무렵 관우가 악진과 문빙에게 패퇴했다는 기록이 있기는 하다.

편의상 유비가 형주를 장악했다고 말하지만, 실제론 직접 복속시킨 형남 4군(무릉·장사·계양·영릉)에다 손권에게 빌린 남군을 더한 수준이었다. 유표의 본거지였던 양양성 이북의 형주 땅은 여전히 조조의 영토였고, 그중에서도 남양군은 유비가 점한 5개 군을 모두 합친 만큼의 엄청난 인구를 자랑했다. 번성과 강을 사이에 두고 마주한 양양성은 장강의 지류인 한수(漢水) 이남에 위치한 요새여서, 물길을 건널 필요 없이 곧바로 강릉성을 칠 수 있었으니, 만약 강릉을 잃게 되면 장강을 따라 곧장 익주로 들어갈 수 있었다. 유비가 아주 없는 얘기를 한 것은 아니었다.

정사의 유비는 이때 유장에게 1만의 병사, 그리고 병력만큼의 군수물자를 요구했다. 하지만 유장이 4천 군사와 절반의 물자만을 제공하자 대노하여 "그렇다면 형주로 돌아가겠다"라고 일갈하고는 마침내 익주를 취하기로 결심한다. 문제는 이때 유비가 진짜 돌아가는 줄 알았던 장송(張松)이 급하게 유비의 귀환을 말리는 밀서를 보내려다 발각되어 주살되는 사건이 터진 것이었다. 익주의 유력 호족인 동시에 '처음부터 유비를 옹립하려 했던' 장송이 내응했다면 유비의 익주 공략이 훨씬 수월했을 텐데, 장송의 밀서 때문에 유비의 흑심을 알아챈 유장이 서둘러 방비를 갖추면서 익주공방전은 이로부터 장장 2년여를 이어가게 된다.

촉한(蜀漢)의 기록이 워낙 부실한 탓에, 아쉽게도 익주공방전 또한 자세한 사정은 알 수가 없다. 익주 출신이었던 『정사 삼국지』의 저자 진수는 견문과 인맥으로 『촉서(蜀書)』의 부족한 부분을 힘껏 채웠으나, 이때는 진수가 태어

---

20) 시점을 정확히 알 수는 없어서, 유비가 핑계로 삼았을 가능성은 있다.

나기 20년 전이라 한계는 분명했다. 몇 줄 안 되는 기록을 가지고도 『삼국지연의』가 워낙 재미있고 그럴듯하게 스토리를 구성한 것이며, 나관중은 사료를 체크하는 과정에서 '면죽관 위치의 오류'를 발견하고 일부러 연의의 기술 순서를 바꿔 놓았을 정도로 삼국지에 진심인 인물이었다. 사서의 기록을 그대로 따르면 편했을 일인데, 애써 비교해서 고쳐 놓은 나관중의 성실함과 집요함에 고개가 절로 숙여진다.

유비는 황충과 탁응(卓膺)을 선봉으로 삼아 부성을 점거하면서 순조롭게 익주 공략을 시작한다. 유장은 유괴(劉璝)·냉포(冷苞)·장임(張任)·등현(鄧賢)을 보내 유비를 막게 했으나 모두 패주하였고, 다시 이엄(李嚴)을 보내 면죽을 지키게 하지만 도리어 대군을 이끌고 유비에게 항복하는 변고가 벌어진다. 연의의 이엄은 유비가 낙성을 점령한 이후인 65회에 등장해 '황충과 맞대결해 50합을 싸우는 등' 강하게 저항하다가, 제갈량의 계책에 빠져서 죽을 위기에 놓이니 어쩔 수 없이 투항하지만, 실제 면죽관은 낙성으로 가기 위한 관문이라 정사의 이엄은 이때 항복한 것이었다.[21] 이엄이 면죽에서 항복한 덕분에, 유비가 병력 손실 없이 곧바로 낙성을 포위할 수 있었으니 운이 많이 따랐다.

이엄은 형주 출신으로 유표 휘하에서 현령을 지냈으며, 유종이 항복하자 조조에 사관하지 않고 유장에게 달아났던 인물이다. 당시 조조를 따르지 않기로 한 형주 관리들은 상당수가 형주인의 인심을 얻고 있던 유비를 따랐으니, 양양 남서쪽에 위치한 자귀현[22]의 현령이던 이엄으로선 '유비에게 갈 방도가 없어서' 부득이하게 유장에 투항한 사정이었음을 추측할 수 있다. 하지만 이엄의 재주를 높이 평가한 유장은 이러한 내막을 미처 몰랐고, 때문에 기존 장수

---

21) 후한 당시의 면죽현과 자신이 살던 때의 면죽현의 위치가 다른 줄 몰랐던 나관중의 착오였다. 2004년에 면죽관의 성벽 일부가 발굴되었다.

22) 유장은 훗날 손권이 형주를 취할 때 포로가 된다. 익주까지 노리던 손권은 자귀현을 전진기지 삼아 유장을 배치하는데, 얼마 뒤 촉·오가 다시 화해하면서 없던 일이 되고 유장은 자귀현에서 세상을 떠난다.

들이 모두 패주하자 항장 출신인 이엄에게 면죽관 수비의 중책을 맡겼을 것이다. 이엄의 귀부로 어려운 관문을 거저 얻고 군세까지 늘린 유비는, 이엄을 비장군(裨將軍)으로 임명하여 길을 열도록 하고 드디어 낙성 포위전에 나선다.

### ❈ 낙봉파의 방통

낙현은 '유비가 앞서 머물렀던' 부현과 가맹현이 속한 광한군의 치소(治所) 소재지로, 낙성은 수도 성도(成都)의 코앞에 위치한 핵심 요충지이자 난공불락의 요새였다. 유비는 연전연승하며[23] 낙성에 이르러 포위망을 구축했지만, 유장의 아들 유순(劉循)이 장임(張任) 등과 함께 필사적으로 버티는 바람에, 공성전은 해를 넘겨 214년까지 계속되었다. 연의 63회는 방통이 낙봉파(落鳳坡)에서 장임에 의해 죽는 장면을 묘사하고 있으나, 정사는 "방통이 214년 낙성을 공격하다 날아온 화살에 맞아 죽었다"고 기록하고 있으며, 장임은 이미 전사해서 이 세상 사람이 아니었다.

사실 정사의 『유장전』은 『유표전』의 절반 분량에 불과하고, 수하들에 대한 기록도 없다시피 하다. 그런 와중에 장임의 최후를 묘사한 몇 줄의 기록이 남아 있어 반갑기만 한데, 한미한 가문 출신이지만 담력과 용기가 있었던 장임은 낙성을 지키다가 군사를 이끌고 나와 필사적으로 싸웠으나 유비에게 사로잡혔다고 한다. 장임의 충성심과 용맹함을 높이 산 유비가 투항을 권하지만, "노신(老臣)은 두 주인을 섬기지 않는다"며 단호히 거부하고 죽는다. 장임의 세부 행적은 기록이 없지만, 마지막까지 충의를 다했기에 연의에선 유장군을 대표하는 명장으로 기용되었다.

36세였던 방통의 때 이른 죽음은 유비에게 뼈아픈 손실이었다. 유비 진영에 가세한 지 3년도 안 되어 요절한 것인데, '거침없이 추진하는' 방통이 '신중

---

23) 시종일관 유비를 반대했던 광한현장 황권(黃權)을 제외하면 이렇다 할 저항이 없었다. 황권은 유장이 항복한 후에야 투항했는데, 유비는 황권의 의기를 높이 평가하고 편장군으로 발탁하며 중용한다.

하고 치밀한' 제갈량과 의기투합했다면 필시 커다란 시너지 효과를 낳았을 터다.[24] 어찌 보면 방통도 연의의 피해자라 할 수 있다. 하필이면 제갈량과 동급(同級)인 양 소개되며 등장하는 바람에 독자들의 기대치를 너무 높여놓았다. 제갈량을 유비와 맺어 준 서서(徐庶)가 "제가 반딧불이면 제갈량은 보름달"이라며 한껏 몸을 낮추어 호감을 산 데 비하면, 방통은 본의 아니게 아주 불리한 조건에서 등판한 셈이다.

문제는 연의가 막상 동급으로 대우하지도 않았다는 점이다. 괜히 "흉조(凶兆)를 알아챈 제갈량이 미리 경고해 주었다"는 사족까지 덧붙여서, 방통을 더욱 초라하게 만들고 말았다. 그렇지만 방통에겐 사서에 기록되지 않은 비범한 면모가 뚜렷했던 모양이다. 진수는 정사에 "방통은 순욱(荀彧)과 막상막하"라고 적어 놓았는데, 현대 중국의 대표적 삼국지 전문가인 이중톈(易中天) 교수도 "제갈량과 견줄 수 있는 조조의 모사는 순욱뿐"이라고 밝힌 바 있으니 그 순욱과 막상막하라면 더할 나위 없는 찬사다.

참고로 중국 쓰촨성에는 삼국시대 촉한의 유적이 산재해 있으며, 낙봉파도 그중 하나다. 사실 낙봉파는 '정사에는 없는' 연의 창작의 산물이니 '유적지'가 아닌 '관광지'라고 해야 맞겠지만, 수백 년을 이어온 낙봉파의 서사 자체가 하나의 역사라 볼 수도 있겠다. 전라북도 남원에 '춘향묘(春香墓)'가 있는 것처럼 말이다.

### ◈ 파군태수 엄안

연의에는 방통이 죽은 뒤에야 유비가 형주에서 제갈량을 불러들이는 것으로 나오지만, 정사는 유비가 유장을 치기로 마음먹은 시점에 이미 제갈량·장비·조운 등을 동원했다고 적고 있다. 유장이 제공하던 보급이 끊겼으니 물자조달 때문이라도 필요한 조치였고, 유비가 익주에서 2년을 싸울 동안 제

---

24) 게다가 방통은 양양 토박이여서, 다각도로 쓰임새가 많았을 것이다.

갈량이 원활한 보급을 책임지지 않았다면 전쟁 자체가 성립할 수 없었을 것이다. 이 당시 장비도 물길을 거슬러 올라가면서 군현들을 평정했고, 지나는 곳마다 승리했다. 정사의 『장비전』은 워낙 분량이 적어서, 이때의 전공이 장판교 싸움에 이은 두 번째 활약일 정도다.

유비가 입촉해 익주를 얻는 과정은 삼국지 서사에서 매우 중요한 전환점이라, 정사 기록이 매우 부실함에도 연의는 공들여 스토리를 구성하고 있다. 그런데 단순히 유비의 연전연승으로 꾸며선 재미를 줄 수 없으니 갈등 구조를 만들기 위해 호적수가 필요했는데, 유장의 장수들은 대부분 무기력하게 패퇴하다 보니 연의는 항복할 때라도 비장한 결기를 보인 인물을 발탁해서 에피소드에 참여시켰다. 앞서 거론했던 장임(張任)과 장비의 맞수로 임팩트 있게 등장하는 파군태수 엄안(嚴顔)이 그 대표적인 예다.

정사에 따르면 장비가 엄안을 사로잡아 "왜 항복하지 않고 감히 항전을 했느냐"고 꾸짖자, 엄안이 "경이 무도하게 우리 땅을 침탈했으니, 머리를 잘리는 장군이 있을 뿐 항복하는 장군은 있을 수 없소. 머리를 자르면 그만이지 어찌 화를 내시는가!"라고 꿋꿋하게 맞섰고, 기개에 감복한 장비가 엄안을 풀어주고 빈객으로 삼았다고 한다. 다만 이때의 등장이 전부로, 이후로는 엄안의 기록이 나오지 않는다. 그런데도 연의는 엄안의 퇴장을 미루고 선봉을 맡겨 45개나 되는 관문의 항복을 받아내게 한 다음, 이후 황충과 '노장 콤비[25]'를 이루어 맹활약하도록 배려했다.

이쯤에서 파악되는 익주와 형주의 공통점은, 나름의 대세력이었지만 역사에 남을 만한 유능한 인재가 적었다는 것이다. 원래부터 인물이 없었다기보다는 '경험치를 쌓을 기회가 얼마나 주어졌느냐'의 여부일 듯한데, 황건군의 봉기 이래 30여 년간 '실전을 통해 전투력을 다졌던' 유비의 백전노장들을 '지역에 눌러앉아 유유히(?) 지내온' 유장·유표의 수하들이 감당하긴 어려웠을

---

25) 정사의 엄안 기록은 위의 언급이 전부라, 노장이었는지는 알 수 없다.

것이다.[26] 이민족과 싸움을 거듭했던 량주병이나 단양병이 당대 최강으로 꼽힌 것이나, 삼국지의 주역인 조조·유비·손권이 모두 일찍부터 전란에 뛰어든 세력임은 우연으로 볼 수 없다.

### ◈ 마초의 비극

조조가 업성에 있던 마씨 일족 200여 명을 몰살시키자, 마초는 분노가 극에 달하여 필사적으로 재기를 노린다. 강족(羌族) 출신의 할머니를 둔 마초가 강족과 저족(氐族)의 지지를 바탕으로 군사를 일으키자, 농서 지역의 군현들이 연쇄 호응하면서 순식간에 량주를 휩쓸었고, 마초에게 맞선 인물은 기현을 지키는 양부(楊阜)뿐이었다. 기현이 고향이었던 양부는 '지원군도 없이' 겨우 1천여 병사만으로 마초의 공세를 8개월이나 버텨 낸다.

이때 기성에는 얼마 전까지 상규현령이었다가, 마초를 따르는 무리에 위협을 느끼고 달아난 염온(閻溫)이 피신 중이었다. 반년 넘게 결사 항전했음에도 원군의 기색이 없자, 염온은 장안성의 하후연(夏侯淵)에게 도움을 청하려 성을 나섰다가 생포되고 만다. 마초는 염온을 높이 평가해 회유하려 애썼지만, 염온은 "장부가 군주께 사관함에 이르렀으니, 죽어도 두 마음을 갖지 않는다"며 완강히 거절하다 죽음을 맞는다. 최고위 관료인 자사조차 마초의 위세에 눌려 항복하는 마당에, 현령급[27] 관리가 이 같은 충의를 보였으니 예사로 볼 일이 아니었다. 천하의 마초가 무명의 염온·양부에게 발목이 잡힌 것이라, 진수도 정사에 『염온전』을 따로 두고 마초와의 일화를 비중 있게 소개하고 있다.[28]

원군 요청을 위해 성을 나섰던 염온이 죽자, 량주자사 위강(韋康)은 양부

---

26) 황충이나 법정처럼 기회가 주어지자 뛰어난 능력을 마음껏 발휘한 인물도 있기는 했으며, 역사는 승자의 기록임을 잊지 말아야 한다.
27) 자주 바뀌긴 했지만, 량주엔 대략 10개 군과 98개의 현이 있었다. 거칠게 말하면 자사 밑엔 현령(또는 현장)이 98명이나 있었다는 얘기다.
28) 연의엔 나오지 않아서, 『KOEI 삼국지 14』에서야 처음 등장한다.

의 반대를 물리치고 항복한다. 하지만 마초는 항복하면 살려 주겠다던 당초의 약속을 어기고, 위강을 죽여버리는 치명적 실책을 저지른다.[29] 마초의 식언(食言)에 분개한 양부는 사촌형 강서(姜敍)와 모의하여 마초를 속이는 데 성공하고, 마초가 출진한 틈에 기성을 다시 장악하여 마초의 처자까지 깡그리 처형한다. 분노가 머리끝까지 차오른 마초가 즉각 반격에 나서 강서의 어머니와 양부의 일족 여럿을 살육하긴 하지만[30], 기성의 탈환에는 끝끝내 실패하고 한중(漢中)의 장로에게로 달아난다.

　여기서 아주 의아한 대목이 있는데, 정사에 따르면 양부가 기성에서 농성한 시기는 212년 정월부터 8개월여고, 211년 12월에 업성에 돌아온 조조가 마씨를 멸족한 것은 212년 5월의 일이다. 그렇다면 마초 일가를 살려두고 있었던[31] 조조가 '마초의 군사행동을 듣고 난 뒤에야' 멸족을 명했다는 끔찍한 얘기가 된다. 마초가 일가의 멸족을 돌이킬 수 없는 일로 여겼을 순 있지만, 당시는 마등이 '두 번이나 반역을 일으키고도' 조정의 구경(九卿)에 오르는 무법천지이자 예측 불가의 난세였고, 특히 조조는 적장자를 죽인 원수마저도 포용한 궁극의 현실론자였다. 이렇다 할 조정 노력도 없이 무지성으로 군사를 일으킨 마초의 선택을 어떻게 이해해야 할까? 일가의 멸문을 평생 자책한 마초였으니, 이미 멸족된 줄로 잘못 알았던 탓이라 억지로라도 믿고 싶다. 그게 아니라면 기록의 오류일 가능성도 있다. 고대사의 기록은 때로 타임라인이 어긋나니, 전체 맥락에서 이해하는 편이 좋다.

---

29)　장로가 원군으로 보낸 양앙(楊昻)이 죽었다. 마초는 "내가 죽인 것이 아니"라고 항변했지만, 손바닥으로 하늘을 가리는 꼴이었다.

30)　이때 강서의 모친이 마초에게 굴하지 않고 "너는 아버지도 배반한 역적놈이고, 군주를 살해한 흉악한 적이다. 천지가 어찌 너를 오래 살려두겠느냐!"라고 야단쳤다는 기록이 정사 본문에 남아 있다. 진수는 양부의 일화에 상당한 분량을 할애하여, 유독 자세하게 적어 놓았다.

31)　언제든 죽일 수 있으니 정치적 가치를 고려해 일부러 살려두었을 것이다. 관서 지역이 완전히 정리된 상황도 아니었으니 더욱 그렇다.

조조는 마초를 물리친 양부의 엄청난 공을 인정하고 관내후의 작위를 내린다. 하지만 양부는 "상관이 죽었는데도 죽음으로 뒤따르지 못했으니 사형을 당해도 마땅합니다. 게다가 마초가 아직 죽지 않았으니 작위를 받을 수는 없습니다"라며 사양했다고 한다. 조조는 양부의 강직한 태도를 더욱 흡족하게 여겼고, 변경의 별가(別駕)에 지나지 않았던 양부는 이후로 태수와 자사를 지내고 조정에까지 진출하는 등 크게 출세하여 정사에 『양부전』을 따로 남겼다.[32] '승상' 조조마저 두려워했던 맹장 마초를 고작 현령과 별가가 저지한 결과여서[33], 량주 전체를 단숨에 집어삼킬 듯했던 마초의 기세도 이때를 기점으로 한풀 꺾이고 만다.

---

32) 양부는 출세 자체에 도취되지 않았고, 특유의 강직함으로 조예 대까지 조정에서 입바른 소리를 계속했다. 다만 말년의 조예가 거듭된 간언을 모두 물리치자 화병으로 죽었으며, 남아 있는 가산이 없었다고 한다.

33) 다만 염온은 아쉽게도 연의에 출연하지 못해서(?), 지명도가 제로에 가깝다. 양부는 『KOEI 삼국지』에서도 능력치 총합이 354에 달하는 나름 육각형(?) 인재고, 수명도 짧지 않아 그런대로 쓰임새가 있다.

# 제65회 ~ 제68회

## ◈ 한녕태수 장로

천하에 용명을 떨치던 마초가 의탁해 오자, 일찍부터 마초를 지원했던 장로(張魯)는 아주 반갑게 맞아주었다. 오죽하면 마초를 자신의 사위로 삼으려 했을 정도다. 마초는 장로에게 여러 차례 군사를 지원받아 량주를 탈환하려 무진 애를 썼는데, 기성에서 크게 꺾인 기세를 좀처럼 회복하지 못하고 번번이 무위에 그치고 말았다. 연의 65회는 유장의 요청에 따라 마초가 가맹관[1]으로 출진해 장비와 일전을 벌이는 내용을 담고 있으며, 장비와 마초의 용호상박(龍虎相搏)은 연의에서 손꼽히는 명장면이지만, 아쉽게도 가맹관 싸움을 다룬 에피소드 전체가 연의의 창작이다.

장로가 철천지원수인 유장에게 원군을 보낸다는 가정은 성립할 수 없고, 애초에 유장이 유비를 불러들인 이유도 '장로 토벌'에 있었으니 여러모로 맞지 않는 각색이다. 면죽관의 위치까지 검증했던 나관중이 정사의 맥락을 몰랐을 리는 없고, 이 지역의 거물급 인사가 장로와 마초 외엔 딱히 없어서 둘을 끌어다 재구성한 듯하다. 계속 지적한 바 있지만, 이 당시의 기록이 워낙에 부실하다.[2] 분량만 적은 것이 아니라 드라마틱한 서사를 찾기도 어려워, 극적 구성을 위해서는 선택지가 별로 없었을 것이다.

지방관이면서 동시에 종교 지도자였던 장로는 훗날 신격화되는 매우 특별

---

1) **葭萌關**. 연의 속 지명이지만, '소화고성(昭化古城)'이란 이름으로 현존한다. 고대 성벽으로는 보존 상태가 매우 좋아서 가치를 인정받고 있다.
2) 중앙의 관점에선, 변두리 세력의 다툼쯤으로 치부했을 가능성이 크다.

한 인물이다.[3] 도교(道敎)의 존재감은 1800년이 지난 오늘날까지 이어져서, 장로를 관우와 더불어 '현대에 가장 큰 영향력을 미친 삼국지 인물'로 평가하기도 한다. 장로의 할아버지 장릉(張陵)은 본래 조조와 같은 예주 패국 사람이었는데, 서쪽으로 온 후 영산(靈山)에서 도를 닦아 오두미도(五斗米道)를 창시했다. 오두미도는 "도덕경(道德經)[4]을 읽고 봉사에 힘쓰면 죄를 씻을 수 있다"는 단순한 교리를 내세웠으며, 이에 따라 백성들에게 숙박·식사를 무상 제공하여 자연스레 큰 지지를 받았다.

아버지 장형(張衡)이 죽고는 장로가 교세를 이어받았는데, 이 무렵 익주목 유언(劉焉)이 빼어난 미모로 이름났던 장로의 어머니 노씨(盧氏)[5]를 각별히 아껴서 자주 집으로 불러들였다고 한다. 장로는 모친 덕에 유언의 전폭적 지원을 받고 한중을 다스리게 되지만, 유언이 죽자 "우매하고 유약하다"는 이유를 들어 유장을 따르지 않았고, 장로의 배신에 분노한 유장이 노씨와 장로의 동생들을 처형하면서, 둘은 불구대천(不俱戴天)의 원수지간이 되었다. 유장은 장로를 벌하고자 수차례 공격했지만, 제정일치(祭政一致)의 독립 세력을 구축한 한중을 어쩌지는 못했고, 오히려 장로의 명성만 올려 주고 반대로 위협을 느끼는 신세가 된다.

익주의 영향권을 벗어난 장로는 오두미도 조직을 바탕으로 한중을 잘 다스렸다. 조정에서도 난세의 와중에 지역을 안정시킨 장로의 공을 인정하고 한녕태수에 임명했으니, 장로는 전란에 휘말리지 않으면서 자신만의 왕국을 구축하고 있었던 셈이다. 하지만 동쪽을 평정한 조조가 눈길을 서쪽으로 돌

---

3) 장로는 도교 내에서 신격화된 것이라 황제가 공인한 관우의 신격화와는 차이가 있지만, 체계적 교리를 바탕으로 이뤄졌다는 특징이 있다.
4) 도교(道敎)의 핵심 경전으로 노자(老子)가 지었다. 지금까지도 최고로 인정받는 도덕경의 주석은 조비의 몰년에 태어난 왕필(王弼, 226~249년)이 불과 18세 때 남긴 것으로, 아직도 불가사의한 일로 여겨진다.
5) 귀신을 부리는(?) 능력도 있었다고 한다. 진순신은 『비본 삼국지』에서 '소용'이라는 이름을 붙여, 아예 주인공처럼 이야기를 풀어가게 한다.

리면서 장로도 좌불안석이 되었다. 설상가상으로 유장마저 유비를 끌어들여 계속 한중을 노리니, 장로는 사방의 위협을 느끼고 일찍부터 량주의 마초를 지원했던 것이다. 하지만 마초의 량주 공략은 장로의 기대처럼 진척되지 못했고, 명성 높은 마초의 대두로 장로의 수하들이 입지에 불안을 느끼면서 외려 내부 분위기만 어수선해졌다. 특히 장로의 부장(副將) 양백(楊白)의 견제가 극심했고, 신변의 위협을 느낀 마초는 결국 첩실과 아들에다 방덕(龐德) 등의 수하까지 모두 한중에 남겨둔 채 저족 부락으로 도망치듯 떠난다.

마초가 떠난 이듬해인 215년 조조가 공격해 오자 장로는 바로 항복하려 했지만, 동생 장위(張衛)의 반대로 부장 양앙(楊昂)[6]을 시켜 양평관에서 막도록 한다. 장로군 역시 수만에 달해서 어찌저찌 조조군의 예봉을 꺾는 데는 성공했으나, 조조가 짐짓 물러나는 척하니 이내 전열이 흐트러졌다. 결국 해표(解剽)와 고조(高祚)가 야습을 감행하여 양임(楊任)을 참수하고 장로군을 대파한다.[7] 양평관이 함락되자 장로는 재차 항복하려 했으나, "이렇게 항복하면 조조가 얕잡아 볼 것"이란 염포(閻圃)의 의견을 받아들여, 일단 파중으로 퇴각했다가 몇 달 후에야 항복한다.

조조는 장로의 항복 의사를 진작부터 알고 있었고, 특히 장로가 퇴각하면서 창고의 물자를 불태우지 않은 점을 높이 샀다. 그 결과로 장로는 물론 다섯 아들까지 모두 열후에 봉해졌고, 한중도 그대로 다스리게 되었다. 장로는 파양의 용호산 일대 1만 호를 식읍으로 받았는데, 10년 전 10만의 무리를 이끌고 귀순한 장연(張燕)의 식읍이 5백 호였음을 감안하면 파격적인 대우였다. 장로가 오두미도를 바탕으로 한중을 안정되게 다스렸음을 조조도 인정한 것으로, 얼마 안 있어 세상을 떠나는 장로는 '장천사(張天師)'로 신격화되

---

6) 항복한 량주자사 위강을 함부로 죽여 마초의 몰락을 초래한 인물이다.

7) 『KOEI 삼국지14』에는 등장인물이 1천 명이나 되는데도, 해표와 고조는 연의에 나오지 않은 탓에 누락되었다. 방덕 등의 활약을 그리고 있는 연의 67회의 서사는 대부분 정사에는 없는 창작 에피소드다.

고, 도교 성지인 청성산(靑城山)은 유네스코 세계문화유산으로 지정되어 그 명맥이 지금껏 이어지고 있다.

### ◈ 이회와 간옹

이회(李恢)가 마초의 회유에 나선 시점이 바로 이 무렵이다. 연의의 묘사처럼 마초가 가맹관에서 무력을 과시하는 와중에 회유를 시도했던 바가 아니고, 부득이하게 장로 진영을 떠나 저족 부락에서 피신 중인 마초에게 찾아간 것이었다. 마초의 복수심과 막막한 처지를 헤아린 유비가 이회를 보낸 판단은 주효했고, 어떻게든 조조를 응징해 일족의 원수를 갚아야 했던 마초 입장에서도 '조조의 원수' 유비의 제안이 달갑지 않을 리 없었다.

일각에신 "마초가 유비 밑에서 세운 공이 뭐냐?"라는 식으로 날 선 지적을 하지만, 마초의 가세로 촉한이 두고두고 강족과 저족의 지지를 얻었으니 그것만 해도 둘도 없는 공훈(功勳)이었다. 219년의 한중왕표(漢中王表)에도 마초는 제갈량·관우·장비 등을 모두 제치고 유비의 신하 중에서 맨 먼저 이름을 올리며, 마초의 귀부를 확인한 유비가 "내가 이제 익주를 얻었구나"라고 기뻐한 사실에서 마초의 명성과 상징성을 족히 가늠할 수 있다.

이회처럼 사절(使節)로서 큰 역할을 했던 인물이 바로 간옹(簡雍)이다.[8] 유비가 처음 거병한 이래 '동향 친구로서' 줄곧 유비의 곁을 지킨 간옹은, 유비의 소중한 말동무 역할을 하면서 참모나 사절로도 활약했다. 다만 정사는 간옹에 대해 "유유자적한 풍모에 오만하고 방종했다"고 적고 있다. 이는 허유(許攸)의 기록에서 보듯, 맹주의 소꿉친구에게 붙기 쉬운 묘사다. 간옹은 유비와 있을 때도 다리를 뻗어 몸을 기댔고, 다른 사람들을 대할 땐 목베개를 하고 누워서 말했다고 하며, 오직 제갈량 앞에서만 예를 갖췄다고 한다. 이러

---

8)  미래의 외교사절로는 '매번 손권의 감탄을 자아냈다는' 등지(鄧芝)가 있다. 등지는 1차 북벌 때 조운의 부장이었다가, 거기장군에 오른다.

니 사람들에겐 당연히 오만하고 방종[9]하게 비쳤을 것이다. 하지만 탐욕스럽고 타협을 몰라 스스로 목숨을 재촉했던 허유와는 달리, 간옹은 포용력이 있어서 주변 사람들이 예우했다고 한다. 넉넉하고 낙천적인 성품이었던 모양으로, 유장도 푸근한 성격의 간옹을 특별히 아꼈다는 기록이 남아 있다.

『간옹전』 본문엔 그의 천성과 역할을 짐작게 하는 일화가 있다. 가뭄이 들자 유비가 곡식으로 술을 빚지 못하도록 금주령(禁酒令)을 내렸는데, 양조 도구를 갖고만 있어도 무리하게 처벌하려 했다. 마침 간옹이 유비와 순찰 중에 "저기 저 남녀는 음행(淫行)을 저질렀는데도 어찌 벌하지 않으십니까?"라고 물었고, "그걸 어찌 아오?"라고 유비가 되묻자, 간옹이 "도구(성기)가 있으니 음행한 것이나 마찬가지지요"라며 한 방 먹였다. 이에 유비가 껄껄 웃으며 도구의 소지만으로 벌하지는 않았다고 한다.

유비는 214년 여름 드디어 낙성을 함락하고, 성도로 진군하여 포위망을 구축한다. 수십 일을 대치하고 있던 중에 때마침 귀부한 마초가 합류했고, 유비가 마초에게 군사를 주고 포위전에 참여토록 했는데, 이로부터 10일이 되지 않아 유장이 간옹의 설득에 의해 항복을 결심한다. 이때 유장의 근거지인 성도에는 3만의 정예병과 1년 치의 물자가 있었으니, 낙성을 함락하는 데만 1년이 걸린 걸 따지면 불필요한 소모전을 없앤 간옹의 공이 컸다.

간옹은 이때의 공적으로 처음 장군에 임명되지만, 더는 기록에 나오지 않으니 오래지 않아 죽은 것 같다. 친한 친구가 웬만큼 출세하면 그 덕에 어지간한 영화를 누리게 되지만, 그 친구의 출세가 정점에 달하면 덩달아 날뛰다 꼭대기에서 꼬꾸라지는 사례를 흔히 접할 수 있다.[10] 하지만 스스로 족함을 알았던 간옹은 나름대로 천수를 누렸고, 『간옹전』에 자손에 대한 언급이 나오지 않으니 후사를 남기려고 욕심을 부리지도 않았던 모양이다.

---

9)   *放縱*. 거리낌 없이 제멋대로 행동하는 것으로 '자유'와는 다르다. 방종은 내 자유의 결과가 남에게 부정적 영향을 미쳤을 때 쓴다.

10)  멀리 갈 것 없이 삼국지에서도 원술·장막·허유·한수 등의 사례가 있다.

한국에선 삼국지에 정통한 유명 유튜버 '침착맨'의 영향으로, 간옹을 손건·미축과 함께 '간·손·미'로 합칭하는 경우가 제법 있다. 실제로 극 중 기여도나 비중이 비슷하고, 형주 시절엔 관직마저 정확히 같았으니 한 묶음으로 부르기에 제격이다. [11] 연의 35회엔 유비가 "손건이나 미축, 간옹과 같은 인물들은 한낱 백면서생에 불과하다"고 한꺼번에 디스하는(?) 장면도 나온다. 그렇지만 이들이 빛나는 진짜 이유는 숱한 고비에도 불구하고, 흔들림 없이 유비의 곁을 지켰다는 점이다. 20여 년을 안락하게 누렸으면서도 막상 유장이 어려움을 겪자 앞을 다퉈 항복해 버린 익주의 문무백관과는 본질적으로 다른 사람들이었다. 물론 어벤져스를 떠올리게 하는 '관장마황조'나 '장악우장서'와는 달리 B급 느낌이 물씬 나긴 하지만, 간옹의 입장에선 미축·손건과 한데 묶인 사실에 흡족했을 법하다. 서주의 대부호였던 미축은 말할 것도 없고, 외교를 담당한 정통 관료 손건과 동렬이 된 셈이니 말이다.

시골 출신의 유협(遊俠)이었던 간옹으로선 '황실 후손'을 자처하는 별난(?) 친구에 끌려, 어쩌다 보니 친구를 따라나섰는지도 모를 일이다. 그런데 멀쩡한 허우대로 허언을 일삼고(?) 싸움을 잘하면서도 죽을 고생만 시켰던 바로 그 친구가, 35년 만에 정말로 왕위에 오르는 꿈같은 일이 벌어졌으니 [12], 간옹의 감개무량(感慨無量)은 이루 말할 수 없었을 것이다. '고생 끝 행복 시작'인 시점에 허무하게 세상을 떠났으니 누가 봐도 안타까운 죽음이었지만, 낙천적이고 자족할 줄 알았던 간옹이라면 왠지 영면하면서도 '나는 이제 여한이 없다'고 환히 미소 지었을 것만 같다.

---

11)  진수도 『손건전』에서 "손건의 예우는 미축 다음으로 하되, 간옹 등과 같이 하였다"고 아울러 기록한 바 있다. 다만 인물평을 할 때는 "미축·간옹·이적(伊籍)은 모두 포용력 있는 태도로 풍자의 논의를 받들어 당시 예우를 받았다"고 적어 놓아, 손건 대신 이적을 함께 언급했다.
12)  간옹의 몰년은 불명이나, 유비의 황제 등극을 목격하진 못한 것 같다.

## ❈ 익주목 유비

유장이 항복함에 따라 유비는 성도(成都)에 입성하여 드디어 익주목에 오른다. 정사에 따르면 유비는 제갈량을 최고 대신인 고굉(股肱), 법정을 전략 총괄인 모주(謀主), 관우·장비·마초를 필두 무장인 조아(爪牙), 미축·간옹·허정(許靖)을 벗과 같은 빈객인 빈우(賓友)로 삼았다. 유비는 동화(董和)나 황권(黃權)처럼 유장이 중용했던 인물은 물론이고, 팽양(彭羕)처럼 기존에 소외되었던 인물까지 두루 기용하여 익주의 화합과 안정을 최우선했다. 이미 20년 전에도 불쑥 서주를 맡아 성공적으로 재건한 경험이 있는 유비는 익주를 아주 빠르게 안정시켰는데, 이는 유비의 동태를 주시하던 조조의 예상 범위를 훨씬 뛰어넘는 수준이었다.

유비가 익주를 취하는 동안 조조가 수수방관한 이유에 대해 의문을 품는 독자도 아마 적지 않을 것이다.[13] 조조는 유비가 입촉하여 장로와 대치할 무렵 남쪽으로 손권 정벌에 직접 나섰고, 대신 장안에 하후연을 두고 서쪽을 평정하도록 했다. 하후연은 조조의 기대대로 관중제장의 잔당 정리를 순조롭게 진행해 나갔지만, 이는 물리적으로 많은 시간이 필요한 과정이었다. 게다가 조조 자신도 '예상과 달리' 유수구에서 번번이 손권을 제압하지 못했으니, 그 바람에 유비에게 시간을 내어줄 수밖에 없었다.

환갑을 바라보는 조조로선 헌제로부터 제위를 선양받는 절차도 부지런히 밟아야 했다. 유비가 낙성 포위를 시작한 무렵인 213년 5월에 드디어 위공(魏公)에 오른 조조는, 조씨의 사직과 종묘를 세우고 문무백관을 새로 임명하는 등 위나라의 체제를 정비하는 데 온 힘을 쏟는다. '유씨가 아님에도 불구하고' 위공에 올랐던 조조는 214년 3월에는 한 걸음 더 나아가, 여타의 제후왕보다도 외려 높은 반열에 오르며 제위를 목전에 둔다. 유비는 이때까지만 해도 '방통을 잃는 등' 낙성 공략에 어려움을 겪고 있었다.

---

13)  연의의 조조는 유비가 서천을 얻으면 날개를 다는 격이라며 경계한다.

조조가 중앙 정비에 한창이던 214년 5월에는 손권이 여몽과 감녕 등을 이끌고 여강의 환성을 공격해 온다.[14] 이때 환성을 지키던 주광(朱光)이 장료의 원군이 당도하기도 전에 대패했고, 수만 명이 포로로 잡히는 사태가 발생한다. 손권이 조위 공격전에서 거둔 사실상 유일한 승리가 하필이면 이때 일어난 것이다. 화들짝 놀란 조조가 급하게 반격에 나섰을 때 느닷없이 "유비가 1년여 만에 낙성을 함락했고, 마초가 가세하자 유장이 곧바로 항복했다"는 첩보가 들어온다. 순식간에 결판이 난 것이었다.

조조는 처음부터 험하고 난공불락의 요새가 많은 익주 공략이 몹시 어려울 것이라 예측하고 있었다. 실제로 유장 진영에서 예상 밖 투항이 속출했음에도, 유비는 낙성에서 1년 넘게 발이 묶였다. 만약 유장이 눈 딱 감고 청야전술(淸野戰術)[15] 진언을 받아들였다면 보급이 막힌 유비가 전쟁을 이어 갈 수 없었을 터다. 그런데 유장이 수만의 정예군과 충분한 병량을 보유한 상태에서 농성전을 포기하고 갑자기 항복해버렸고, 입촉 이후로 익주 사람들의 마음을 얻어 온 유비가 급속도로 익주를 안정시키면서, 천하통일을 꿈꾸던 조조의 구상이 완전히 틀어져 버리고 말았다.

조조는 곧바로 촉에 치고 들어갈 생각도 있었지만, 유엽(劉曄)이 "이미 안정되어서 칠 수 없습니다"라며 만류했다고 한다. 그야말로 전광석화처럼 상황이 마무리되어 손을 쓸 수 없는 형편이었고, 얼마 뒤인 214년 11월에는 헌제의 황후인 복황후와 그 일족 100여 명을 주살하는 비상사태가 벌어지기까지 한다.[16] 이때의 시운(時運)은 유비 쪽을 향해 웃어 주고 있었음이 분명하다.

---

14) 연의는 서술 순서를 조정해 '익양 대치' 이후인 67회에 싣고 있으며, 조조의 익주 공략을 막기 위한 제갈량의 계책인 것처럼 다루고 있다.

15) 쓸 만한 물자를 모두 없애서 적군이 보급의 한계로 퇴각하게 만드는 전술로, 유장은 백성들도 큰 고통을 받는다는 이유를 들어 거절했다.

16) 200년 의대조 사건 당시에 복황후가 아버지 복완(伏完)에게 "조조를 주살해 달라"는 편지를 썼던 사실이 뒤늦게 발각된 것. 다만 복완은 연의의 서사와 달리 209년에 이미 죽은 상태였다. 유비는 조조가 황후와 그 일족을 무도하게 주살한 데 분노하여, 대신 장례를 치렀다.

## ◈ 여몽의 괄목상대

유비가 성도를 함락했다는 소식에 놀란 사람은 조조만이 아니었다. 손권은 즉시 제갈근을 보내 "익주를 얻었으니 이제 약속대로 형주를 돌려 달라"고 요구했지만, 유비는 "지금 량주를 정벌하려 하니, 량주를 취한 뒤 곧바로 형주를 돌려드리겠다"며 거절하고, 유비가 헛된 말로 공연히 시간을 끄는 데 격분한 손권은 215년 5월 여몽(呂蒙)에게 형주의 무력 탈환을 명하는 데 이른다. 여몽은 용력이 남다르고 배포가 두둑하여 채 스무 살이 되기 전에 손책의 측근으로 기용되었던 장수로, 이때 한창나이인 37세였지만 손가에 사관한 지 어느덧 20년을 헤아리는 숙장이었다.

고대에는 용력과 담대함을 장수의 첫 번째 덕목으로 간주했기에 학식(學識)을 갖춘 무장을 찾기 어려웠다. 무장에게 본격적으로 학문과 식견이 요구되는 시점은 이로부터 1천 년 이상 뒤의 일로, 냉병기(冷兵器)[17]에 의존하는 시대가 저물고 화약 사용이 보편화 되면서부터다. 일찍부터 전쟁터에서 잔뼈가 굵었던 여몽 역시 처음엔 글을 읽을 줄 몰라서, 말로써 지시를 전달했다고 한다. 그런데 손권이 어느 날 "대군을 이끌려면 학식을 갖춰야 한다"고 조언했고, 여몽은 뒤늦게 공부에 열중하여 무관 중에선 독보적 경지에 달했다. 그간 무식한(?) 여몽을 가벼이 여겼던 노숙(魯肅)이 "더 이상 예전의 여몽이 아니"라며 놀라자, 여몽이 "선비와 헤어지고 3일이 지나면, 눈을 비비고 다시 살펴야 한다"고 말한 데서 '괄목상대(刮目相待)'라는 고사성어가 유래했다.

주유 사후 오나라의 전공(戰功)은 대부분 여몽의 몫이었다. 유수오를 세워 조조를 막았을 때나, 환성을 공격해 주광을 생포했을 때나 어김없이 여몽의 공이 으뜸이었다. 그러니 손권이 형주 공략을 여몽에게 맡김은 당연한 처사였다. 여몽은 2만 대군을 이끌고 형주 남부의 3군(장사·계양·영릉)을 차례로 공격해 손에 넣은 뒤, 장사군 익양현에서 관우와 대치한다. 정사엔 "유비

---

17) Cold Weapon. 칼·창·활 등 화약을 이용하지 않는 무기의 총칭이다.

도 이때 5만 대군을 이끌고 공안으로 출진했다"라는 기록이 남아 있다.

여몽이 남군이 아닌 형남의 3군을 공격한 지점에서, 손권과 유비 사이에 '형주 대여'의 해석을 놓고 커다란 차이가 있었음을 알 수 있다.[18] 적벽대전이 끝나고 형남 4군(장사·계양·영릉·무릉)을 자력으로 접수했던 유비로선 '손권에게 빌린 곳은 남군뿐'이라고 생각했겠지만, 손권은 반면에 '손오의 묵인이 없었다면 애초에 유비가 형남 4군을 접수할 수 없었다'고 여겼던 모양이다. 마침 유비와 손부인이 혼인을 맺고 가족처럼 결속을 다지는 와중이라, 양측 모두 세세하게 따져 묻지 않은 탓에 화를 불렀다.

연의 66회는 '여몽의 형남 3군 공략'을 생략한 채 노숙과 관우의 단도부회(單刀赴會)[19]를 서술하고 있지만, 실제론 여몽이 이미 형남 3군을 강제로 빼앗아 험악한 분위기에서 관우와 노숙이 마주한 사정이었다. 연의가 '형남 3군이 손오에 넘어간 사실'을 생략하다 보니 정사의 흐름과는 상당한 차이가 생겼는데, 조조가 장로 정벌에 임한 것은 215년 3월이었고 여몽이 형남 3군을 공격한 때는 두 달 뒤인 5월이었다. 연의의 서술과는 달리 손권은 '조조가 한중 공략에 나선 후에' 여몽에게 공격을 지시했으며, 215년 7월 조조가 결국 한중을 차지하자 위협을 느낀 유비가 서둘러 손권에게 형남 3군을 할양하고 조조의 방비에 집중한 것이다. 연의는 아무래도 유비 중심으로 이야기를 풀어나가기 때문에, 이처럼 사건의 앞뒤를 바꿔서 각색한 경우가 꽤 있다.

여기서 주목할 포인트는 노숙(魯肅)의 역할이다. 유비와 함께 천하를 삼분하여 강대한 조조에 맞서야 한다고 믿었던 노숙은 상수(湘水)를 경계로 하여 동쪽인 강하·장사·계양을 오나라의 영토로 삼고, 서쪽인 남군·영릉·무릉을 촉나라의 영토로 정리하는 데 합의한다. 이미 여몽이 형남 3군을 점령한 상태라 협상을 더욱 유리하게 이끌 수도 있었겠지만, 유비와의 결속을 중요시했던 노

---

18)  제갈근을 사자로 보냈을 때도, 손권은 장사·계양·영릉을 요구했다.
19)  칼 하나로 험지에 나선다는 뜻. 위험을 무릅쓴 대담한 행동을 뜻한다.

숙이 유비에게 더 이상의 굴복을 강요하지는 않고 적정선에서 타협한 결과였다. 시급히 한중의 조조를 막아야 했던 유비가 더 큰 양보도 각오했을 터라, 손오의 내부에선 영토 협상의 결과에 대해 불만의 목소리도 고조되었지만[20], 노숙은 유·손(劉·孫)의 관계 회복이 무엇보다 중요하다고 확신했음이 분명하다.

하지만 손오에는 이러한 노숙의 대전략을 헤아리는 인물이 따로 없었다. 높은 학식으로 칭찬이 자자했던 여몽조차도 촉한을 어디까지나 경쟁 대상으로만 여겼으니, 손오에선 오로지 노숙만이 유·손의 균열을 막고 있는 형국이라 해도 과언은 아니었다.[21] 이후로 촉한과 손오가 '형주 대여' 문제를 놓고 다투는 일은 없었지만, 이미 유·손은 서로 싸움을 벌여 피를 본 상태였으니 결속에 금이 가기 시작했음은 부인할 수 없는 사실이었다.

### ◈ 방술사 좌자

한중을 평정한 조조는 하후연에게 뒷일을 맡기고 216년 2월 업성으로 돌아왔다. 5월에 위왕(魏王)에 오른 조조는 10월에 다시 손오 정벌에 나서 이듬해인 217년 1월에 양주 구강군 거소현에 도착했고, 손권도 여몽과 장흠(蔣欽)에게 조조군을 막도록 명하여 2월에 학계(郝谿)에서 양군이 대치한다. 그런데 얼마 뒤 손권이 군을 물리고 서상(徐詳)을 파견하여 항복을 청했으며, 역병이 유행한 때문인지 조조도 이를 받아들이고 3월에 철군한다.

조위와 손오는 212년부터 10여 년 동안 유수구에서 여러 차례 싸웠다. 그래서 사서에 다양한 기록이 남아 있긴 하지만, 아쉽게도 기록이 부실하여 사건의 발생 시기나 순서를 특정하기엔 어려움이 많다. 예를 들어 연의 68회에서 '감녕이 1백의 정예병으로 조조 진영을 급습하는' 명장면은 정사에서 기록을 따 와 각색한 에피소드지만, 정확히 언제 벌어진 일인지 그 시점을 알

---

20)  영토가 늘면 손오의 제장·제경에게 더 많은 보상이 따름은 물론이다.
21)  손권이 총애한 제갈근은 제갈량의 친형이라 목소리를 낼 수 없었다.

순 없다. 물론 우리는 '전문 연구자가 아니라' 전체적 맥락만 파악하면 족하니, 연의의 서사를 그대로 좇아도 별문제는 없다.[22]

연의 68회엔 유수구에서 돌아온 조조가 좌자(左慈)를 만나는 장면도 있다. 좌자는 진수의 본문엔 등장하지 않고 배송지의 주석에 나오는 인물로, 양생술(養生術)[23]에 심취한 조조가 초빙했던 방사(方士)[24]의 하나로 기록되어 있다. 일찍부터 천문과 참위설(讖緯說)에 밝았던 좌자는 후한의 국운이 다하여 천하에 대란이 일어날 것을 예감하고, 오랫동안 참선과 기도로 수행한 덕에 신선(神仙)이 되었다고 전해지는 인물이다. 사실 현대의 감각으론 고대의 미신(迷信)을 도무지 이해하기 어렵지만, 서양에서조차 갈릴레오 갈릴레이(Galileo Galilei)의 과학적 진리인 지동설(地動說, Heliocentrism)이 종교적 믿음에 무릎을 꿇은 것이 불과 400년 전의 일이다. 연의에 담긴 미신적 내용이 개인적으론 전혀 재밌지도 않고 수긍할 의향이 1도 없으나, 현대의 과학적 사고를 기준으로 옛사람들을 마냥 나무랄 일도 아니긴 하다.[25]

인류의 본원적 생계 수단인 농업·어업·목축업 등은 모두가 날씨에 결정적 영향을 받았다. 이 때문에 인류에겐 예로부터 '천운(天運)에 기대는 속성'이 생길 수밖에 없었다고 한다. 이는 이론적 지식 체계인 과학(科學)이 고도로 발달하고, 법률(法律)로써 미신을 금지하고 있는 오늘날까지도 완전히 타파되지는 못하고 있다. 좌자가 실제로 조조·손권·유표 등 당대의 최고 권력자들에게 기이한 도술을 선보였다는 기록은 꽤 많이 전한다. 난세에 신음하

---

22) 연의는 조조가 유수구전투에서 돌아와 위왕에 오른다고 적고 있다. 원수지간인 능통과 감녕이 화해했다는 연의의 서사도 사실이 아니다.
23) 도교를 중심으로 발전되어 온 단전(丹田) 수련법이다. 단전은 인체의 경혈(經穴)이 가장 많이 모이는 부위를 말하며, 일반적으로 배꼽에서 세치(약 9cm) 아래의 몸속 지점을 가리킨다고 한다.
24) 도가(道家)에 기초해 천문·주역·풍수·의술 등의 방술(方術)에 통달한 사람. 초빙된 방술사 중엔 전설적 명의인 화타(華陀)도 있었다.
25) 갈릴레이가 종교 재판소에 출석한 1633년경에 모종강이 태어났다.

던 백성들이 '권력자를 희롱하는' 좌자의 모습에 열광했고, 그래서 꾸준히 살이 붙어 청나라 때까지도 '좌자의 전설'이 민간에 널리 퍼졌다고 한다. 그러니 모종강(毛宗崗)이 이러한 사회 현상을 당시의 감각으로 연의에 반영한 결과라고 이해하면 어떨까 싶다. 삼국지를 사랑하는 사람으로서, 나관중본에 있었던 '관우의 승천(昇天)'을 모종강본이 마땅히 '전사(戰死)'로 바로 잡았듯, 비웃음을 살 뿐인 일부 미신적 내용은 시대 변화에 맞게 보정(補正)이나 변용(變容)이 필요하다고 믿고 있지만 말이다. [26]

■ **악비의 재평가**

금나라에 분연히 맞서 남송을 지켜낸 악비(岳飛, 1103~1142년)는 '중국의 이순신'과도 같은 존재였다. 충무공께서도 『난중일기』에 "제갈량과 악비의 역할을 해내겠다"라고 각오를 다지셨다니 과언은 아니다. 악비는 민중 영웅이라는 측면에서 관우와도 곧잘 비교된다. 무신(武神)을 떠올리게 하는 위용에다 비극적 최후를 맞았다는 점에서 비슷한 면모가 있다. 그런데 21세기 들어 굳건하던 악비의 위상에 큰 균열이 생겼다. 만주를 비롯한 북방사도 자신들의 역사에 포함하려는 중국 정부가 북방 민족과 싸웠던 역사의 부각을 원치 않기 때문이란다. [27] 이는 조조의 재평가와는 차원이 다른 문제이니, 이쯤에서 "악비도 재평가되는 마당에 연의도 적절히 보정하면 좋겠다"고 말해도 괜찮지 않을까?

---

26) 아버지의 눈을 띄우기 위해 인당수에 몸을 던진 심청의 이야기를 현대인이 '지극한 효심'이라 받아들일 순 없다. 『심청전』도 고전이지만, 현대인이 공감할 수 있도록 다양한 현대적 변용이 일어나고 있다.

27) 명나라를 위해 청나라에 대항한 병자호란의 역사를 중국인은 잘 이해 못한다. "청나라도 어차피 중국인데 조선은 왜 그랬지?"라는 식이다.

# 제69회 ~ 제72회

### ❖ 태자 조비

연의 69회는 이름난 점술가였던 관로(管輅)를 등장시켜 에피소드를 구성하고 있다. 정사의 관로는 209년생이라 실제론 열 살도 안 되었을 때지만, 연의가 등장을 앞당겨 각색한 것이다. 217년 10월 조조는 미루고 미루던 후계 문제를 정리하고, '천자의 예에 따라' 장남 조비(曹丕)를 태자로 삼는다.[1] 조조는 황제의 의전을 받고 황실의 예법에 따라 의식을 치렀으면서도, 황제에 오르시라는 신하들의 주청에 대해선 "나에게 천명이 있다면 주나라 문왕(文王)[2]이 되는 것으로 족하오"라며 한사코 거절했다.

주(周) 문왕은 천하의 3분의 2를 차지하고도 상나라를 무너뜨리지 않고 받들었던 인물로, 아들 무왕(武王)이 왕위를 계승한 뒤에야 상(商)을 멸하고 주나라를 세운 바 있다. 이에 맹자(孟子)도 "천명이 상나라를 떠났으니, 주나라를 세운 일은 정당하다"고 옹호했으니, 조조가 주 문왕을 언급한 의중을 읽을 수 있다.

인격적으로 흠결이 많았던 장남 조비는 이미 서른을 넘긴 나이였는데, 삼남 조식(曹植)의 문재(文才)를 특별히 아낀 조조가 마지막까지 조비와 조식을 놓고 후계를 고민했다는 기록이 여러 곳에 전한다.[3] 조식의 글재주는 단

---

1) 연의는 1년쯤 앞당겨 68회에서 다룬다. 이때 조조의 물음에 가후가 '장자를 홀대해 형제간 분란이 생기면 큰일'이라는 뜻으로 "원소와 유표 부자의 일을 생각했습니다"라고 은근하게 답했다는 일화가 유명하다.

2) BC 1152~1056년. 35회에 유비가 '삼고초려에 불만인' 장비에게 "주 문왕께서 강태공을 찾아가신 일도 모르느냐!"며 꾸짖을 때 언급된다.

3) 유교 중심주의를 억누르려던 조조가 문학을 장려하여 '유교 경학을 앞세우는' 사족(士族)들을 견제했던 것이란 분석도 있다. '적장자 승계' 문제도 조조로선 유교적 명분론에

순히 뛰어난 수준을 초월해서, 500년 뒤 두보(杜甫)<sup>4)</sup>의 등장 전까지 역대 최고로 꼽혔다고 한다. 다만 '평상거입(平上去入)'의 사성(四聲)이 확립되기 전이라, 운율(韻律)을 중시하는 후대의 평가는 낮아질 수밖에 없었다.

조비는 비록 문재로는 조식에 미치지 못했지만, 문학에 대한 통찰은 독보적이었다. 조비가 지은 『전론(典論)』은 '문학 평론'이라는 영역을 역사상 최초로 개척한 저술로 높이 평가받고 있다. 체구가 왜소했던 조조도 시를 읊을 때만큼은 그 위풍이 대단했다고 전해지니, 최고의 전쟁 군주였던 조조의 핏줄들이 독보적인 문인적 풍모를 지녔다는 역설이 놀랍고도 흥미로울 따름이다.

조조가 장자인 조비를 제쳐 두고 조식을 후계자로 고민했던 것은, 난세(亂世)를 상당 부분 평정했다는 자신감의 발로이기도 했다. 손권이나 유비가 변방에 잔존했지만 조조가 한중까지 차지하면서 중원을 석권하였으니, 앞으로의 치세(治世)엔 어진 성품의 조식이 적임이라고 여겼던 것이다.<sup>5)</sup> 물론 태자를 정한 지 6개월도 안 되어 태의령(太醫令) 길본(吉本)<sup>6)</sup>이 경기(耿紀)·위황(韋晃) 등과 반란을 일으켰으니, 현실은 냉엄하여 조조의 기대와는 사뭇 달랐다. 순욱이 죽은 지 어느덧 5년이 넘었지만, 황위 찬탈에 반대하는 세력이 여전히 호시탐탐 조조를 노리고 있었기 때문이다.

법정(法正)이 유비에게 "조조가 한중을 평정하고도 파촉을 치지 않고 돌아간 것은 내부에 급박한 사정이 있는 까닭이니, 지금 군사를 동원하면 반드시 이길 수 있습니다"라고 간언한 때도 이즈음이다. 법정이 옳다고 여긴 유비가 장비와 마초 등을 이끌고 한중으로 출병하니, 이것이 유명한 한중공방전의 시작이다.

---

속하는 사안이라 고민했다는 얘기다.
4) 시성(詩聖)이라 불리며, '시선(詩仙)' 이백(李白)과 쌍벽인 중국사 최고의 시인이다. 성도에 오래 머물렀기에, 유비와 제갈량에 대한 시도 많이 남겼다. 연의 85회에 '영회고적(詠懷古跡)'이란 시가 실려 있다.
5) 다만 조식에겐 음주벽이 있었고, 실제 술 때문에 관직을 박탈당한다.
6) 연의에선 '길평(吉平)'이란 이름으로 23회에 앞당겨 등장하며, 69회의 반란은 길본이 아니라 길본의 아들들이 주동한 것처럼 각색되었다.

## ◈ 도호장군 조홍

조홍(曹洪)은 하후돈·하후연·조인과 함께 조조의 친족 장수 4인방으로 꼽히는 거물이다. 하지만 다른 셋에 비하면 확실히 B급 무장의 이미지가 강하고 존재감도 많이 부족하다. 한편으로 의아한 대목은 연의가 1회에 "조조는 하후씨 집안이었으나 그의 아비 조숭이 중상시 조등에게 양자로 들어간 까닭에 조씨 성을 가지게 된 것"이라 밝히고 있으면서도, 조조의 '진짜 혈육이라는' 하후돈·하후연보다 조인·조홍의 평가에 훨씬 인색하다는 점이다.

세간의 평가와 달리 '의외로 승전 기록이 적지 않은' 조홍은 위나라 최고 부자 중 하나였는데, 재물에 집착하고 베푸는 데 인색했던 면모가 정사에 기록으로 남았을 정도여서, 평판에 나쁜 영향을 미쳤던 것 같다. 역사 기술도 결국엔 사람이 하는 일이라, 사람이 못마땅하면 멀쩡한 공적도 평가절하되기 마련이다.

실제로 조홍은 조비가 태자 시절에 빌려달라 요청한 '비단 백 필'마저 거절했을 정도로 물욕이 대단했다. 훗날 이에 앙심을 품은 조비에게 죽을 뻔하고, 재산을 몰수당하기도 한다. 그렇지만 이는 정사의 기록이며 연의의 조홍에겐 인색하다는 언급이 없으니[7], 삼국지 독자들이 조홍을 저평가하는 데는, 조홍이 한중공방전에서 거둔 전과의 누락이 적잖은 영향을 미쳤을 것이다.

정사에 따르면 218년 3월 조홍은 무려 장비와 마초를 격퇴한다. 오란(吳蘭)의 패전에 장비와 마초가 휩쓸린 결과라 조홍이 정면 대결에서 둘을 이겼다고 할 수는 없겠지만, 어쨌든 삼국지 최강의 무장을 둘이나 격퇴했으니[8] 이만큼 자랑스러운 훈장도 없을 것이다. 하지만 얄궂게도 『조홍전』에 이때의

---

7) 연의는 예형(禰衡)의 입을 빌려 뜬금없이 조인을 '수전노'로 설정했다.

8) 연의에선 58회의 동관전투 때 마초에 패해 병력 절반을 잃는다. 이때 조조가 "조홍은 어려서 미숙하다"고 질책하나, 조홍은 20년 전에 조조를 구한 바 있으니 적어도 마흔이었다. 그런데 다음날엔 장합과 우금도 못 당한 마초를 상대로 50합이나 버티면서, 다시 조조를 구해낸다.

승전이 생략되었다. 일부러 조홍의 열전을 찾아봐도 장비와 마초를 물리친 사실을 알 수가 없으며, 한중공방전 관련 기록을 찾아서 조합해야만 겨우 파악이 가능하다.[9] 기전체(紀傳體) 서술의 특징이긴 하다.

물론 조홍의 승전이 한중공방전의 전체 판도에 큰 영향을 미치지는 않았으나, 하필이면 삼국지 최강을 세트로 물리친 인상적 전공이 자신의 열전에서 다뤄지지 않았으니 조홍으로선 억울할 만하다. 그런데 조홍 입장에서 진짜 문제는 연의가 이 기록을 지나쳤다는 점이다. 연의는 한중공방전에서 조위의 필두인 장합마저 격파하는 '현역 최강' 장비가 한낱 조홍에게 패했다는 서사가 전체 맥락에 맞지 않는다고 여겼는지, 조홍이 오란의 아장(牙將)[10]인 임기(任夔)를 참하는 장면까지만 다루고 장비와 마초의 퇴각은 외면했다. 사실 연의 70회에서 장비가 장합을 격파하는 탕거전투는 오란과 임기가 전사하는 218년의 일이 아니다. 장로가 항복하고 얼마 뒤인 216년 전후의 일인데, 연의가 순서를 바꿔서 각색한 것이다. 이래저래 조홍으로선 땅을 칠 일이다.

### ◈ 토로장군 황충

장비와 마초가 패퇴하자 유비는 양평관에 진을 치고 하후연(夏侯淵)과 대치하며, 한동안 크고 작은 공방이 이어졌지만 승패의 추가 한쪽으로 기울지 않은 채 해를 넘기게 된다. 218년 9월 조조는 교착 상태가 길어지자 장안으로 이동해 주둔했는데, 웬일인지 하후연을 구원하러 직접 나서지는 않고 전황을 관망하기만 한다. 218년엔 유주 북쪽에서 오환의 큰 반란이 터졌고[11],

---

9) 『선주전』의 "유비가 장비·마초·오란 등을 보내 하변에 주둔하게 하니, 조조가 조홍을 보내 맞서게 했다"는 기록과 『조휴전』의 "조홍이 오란을 대파하니 장비가 달아났다"는 기록 등을 두루 살펴야 한다. 조휴(曹休)가 조홍의 참군으로 활약해서, 조휴의 열전에 기록이 남았다.

10) 대장의 직할부대를 지휘하는 부대장. 오란은 마초의 부장이었다.

11) 조창(曹彰)을 보내 토벌한다. 『조창전』에는 조조가 '유봉을 내보낸' 유비에게 "신발 장사꾼이 양자를 보내 다투자고 하는구나! 내 조창이 도착하면 공격하리라"고 외

10월엔 남양 완현에서 후음(侯音)이 '관우와 연계하여' 반란을 일으켰으니, 이러한 소요 사태가 영향을 미친 것으로 볼 수 있겠다.

219년 1월 유비는 조조가 어물쩍대는 틈을 노려 정군산으로 나아가 진을 친다. 뒤늦게 유비의 진군을 알아챈 장합이 유비군을 몰아내려고 출진하지만, 미리 요충지를 장악한 유비군의 맹공을 당해 내지 못하고 물러나 사령관인 하후연에게 원군을 청한다.

연의 71회는 제갈량이 황충(黃忠)의 연로함을 지적하며 분기탱천하게 하는 장면을 담고 있는데, 사실 정군산에서의 유비군의 전략적 기동(機動)은 '사령관 하후연을 노린' 법정의 계책이었다. 법정은 정군산 산세의 이점을 활용하여 장합을 강하게 압박하면, 하후연이 급하게 원군을 꾸려 장합을 지원할 것이라 꿰뚫어 보았다. 예측대로 하후연이 병력의 절반을 장합에게 보내자, 유비가 즉각 황충에게 하후연 본대를 기습하라고 명한 것이었다.

하후연은 조인과 함께 조위의 야전사령관을 대표하는 맹장 중의 맹장이었지만[12], 이때 황충의 기습을 견디지 못하고 전사한다. 황충이 하후연을 참수한 일은 삼국지 무대를 통틀어 최대의 업적으로 꼽히며, 조위의 사령관이 야전에서 전사한 것은 전무후무한 일이라 안팎에 엄청난 충격을 주었다. 이로써 유비가 한중을 얻고 삼국 정립의 형세를 굳혔으니, 비할 데 없는 전공이었다.

집안 동생이면서 동서이기도 했던[13] 하후연의 죽음에 통곡한 조조는 드디

---

첬다는 주석이 있다. 연의 72회의 에피소드는 이를 각색한 것이나, 조창이 한중공방전에 참전한 사실은 없다.

12) 조인과 달리, 하후연에 대한 평가는 엇갈리기도 한다. 『장합전』엔 유비가 하후연이 죽었는데도 "응당 우두머리(장합)를 잡아야지, 이 자를 잡아서 무엇하겠는가!"라고 말했다는 주석이 있고, 연의 71회에도 "하후연이 총수라지만 어찌 장합에 비하겠소. 만일 장합을 참한다면 하후연을 참한 공로의 열 배는 될 것이오"라는 유비의 대사가 나온다.

13) 조조가 하후씨라면 그렇단 얘기다. 하후연은 조조의 처제와 결혼했다. 조조는 하후연에게 "장수도 마땅히 겁을 내고 나약해야 할 때가 있는 법이다. 항상 용맹에만 의지해

어 양평으로 친히 출진해서 몇 달에 걸쳐 공격을 퍼붓는다. 하지만 요충지를 차지한 유비가 천험에 의지해 굳게 지키자, 끝내 당해 내지 못하고 결국 장안으로 물러난다. 유비로선 조조와의 맞대결에서 처음이자 마지막으로 승리한 것으로, 조조가 직접 나선 대규모 합전에서의 승전보는 유비가 어엿한 삼국시대의 한 축임을 대내외에 공표하는 상징적 의미가 아주 컸다.

한중공방전을 승리로 이끈 황충은 위업(偉業)을 인정받아 정서장군에 오른다. 하지만 애석하게도 이듬해인 220년 홀연히 세상을 떠나니, 정군산에서의 부상 여부 등은 기록이 없어 알 수 없다. 연의의 각색 덕분에 황충은 노장(老將)의 대명사가 되었지만『황충전』에는 나이에 대한 언급이 없으며, 한해 전만 해도 범같이 사나웠던 황충의 갑작스러운 죽음을 두고 219년을 전후해 중국 전역에 유행했던 역병을 원인으로 들기도 한다. 물론 연의의 설정처럼 노장으로서 마지막 불꽃을 태운 것일 수도 있다.

사서에 패배가 기록되지 않은 황충은 독보적인 무용을 자랑하면서도 훌륭한 인격을 갖춰 흔히 조운과 비교되는 인물이다. 연의는 조운을 배려하여 황충의 감군(監軍)처럼 설정하고, 두 장수가 선봉을 두고 제비를 뽑는 장면까지 삽입했지만, 엄연히 황충이 주장(主將)이고 조운은 황충의 부장(副將)이었다. 황충이 연의에서처럼 이릉대전 때까지 살아남아 관우와 장비의 빈 자리를 메웠다면 삼국의 역사가 어찌 달라졌을지 자못 궁금하다.

### ◈ 양수의 죽음

조조가 한중에서 퇴각하면서 양수(楊修)를 죽인 사건은, 주석에 기록된 '계륵(鷄肋)[14]'이라는 고사성어와 함께 널리 알려져 있다. 양수는 여남 원씨 다음가는 후한의 대표 명문가인 홍농 양씨[15]로, 삼공을 세 차례나 지낸 양표

---

선 안 된다"고 늘 지적했다고 한다.

14) 닭의 갈비뼈. 큰 쓸모는 없으나 버리기 아까운 것을 비유할 때 쓴다.

15) 특히 청렴함으로 명성이 높아서, 위진남북조 시대를 끝내고 수나라를 건국한 양견(楊

(楊彪)[16]가 원술 누이와의 사이에서 낳은 아들이었다. 금수저 중의 금수저인 양수는 일찍부터 벼슬을 지냈고, 어릴 때부터 총명하기로 이름나서 '비상한 두뇌 회전'을 확인할 수 있는 일화가 다수 전해지고 있다.[17]

연의는 주석의 '계륵' 일화에서 착안해 조조가 한중에서 철군하며 양수를 죽인 것처럼 각색했지만, 주석엔 양수가 계륵의 본뜻을 간파했다는 내용만 있고 조조의 노여움을 샀다는 기록은 없다. 사실 양수는 한중공방전 때 참수된 것이 아니라, 몇 달 뒤에 "후계를 놓고 공연히 조식(曹植)을 부추겼다"는 이유로 처형되었다.[18] 실제 양수는 순욱의 아들이자 조조의 사위인 순운(荀惲), 정의(丁儀)·정이(丁廙) 형제와 더불어 대표적인 조식 파벌이었다. 정사는 양수가 죽기 전 "나는 벌써 죽을 목숨이었는데, 이때까지 살아 있었다"는 말을 남겼다고 적어 놓았으니, 스스로도 권력 투쟁에서 패한 데 따른 죽음을 예감하고 있었던 모양이다.

양수는 향년(享年) 45세였다. 당시 기준으로 어린 나이는 아니었지만, 양표가 78세로 드물게 장수하는 바람에 아들의 죽음을 목도하고 하늘이 무너진 듯 비통해했다고 한다. 그렇지만 양수가 미리 책임을 짊어졌던 것이 되려 전화위복(轉禍爲福)인 면도 있어서, 1년 뒤 제위에 오른 조비(曹丕)가 조식의 편에 섰던 인사들과 그 일족을 도륙 내지만 양씨 일가는 참극을 피할 수 있었다. 더욱이 조비가 '후한과의 연속성을 고려해' 양표를 태위에 제수하면서 홍농 양씨는 이후로도 수백 년간 문벌귀족(門閥貴族)의 지위를 이어간

堅)도 홍농 양씨를 자처했다. 양견은 선비족 출신이다.
16) '선견지명(先見之明)'이 바로 양표의 말인데, 『후한서』가 출전이다. 연의 13회에서 이각·곽사의 사이를 갈라놓는 반간계(反間計)를 쓴다.
17) 예절 바르고 겸손했지만(?), 총명함을 숨기려 들지는 않았다고 한다.
18) 정확히는 "국가의 언교(言敎)를 빼내고, 여러 제후와 왕래한다"는 이유였다. 한중을 얻은 자신감으로 조비를 태자로 세웠던 조조였지만, 다시 유비에게 잃게 되자 불안감에 휩싸여 양수를 죽인 것이다.

다. 실로 새옹지마(塞翁之馬)[19]라 하겠다.

### ■ 조선의 명문가

삼국지 최고의 명문가는 여남 원씨와 홍농 양씨임을 확인했다. 그런데 '왕가(王家)인 전주 이씨를 빼고' 조선의 명문가를 찾아본다면 어떨까? 먼저 조선에서 가장 많은 문과 급제자를 배출한 가문은 임진왜란 때 도원수였던 권율(權慄)의 안동(安東) 권(權)씨로, 현존하는 가장 오래된 족보(族譜)도 1476년에 간행된 안동 권씨의 성화보(成化譜)라고 한다. 이 밖에 정승을 최다 배출한 가문은 동래(東萊) 정(鄭)씨, '벼슬의 으뜸'이라는 대제학(大提學)[20]을 최다 배출한 가문은 연안(延安) 이(李)씨와 광산(光山) 김(金)씨, 왕비를 최다 배출한 가문은 청주(淸州) 한(韓)씨, 무과 급제자를 최다 배출한 가문은 김해(金海) 김(金)씨라고 한다.

---

19) 행인지 불행인지는 예단할 수 없다는 뜻으로, 전한 대의 『회남자(淮南子)』가 출전이다. 고사성어로는 드물게 한중일 3국의 한자가 제각각이다. 중국은 새옹실마(塞翁失馬), 일본은 새옹가마(塞翁が馬)라 쓴다.
20) 가장 명예로운 벼슬로, 서울대학교 총장이나 교육부장관에 해당한다.

# 제73회 ~ 제76회

### ◈ 상서령 법정

219년 5월 조조가 마침내 한중을 포기하고 퇴각하자, 유비는 내친김에 양자인 유봉(劉封)과 의도태수 맹달(孟達)에게 형주 북서부의 상용(上庸)을 공격하게 한다. 맹달이 방릉태수인 괴기(蒯祺)<sup>1)</sup>를 죽이고 들이닥치자, 상용태수 신탐(申耽)은 동생인 신의(申儀)와 함께 유비에게 순순히 항복했는데, 신탐이 발 빠르게 처자를 성도에 인질로 보내니 이에 안심한 유비가 신탐에게 태수직을 그대로 맡기고는 정북장군에다 위향후를 더해 주었다.

익주를 얻은 유비가 조조와의 정면 대결에서 이기고 한중을 차지한 것도 모자라, 양양 공략의 교두보인 상용까지 빼앗았으니 그 기세에 천지가 진동했다. 이에 유비는 219년 7월 문무백관의 추존에 의해 한중왕(漢中王)에 오르니, 유주 탁군에서 처음 일어난 지 35년 만에 '59세의 나이로' 인생의 절정기를 맞이한 것이다.

한중왕이 된 유비는 마초를 좌장군·관우를 전장군·장비를 우장군·황충을 후장군으로 하여 사방(四方) 장군으로 삼았다. '오호대장군(五虎大將軍)'은 연의가 정사의 사방장군에다 조운을 더해 만들어 낸 미칭(美稱)이다.<sup>2)</sup> 유비는 또한 입촉 이래 최고의 군략가였던 법정(法正)을 문관의 수장인 상서령에

---

1) 얄궂게도 제갈량의 큰누나와 결혼했으니, 제갈량의 자형(姊兄)이었다.
2) 조운의 위상은 기록상 관·장·마·황보다는 한참 아래였다. 장비와 마초는 가절(假節)을, 관우는 최상위인 가절월(假節鉞)을 받았다. 그런데도 정사가 이들의 열전을 『관장마황조전』으로 묶어놓은 것이다. 『수호전』에도 '오호장(五虎將)'이 등장할 정도로 비슷한 설정이 유행했다.

보했는데, 이 때문에 유비가 제갈량보다도 법정을 후대한 것이란 해석도 있다. 사실 유비는 유장의 항복을 받아낸 시점부터 이미 법정을 관우·장비·제갈량과 동등하게 대우했었다. 유비가 자신을 따른 지 얼마 되지 않은 법정을 얼마나 신임했는지 쉽게 알 수 있다.[3]

법정은 다만 '자기 관리에 철저하고 매사에 신중했던' 제갈량과는 결이 많이 다른 인물이었다. 거친 성품에 인덕이 부족했던 법정은 성격만큼이나 전략을 펼치는 데도 거침이 없었으며, 천하의 제갈량도 항상 법정의 지모와 책략에 감탄했다고 한다. 심지어 조조조차 "내가 꾀를 낸다는 이들은 거의 수하에 두었으나, 법정만은 품지 못했구나"라고 말했다는 기록이 전할 정도다.[4] 그런데 이같이 유비의 기대를 한 몸에 받았던 법정이 불과 1년 뒤 45세의 이른 나이로 안타깝게 세상을 떠난다. 법정의 돌연사는 유비의 황금기가 섬광처럼 스러짐을 뜻하는 것이기도 했다.

천재적 지략가였던 법정은 모난 성격과 방종한 품행 탓에 곽가(郭嘉)와 비교될 만하다. 차이가 있다면 인재가 차고 넘친 조위는 곽가의 요절을 어떻게든 극복할 수 있었다는 점일 것이다. 하지만 인재가 태부족인 촉한에 있어 방통에 이은 법정의 죽음은 국가적 재앙이었고, 얼마 뒤 이릉에서 그 파장이 여실히 입증된다.[5] 문제는 그뿐이 아니었다. 나라의 동량(棟樑)인 제갈량에게 군략(軍略)이란 무거운 짐까지 지우는 바람에, 제갈량의 명마저 재촉하고 말았다. 국가에게 인재가 얼마나 귀중하고, 개인에게 건강이 얼마나 소중한지 뼈저리게 느끼도록 하는 대목이다.


### ◈ 좌장군 우금

유비는 한중에서 하후연과 한창 싸울 당시 형주(강릉)의 관우로 하여금 번

---

3) 유비는 '관우·장비도 아닌' 법정에게만 유일하게 시호(諡號)를 내렸다.
4) 연의 속 제갈량의 신산(神算)은 실제론 법정의 몫이라는 게 정설이다.
5) 제갈량조차 법정이 있었다면 유비를 말려 전쟁을 피했을 것이라 했다.

성의 조인을 마크하도록 했으며, 이러한 전략은 나름대로 효과를 거둬서 장안에 주둔한 조조가 번성의 상황을 살피느라 하후연을 적극적으로 지원하지 못하는 결과를 낳았다.

218년 10월 후음(侯音)이 남양태수를 붙잡고 반란을 일으키자, 조인은 이를 진압하기 위해 번성을 나와 완현으로 향한다. 이때 강릉성의 관우가 빈틈을 노려 북진했으나[6], 조인이 생각보다 일찍 후음의 반란을 진압하고 번성으로 귀환하는 바람에 대치 상태가 이어진다. 그런데 한중의 전황이 '조조가 출진했는데도' 유비 쪽으로 급격히 기울게 되자, 잠복해 있던 조위의 혼란상이 이곳저곳에서 불거졌고, 이를 다시없을 기회라고 여긴 관우가 대군을 동원해 포위전에 나서니 이른바 번성포위전이다.

유비가 한중왕에 오른 219년 7월, 한중에서 퇴각하여 장안에 머무르던 조조는 우금(于禁)에게 7군[7]에 달하는 대군을 주고 관우의 포위망에 고립된 번성의 조인을 구원토록 한다. 그동안 상급부대의 지휘관은 친족인 조씨나 하후씨에게만 맡겨 온 조조였는데, 하필 이때 조식(曹植)이 술에 취해 군명을 받지 못하는 촌극이 벌어졌고, 조조가 이에 대노하여 조식의 관직을 박탈한 뒤 신임하던 우금에게 대군을 주고 전권을 맡긴 것이었다.[8]

조조가 연주를 얻은 192년경부터 30년 가까이 셀 수 없는 전공을 세운 필두 무장 우금으로선 독립 부대의 사령관으로 도약할 시험대나 마찬가지였

---

6)  유비가 처음부터 적극적인 공격을 지시했는지, 아니면 관우가 상대의 허점을 파악하고 독자적 판단으로 공격에 나섰는지는 알 수 없다. 연의는 '조위가 동오와 결탁해 관우를 치려는 계획을 탐지한' 제갈량이 상황 타개를 위해 관우에게 번성 공격을 지시한 것처럼 각색했다.

7)  7군이면 무려 8만 명 안팎이다. 1군의 편제는 대략 10,000~12,500명으로, 중군(中軍)과 중군을 둘러싼 전·우·좌·후군이 각각 2,000~2,500명이었다. 단, 이때의 7군은 개념이 달라서 3만이었다는 분석도 있다.

8)  조조가 조식에게 조인의 구원을 명한 시점은 '우금이 아니라' 서황을 보낼 때였다고도 하나, 본서는 맥락상 '7군을 이끈' 우금 때로 봤다.

다. 그런데 우금은 '장료나 장합처럼' 기회를 잘 살리기는 고사하고, 그동안 쌓아 온 명성마저 한 방에 날려버렸다. 우금이 지독한 전란의 와중에도 꿋꿋이 살아남은 데에는 운도 많이 작용했을 것인데, 그 운이 이때 이르러 다했는지 가장 중요한 시점에 결정적 불운 몇 가지가 겹쳐지고 말았다.

첫 번째 불운은 커다란 장맛비로 인해 전군이 수몰된 상황에서 '육로로 내려온' 우금과 달리 '한수(漢水)를 건너온' 관우에겐 때마침 배가 있었다는 점이고, 두 번째 불운은 부장 방덕(龐德)이 '홍수로 속수무책임에도' 항복하지 않고 끝까지 싸우다 죽는 바람에 항복한 우금과 또렷하게 비교된 것이며, 마지막 불운은 기세등등했던 관우가 갑자기 몰락하면서 우금이 '조조군도 아닌' 손권군에 구출되어 한없이 처량한 몰골로 호송된 점이다.[9]

사실 우금의 투항이나 방덕의 충절 모두 선뜻 이해하기 어려운 면이 있다. 전사(戰死)를 가장 명예롭게 여겼던 시대에 30여 년이나 목숨을 아끼지 않고 전장을 누빈 말년의 우금이 맥없이 투항해 초라한 포로가 된 것도 이상하지만, 조조를 따른 지 3년 남짓인 방덕이 사촌형 방유(龐柔)[10]가 이미 유비를 섬기고 있었는데도 조조에게 충의를 지키다 죽은 일도 놀랍기는 하다. 4개월 만에 포로에서 풀려난 우금은 조위로 돌아와 2년 뒤에 죽었는데, 생명을 2년 연장한 대가는 너무나 컸다. 살아서는 조비의 조롱에 고통 받았고 죽은 뒤에도 드물게 모욕적인 시호를 받았으며, 개국 공신인데도 유일하게 조위의 묘정(廟庭)에 배향되지 못하였다.

### ❖ 우도독 육손

유비가 한중을 차지하고 상용까지 확보한 사실은 손권을 크게 자극했다. 안 그래도 손오에는 이미 본원적인 변화가 있었는데, 유·손 간의 결속을 최우선했

---

9) 연의는 한술 더 떠 우금을 '방덕이 공을 세울까 걱정하는' 소인배인 동시에, 관우에게 "목숨만 살려 달라"고 구걸하는 졸장부로 취급했다.
10) 연의는 방덕의 친형으로 설정했다. 이름만 전하고 행적은 알 수 없다.

던 노숙(魯肅)이 217년 46세의 나이로 일찍 생을 마감한 것이다.[11] 부고(訃告)를 전해 들은 제갈량도 사흘이나 곡을 했을 정도로 더없이 안타까운 죽음이었다.

손오가 215년부터 호기 있게 추진해왔던 합비 공략[12]이 무위에 그친 데다, 유·손의 분열을 막는 억제기 역할을 담당했던 노숙이 죽고 여몽이 군권을 잡자, 손권은 뜻밖에도 조조에게 화친을 청하고 사돈을 맺는 결정을 내린다. 노숙이 죽은 217년 3월의 일이었다. 이런 상황에 219년 8월 관우가 우금의 대군을 생포하고 핵심 거점인 양양성·번성을 접수하려 하자, 유비의 급팽창에 위협을 느낀 손권은 조조에게 "관우 토벌에 힘을 보태겠다"고 나서는 결정적 오판을 한다. 손오의 태도 변화에는 사실 관우의 책임도 적지 않았는데, 노숙이 죽은 후 '유·손의 결속을 위해' 손권이 제안한 혼사를 관우가 모욕적으로 거절했기 때문이다.[13]

물론 이 당시 관우가 손오에 대한 경계를 늦추게 된 배경은 따로 있었다. 20대 중반부터 15년여를 손가의 필두로 활약한 명장 여몽(呂蒙)[14]이 병석에 눕고, 육손(陸遜)이 새롭게 여몽의 뒤를 이었다는 소식을 접한 것이다. 육손은 부임하자마자 관우를 칭송하는 편지를 보내왔고, 워낙에 자존감이 높았던 관우는 스무 살이나 어린 육손이 무명 장수인 데다 '육가는 본래 손가와 원수지간이었으니[15] 함부로 움직이지는 않을 것'이라 예단하고, 강릉과 공안

---

11)  217년에도 역병이 크게 돌았다는 기록이 있다. 연의 69회에 관로가 점을 친 후 "동오에서 대장이 한 명 죽을 것"이라 말하는 장면이 있다.

12)  장료가 맹활약하는 215년의 2차 합비공방전은 연의 68회에 다뤄진다.

13)  손권이 관우에게 딸을 보내는 것이라면 모를까, 관우로선 '딸을 보내면 손권의 인질이 될 뿐'이라 여겼을 수 있다. 관우가 손권의 혼인 제안을 유비와 자신을 이간하려는 계책으로 판단했다는 분석도 있다.

14)  관우와의 악연 때문인지 연의에선 각광받지 못하고 저평가되었다.

15)  손책이 육손의 작은 할아버지인 여강태수 육강(陸康)을 공격해 육씨 일가 50여 명을 몰살시켰다. 손권은 손책의 딸을 육손에게 시집보내는 등 오군의 유력 호족인 육씨와의 화해를 위해 애썼으며, 정작 끝까지 손오를 지킨 가문은 육항(陸抗)·육개(陸凱) 등의 오군 육씨였다.

의 병력을 빼내서 양·번 포위전에 가세하도록 했다.

하지만 육손은 주유·노숙·여몽 못지않은 걸출한 능력의 소유자로, 훗날 승상에까지 오르는 손오의 대들보였다. 특히 육손은 손오의 요절 징크스를 깨고 환갑을 넘기며 오래도록 활약했고, 덕분에 『정사 삼국지』에 맹주가 아니면서도 단독 열전(列傳)을 남긴 둘뿐인 거물 중 한 명이 되었다.[16] 육손은 또한 '촉한의 천적'으로도 잘 알려져 있는데, 그 질긴 악연이 이때부터 시작되었다.

### ◈ 남군태수 미방

관우가 우금의 7군을 모조리 생포하고 양양성·번성을 몰아붙이고 있었을 즈음, 본거지인 강릉은 남군태수 미방(麋芳)이 지키고 있었다. 강릉이 남군에 속했기에 미방은 형주에서 관우 다음가는 위치였으며, 유비의 평생 은인으로 '제갈량보다도 관위가 높았던' 미축(麋竺)의 동생이었으니 그 위세가 상당했을 것이다.

문제는 관우와 미방의 사이가 좋지 않은 데서 비롯되었다. 서주의 대호족이었던 미방은 20여 년 전에 조조가 태수와 동급인 '상(相)'을 제안했는데도[17], 유비를 믿고 따라나섰던 인물이다. 미방으로선 형과 함께 막대한 가산을 유비에 투자해 일생일대의 승부를 걸었던 차라, 일개 무부(武夫)였던 관우가 자신을 함부로 대하는 데 대해 심한 모욕감을 느꼈을 법하다. 반면 곧은 성품에 자존심이 유달리 강했던 관우는 아랫사람에겐 따뜻하고 상류층엔 엄격했다. 전쟁을 목전에 둔 시기에 관리 부실로 많은 군사물자를 소실한 미방의 무책임을 묵과할 수 없었을 것이다.

---

16)  나머지 한 명은 당연히 제갈량이다. 정사 『제갈량전』의 분량은 『육손전』의 2.5배쯤 되며, 심지어 군주인 유비의 『선주전』보다도 많다.

17)  이미 편장군이었던 미축도 이때 조조로부터 영군태수를 제안받았으나 뿌리치고 유비를 따랐다. 조조가 미축·미방의 재력을 탐내 억지로 짜내서 만든 자리긴 했지만, 당시 유비의 실상을 생각하면 분명 특별한 선택이었다. 서주대학살이 이들의 결정에 영향을 미쳤을 소지가 크다.

관우는 "사대부에게는 교만했지만, 병졸들은 잘 대해주었다"라는 기록이 남아 있는데, 우금에게서 생포한 3만여 병사를 죽이지 않고 어떻게든 살려보려 했던 판단이 결과적으로 큰 화를 불렀다. 미방이 이미 상당한 물자를 화재로 태워 먹은 마당에 본대만큼이나 많은 수의 포로를 먹이려면 후방의 보급이 절실했지만, 미방은 제갈량이나 순욱이 아니어서 역부족이었고 오죽하면 손오의 영토에서 곡식을 들고 오는 일까지 벌였다. 이 사건은 결국 손권의 분노를 자아냈고, 상황은 걷잡을 수 없이 악화되었다.

일찍부터 미방을 불신했던 관우는 원활치 않은 보급이 미방의 태업(怠業) 때문이라 믿어 분노했다. 반대로 미방으로선 '관우의 지시는 애초부터 감당할 수 없는 요구'라고 여겼을 테니 "내가 돌아가면 반드시 죄를 묻겠다"는 관우의 추궁[18]이 한없이 부당하게 느껴졌을 것이다. 누구의 책임이었든 관우가 우금을 사로잡고 조조조차 두려움에 떨게 한 지 고작 두 달 만에 미방이 강릉성을 들어다 손권에게 바치고 항복하였으니[19], 본거지를 잃고 전방에 고립된 관우는 병량과 군수물자의 보급이 끊김은 물론 퇴로까지도 완전히 차단되어 풍전등화의 위기에 빠지고 말았다.

한편 미방은 손권에 귀부하여 나름 영화를 누리지만, 우번(虞翻)에게 노골적으로 조롱당하는 등 항장으로서 마음 편히 지낸 것 같지는 않다. 반면 미축은 동생의 배신에 충격을 받아 제정신이 아니었다. 이에 미축이 스스로를 결박하고 죄를 청했지만, 유비는 불문에 부치고 이전과 다름없이 대했다. 미축은 온화하고 인정이 많았지만, 동생인 미방과는 이상하게 사이가 나빴다. 남에겐 잘해도 가족과는 마찰을 빚는 사례가 흔하긴 하지만, 미축 역시 동생과의 반목이 돌이킬 수 없는 재앙을 부른 꼴이다.

미축과 우애가 깊었다면 미방의 투항도 없었을 것이고, 미방이 강릉성을

---

18) 유비에게 가절월(假節鉞)을 받은 관우는 관리를 죽일 권한이 있었다.
19) 강릉성은 적벽대전 참패 후에도 조인이 1년 넘게 지켜낸 철옹성이었다. 특히 관우가 10여 년간 꾸준히 보수해 놓아 재탈환도 난망이었다.

지켰다면 촉한의 국력은 한층 단단해져 건국의 일등 공신인 미씨 가문은 촉한 최고 명문가의 위상을 더욱 굳힐 수 있었음이 분명하다. 동생의 배신을 부끄럽게 여겨 화병을 얻은 미축은 2년을 못 넘기고 세상을 떠났는데, 알궂게도 221년은 유비가 황제에 오른 해였다. 유비에 베팅한 일생일대의 승부수가 '잭팟(Jackpot)'을 터뜨린 것치곤 허망하기 그지없는 결말이었다.

### ◈ 우장군 서황

삼국지 독자의 대부분은 위·촉·오의 결말을 이미 알고 있어서 번성포위전을 전후한 상황을 대수롭지 않게 생각하기 마련이지만, 유비에게 한중을 내준 데 이어 번성으로 구원 간 우금의 대군마저 관우의 손에 떨어졌으니 조조가 느꼈을 불안감은 경악할 만한 것이었다. 한실 부흥을 표방한 유비가 승전을 거듭하며 중앙을 압박해 오자, 그간 불만을 숨기고 있던 무리가 잇따라 반란을 일으켰고, 허도 주변 지역에까지 반란 세력이 준동하자 조조는 아예 천도를 고려하는 지경까지 몰리게 되었으니 말이다.

번성에서 위나라의 수도인 업(鄴)까지는 꽤 거리가 있다고 해도, 황제가 있는 한나라 수도 허도까지는 300km에 불과했다. 더구나 이 경로는 이렇다 할 장애물이 없는 평지여서, 번성을 잃으면 자칫 천자를 내어줄 수 있고, 황실 후손을 자처하는 유비가 정말이지 헌제를 영접하는 날에는 조조가 '협천자 이후' 20년 넘게 공들여 쌓은 탑이 하루아침에 무너질 수 있는 형국이었다.

무슨 수를 써서라도 번성을 지켜야 했던 조조는 완에 주둔시켰던 서황(徐晃)은 물론 대오(對吳) 전선의 핵심인 합비의 장료(張遼)까지 총동원한다. 조위의 필두 중에 '진창에서 한중의 유비군을 막고 있는' 장합(張郃)을 제외한 최정예 모두를 한 곳에 몰아서 투입한 격이었다.[20] 공교로운 사실은 서황과 장료가 모두 관우와 친분이 두터웠다는 점이고, 장료의 도착 전에 서황이

---

20) 악진은 장료와 함께 합비를 지키다, 한 해 전인 218년에 죽었다.

관우를 물리치는 바람에 연의가 둘에 대한 잣대를 달리하게 된다.

서황은 사례 하동군 출신으로 관우와 동향이었다. 연의에선 대부(大斧, 큰 도끼)를 쓴다는 설정이 붙고 엄청난 용력이 강조되지만[21], 실은 안팎으로 엄격하고 매사에 신중한 성품에다 지용(智勇)을 겸비한 명장이었다. 지장(智將)으로서의 면모는 이때도 드러나는데, 정사에 따르면 서황은 '휘하 병사의 다수가 급히 모은 신병이라, 당장 관우와 정면승부를 벌여서는 승산이 없다'고 보고 시간을 벌면서 훈련에 매진하며 병력 충원을 기다렸다. 빨리 개전하라는 성화가 빗발쳤음에도 이를 오롯이 감내한 서황은, 마침내 공격 태세가 갖춰지자 먼저 번성 북쪽에 위치한 언성부터 탈환했고, 이로써 관우가 열 겹으로 둘러쌌다는 번성 포위망에 균열이 생기자, 파죽지세로 관우의 진영을 일점돌파하여 대승을 거둔다. 따지고 보면 '미방의 갑작스러운 배신으로' 손권에게 강릉·공안을 빼앗긴 사정과는 별개로[22], 서황의 분전으로 관우의 본진이 뚫리면서 양·번의 전황이 완전히 역전된 것이었다.

연의 76회엔 관우와의 사적인 관계보다 공적인 책무를 우선하는 '서황의 사람됨'을 잘 보여주는 장면이 나오는데, 이는 정사의 주석을 그대로 옮긴 것이다.[23] 사실 삼국지 세계관에선 공사(公私)를 엄격히 구분하는 인물을 높이는 경우가 많지만, 서황의 상대는 하필 관우여서 충의(忠義)가 아닌 비정(非情)으로 간주되고 말았다. 서황은 관우를 궁지로 몰아 연의에서 저평가되었으니, 만약에 장료가 먼저 도착하여 관우를 공격하는 악역(?)을 맡았다면 서황과 장료의 입장이 정반대로 되었을 터라, 연의의 한결같은 '아시타비(我是他非)[24]'에는 아무래도 동의하기 어렵다.

한편 서황이 관우를 물리치고 번성을 구해내자, 크게 기뻐한 조조가 대연회를

---

21)  72회엔 서황의 막무가내에 부장 왕평이 촉에 항복한다는 설정이 있다.
22)  손권이 공격한다는 소식에 사기가 떨어졌으니, 관계가 없지는 않았다.
23)  서황과 관평·관우의 일기토는 물론 '정사에는 없는' 연의의 창작이다.
24)  내 경우엔 옳고 남의 경우엔 틀렸다는 '내로남불' 의미의 신조어다.

열고 각 진영을 순시했다고 한다. 사졸들이 조조의 얼굴을 보려고 꿈틀대느라 대열이 흐트러지는 와중에도, 서황의 군영만은 함부로 움직이지 않아 조조가 감탄했다는 기록이 남아 있으며, 연의도 76회에 이를 살짝 각색하여 싣고 있다.

## ◈ 횡해장군 여상

연의에서 형주(荊州)만큼 '자주 등장하면서도 혼란스러운' 지명은 없을 것이다. 위·촉·오가 치열하게 다퉜던 요충지 형주는 그 자체로 '미니 삼국지'의 무대였기 때문이다. 난리통에 후한의 행정 단위가 자주 바뀌긴 했지만, 형주에는 대체로 7개 군이 있었다. 보통 북쪽의 남양(완)·강하·남군을 형북 3군, 남쪽의 무릉·장사·계양·영릉을 형남 4군이라 한다. 당시 형주는 장안 중심의 관중(關中)과 업 중심의 하북(河北) 다음으로 발전된 지역이었기 때문에 중앙의 난리를 피하고자 많은 사람이 형북으로 몰려들었고, 사람들이 몰리니 물산이 자연스레 풍부해졌다. 천하를 노리는 세력들의 치열한 쟁탈전이 형주에서 벌어짐은 당연한 일이었다. 특히 장강의 큰 물줄기가 형주의 중심부를 여러 갈래로 가르고 있어서, 위·촉·오가 분할 점령하기에 좋은 지형이기도 했다.

형주의 맹주였던 유표의 본거지는 양양성이다. 따라서 유표가 등장하는 대목의 '형주'는 양양(襄陽)을 이른다.[25] 반면 관우의 거점은 강릉성이라, 이때의 '형주'는 물론 강릉(江陵)을 말한다. 그렇다고 연의 속 형주가 양양이나 강릉만을 의미하지도 않는다. 일례로 연의 75회에 여몽이 관우의 봉화대를 무력화시킬 때도 "형주를 함락했다"는 표현이 나오는데, 이때는 여몽이 남군으로 진입해 공안과 강릉으로 향하는 길목을 차지했다고 이해하면 좋을 것이다. 양양과 강릉을 포함한 삼국지 무대의 대부분이 남군에 속한 지역임이 흥미로운데, 인

---

25) 양양성과 번성은 강을 사이에 두고 마주하여 보통 세트로 묶이니, 번성을 포함한다고 봐도 무리가 없다. 유비도 유표의 객장이던 시절에는 양양성과 완성 사이의 신야성을 지키다가 번성에 주둔했었고, 양양성의 유종이 조조에 항복하자 번성을 내주고 도주할 수밖에 없었다.

구로는 남양군이 남군의 3배나 되었지만 남군의 전략적 가치가 높은 탓이었다. 예나 지금이나 지정학(地政學, Geopolitics)이 전쟁을 부르는 법이다.

연의는 73회에서 관우가 가공인물 하후존을 죽이고 양양성을 빼앗았다고 서술하고 있다. 만약 관우가 연의의 설정처럼 양양성을 취했다면, 설령 강릉과 공안을 손권에게 빼앗겼다고 해도 전황은 180도 달라졌을 것이다. 아니 양양성을 차지했다면, 조인의 농성전은 물론 미방의 투항 따위는 벌어질래야 벌어질 수 없었다. 하지만 정사의 관우는 3면이 강으로 둘러싸인 천혜의 요새 양양성을 얻지 못했다. 관우는 일단 양양성을 포위해 외부와 차단하고, 한수(漢水)를 건너 번성의 외성(外城)을 먼저 빼앗은 후, '사령관 조인이 버티고 있는' 번성을 포위했던 것이다. 북안의 번성을 취하게 되면 남안의 양양성은 저절로 떨어지기 때문이었다.

이때 주목해야 할 인물이 양양성을 지킨 여상(呂常)이다. 연의에선 관우의 위풍에 '싸워 보지도 못하고 도망치는' 볼품없는 모습으로 등장하지만, 정사의 여상은 관우의 포위망에 완전히 고립되고도 끝까지 버티는 수훈(首勳)을 세웠다. 물론 관우가 번성 공략에 집중한 덕도 있었지만, 우금이 생포되고 조인마저 퇴각을 고민하던 절체절명의 위기에서 흔들림 없이 결사 항전한 여상의 용기는 보통 사람의 것이 아니었다. 만약 관우가 일찍 양양성을 손에 넣었다면 전쟁의 구도가 딴판으로 달라졌음은 명백하고, 천하의 형세 자체가 다른 양상으로 전개됐을 여지가 크다.

관우의 초반 기세는 천지를 뒤흔들었지만, 번성의 조인이 '수몰된 상태로' 계속 버텼고 고립된 양양성의 여상도 항복하지 않은 채 조조가 총동원령을 내려 대군을 투입하자, 반대로 관우가 중과부적(衆寡不敵)이 되고 말았다. 서황이 총공세를 펴기 전에 조조가 따로 보내준 병력만 2만이 넘었는데, 이에 맞선 관우의 보기(步騎)는 5천에 불과했다니 어쩔 도리가 없던 것이었다.

관우가 냉정하게 형세를 판단했다면, 서황의 대군이 앞을 가로막고 뒤로는 육손과 여몽이 치고 올라오는 시점에 하루빨리 전군을 물렸어야 했다. 하지만 절대 요충인 양·번을 함락 직전까지 몰아넣었던 관우로선 이를 포기하기 쉽지 않았고, 서황의 대군에 패하고 나서야 양·번의 포위를 풀고 퇴각을 결정했다. 이때 조인이 성을 나서 추격하려 했지만 의랑 조엄(趙儼)[26]이 나서서 "손권이 지금은 우리에게 순종하는 듯 보이지만, 실상은 전황을 살피고 있을 뿐이니 만약 우리가 관우를 추격하면 손권의 태도가 바뀔 가능성이 있습니다"라고 만류하자, 이를 옳다고 여기고 단념했다. 얼마 뒤 조조의 "절대 추격하지 말라"는 지시가 있었으니, 조엄의 판단은 딱 들어맞았다. 서황의 군사로 참여해 결정적 조언으로 승전에 이바지한 조엄은 훗날 벼슬이 사공에 이르고 정사에 『조엄전』까지 남긴 거물이지만, 연의에선 이때의 한 장면에 단역처럼 등장한 탓에 여상과 마찬가지로 존재감이 없다. 하기야 관우를 꺾는 데 힘을 보탠 인물이니 당연한(?) 일이다.

### ⊛ 부군장군 유봉

연의 76회는 서황에게 패한 관우가 일단 양양으로 가려다[27], "형주(강릉)가 여몽에게 함락되었다"는 소식을 듣고 맥성으로 방향을 틀어, 상용의 유봉과 맹달에게 구원병을 요청하는 서사를 담고 있다. 정사의 관우가 '포위 중이던' 양양성으로 본대를 돌려서 함락을 시도하지 않은 데 안타까움을 느끼는 독자도 있겠지만, 양양성은 그 자체로 공략이 어렵고 이미 강 건너편에 서황의 대군이 눈을 부릅뜨고 있는 데다, 강릉성을 점령한 여몽이 뒤를 노리고 있었으니 가능할 리 없었다. 그렇다고 강릉성을 탈환할 수도 없는 것이, 관우가 10년을 다스리며 튼실히 축조해 놓았기 때문이다. 말 그대로 사면초가(四面楚歌)에 빠진 꼴이었다.

---

26) 171~245년. 영천군 출신이며 역시 순욱의 추천으로 조조에 사관했다.
27) 연의가 "관우가 이미 양양성을 취했다"고 설정해 놓았기 때문이다.

다만 정사에 따르면 관우가 유봉과 맹달에게 원병을 요구한 시점은 서황에게 패한 뒤가 아니라, 양·번의 포위를 시작한 219년 8월 즈음부터였다. 불행하게도 이때는 유봉·맹달로서도 상용을 차지한 지 한두 달밖에 안 되었을 때였고, 심지어 이 둘은 지휘권 다툼을 벌이고 있어서 원군을 보낼 만한 여유가 없긴 했다.

유봉(劉封)은 유비의 양자로, 본래 성은 구(寇)였다. 이성(異姓) 양자가 드문 시절이고 "유씨의 조카였다"는 기록도 있어, 모계로 유씨 혈통이거나 '본래 유씨였는데 구씨로 양자를 갔을 것'이란 해석도 있다. 연의 36회엔 유비가 유선(劉禪)을 낳은 상태에서 유봉을 양자로 맞았다고 나오지만, 친아들이 있는데 일부러 이성 양자를 들였을 가능성은 없고, '유봉의 입적'은 207년생인 유선의 임신 전이라는 추정이 설득력 있다. 유비에게선 "처자를 버렸다"는 기록이 몇 차례나 발견되니 단지 아들이 없었을 뿐 딸은 여럿 있었는데, 난임(難妊)이 아니었던 유비가 처첩을 더 늘리지 않고 이성 양자를 얻은 것은 당시로선 드문 일이었다. 실제로 유비는 유선 이후로도 두 명의 늦둥이 아들을 더 얻는다.

물론 유봉을 양자로 들일 때의 유비는 유표의 객장 신분에 머물렀다. 오십을 바라보던 유비가 15년도 안 되어 왕위에 오르리라 예상한 사람은 없었을 터다. 유봉 입장에선 입적되자마자 양아버지가 승승장구한 데다, 그 과정에서 자신도 나름 무공을 세웠으니 '복권이라도 당첨된 듯' 행복감에 젖었을 법하다. 그런데 유비의 입신(立身)이 왕좌(王座)에 달하고 친아들인 유선이 무탈히 유소년기를 넘기자, 양자인 유봉의 처신이 매우 곤란해졌다.

감식안이 대단한 유비였으니, 유봉은 장점이 많은 인물이었을 것이다. 제갈량도 "강맹(剛猛)하다"고 평가했으니 남다른 용력을 과시했던 모양이고, 전략 거점인 상용을 맡긴 사실로만 봐도 유비의 기대를 짐작할 수 있다. 그런데 혈기왕성한 20대의 유봉은 초조함인지 자격지심(自激之心)인지, 맹달에게 무리하게 권위를 세우려다 관우를 구원하지 못하는 치명적 실책을 범한다. 유봉이 일개 무장이었다면 '남다른 용력 때문이라도' 구명할 방도를 찾아야 했겠지만, 유비의 양자라는 신분이 사태의 핵심이었고 결국 제갈량이 유비에게 유봉의 제거를 권하고 나선다.

절대적 요충지인 형주를 구원하러 가지 않은 데다, 다른 사람도 아닌 관우의 죽음에 책임이 있었으니, 유봉이 돌이킬 수 없는 대죄를 지었음은 분명하다. 하지만 죽는 순간만이라도 양부인 유비에게 효심을 드러냈다면 얼마간은 '정치적 희생'으로 비칠 수도 있었을 텐데, 정사의 유봉은 "위나라로의 항복을 권한 맹달의 말을 듣지 않은 것이 참으로 한스럽구나"라는 뻔하고도 어리석은 유언을 남긴 탓에 동정의 여지마저 깨끗이 없애 버렸다.[28]

만약 유봉이 "잘못된 판단으로 숙부의 죽음을 막지 못해 너무나 한스럽고, 무엇보다 아버지의 사랑과 기대에 부응하지 못해 죽어서라도 뵐 면목이 없다"와 같은 모범적 유언을 남겼다면, 평가가 달라지지 않았을까? 말보다 행동이 중요하다지만 행동을 전하는 수단도 결국엔 말이니, 언제나 말이 가장 무서운 법이다.

### ◈ 주부 요화

연의 76회에서 손오의 포위망을 뚫고 유봉·맹달에게 구원병을 요청하는 역할을 맡은 요화(廖化)는 연의와 정사의 기록에 상당한 차이가 있는 인물이다. 정사에 따르면 요화는 한중공방전 무렵부터 유비를 따르기 시작했고, 관우 밑에서 주부(主簿)[29]로 일하다가 강릉이 함락될 때 손오에 포로로 잡히는 신세가 된다. 그런데 연의는 관우가 오관돌파를 시작하는 27회로 요화의 등장을 대폭 앞당겨서 출연 분량을 늘린 반면[30], 엉뚱하게 '황건적 잔당'이란 꼬리표를 붙여 변변찮은 이미지를 가지도록 만들었다.

---

28) 정사의 유봉은 명에 따라 자결했지만, 연의 79회는 분노한 유비가 즉각 참수한 것처럼 각색했다. 양아들을 참수했다니, 연의가 좀 심했다.

29) 문서나 기록을 담당한 관리. 한중공방전 당시 양수(楊修)가 주부였다.

30) 이때는 미부인·감부인에 의해 거절당하지만, 60회부터 관우를 따른다.

보통 촉한의 인물들은 유비를 따라 갖은 고생을 겪다가 한중공방전 즈음부터 기지개를 켜고 호강(?)하기 시작하는데, 요화는 정반대로 한중공방전 무렵에야 유비를 따르고 얼마 뒤 포로 신세가 된 후, 천신만고 끝에 탈출에 성공해 유비에게 돌아오는 매우 특별한 이력을 지닌 인물이다. 다만 초년의 큰 고생이 액땜이었는지, 이후로는 위기를 잘 넘기며 80세 가까이 초장수한다.

'사관한 지 얼마 되지도 않은' 양양 명문가 출신의 요화가 고생 끝에 강릉을 탈출하여 성도로 돌아오자, 관우의 죽음과 형주의 상실로 엄청나게 상심하고 있던 유비는 큰 위안으로 삼고 요화를 각별히 아꼈다. 요화의 출셋길이 활짝 열리게 된 셈이다. 요화는 훗날 촉한의 거기장군에 오르지만 『요화전』이 따로 전하지는 않고, 종예(宗預)[31]의 열전에 몇 줄의 기록이 달려 있다. 그런데 요화의 충의를 높이 산 연의가, 45년 이상 관록을 먹으며 촉한의 흥망성쇠(興亡盛衰)를 처음부터 끝까지 지켜본 '산중인' 요화의 비중을 대폭 늘린 덕에 독자의 기억에 또렷이 남게 되었다.

요화는 현대 중국에서도 노장(老將)의 대명사처럼 여겨지고 있으며, '호랑이 없는 굴에는 여우가 왕'이란 말과 의미가 통하는 "촉한에 대장이 없으면, 요화가 선봉에 선다[32]"는 격언이 널리 쓰인다고 한다. 참고로 요화의 기록이 실려 있는 열전의 주인공인 종예는 특이하게도 요화와 판박이처럼 커리어가 비슷했던 인물이다. 하지만 종예는 연의에서 딱 한 장면에만 등장하여 사실상 엑스트라 취급이니, 연의로 인해 신분(?)이 달라지면서 요화와 종예의 사이에 하늘과 땅만큼의 차이가 생기고 말았다.

---

31) 189?~264년. 남양군 출신. 입촉 때 장비를 수행했고 제갈량의 주부를 거쳤으며 말년엔 진군대장군에 올랐다. 촉이 멸망하고 낙양으로 호송되는 과정에 병사했다. 비슷한 경력의 요화도 낙양 호송 중에 병사했으니, 동일인으로 오인할 정도다. 둘은 형주 출신에다 동년배였다.

32) 蜀中無大將(촉중무대장), 廖化作先行(요화작선행).

### ◈ 관우의 죽음

여몽에게 강릉과 공안을 뺏긴 것도 모자라, 육손이 의도와 방릉 일대를 점령하며 퇴로를 차단하고, 장흠이 물길까지 막아 버리자 보급인 끊긴 관우군은 해체되기 시작했다. 맥성에 꼼짝없이 갇힌 관우는 수만 군세에 포위된 상태에서도 기적처럼 한 달을 버텨 내지만, 도무지 원군이 당도할 기미가 없자 손권에게 항복하는 척하면서 탈출을 시도한다.[1] 관우는 성 꼭대기에 깃발로 사람 형상을 만들어 놓고는 고작 10여 기와 함께 도주했는데, 이미 주연과 반장이 길목마다 지키고 있어서 기어이 붙잡히고 만다.

연의는 관우가 맥성에서 한 달을 버틸 동안 유비가 원군을 보내지 못한 이유를 설명하기 어려웠는지, 관우가 219년 10월에 붙잡혀 참수당한 것처럼 시점을 앞당겼지만 실제로는 12월의 일이었다. 관우가 우금을 대파하고 생포한 때로부터 4개월, 미방·부사인이 항복한 지 2개월이 되도록 유비가 원군을 보내지 않은 이유는 기록이 없어 지금까지도 미스터리다. 『유엽전』에 "관우와 유비는 도의상으로는 군신 관계지만, 그 은혜는 마치 부자의 관계와도 같다"는 언급이 있으며, 한중을 얻기 전 '익양 대치' 때도 유비가 5만 대군으로 구원했으니 말이다. 『선주전』은 "관우가 조인을 공격하고 번성에서 우금을 사로잡았는데, 갑자기 손권이 관우를 습격해 죽이고 형주를 차지했다"고만 적고 있다.

흔히 "삼국지를 읽으면서 눈물을 세 번 훔친다"고 한다. 그중에서도 관우

---

1) 연의는 관우의 '거짓 항복' 사실을 생략한 채 도주 과정을 적고 있다.

가 참수되는 이때의 충격은 훗날 유비나 제갈량이 죽을 때와는 차원이 다른 여운을 남긴다. 관우의 죽음은 삼국지 최대의 사건이다 보니 나관중본은 관우가 참수되었다고 묘사하지 않고, 『삼국지평화』처럼 "관우가 하늘의 부름을 받아 승천(昇天)했다"는 서사를 채택했었다. 모종강본이 나오기 전까지만 해도 신격화된 관우의 죽음을 매우 조심스레 다뤘음을 알 수 있다. 심지어 삼국지평화에선 관우의 승천조차도 직접적인 묘사를 피하고, "손오와 조위의 장수들이 형주에 이르러 성인이 하늘로 돌아가셨음을 전했다"라며 에둘러 표현하고 있다. 게다가 이 장면은 삼국지평화 전체 분량의 85%가 경과한 부분에 나오니, 마치 관우의 죽음으로 삼국지가 끝난 것처럼 느껴질 정도다.[2]

위·진(魏·晉)을 중심으로 써졌고 무장의 평가가 많지 않은 『정사 삼국지』에서, 곽가·정욱·유엽·주유·여몽·육손처럼 진영을 대표하는 인물들이 입을 모아서 적장의 무용을 칭송한 사례는 관우가 유일하다. 관우는 1400여 년 뒤에 신격화되기 전부터도 시대를 초월하는 명장으로 꼽혀 왔는데, 당나라 때 무성왕(武成王) 강태공(姜太公)의 묘에 배향된 고금(古今) 명장 64인 명단에도 포함되었고[3], 송나라와 명나라 때도 빠짐없이 무묘(武廟)에 배향되었다가, 신격화 이후인 청나라 때에 이르러선 숫제 강태공을 제치고[4] 무성왕의 자리에 올랐다. 역대 왕조를 두루 거치면서도 굳건했던 관우의 명성은 결코 허명(虛名)이 아닐 것이다.

관우를 본격적으로 높인 인물은 관우 사후 900년 뒤 북송(北宋)의 제8대 황제였던 휘종(徽宗)이었다. 『수호전』에서 '축국(蹴鞠)을 좋아하는' 무능한

---

2) 이러한 '특별 대접' 때문에 관우에 반감을 갖는 독자들도 있긴 하다.
3) 삼국지의 등장인물로는 관우 외에도 황보숭·장비·주유·여몽·육손·육항·장료·등애·양호·왕준·두예가 포함되었다. '충무후(忠武侯)' 제갈량은 이들보다도 한 단계 격이 높은 '역대 양장(良將) 십철(十哲)'로 선정되었다.
4) 연의 77회엔 맥성에 갇힌 왕보(王甫)가 관우에게 "설령 강태공이 살아온다 해도 지금은 어쩔 도리가 없습니다"라고 말하는 장면이 있다.

황제로 등장하는 송 휘종은 촉한 당시 후작(侯爵) 신분이던 관우를 1102년 공작(公爵)으로 올리더니 곧이어 왕작인 무안왕(武安王)에 봉했다. 민간에서 굉장히 높아진 관우의 인기를 등에 업으려 했던 결과다. 하기야 관왕묘(關王廟)만 해도 전국적으로 4만여 곳에 달했다니 무리는 아니었다.

송 휘종 다음으로 관우에 공들인 황제는 명나라 제13대 신종(神宗) 만력제(萬曆帝)다. 임진왜란 때 조선에 원군을 보내 준 황제로 잘 알려진 만력제는 1578년 관우의 위상을 황제로 올렸고, 1613년엔 아예 신격화하여 쐐기를 박았다. 이로부터 오래지 않아 '완성형 삼국지'가 출판되기 시작했으니, 여기엔 당시의 사회 분위기가 반영된 측면이 크다. 흥미롭게도 송나라 휘종과 명나라 신종은 모두 그릇된 종교적 믿음에 빠진 암군(暗君)이었다. 관우를 높인 데에는 상당 부분 정치적 의도가 있었을 것이다.

유비가 한중의 지배권을 굳힌 뒤 6개월도 안 되어, 관우가 죽고 형주를 잃은 것은 촉한으로선 치명적 결과였다. 제갈량의 천하삼분지계를 지지했던 노숙의 이른 죽음과 손오와의 결속을 가볍게 여긴 관우의 오판으로 적벽대전 이후 10년 넘게 정성껏 구축해 놓은 강릉 일대의 지배권을 잃은 것이며, 이후로 유비가 양·번 쪽에서 조위에 위협을 가할 기회는 다시 주어지지 않았다.

한편 유비의 복수를 걱정했던 손권이 관우를 산 채로 조조에게 보내지 않고 죽여서 수급을 보낸 대목에서, 관우에 대한 손권의 원한과 두려움을 헤아릴 수 있다. 주석엔 관우의 수급을 받아든 조조가 제후의 예로서 후하게 장사(葬事)를 지내 주었다는 기록이 있다. 조조는 얼마 뒤에 세상을 떠나게 되니 투병 중에도 관우의 장례를 챙겼다는 얘기가 되며, 한창 격렬한 싸움이 이어지는 와중에 적장의 장례를 엄수한 일화는 동서고금의 전쟁사에서 비슷한 사례를 찾기 힘들다고 한다. 임진왜란 때 왜군 대장 고니시 유키나가(小西行長)가 동래부사 송상현(宋象賢)의 충절에 감복해 송상현을 살해한 부하를 죽이고 정중하게 장례를 치렀다는 일화가 전하긴 하지만, 고니시는 정작 동래성 백성들의 씨를 말린 당사자였다. 정치적 목적의 퍼포먼스였음이 자명하다.

### ◈ 조조의 죽음

연의 78회는 관우의 원혼에 고통 받는 조조를 묘사하고 있는데, 물론 연의의 창작이다. 화타(華陀)의 등장 역시 연의의 각색으로, 실제로 화타를 죽인 장본인이 정사의 조조이긴 했지만 십 년도 더 지난 옛날 일이었다.[5] 다만 억지로 배나무를 옮기려 들자 뿌리에서 피가 솟구쳤고, 이 일이 있고 나서 조조가 곧바로 병석에 누웠다는 에피소드는 연의가 주석의 기록을 옮긴 것이다.

조조는 이미 66세의 고령이었지만, 조조 사후에 상당한 내부 혼란이 발생했으니 예상 밖의 죽음이었던 모양이다. 조조는 관우가 죽고 한 달 만인 220년 1월에 낙양에서 죽었는데, 만약 조조의 죽음이 백일만 빨랐다면 조인이 농성을 포기하고 번성을 내주었을 여지가 아주 컸다. 의미 없는 가정이지만, 그랬다면 삼국의 역사가 전혀 다른 방향으로 전개됐을 가능성이 농후하다.

정사에 따르면, 평소 사치를 경계한 조조는 "천하가 안정되지 못하여 옛 법을 따를 수 없으니, 장례가 끝나면 모두 상복을 벗도록 하라. 군을 이끄는 장수들은 마땅히 둔영을 떠나지 말고, 관리들은 각자의 직임을 다하라. 평상복으로 염(殮)하고 금·옥·진귀한 보물 따위는 묻지 말도록 하라"는 유언을 남겼다. 그런데도 연의는 "가짜 무덤 72개를 만들어 내가 어느 무덤에 묻혀 있는지 모르게 하라. 혹시라도 뒷사람들이 내 무덤을 파헤칠까 걱정이다"라고 유치하게 고쳐 놓았고, "조조는 첩들을 동작대에 살게 하면서, 매일 기녀를 불러 음악을 연주시키고 제사 지내게 했다"는 괜한 설명도 붙여 놓았다. 끝내 조조를 응징

---

5) 화타가 독화살을 맞은 관우를 치료한 일화가 유명해, 『수호전』에도 이야기꾼이 이 대목을 소개하는 장면이 나오지만 사실이 아니다. 다만, 관우가 팔을 쨀 때는 수술 중에 태연히 고기를 안주 삼아 술을 마셨다는 기록은 『관우전』 본문에 전한다. 고대 중국에도 외과술이 있었으나, "부모에게 받은 몸을 훼손하면(?) 안 된다"는 유교의 영향으로 쇠퇴했다. 화타는 연의 15회의 주태를 치료하는 장면에서 처음 등장한다.

하지 못하고 순순히 죽게 놔둔 결말이 연의는 영 마땅치 않았던 것이다.

연의는 정사 속 조조의 담담한 유언을 요란스레 포장했지만, 정반대로 조비(曹丕)의 실제 승계 과정은 연의의 묘사보다 훨씬 급박하고 떠들썩하게 진행되었다. 세자가 된 지 겨우 2년 남짓인 조비가 '유씨가 아닌' 이성왕(異姓王) 신분으로 무사히 왕위를 이을 수 있느냐 하는 문제는 조정 안팎에서 초미의 관심사였고, 조조의 그림자가 그만큼 컸기 때문이다. 유비에게 한중을 빼앗기고 허도 주변에까지 반란 세력이 준동한 일이 불과 몇 달 전 사건이라, 안으론 '조조의 죽음을 대외에 공표해야 되냐'의 여부를 두고 대신들끼리 격론을 벌였고, 밖으론 피 튀기는 변란이 일어날 것을 걱정하여 군영을 이탈하는 병사가 속출했다고도 한다.

특히나 대군을 거느린 둘째 아들 조창(曹彰)[6]이 때마침 조조의 부름으로 낙양에 와 있던 것이 골치 아픈 문제였다.[7] 주석엔 이때 조창이 동생 조식(曹植)에게 "부왕께서 나를 부르신 까닭은 바로 너를 세우고자 하셨음이 아니었겠느냐?"라고 물었고, 이에 조식이 "형님은 원씨 형제를 보지 못하셨습니까!"라고 딱 잘라 거절했다는 기록이 있으니, 자칫 원가의 혼란상이 재현될 뻔했다. 조비는 이때의 교훈 때문인지, 제위에 오른 뒤 형제들이 봉토를 벗어나지 못하도록 엄격히 통제했다. 그리고 조비가 3년 뒤인 223년에 형제 중 조창만을 따로 황도로 소환했을 때, 관저에 머물던 조창이 의문사하는 변고가 터지고 만다.[8] 조비의 승계 과정에 상당한 우여곡절이 있었음을 짐작하게 하는 사건이다.

중국사 제일의 군주로 꼽히는 당 태종[9]은 "여타의 군주와 비교하면 내가

---

6) 맨손으로 맹수를 때려잡는 용력이 있었고, 218년 오환의 반란을 깨끗하게 진압하는 등 만만찮은 전공도 세웠다. 아들 중엔 조창만이 무장이 되길 원했는데, 왜소했던 조조는 위풍당당한 조창을 각별히 아꼈다.

7) 연의는 조창이 일부러 장안에서 10만 대군을 끌고 온 걸로 각색했다.

8) 주석에는 없지만, 『세설신어』는 조비가 조창을 독살했다고 적고 있다. 조식도 꾸준히 국정 참여를 열망하지만, 조비가 철저히 외면한다.

9) 唐太宗(598~649년). 선비족 출신의 당나라 제2대 황제. 진수의 『삼국지』를 정사(正史)로

뛰어나다 하겠지만, 위 무제(조조)와 비교할 순 없다"고 추켜세울 정도로 조조를 극찬했다. 실제로 조조는 전쟁과 내치에 모두 탁월하고 정치 감각과 예술적 재능까지 두루 갖췄으니, 적잖은 성격적 결함에도 불구하고 능력 면에선 흠잡을 데 없는 당대의 천재였다. 진수(陳壽) 또한 정사를 쓰면서 '시대를 뛰어넘은 걸출한 인물'이라는 뜻으로 초세지걸(超世之傑)이라 평한 바 있다. 비록 진수의 처지가 위·진(魏·晉)을 중심으로 기록할 수밖에 없었다 해도, 지극히 높은 평가였음에는 틀림이 없다.

반면에 조조가 죽고 150년 뒤에 태어난 배송지(裴松之)는 이런저런 눈치를 볼 필요가 없었기에 『무제기』에 긍·부정을 가리지 않고 방대한 주석을 달아 놓았다. 배송지 덕분에 조조의 입체적 면모가 드러나는 일화가 많이 전해지고 있으며, 이를 바탕으로 한 재평가가 오늘날에도 다양하고 꾸준하게 이뤄지고 있다.

오랫동안 간웅(奸雄)으로만 치부되던 조조가 온당한 평가와 함께 복권(復權)된 데에는 중국 건국의 아버지인 마오쩌둥(毛澤東)의 역할이 결정적이었다. 연의의 애독자로 유명했던 마오쩌둥은 공식 석상에서 연의의 고사를 인용하는 경우가 아주 많았는데, 특히 조조를 거론한 사례는 기록으로 전하는 것만 30차례가 넘는다고 한다. 스스로를 조조에 비유하곤 했던 마오쩌둥은 "결국 인민을 위해 좋은 정치를 펼쳤던 인물은 바로 조조"라고 정의한 반면, 유비에 대해선 "부도덕한 지배계급인 한나라를 부흥시키겠다는 야심이 있었을 뿐"이라고 냉정하게 평가한 바 있다.

### ◈ 의도태수 맹달

연의 79회는 왕이 된 조비가 헌제(獻帝)를 더욱 핍박하는 데 분노한 유비

---

공인하고 전대(前代) 왕조사를 편찬했다. 중원의 황제이자 이민족에겐 가한(可汗)이었던 진정한 지배자로, 고구려-당 전쟁에서 연개소문(淵蓋蘇文)과 치열하게 다퉜다. 휘는 이세민(李世民)으로, 본명이 이이(李耳)였던 노자의 후손임을 자처하고 도교를 우대했다.

가 "손권을 쳐서 관우의 원수를 갚은 뒤, 조비를 응징하겠다"고 다짐하는 장면을 담고 있다. 이때 유비는 요화의 간원을 받아들여 유봉과 맹달을 먼저 단죄하기로 하며, 그 과정에서 팽양(彭羕)의 역심을 알아채고 즉각 처형한다. 팽양은 유비에게 능력을 인정받아 벼락출세했으나, 성공에 취해서 남을 깔보고 스스로를 과대평가하다, 결국 좌천된 후 불경한 언행으로 37세에 처형된 인물이다. 『팽양전』엔 맹달이 나오지 않지만, 연의가 절묘하게 맹달과 연결하여 극적 개연성을 더해 놓았다.

사실 관우가 죽은 219년 12월과 맹달이 배반하는 220년 7월 사이에 벌어진 구체적 사안들은 기록으로 남은 것이 없다. 연의가 기록의 공백을 풍부한 상상력으로 메우고, 설득력 있게 이야기를 구성한 것이다. 한편 연의는 이 대목에서 "맹달이 수하 50여 기와 함께 위나라에 투항했다"고 그 의미를 애써 축소하고 있지만, 실제론 맹달이 무려 2만여 무리를 이끌고 조위로 귀부했으니, 상심한 유비에게 커다란 충격을 안겨 준 일대 사건이었다.

맹달(孟達)은 아버지 맹타(孟佗)의 이력부터가 특이점이 있는 몹시 흥미로운 인물이다. 재산은 많았어도 신분이 낮았던 맹타는 십상시(十常侍)의 수장인 장양(張讓)의 감노(監奴, 노비의 우두머리)에게 재물을 뿌려 친분을 쌓았다. 이에 감복한 감노가 '호의에 보답하고 싶다'는 뜻을 전하자, 맹타는 "단지 사람들 앞에서 나를 정중히 맞아 주시기만 하면 됩니다"라고 말했다고 한다. 최고의 권력 실세인 장양의 집 앞은 항상 수많은 빈객으로 붐볐는데, 감노가 나와서 맹타에게 절을 하자 사람들은 맹타가 장양과 가까운 사이인 줄로 알고 귀한 선물을 바치기 시작했다. 맹타는 쏟아지는 선물을 수시로 상납했고, 이에 크게 만족한 장양이 맹타를 전격 량주자사에 발탁했다는 거짓말 같은 일화가 있다.

아버지 이상으로 언변과 글재주가 출중했던 맹달은 벼락출세한 아버지 덕에 좋은 환경에서 배우고 자라면서 근사한 외모도 갖췄다. 좋은 인상 덕분인지 맹달은 오락가락 행보로 배신을 거듭했음에도, '사람의 마음을 사는' 특별한 재주로 꿋꿋하게 살아남았다. 오죽하면 맹달을 삼국지 최고의 호남으로 꼽을까 싶다.

왕위에 오른 지 얼마 안 된 조비는 맹달의 귀순으로 상용을 되찾게 되자 대단히 기뻐했다. 아버지 조조가 잃었던 땅을 수복했다는 사실이 자신의 왕위 승계 명분을 더해 준다고 여겼기 때문이다. 게다가 '감수성이 유별난' 조비는 맹달의 근사한 외모를 아주 마음에 들어 했다. 맹달의 변덕을 의심한 측근들의 만류가 있었는데도, 조비는 "맹달의 반듯한 얼굴을 보면 신뢰가 간다"며 믿음을 거두지 않았다. 미남자는 삼국지 세계관에도 여럿이 있지만, 맹달만큼 외모 덕을 본 인물은 쉽게 떠오르지 않을 정도다. 하기야 천하제일 안목의 유비마저 현혹했던(?) 맹달이다. 조비쯤 속여 넘기는 것이야 누워서 떡 먹기였는지도 모른다.

## ◈ 위 문제 조비

220년 1월에 조조가 타계한 뒤 위왕(魏王)에 오르고 한나라 승상도 겸하게 된 조비(曹丕)는 '양양성과 번성을 계속 지키기엔 힘만 들고 별 실익이 없다'고 불쑥 마음먹고는, 느닷없이 조인에게 "두 성을 불태운 뒤 완으로 옮기도록 하라"는 명을 내린다.[10] 뒤늦게 사마의(司馬懿)가 나서서 양·번은 요충지이니 결코 포기해선 안 된다고 진언하자 다시 회복하긴 하지만, 명장병에 걸린 것처럼 '아버지 조조의 거대한 그림자를 지나치게 의식하는' 조비의 행보는 앞으로 드러날 난맥상을 예고하는 듯했다.

조비는 왕이 되자마자 "3월엔 황룡, 8월엔 봉황이 나타났다"며 억지로 왕조 개창의 분위기를 띄우더니, 220년 10월에 이르자 마침내 헌제로부터 제위를 선양 받고 위나라 초대 황제인 문제(文帝)로 등극한다. 426년 전 유방

---

10) 연의는 조비가 양양성과 번성을 비웠던 사실을 언급하지 않는다.

(劉邦)이 건국했고, 중국 문명을 넘어 동아시아 문화권의 뿌리라고 할 수 있는 한나라가 이때 멸망한 것이다. 고려와 조선이 모두 500여 년을 존속한 우리로서는 별다른 감흥이 없지만, 유구한 중국 역사에서 한나라보다 오래 존속한 통일 왕조는 없으며, 특히 한나라는 북방 이민족이 아닌 한족(漢族)이 세운 나라여서 그 상징성이 더욱 컸다.

선양(禪讓)은 혈연이 아닌 사람에게 평화적으로 왕위를 물려주는 중국의 독특한 승계 방식이다. 전설적 황제인 요(堯)가 순(舜)에게, 그리고 순이 다시 우(禹)에게 왕위를 물려줬다는 고사에서 유래했으며[11], 혈연에게 물려주는 양위(讓位)와는 다른 개념이자 유교적 이상의 실현으로 여겨진다. 주권(主權)을 가진 국민이 국가원수를 선출하는 현대의 민주주의 감각으론 이해하기 어렵지만, "인력(人力)이 아닌 천명(天命)에 따라 정통성 있는 천자(天子)가 된 것"이란 유교적 가치관이 반영된 권력 승계였다.

선양을 처음 시작한 이는 200여 년 앞선 신나라의 왕망(王莽)이다. 하지만 신(新)은 15년 만에 멸망하여 중국의 통일왕조 계보에는 포함되지 않기 때문에, 보통 헌제-조비 때를 본격적 선양의 첫 번째 사례로 본다. 조비 이후론 선양이 유행처럼 번져서, 이로부터 6~7백 년 동안의 중국 왕조 교체는 대부분 선양의 형식을 빌려 이루어지며, 오대십국시대에 접어들어서야 사라진다.

헌제(獻帝)를 강제로 끌어내리기는 했지만, 선양이라는 평화적 이양의 모양새를 갖췄기 때문에 조비는 헌제를 죽이지는 않고 산양공(山陽公)으로 격하시키기만 했다. 또한 헌제가 한나라 황제였다는 점을 감안하여, 헌제가 '새 황제인 조비에게' 신하의 예를 갖추지 않아도 되도록 배려했다. 연의는 "헌제가 곧바로 시해당했다"고 적고 있지만, 정사의 헌제는 봉지(封地)인 하내군 산양현에서 14년이나 더 살다가 54세의 나이로 자연사했다.

---

11) 요-순-우의 선양은 연의 8회에도 언급되나 거짓이란 견해도 많다. 이미 춘추전국시대부터 순자(荀子)와 한비자(韓非子)가 부정한 바 있다.

다만 "유비가 헌제의 시해 소식을 접했다"는 내용은 연의의 각색이 아니라 기록된 사실이다. 당시엔 실제로 헌제가 죽었다는 소문이 널리 퍼졌었다고 한다. 헌제는 제대로 된 권위를 가진 적이 거의 없는 불행한 황제였지만, 후한의 황제들이 워낙에 단명한 탓에 재위 기간 자체는 두 번째로 길고, 공작(公爵)의 작위도 서진(西晉)이 멸망하는 무렵까지 꾸준히 후손에게 이어졌다.

### ◈ 한 황제 유비

헌제의 시해 소식을 접한(?) 유비는 대성통곡하면서 발상(發喪)하고, 헌제를 효민황제로 추존했다. 유비는 "조비가 한나라를 멸했으니, 응당 한나라의 뒤를 이어야 합니다"라는 대신들의 간원을 계속 물리쳤지만, 여러 길조(吉兆)가 잇따르고 제갈량까지 나서서 "제위에 오르지 않으시면, 장차 따를 사람이 없게 됩니다"라고 진언하자, 221년 4월 드디어 한나라 황제에 오른다.[12]

촉한이 한나라를 이었음은 연호(年號)만 봐도 알 수 있다. 중국의 자연철학인 오행사상(五行思想)[13]에 따르면 화덕(火德, 상징색은 붉은색)인 한나라를 잇는 것은 토덕(土德, 상징색은 노란색)이다. 앞서 언급했지만 184년에 "한나라를 대신해 새 세상을 열어 보자"며 일어섰던 사람들이 누런색 두건을 쓴 것도 마찬가지 이유였다. 조비 역시 위나라 제실을 세우면서 황초(黃初)로 연호를 정했고, 훗날 오나라 황제가 되는 손권도 황무(黃武)·황룡(黃龍)이란 연호를 쓰게 된다. 하지만 한나라 계승을 천명한 소열제(昭烈帝) 유비는 달랐으니, 장무(章武)로 연호를 정한다.

---

12) 전한(前漢)·후한(後漢) 등과 구분하기 위해 편의상 촉한(蜀漢)으로 부르는 것일 뿐, 한 (漢)을 이었으니 공식 국호는 당연히 '한(漢)'이었다.

13) 우주 만물의 변화를 나무(木)·불(火)·흙(土)·쇠(金)·물(水)의 다섯 가지 기운으로 압축해 설명하려고 했던 사상. 『서유기(西遊記)』에서 손오공이 봉인되는 산이 바로 오행산 (五行山)이다. 서구권에도 '5행과 의미가 통하는' 4원소설이 고대 그리스에서 등장해 근대 이전까지 서양 과학의 주류였다. 이는 만물이 흙(Terra)·불(Ignis)·물(Aqua)·공기 (Ventus)의 4원소(元素)로 이루어졌다는 주장으로, 5행과는 불·물·흙이 겹친다.

유비는 한나라의 제도를 대부분 그대로 따랐다. 제갈량을 승상(丞相)으로 허정(許靖)은 사도(司徒)로 삼고, 마초와 장비를 각각 표기장군·거기장군으로 임명했다. 마초를 계속 장비의 상급자로 예우하고, 군부 최고위직인 대장군을 일부러 비워 둔 조처가 눈에 띈다. 그리고 왕비 오씨를 황후로, 유선을 황태자로, 둘째 아들 유영(劉永)과 셋째 아들 유리(劉理)를 각각 노왕(魯王)과 양왕(梁王)에 봉했다. 이렇듯 촉한 황실의 정비를 마친 유비는 드디어 관우의 복수에 나선다. 관우가 죽고 1년 반만의 일이었다.

■ 주요 인물명 – 촉한

|  | 자(字) | 중문 간체 (영문) | 일본어 (–는 장음) |
|---|---|---|---|
| 유선 | 공사(公嗣) | 刘禅 (Liu Shan) | りゅうぜん (류-젠) |
| 조운 | 자룡(子龍) | 赵云 (Zhao Yun) | ちょううん (쵸-운) |
| 마초 | 맹기(孟起) | 马超 (Ma Chao) | ばちょう (바쵸-) |
| 황충 | 한승(漢升) | 黄忠 (Huang Zhong) | こうちゅう (코-츄-) |
| 위연 | 문장(文長) | 魏延 (Wei Yan) | ぎえん (기엔) |
| 법정 | 효직(孝直) | 法正 (Fa Zheng) | ほうせい (호-세-) |
| 방통 | 사원(士元) | 庞统 (Pang Tong) | ほうとう (호-토-) |
| 강유 | 백약(伯約) | 姜维 (Jiang Wei) | きょうい (쿄-이) |
| 마속 | 유상(幼常) | 马谡 (Ma Su) | ばしょく (바쇼쿠) |

# 제81회 ~ 제84회

## ◈ 장비의 죽음

221년 4월 한나라 황제가 된 유비는 마침내 손오를 응징하기로 결심한다. 헌제가 조비에 의해 살해된 줄로 알았던 유비가 위나라를 놔두고 오나라를 공격한 것은 사적 복수심에서 비롯된 일생일대의 오판이었다. 이에 대해 "손권이 남형주의 지배권을 굳히기 전에 서둘러 공격할 필요가 있었다"거나 "한 황제에 올랐기에 손가와 구원(舊怨)이 있는 형주인의 호응을 기대할 만했다"는 등의 다양한 변호가 있지만, 승산이 불분명한 상태에서 무리하게 국운(國運)을 걸고 도박한 셈이니 변명의 여지가 없다.[1]

다양한 의견을 폭넓게 수용하던 사람도 최고 결정권자가 되면 귀를 닫아버리는 경우가 적지 않다. '내가 가장 높은 자리까지 올라온 것만 봐도, 결국엔 내 판단이 옳았다'라고 믿는 확증편향(確證偏向)이 작용하기 때문이라고 한다. 실패를 거듭할 땐 귀를 열고 몸을 낮췄던 유비 역시 황제에 오르자 돌변했는데, 만고(萬古)의 충신인 조운을 비롯해 수많은 신하의 극구 반대에도 불구하고[2], 일부 신하를 하옥하는 '유비답지 않은' 무리수를 쓰면서까지 돌이킬 수 없는 원정을 감행하고 말았다. 연의의 서사처럼 '관우의 복수'가 그만큼 중요했다고 볼 수도 있지만, 그렇듯 단순하게 보기엔 제대로 설명되지 않는 지점이 너무 많다.

설상가상으로 원정을 준비하던 유비에게 또다시 청천벽력과도 같은 비보

---

1) 이릉대전 참전 장수 중 형주 출신인 풍습·요화·마량·부용·보광(輔匡)·방림(龐林)·습진(習珍)·번주(樊伷) 등은 고향의 수복을 염원했을 것이다.
2) 제갈량은 제갈근의 존재 때문에 적극적으로 입장을 낼 수가 없었다.

(悲報)가 전해진다. 221년 6월 1만 군사를 이끌고 선봉으로 출진하려던 장비 (張飛)가 수하 장수들의 손에 어이없이 죽임을 당한 것이다. 향년 57세였다. 장비의 갑작스러운 죽음은 어찌 보면 유비의 폭주에 제동을 걸 마지막 기회 였지만, 장비를 죽인 범강(范彊)과 장달(張達)이 수급을 가지고 손권에게 도망치는 바람에 도리어 유비의 복수심만 잔뜩 부채질하고 말았다.

유비가 대도독의 중책을 맡긴 인물은 '이름도 낯선' 풍습(馮習)이었다. 전·후·좌·우의 사방장군 중에서 관우·장비·황충은 이미 죽었고 마초는 북방을 방비하고 있었으니, '차·포(車·包)가 없이' 전쟁에 나선 격이었다. 연의는 황충의 목숨을 연장해 이릉대전에 참전한 것처럼 각색했지만, 황충이 살아 있었다면 풍습에게 대도독을 맡겼을 리 없다. 야전군 지휘관이라기보다 근위대장을 주로 역임했던[3] 조운은 누구보다 원정을 반대했던 때문인지 후방 지원을 담당했고, 오호대장군 다음가는 위연은 최전방인 한중을 책임지고 있어서 빼내 올 수 없었다. 물론 정사의 유비는 그 자신이 정상급 지상전 (地上戰) 지휘관이었지만, 줄곧 인재난에 허덕였던 촉한의 민낯이 여실히 드러나는 안타까운 진용이었다.

장비는 관우와 함께 당대를 호령한 호걸 중의 호걸이었다. 기록으로 전하는 구체적 활약상은 많지 않지만, '관장지용(關張之勇)'이라는 말이 생겨날 정도로 용맹함의 대명사로 인정받아 왔다. 오죽하면 『수호전』 초반부의 주인공인 임충(林沖)의 별호가 '소장비(小張飛)'이며, '표두환안(豹頭環眼)·연액호수(燕頷虎鬚)'라는 외모 묘사까지 그대로 옮겨 놓았다. 장비는 일찍부터 인간적인 면모가 부각되어 『삼국지평화』에선 아예 주인공으로 등장하는데, 사실 아랫사람들을 잘 대해준 이는 관우였고 장비는 그 반대였다는 점이 흥미롭다. 이 같은 역설은 무력 평가에서도 드러난다. 사실 정사의 장비 기록

---

3) 조위의 허저(許褚)가 정사·연의 가릴 것 없이 역할이 비슷하다. 연의의 허저는 여포·마초·조운·전위·주태 등과 일기토를 벌여 밀리지 않기에, 『KOEI 삼국지』에서도 시리즈마다 조위 최강의 무장으로 등장한다.

은 매우 부실하여 눈에 띄는 전공이라고 해봐야 장판교에서의 맹활약과 입촉 당시의 평정 과정, 그리고 한중공방전에서의 승전이 전부다. 의외로 안티(?)가 적지 않은 관우에 비해 기록된 전공이 많다고는 할 수 없는데도, 장비의 무용에 대해 의구심을 갖는 시각은 없다시피 하다. 아마도 삼국지 세계관에서 무신(武神)의 지위를 점하고 있는 여포(呂布)와 호각으로 묘사되는 데다, 연의가 수많은 일기토 장면을 창작해 넣은 덕분일 것이다. 정사의 기록이 많이 알려지면서 다양한 재평가가 이뤄지고 있는 오늘날에도, 유독 장비에 대한 평가는 별로 달라진 부분이 없으니 이채롭다.

유비가 한나라 황제에 오르는 데 있어 일등 공신을 꼽는다면 단연 장비일 것이다. 장비의 두 딸이 모두 유선(劉禪)과 결혼해 황후가 된 사실만으로도, 장비의 기여에 대한 당대의 평가를 확인할 수 있다. 다만 두 딸 모두 유선과의 사이에서 황태자를 낳지는 못했다.[4] 한편 장비의 아내는 놀랍게도 조조의 동서인 하후연(夏侯淵)의 조카딸이었다. 200년 당시에 36세였던 장비가 13세의 하후씨와 맺어진 것으로, 장비가 하후씨를 납치한 약탈혼이었다는 설도 있고 조조에 의한 정략결혼이었다는 설도 있다.

연의에서 장비의 명성을 이어 대활약하는 장남 장포(張苞)는 실제론 아버지보다도 먼저 죽었다. 둘째 아들인 장소(張紹)는 장수하여 훗날 서진에서도 벼슬을 하지만, 천하제일의 용장이었던 아버지와 달리 문관이었다. 관우가 신격화되는 바람에 살짝 빛이 바랬지만 장비도 원나라 혜종[5] 때에 무의충현영렬영혜조순왕(武義忠顯英烈靈惠助順王), 줄여서 조순왕(助順王)으로 추존된다. 그다지 주목하는 사람이 없지만, 이때만 해도 장비는 관우나 제갈

---

4)  유선(劉禪)의 장남인 황태자 유선(劉璿)은 장비의 큰 딸인 경애황후의 시녀였던 왕귀인이 224년에 낳았다. 劉璿은 15세에 태자로 책봉된다.

5)  惠宗(1320~1370년). 성은 보르지긴, 이름은 토곤 테무르. 원나라 제11대이자 마지막 황제로, 고려인이었던 기황후(奇皇后)의 남편이다.

량 못지않은 열자(十字) 왕호(王號)를 가졌던 셈이다.[6]

### ◈ 오왕 손권

　복수에 혈안이었던 유비에 엄청난 두려움을 느낀 손권은 황제가 된 조비에게 번국(藩國)[7]이 되기를 거듭 청했다. "한실도 아니고 위나라에 굽혀서 왕위를 받아서는 안 됩니다"라는 문무백관의 반대를 물리치고 복속을 청한 바였으니, 손권의 근심이 얼마나 컸는지를 쉽게 알 수 있다. 221년 11월 조비도 이에 화답하여 손권을 오왕(吳王)에 봉하고, 화끈하게 구석(九錫)의 특전까지 더해 준다. 그러면서도 정작 손권이 요청한 원군은 보내지 않았으니, 서로가 진실된 마음은 아니었음이 분명했다. 물론 손권으로선 당장에 조비의 남하를 피한 것만 해도 뚜렷한 성과였다.

　손권이 유비와의 싸움을 두려워한 데에는 여몽(呂蒙)의 부재도 상당한 영향을 미쳤다. "여몽에게 관우의 귀신이 들렸다"는 묘사는 물론 연의의 창작이지만, 정사의 여몽 역시 관우가 죽은 지 한 달도 되지 않아 세상을 떠났기 때문이다. 손권은 역병이 크게 번져 전염이 우려되는 와중에도 여몽을 어떻게든 낫게 하려고, 내전까지 내어주면서 전국에서 용하다는 의사와 도사를 있는 대로 불러들였지만, 그 누구도 여몽의 병을 고치지는 못했다.

　여몽은 "그동안 받아 두었던 보물을 모두 관부에 반납하고, 장례는 검약하게 치러 달라"는 유언을 남기고 42세의 이른 나이에 세상을 떠났다. 손권은 '마지막까지 나라를 걱정한' 여몽의 유언을 듣고 더욱 비탄에 빠져, 한동안 곡기(穀氣)를 끊을 정도로 슬퍼했다고 한다. 여몽의 죽음은 유비가 손오 정벌을 결심하는 데도 일정 부분 영향을 미쳤을 것이다. 다만 유비는 여몽이

---

6)　제갈량이 무흥왕(武興王)으로 추존된 것은 동진(東晉) 대의 일로 장비보다 천년이나 빨랐다. 관우가 무안왕이 된 때는 1107년이다.

7)　천자의 울타리 곧 제후국이다. 원(元) 간섭기의 고려는 사실상 원나라의 번(藩)이었고, 명나라나 청나라가 조선을 번국이라 부르기도 했다.

떠난 손오에 진짜 '천적(天敵)'이 버티고 있음은 미처 알지 못했다.

### ◈ 무릉만왕 사마가

유비는 형주 출신인 풍습(馮習)과 장남(張南)을 나란히 대도독과 선봉으로 삼고, 오반(吳班)과 진식(陳式)에게 수군을 맡긴 뒤 '대략 8만으로 추정되는' 대군을 이끌고 출진한다. 연의는 유비군을 '75만 대군'이라 부풀려 적고 있지만, 당시 촉한의 인구를 생각하면 남녀노소(男女老少)에서 '노소'를 제외한 전원이 빠짐없이 전장에 나섰어도 75만은 도저히 나올 수 없는 숫자다. 참고로 1167년 뒤 위화도(威化島)에서 회군을 결정한 이성계(李成桂)의 병력이 많아야 5만이었다. 당시 고려의 인구는 촉한의 몇 배에 달하는 700만 이상이었으니, 유비가 8만 대군을 동원하려면 그야말로 바닥까지 긁어야 했음을 간단히 추산할 수 있다.[8]

그런데 연의는 삼국지 3대 대전으로 꼽히는 이릉대전의 서사를 이처럼 생소한 장수들만으로 끌고 나갈 수는 없다고 판단했는지, 정사의 기록과는 무관하게 관흥(關興)[9]과 장포(張苞)를 전면에 내세우고 황충까지 동원하여 완전히 재구성했다. 이때 관흥은 성도에 머물렀고 장포는 황충처럼 이 세상 사람이 아니었으니, 관흥과 장포가 등장하는 에피소드는 모두가 연의의 창작이다.

서전에서 승리를 거둔 촉군은 자귀현에 주둔했다. 이 무렵 유비는 마량(馬良)을 보내 무릉만(武陵蠻)을 회유하고, 아직 손권의 세력권 밖에 있던 강남 이민족들의 호응을 얻고자 노력한다. 하지만 손권 역시 일찍부터 보즐(步騭)에게 1만 군사를 주고 이를 견제하게 하였으니, 실제로 유비군에 가세한 이민족은 일부에 지나지 않았고 이들을 대표하는 인물이 호왕(胡王) 사마가(沙

---

8) 우리가 상상하는 대규모 동원이 가능해진 시점은 산업혁명 이후다. 1900년에 16억 5천만이던 세계 인구가 100년 만에 4배로 폭증했다.

9) 관우의 차남으로 이때 20세였다. 제갈량이 높이 평가한 인재였지만, 몇 년 후 요절한다. 만력제는 관흥조차 현충왕(顯忠王)으로 추존했다.

摩柯)였다. 사실 사마가란 이름은 『육손전』에 "사마가의 머리를 베었다"라고 한 번 나올 뿐이다. 하지만 연의에선 "붉은 얼굴에 푸른 눈동자를 가졌다"고 묘사되며, 무려 감녕(甘寧)을 사살한 뒤 주태(周泰)와 일기토 접전을 벌이다 가 최후를 맞는 것처럼 공들여 포장되었다. 강남의 이민족 대장인 사마가의 가세가 유비의 손오 정벌에 명분을 더해 줬기 때문이라 추측할 수 있다.

감녕은 이릉대전이 벌어지기 몇 년 전에 이미 죽은 인물이고 주태와의 일 기토도 당연히 연의의 창작이지만, 사마가는 연의에서의 인상적 활약 덕분 에 『KOEI 삼국지』에서 유비군을 지휘했던 풍습·장남·오반·진식 등을 모두 제치고 실제 이릉대전에 참전한 장수 중 가장 무력이 높게 설정되었다. 이는 오환족 선우 답돈(踏頓)·선비족 부의왕 가비능(軻比能)·강족 대장 미당(迷 當) 등의 쟁쟁한 이민족 수령[10]도 누리지 못한 영예(?)라 하겠다.

### ◈ 정북장군 주연

유비가 대대적으로 침공을 개시하자 손권은 육손(陸遜)을 대도독으로 발탁 하여 5만 대군을 주고 막게 한다. 그런데 본래 여몽이 죽으면서 자신의 후임 으로 추천한 인물은 육손이 아닌 주연(朱然)이었다. 2년 전인 번성공방전 때 는 육손을 사령탑으로 택했던 여몽이 정작 대도독 자리엔 주연을 천거한 연 유는 알 수 없지만, 주연이 주치(朱治)[11]의 양자라는 점을 고려했던 것 같다.

양주 단양군 출신인 주치는 '비록 연의에선 존재감이 작지만' 정보·황 개·한당 못지않은 숙장으로, 직급은 오히려 이들보다 높았던 거물이다. 아 들이 없던 주치는 손책에게 "누나의 아들을 양자로 들여 후계로 삼고 싶습니 다"라며 청했고[12], 손책은 이를 허락함은 물론 주연을 데려다 동갑내기인 손

---

10) 연의의 아하소과·아단·월길·철리길·올돌골은 모두 가공인물이다. 아하소과만은 『곽 회전』에 아하(餓何)와 소과(燒戈)라는 강족 수령이 언급된다.
11) 15회에서 손책에게 "원술의 군사로 강동을 취하라"는 조언을 한다.
12) 주연을 양자로 들인 주치는 뒤늦게 아들을 넷이나 낳았다. 때문에 주치가 죽은 뒤 작위

권과 함께 공부할 수 있도록 배려했다. 동문수학하면서 주연의 재능을 알아챘던 손권이 별안간 오주가 되자, 19세였던 주연도 자연스레 중용되기 시작했고, 주연은 맡은 바를 충실히 수행하면서 출세를 거듭했다.

육손보다 한 살 많았던 주연은 편장군 진급도 육손보다 3년이 빨랐고, 환갑이 훌쩍 넘은 주치도 아직 오군태수로서 건재했기 때문에 장군부의 지지를 끌어내는 데 유리한 입장이었다. 그런데도 손권은 주연이 아닌 육손에게 중책을 맡겼고, 상급부대 지휘 경험이 부족했던 육손은 실제로 제장의 지지를 얻어 내는 데까지 다소 어려움을 겪는다. 손권은 동오의 군권을 주유-노숙-여몽-육손에게 차례차례 맡겼는데, 이들은 모두 만 40세 이전에 도독의 지위에 올랐고, 하나같이 특출난 인물들이었다. 손권의 독보적인 안목과 과단성이 유감없이 드러나는 인사라 하겠다.

"160cm도 안 되는 단신이지만, 유독 배짱이 두둑했다"고 전해지는 주연은 훗날 육손의 후임으로 손오의 군권을 잡게 된다. 이릉대전 이후로도 30년 가까이 활약을 계속하는 주연은 육손이 '전임자들과 달리' 손오의 요절 징크스를 깨면서 장수하는 바람에 말년에야 대도독의 자리에 오른다. 그런데도 연의가 주연에게 '관우 죽음의 책임을 물어서(?)' 84회에 조운에게 죽는 것처럼 처리해 버린 탓에 존재감이 사라져 버렸다. 정사의 주연은 사마의가 고평릉사변[13]을 일으켜 조위의 실권을 잡는 249년에야 죽게 되며, 고평릉사변이 연의 107회에 가서야 소개되는 점을 감안하면 대도독급의 거물치고는 아주 이례적인 푸대접(?)이다.

사실 연의는 이릉대전 에피소드에서 시종일관 특유의 집요함을 발휘하여, '정신승리와도 같은' 사필귀정(事必歸正)을 실현한다. 관우의 죽음에 깊이 연루된 미방·부사인·마충·반장·주연은 물론이고, 장비를 죽인 범강·장달까

---

는 친아들이 이었으며, 주연은 본래의 성(姓)인 시(施)를 회복하길 원했으나 손권이 허락하지 않아 아들 대에야 바꾼다.

13)　高平陵之變. 사마의가 정변을 일으켜 실권자였던 조상(曹爽) 일파를 모조리 제거한 사건. 이 결과로 조위가 망하고 진(晉)이 세워진다.

지 '단 한 명도 남기지 않고' 주살하여 마치 통쾌한 복수가 이뤄진 것처럼 서술하고 있으니 말이다. 하지만 안타깝게도 세상의 현실은 사필귀정과 거리가 멀다. 주연과 반장은 죽기는커녕 유비군을 세차게 몰아붙인 공으로 승진하여 한참을 더 살았고, 나머지 인물들도 죽는 건 고사하고 다쳤다는 기록조차 나오지 않는다. 이릉대전에서 대도독 육손이 유비를 상대로 거짓말 같은 압승을 거뒀으니 당연한 얘기다.

　유비의 참패는 적벽대전 때의 조조를 훨씬 뛰어넘는 수준이었다. 촉한을 응원하는 쪽에선 관우·장비의 원한을 시원하게 풀어줄 '화끈한 칼춤'을 기대했겠지만, 연의가 '열심히 붓을 놀려' 죄인(?)을 처단했을 뿐, 유비군은 내세울 만한 전과가 없었다. 서슬 퍼런 연의의 응징을 피한 사람은 육손뿐인데, 이릉대전 이후의 서사를 위해 살려둘 수밖에 없었을 것이다. 사실 연의가 주연을 너무 일찍 죽여버리는 바람에, 후반부 이야기 구성에도 일부 허점이 생겼다. 만약 주연이 이때 육손을 대신하여 대도독을 맡았다면 연의의 처분이 어찌 달라졌을까? 대략 상상이 간다.

### ⊗ 부융과 황권

　이릉대전에서의 촉군의 참패는 700여 리(약 300km)에 걸쳐 길게 늘어진 [14] 진영에서 비롯되었다고 한다. 물론 중국은 워낙 광활해서 400년 뒤 수나라 양제(煬帝)가 고구려를 침략할 때의 행렬은 이보다 더 긴 400km였고, 출발하는 데만 40일이 걸렸다는 기록도 있다. 하지만 이때는 수 양제가 무려 113만 명을 동원한 역사상 최대 규모의 재래식 전쟁이었다. 그렇기에 유비가 8만의 병력을 가지고 300km의 진영을 구축한 데 대해선 의문을 가질 수밖에 없다. 워낙 실감이 안 나다 보니 한편으로 연의 특유의 과장법인가 싶

---

14)　흔히 이릉대전이라고 말하지만, 백제성부터 이도에 이르는 삼협(三峽)의 전지역이 전장이었다. 관도대전이나 적벽대전과는 큰 차이가 있다.

지만 엄연히 정사에 기록된 사실이며, 이는 "분산하여 진격하고, 집결하여 공격한다"는 분진합격(分進合擊)의 원칙을 지키지 않은 대표적 실패 사례로도 꼽힌다고 한다.

연의의 유비는 싸움에 능하지 않은 듯 묘사되지만, 정사의 유비는 '전쟁터에서 잔뼈가 굵은' 정상급 야전 지휘관이었다. 그런 유비가 '조비조차 비웃을' 어리석은 포진을 하게 된 데에는 나름의 사정이 있었다. 221년 7월 촉한의 선봉은 서전에 승리하여 자귀현을 탈환한다. 하지만 이후 형주 중앙으로의 진출이 번번이 가로막히며 일종의 병목 현상이 나타났고, 남쪽의 무릉만을 활용하려던 계획도 손권이 파견한 보즐(步騭)의 방해에 부딪히고 있었다. 갑갑한 전황은 수군이 이릉(夷陵)을 차지하면서 숨통이 트이기 시작했고, 222년 2월 자귀현의 본대도 일단 산을 따라 이도(夷道)까지 진출한다. 이때 예상 밖의 변수가 발생하는데, "촉의 선봉을 꺾겠다"며 의욕적으로 나섰던 손환(孫桓)이 역으로 유비군의 포위망에 걸려든 것이다. 이를 절호의 기회라고 여긴 유비는 "혹시라도 퇴각하는 날엔 물길을 거슬러야 하니, 황제가 전면에 나서시면 안 됩니다"라는 황권(黃權)의 만류를 뿌리치고, 이도와 마주한 '최전선' 효정(猇亭)까지 전진하여 진채를 구축하는 데 이른다. 황족 신분인 손환을 구하러 달려들 손오의 원군을 단숨에 몰아쳐, 조기에 승부를 결정짓겠다는 계획이었다.

그런데 육손(陸遜)은 유비의 예상을 깨고 섣불리 손환을 구하러 들지 않았고, 유비의 유인책에도 말려들지 않았다. 이미 장강을 따라 진영을 길게 구축해 놓은 상황에서 '계획에 없던' 장기전 양상에 접어들자, 촉한은 병량과 군수물자의 보급에 큰 어려움을 겪을 수밖에 없었다. 그렇다면 포위 중인 손환이라도 제압해야 했지만, 이마저도 손환의 결사 항전에 막혀 몇 달 동안이나 교착상태에 빠진다. 여름을 지나면서 상황은 더욱 나빠졌으나, '위축된 육손이 전의를 잃은 것'이라 오판한[15] 유비는 반드시 결판을 내고자 위태로운 진형을 유지한 채 군을 물리지 않았다.

그러던 222년 6월, 숨죽이고 있던 육손이 '드디어 때가 이르렀다'고 판단하고 별안간 총공격을 개시한다. 이때의 전황은 하룻밤 사이에 화공으로 무너져 내린 적벽대전 당시의 오림과도 비슷했는데, 유비의 끈질긴 도발에도 수모를 감수하며 응하지 않았던 육손이 벼락같이 효정의 본진을 기습하자, 풍습과 장남은 창졸간에 목숨을 잃었고 유비마저 속수무책으로 패주했다. 대도독이 죽고 군주가 피신해 삽시간에 지휘 계통이 무너지니, 안 그래도 늘어진 진영 탓에 신속한 연락과 체계적 대응이 힘들었던 촉한군은 차례차례 궤멸되기 시작했다. 전쟁 전부터 유비는 '관우가 죽은 뒤 수군이 형편없이 쪼그라든' 사정을 감안하여 자신 있는 육전(陸戰)으로 승부를 보고자 했지만[16], 육손이 배를 타고 장강을 거슬러 올라가면서 40여 곳의 진지 모두에 불을 놓고 각개격파해 나가자[17], 애초의 구상은 말 그대로 물거품이 되었다.

촉한의 대군은 풍비박산(風飛雹散)이 났다. 풍습·장남·왕보(王甫) 등 촉한의 미래를 책임져야 할 수십여 인재가 일거에 목숨을 잃었고, 반대로 손오의 장수 중엔 이렇다 할 부상자도 나오지 않았으니 전례를 찾기 힘든 참패였다. 특히 '촉한에 정통성이 있다'고 믿고 끝까지 유비에게 충의를 보였던 부융(傅肜)[18]과 정기(程畿), 장차 제갈량을 도와서 국정을 이끌어야 할 마량[19]과 황권을 잃은 것은 두고두고 안타까움을 더한 국가적 손실이었다.

이때 황권은 퇴로가 완전히 끊겨 고립되는 바람에 어쩔 수 없이 위나라에

---

15) 연의에선 마량이 "육손의 재주는 주유에게도 뒤지지 않으니, 깊은 계략이 있을 것입니다"라고 아뢰지만, 육손을 얕본 유비가 일축한다.

16) 오나라 함대는 압도적 규모여서, 오 멸망 당시에도 5천 척이 있었다.

17) 연의는 이때도 '적벽대전과 같이' 거센 동남풍이 불었다고 묘사했다.

18) 연의가 '융(肜)'을 '동(彤)'으로 잘못 읽는 바람에, '부동'으로 등장한다.

19) 연의의 마량은 이때 죽지 않고, 남만정벌 즈음 죽는 것으로 나온다.

투항했는데, 황권을 따라 항복한 인사 중에서 위나라의 열후가 된 이가 42명이고, 장군이나 낭장이 된 인물도 100여 명이나 되었다. 인재가 부족한 촉한으로선 도무지 입이 다물어지지 않는 규모다. 군사와 내정 모두에 능했던 황권은 거기장군에다 의동삼사(儀同三司)[20]에 이르렀는데, 조비와 사마의가 모두 황권의 도량과 호방함을 특별히 아꼈다는 기록이 전한다.[21]

한편 부융의 아들 부첨(傅僉)과 성도에 남겨져 계속 촉한을 섬긴 황권의 아들 황숭(黃崇)은 40년 뒤 촉한을 위해 마지막까지 사투를 벌이다가 나란히 전사한다. 부첨과 황숭의 장렬한 최후에서 부융과 황권의 그림자가 짙게 느껴지는 것도 무리는 아니다.

### ■ 주요 인물명 – 군주

|  | 자(字) | 중문 간체 (영문) | 일본어 (–는 장음) |
|---|---|---|---|
| 손견 | 문대(文臺) | 孙坚 (Sun Jian) | そんけん (손켄) |
| 조비 | 자환(子桓) | 曹丕 (Cao Pi) | そうひ (소-히) |
| 조예 | 원중(元仲) | 曹叡 (Cao Rui) | そうえい (소-에-) |
| 사마의 | 중달(仲達) | 司马懿 (Sima Yi) | しばい (시바이) |
| 사마염 | 안세(安世) | 司马炎 (Sima Yan) | しばえん (시바엔) |
| 원술 | 공로(公路) | 袁术 (Yuan Shu) | えんじゅつ (엔쥬츠) |

---

20) 삼공에 준하는 의례를 한다는 뜻. 동탁을 죽인 여포도 의동삼사였다. 장군호(將軍號)는 거기장군이었지만, 항장이라 군권을 가진 적은 없다.
21) 정사의 평가와 달리, 연의는 85회에 황권을 책망하는 시를 싣고 있다.

# 제85회 ~ 제88회

## ◈ 유비의 죽음

손오 정벌을 위해 동원했던 8만 대군 중에서 형주로 진출한 4만을 졸지에 잃은 유비는 배를 버리고 산길을 택해서 간신히 백제성으로 피신한다. 효정에서 백제성까지는 현재의 도로로 계산해도 300km 가까운 거리이지만, 후방에 머물던 조운이 백제성 구원을 위해 급히 이동해야 했을 정도로 긴박한 상황이었다.[1] 서성과 반장 등은 내친김에 백제성까지 쫓아가자고 주장했지만, 육손은 "조비가 분명 내려올 것이라 더 이상의 추격은 불가하다"며 군대를 물렸다. 222년 8월에는 오군에 의해 퇴로가 끊긴 진북장군 황권이 317명의 수하를 데리고 위나라에 항복했고, 10월에는 조비의 남하에 따른 손권의 화친 요청을 유비가 별수 없이 받아들이면서 이릉대전은 개전 15개월 만에 마무리되었다.

주석에 따르면 유비는 백제성에 온 지 오래지 않아 이질(痢疾)에 걸려서[2], 650km나 떨어진 성도로는 돌아가지 못하게 된다. 유비의 병세가 위중해지자 이듬해인 223년 2월에는 제갈량도 영안궁(백제성)에 도착했는데, 온갖 노력에도 불구하고 유비는 끝내 병석을 털고 일어나지 못했고, 두 달 뒤인 223년 4월 24일(양력 6월 10일)에 63세의 나이로 파란만장한 인생을 마감한다.

유비가 죽은 뒤에야 급하게 장비의 딸을 황후로 삼은 사실로 보아, 전쟁을 시작할 때만 해도 비교적 건강했던 유비가 이릉대전의 처참한 패배로 심신

---

1) 연의의 조운은 쫓기는 유비를 직접 구해내고, 주연(朱然)을 척살한다.
2) Dysentery. 대장의 감염성 질환으로, 설사가 주요한 증상이다. 위생상태가 지금처럼 현저하게 개선되기 전까지만 해도 흔한 질병이었다.

이 피폐해져 죽음을 앞당겼던 것 같다. 이 대목의 연의의 서술은 대체로 정사의 기록을 옮긴 것이나, 유비가 유조(遺詔)를 제갈량에게만 남겼던 것은 아니고 이엄(李嚴)에게도 탁고했다. 유비가 이엄에게 군권을 맡긴 이유는 알 수 없지만, 기존의 익주 세력을 배려한 결정이라 볼 수 있겠다.[3]

유비는 일세를 풍미한 영웅답게 제갈량에게 다음과 같이 놀라운 유언을 남겼다. "승상의 재능은 조비의 열 배에 달하니, 필시 나라를 안정시키고 끝내 대업을 완성할 수 있을 것이오. 만약 내 아들이 보좌할 만한 기량이라면 보좌하되, 만일 그만한 재능이 없다면 승상께서 성도의 주인이 되도록 하시오." 진수는 이에 대해 "나라를 들어 제갈량에게 탁고했으니, 군신의 지극한 공정함은 고금의 아름다운 본보기"라고 극찬했고, 호삼성(胡三省)[4] 역시 "지금껏 유비에 견줄 만한 탁고는 없었다"며 거들었다.

유비는 생전에도 제갈량을 극진하게 대우했고 유선(劉禪)은 이때 겨우 17세였으니, 유비의 유언은 결코 빈말이 아니었을 것이다. 촉한은 제업을 이룬 지 2년에 불과했고, 이릉대전의 참패로 국력이 소진되어 뛰어난 통치력이 절실했으니 말이다. 하지만 흔들림 없이 한실 부흥을 표방해 온 한나라의 승상 제갈량이 '유씨를 대신한다'는 가정은 애초부터 성립할 수 없었다. 제갈량에 대한 유비의 믿음이 얼마나 대단했는지만 헤아리면 족할 것이다.

천하를 호령한 관우와 장비의 무용담이 사서에 별로 전하지 않는 것처럼, 유비 생전 제갈량의 활약상도 '의외로' 선명하게 기록에서 드러나지 않는다. 정사 『제갈량전』은 신하의 열전 중에선 압도적 볼륨이고 심지어 군주인 유비의 『선주전』보다도 분량이 많지만, 유비 생전의 기록은 5분의 1쯤이니 제갈량의 진가(眞價)는 유비 사후에 발휘된다고 보는 편이 타당하다. 제갈량이 중국사 제일의 명재상이 된 것은 유비 사후 제갈량 홀로 촉한을 떠받치는 과

---

3) 다만 이엄은 기존 익주 세력이긴 해도, 형주 남양군 출신이었다.
4) 1230~1302년. 『자치통감(資治通鑑)』에 음주(音注)를 붙여 유명하다.

정에서 비롯된 것으로, '제갈량을 한눈에 알아본' 유비의 탁월한 안목과 '유비의 믿음에 완벽히 부응한' 제갈량의 굳건한 충의는 1800년이 지난 오늘날까지도 깊은 울림을 준다.

219년 관우의 죽음을 전후해 삼국지의 주역들이 대거 퇴장한다. 조위의 조조·하후돈·하후연·정욱·악진·우금·방덕과 손오의 노숙·여몽·장흠·능통·육적, 그리고 촉한의 관우·장비·마초·황충·법정·미축·마량 등이다. 한중과 형주에서 큰 싸움이 이어졌고 이즈음 전국적으로 역병이 유행한 데다, 삼국지의 시작점인 황건군의 봉기로부터 35년여가 흘렀으니 놀랄 일은 아니다. 하지만 유비의 죽음은 도원결의(桃園結義)의 주역인 유·관·장의 완전한 퇴장을 의미하므로 특별하게 다가올 수밖에 없다. 2차 창작물 중에선 유비의 죽음을 두고 '도원종언(桃園終焉)'이라 일컫기도 하며, 일부는 이 지점에서 삼국지 서사가 사실상 끝난 것처럼 여기기도 한다. 손권이 독자 연호를 쓰고 독립 세력임을 천명하는 때가 222년이니, 진짜 삼국지는 이제 막 시작된 셈인데도 말이다.

### ◈ 상서령 진군

장기전 양상으로 치닫는 듯했던 이릉대전이 하룻밤 사이에 손오의 압승으로 귀결되자, 양측의 소모전을 기대하며 관망하던 조비도 갑자기 바빠졌다. 촉·오가 치열하게 싸운 1년여간 팔짱 끼고 지켜본 조비의 무능을 비판하는 시각도 있지만, 1등을 놔두고 2등·3등이 죽자고 싸우는 마당에 서둘러 개입할 필요는 없었다. 황권이 귀순해 온 뒤 222년 9월에 곧바로 남하한 사실로 볼 때, 그동안 부지런히 전황을 파악하고 있었음은 분명하다.[5]

따지고 보면 이릉대전은 조비가 제위에 오른 지 10개월이 안 된 시점에 발

---

5)  조비가 "7백 리에 달하는 군영을 만들어서 어찌 적을 막겠는가!"라며 유비의 포진을 비웃었다는 연의 84회의 서술은 정사 기록을 옮긴 것이다. 연의의 조비는 '7백 리 진영'을 듣자마자 동오 공격을 지시한다.

발했다. 400년 넘게 지속한 한나라를 폐하고 위나라를 세운 조비로선 촉·오가 서로 물어뜯는 동안 나라의 기틀을 다지는 데 주력해야 했고, 특히 영천을 중심으로 하는 사족(士族)들의 지지를 굳히기 위해 다양한 노력을 기울였다. 난세(亂世)의 평정이 최우선 과제였던 조조는 구현령(求賢令)을 내려 "덕행에 상관없이 어디까지나 능력으로 인재를 뽑겠다"고 선언한 바 있고, 공자(孔子)의 후손인 공융(孔融)을 난데없이 불효죄로 몰아 죽이는 등 유교적 통념에 어긋나는 일을 벌이곤 했었다. 하지만 조비는 '중원을 안정시킨' 새로운 제국의 황제로서 치세(治世)를 열어야 했기에, 공자묘를 개축하고 태학(太學)을 부활시키는 등 유학의 부흥을 위해 공들였고 지식인을 우대했다. 간단히 말하면 "황권(皇權)을 떠받치는 유교 엘리트들이 실질적으로 통치해야 한다"고 믿었던 사족들의 기대를 적극 반영한 것이었다.

조비가 중국 제도사에 남긴 가장 큰 업적은 진군(陳羣)이 제안한 구품관인법(九品官人法)을 실시한 일이다.[6] 지방마다 중정(中正)이란 관리를 두고, 이들이 해당 지역에서 '9품(九品)'의 기준에 따라 재덕(才德)을 갖춘 인재를 발굴해 조정에 천거하는 제도로, 이때 시작된 구품관제는 '공무원을 1급에서 9급으로 구분하는' 21세기 한국의 제도에까지 영향을 미치고 있다. 우리가 한·중·일 3국 중 유일하게 전통의 구품관제를 유지하는 점이 흥미로운데, 일제의 잔재로 잘못 아는 경우도 많지만 1981년의 행정혁신에 따른 고유의 제도라고 한다. 일본(13급제)·미국(18급제)·중국(27급제)에 비해 너무 단순한 체계라는 지적도 있다.

청류파 대학자로 이름났던 진식(陳寔)[7]의 손자이자 순욱(荀彧)의 사위이기도 했던 진군은 본래 서주자사 유비의 부하였지만, 누차 '여포의 배반'을 경고했음에도 유비가 듣지 않자 유비의 곁을 떠났던 인물이다. 유비를 떠난

---

6) 업적이라지만 문벌귀족의 지위를 고착화했다는 비판도 적지 않다.
7) 104~186년. 난형난제(難兄難弟)라는 고사성어가 진식에게서 유래했다.

이들 중엔 전예(田豫)[8]나 서서도 위나라 고관이 되었지만, 진군은 사공을 10년이나 지내고 조비의 탁고대신까지 맡은 최고위 관료라 이들과는 차원이 달랐다. 위나라엔 내로라하는 문관이 즐비했기에 연의에서의 존재감은 뚜렷하지 않지만, 진군이 『KOEI 삼국지』에서 정치력 2위로 설정된 데서 구품관인법의 역사적 의의를 찾을 수 있겠다.[9]

### ◈ 유수독 주환

손오가 이릉대전에서 '예상 밖 압승'을 거두고 승전의 여운을 즐기고 있을 무렵, 조비는 "세자 손등(孫登)을 황도로 보내라"며 손권을 압박한다. 하지만 별다른 손실 없이 촉한을 제압한 손권이 조비의 인질 요구에 순순히 응할 리는 없었고, 이에 조비는 위나라 황실의 권위를 세우는 동시에 손오의 팽창을 억제하기 위해 군세를 총동원하여 삼면에서 쳐들어간다. 조비가 손권의 칭신(稱臣)을 받아들여 오왕으로 봉한 지 10개월 만의 일이었다.

이때 조비는 조인(曹仁)·상조(常雕)·왕쌍(王雙)을 유수로, 조진(曹眞)·장합·서황을 강릉으로, 조휴(曹休)·장료·장패를 동구로 각각 향하게 했다. 사실 연의는 '조비의 남정[10]'을 위·오 간의 흔한 공방전인 것처럼 짧게 다루고 있지만, 실제론 손오의 존망이 걸린 지극히 중요한 전쟁이었다. 손권은 주환(朱桓)을 유수독으로 삼아 조인에 대적하도록 했고, 조진에 의해 포위된 강릉의 주연(朱然)[11]에겐 제갈근·반장을 원군으로 보냈으며, 조휴를 상대론 여범(呂範)[12]을 중심으로 맞서도록 하여 결전 준비를 마쳤다.

---

8) 171~252년. 구경에 오른 거물이지만, 연의에선 엑스트라로 등장한다.

9) 순욱이 99로 전체 1위, 진군과 장소가 나란히 97로 전체 2위다. 명재상의 대명사인 제갈량이 96으로 이들보다 아래인 건 살짝 의문이다.

10) 3차에 걸친 남정(南征)은 연의의 서사와 정사의 기록에 차이가 크다.

11) 주연을 이미 죽여버린 연의는 제갈근이 강릉을 지킨 걸로 설정했다.

12) 수려한 용모에 사치를 좋아했지만, 법령을 엄수하고 유능했던 입체적 인물이다. '손권의 공금 유용'을 주곡(周谷)이 장부 조작으로 감싸온 사실을 손책에게 아뢰어 손권과

전장마다 병력 차이가 워낙 크다 보니, 손권군은 초전부터 매우 고전했다. 그렇지만 주연이 포위된 채로도 6개월을 버텨냈고, 서전에서 대승을 거두며 기세를 올린 조휴의 총공세도 결국엔 수습했으며, 무엇보다 주환이 불과 5천으로 조인의 수만 대군을 깨뜨린 덕에 간신히 승리할 수 있었다. 새로 황제에 등극한 조비가 전력을 다해 추진한 대대적 남정을 막아 낸 사실은 이릉대전만큼이나 의미가 컸는데, "손오를 정벌해 반드시 천하통일을 이루겠다"며 굳게 결심했던 조비가 어쩔 수 없이 군을 물린 데에는 위나라 필두인 대사마 조인의 패퇴가 결정적으로 작용했다.

조인을 물리쳐 수훈을 세운 주환은 177년생으로 이미 46세였다. 특이하게 적벽대전·유수구전투·번성공방전·이릉대전 등의 주요 전장에 주환의 이름이 보이지 않다가, 갑자기 주태의 후임으로 유수독을 맡게 된다. 연의가 주환을 뜬금없이 27세의 청년 장수로 설정한 것도 '유수독이 되기 이전 행적이 반란군 토벌에 집중되어' 이렇다 할 전적이 없었음을 반영한 각색으로 보인다.

수성전(守城戰)의 활약은 아무래도 공성전만큼 부각되기 어렵다. 수비에 특화되었던 손오의 무장들이 삼국지 무대에서 상대적으로 스포트라이트를 받지 못한 이유도 그 점에 있다. 하지만 주환이나 주연처럼 구국(救國)의 승전을 일궈 낸 무장이나, 이들을 과감하게 발탁한 손권의 안목을 결코 저평가해선 안 될 일이다.

어쩌면 조인(曹仁)도 비슷한 처지다. 무수한 승전 기록을 자랑하는 조인이지만 하필 상대가 여유(呂由)·유하(劉何)·수고(睢固)·한순(韓莫) 등으로 삼국지 유니버스에선 철저한 무명이었고, 주유나 관우에 맞섰던 눈부신 분전도 결국엔 수성전이라 온당한 평가를 받지는 못했으니 말이다. 위군의 1인자였던 조인은 주환에게 패한 223년 3월을 넘기지 못하고 56세로 세상을 떠

---

사이가 나빴으나, 막상 손권이 오주가 되자 주곡 대신 여범을 중용했다. 여범이 손책과 두었다는 바둑 기보(棋譜)가 현전 최고(最古)로 꼽히지만, 위작 논란이 있긴 하다. 연의에선 유비에게 손부인과의 혼례를 제안하는 역할에 그쳐 존재감이 없다.

난다. 이때도 역병의 기록이 있으니, 역병을 패전의 핑계로 삼았는지 실제 역병 때문에 패전했는지는 지금으로선 알 도리가 없다.[13]

초조해진 조비는 224년과 225년에도 연거푸 대군을 일으켜 손오 정벌에 나서지만 모두 무위에 그친다. 3차에 걸친 남정의 실패는 삼국 정립(鼎立)의 형세를 그대로 굳히는 결과를 낳는다.

### ◈ 남만왕 맹획

촉한은 효정에서의 참패와 유비의 죽음으로 백척간두(百尺竿頭)의 위기에 몰렸지만, 조비와 손권이 3년 넘게 전쟁을 벌인 덕에 크게 한숨을 돌릴 수 있었다. 하지만 위협은 외부에만 존재한 게 아니어서, 이민족 수령인 고정(高定)이 촉한의 혼란을 틈타 '월수태수를 죽이고' 왕을 자처하는 대규모 반란이 일어난다.

『제갈량전』은 "대소 정사를 막론하고 모든 일이 제갈량에 의해 결정되었는데, 남중의 여러 군이 아울러 반란을 일으켰다. 제갈량은 유비의 상(喪)을 치렀으므로 바로 군사를 일으키진 않았고, 225년 군사들을 이끌고 남쪽을 정벌하여 가을에 모두 평정했다"고 이때의 사정을 간략히 적고 있다. 연의는 이러한 몇 줄의 기록만을 가지고, 87회부터 90회까지를 삼국지 전편을 통틀어 가장 화려한 판타지 에피소드의 연속으로 구성해 놓았다.

맹획(孟獲)은 남중의 호족(豪族)으로, 인망이 두터워 한족과 이민족의 지지를 모두 받았다고 한다. 연의는 맹획을 "남만(南蠻)[14]의 이민족 왕"이라 소

---

13) 풍토병 때문에 손오 정벌이 힘들었음은 물론이다. 역병(疫病)은 페스트·콜레라·말레리아·천연두·독감 등 전염병의 통칭으로, 고대엔 유행 주기가 5년이 안 될 정도로 아주 흔했다. 다만 적벽대전과 조비의 남정처럼 황제가 패전했을 때 유독 역병을 핑계로 삼는 것도 사실이다.

14) 중국은 주변 이민족을 각각 동이(東夷)·서융(西戎)·남만(南蠻)·북적(北狄)으로 낮잡아 불렀는데, 이는 상대적 용어로 한국·일본도 빌려 썼다. 고구려가 신라를 '동이'로, 신라가 발해를 '북적'이라 이르기도 했고, 일본 혼슈(본토) 세력이 큐슈 세력을 '남만'이라

개하지만, 맹획이 이민족이란 기록은 따로 없고 제갈량에게 항복한 후에 어사중승까지 승진한 사실로 미루어 한족(漢族)이었을 것이라 추정된다. 맹획을 이민족 수령으로 설정해 놓은 연의는 정작 이민족인 고정을 한족 태수로 설정하는 등 많은 부분을 고쳐 놓았는데, 그중에서도 옹개(雍闓)는 '연의의 서사와 달리' 반란을 가장 먼저 일으킨 핵심 주동자였다.

옹개는 이엄이 나서서 반란을 만류하자 "하늘에는 두 개의 태양이 없고 땅에는 두 명의 왕이 있을 수 없지만, 지금 천하는 셋으로 나뉘어 있으니 누구를 따라야 할지 모를 일입니다"라는 아리송한 말을 남기고 손권에게 투항한 인물이다. 촉한의 통치권이 익주 전체로는 미치지 못했음을 알 수 있는 대목이기도 하다.

연의는 상당한 분량을 할애해 '제갈량이 맹획을 일곱 번 사로잡았다가 일곱 번 놓아주었다는' 칠종칠금(七縱七擒) 에피소드를 다루고 있으며, 악환·금환삼결·동도나·아회남·망아장·맹우·타사대왕·맹절·양봉·대래동주·목록대왕·축융부인·올돌골·토안·해니 등의 가공인물[15]을 왕창 동원해 온갖 기상천외하고 황당무계한 판타지적 이야기보따리를 풀어 놓았다. 이렇듯 다수의 가공인물이 한꺼번에 투입되는 연의의 에피소드는 칠종칠금 말고는 27회의 오관육참(五關六斬)뿐이지만, 오관육참이 온전한 연의의 창작임에 반해 칠종칠금은 엄연한 정사의 주석이라는 차이가 있다.[16]

물론 주석의 기록이라고 모두 팩트는 아니어서[17], 반란을 서둘러 평정한 후 군대를 돌려야 했던 제갈량이 '일곱 번 잡아서 일곱 번 놓아주는' 여유를 부렸을 리 만무하다. 하지만 광범위한 사서의 기록들을 꼼꼼하게 살펴서 가

---

칭하기도 했다.

15) 관우의 셋째 아들로 등장해 선봉을 맡는 관색(關索)도 가공인물이다.

16) '칠종칠금'이란 단어가 나올 뿐, 연의가 구성한 드라마는 모두 허구다.

17) 삼국지 세계관에선 주석을 포함한 정사의 기록이 판단 기준이라는 의미일 뿐이다. 주석은 과장·비약이 심해 사실이 아닌 경우가 많다.

려 실은 권위 있는 역사서 『자치통감(資治通鑑)』마저 '칠종칠금'을 언급하고 있으니, 연의의 판타지적 설정만큼이나 비현실적으로 다가온다. 짧은 기간 동안 여러 차례 제갈량의 승전이 있었고, 승전 과정에서 적장을 사로잡았다가 풀어 준 일도 있었으며, 이에 이민족들마저도 제갈량에게 감화되었다는 정도로 적당히 이해하면 좋을 성싶다

■ 주요 인물명 - 기타

|  | 자(字) | 중문 간체 (영문) | 일본어 (-는 장음) |
|---|---|---|---|
| 진궁 | 공대(公臺) | 陈宫 (Chen Gong) | ちんきゅう (친큐-) |
| 등애 | 사재(士載) | 邓艾 (Deng Ai) | とうがい (토-가이) |
| 종회 | 사계(士季) | 锺会 (Zhong Hui) | しょうかい (쇼-카이) |
| 장완 | 공염(公琰) | 蒋琬 (Jiang Wan) | しょうえん (쇼-엔) |
| 서서 | 원직(元直) | 徐庶 (Xu Shu) | じょしょ (죠쇼) |
| 문빙 | 중업(仲業) | 文聘 (Wen Ping) | ぶんぺい (분페이) |
| 방덕 | 영명(令明) | 庞德 (Pang De) | ほうとく (호-토쿠) |
| 맹획 | - | 孟获 (Meng Huo) | もうかく (모-카쿠) |

# 제89회 ~ 제92회

◈ **제갈량과 만두**

연의 91회는 제갈량이 남만 정벌을 마치고 돌아가던 중 광풍이 몰아쳐 험한 물살 때문에 길이 막히자, 맹획이 나서서 "미친 귀신의 해코지 때문이니 이를 달래기 위해선 칠칠(七七)[1]의 사람 머리를 소·양과 함께 바치고 제사를 지내야 합니다"라고 고하는 장면으로 시작한다. 제갈량은 이에 "사람이 죽어서 원귀(冤鬼)가 된 것인데, 어찌 또 사람을 죽인단 말인가!"라고 탄식하고는, 사람 머리를 대신해 고기를 밀가루 반죽에 싸서[2] 만두(蠻頭)를 만들어 제사를 지냈으며, 이로써 현재 우리가 즐겨 먹는 만두(饅頭)가 유래했다고 한다. 재미있으면서도 그럴듯한 이야기다.

삼국시대 즈음에 처음으로 만두를 만들어 먹었음은, 제갈량보다 80년 늦게 태어난 속석(束晳)의 『병부(餠賦)』에 기록되어 있다. 그런데 이보다 8~9백 년 뒤인 송나라 때 고승(高承)이 『사물기원(事物紀原)』이란 백과사전을 펴내면서 '속석의 기록으로 보아, 만두는 제갈량이 발명한 듯하다'라는 추측을 끼워 넣었고, 이를 일부 칼럼니스트가 "제갈량이 만두를 발명했다는 사실이 1700년 전의 기록에 남아 있다"는 식으로 잘못 옮기는 바람에, 이를 출전

---

1) 7×7=49를 의미한다. 불교에선 죽은 지 일주일마다 기일(忌日)이 돌아온다고 여기고 재(齋)를 지낸다. '사십구재(四十九齋)'는 7번에 걸쳐 재를 지내는 장례 의식으로 현재의 한국·일본에서도 흔히 볼 수 있다.
2) 흥미롭게도 한국의 만두와 의미가 통한다. 중국·일본은 이를 교자(餃子)라고 부른다. 중국의 '만터우(饅头)'는 꽃빵 같은 것이고, 일본의 '만쥬(饅頭)'는 고기 대신 팥이나 밤을 넣어 만든다는 차이가 있다.

으로 하여 오류가 자꾸 반복되는 해프닝이 빚어지고 있다.

비슷한 예는 또 있다. "청나라 때 『역대화기록(歷代畵記綠)』에 '장비는 쥐 저우인으로 미인도를 잘 그렸다'는 기록이 있다"라는 얘기가 국내엔 꽤 퍼져 있지만, 과문한 탓에 중국이나 일본에선 확인하지 못했다.[3] 847년경에 출간된 『역대명화기(歷代名畵記)』에 있다는 주장도 있는데, 제갈량·양수의 이름은 있어도 장비의 이름은 없다고 한다. 물론 '만두의 발명'이 팩트의 문제인 것과 달리, '미인도를 잘 그렸다'는 평가는 주관의 영역이라 그대로 믿어도 좋겠다. "삼국지팬이라더니 장비가 미인도를 잘 그렸다는 것도 여태 몰랐어?"라면서 윽박지르지만 않는다면 말이다.

송나라 때는 연의의 원형인 『화본(話本) 삼국지』가 크게 유행했다. 그래서 사물기원의 흥미로운 추측을 연의가 단순히 빌려온 것인지, 아니면 사물기원이 삼국지 인기에 편승할 심산으로 '제갈량 발명설'을 덧붙인 것인지는 알수 없다. 다만 삼국지 인기가 올라가면서 이전에 볼 수 없던 삼국지 관련 기록들이 늘어났던 것만큼은 사실이다. 아무리 그래도 제갈량이 만두까지 발명했다는 주장은 분명 지나친 감이 있다. 만두 논쟁은 그만두자.

### ◈ 위 명제 조예

225년 8월 조비는 10만 대군을 일으켜 세 번째 대규모 남정에 나서지만, 오군이 철통같이 지키는 데다 강변이 얼어붙어 제대로 싸워 보지도 못하고 철군한다. 226년 1월 허창으로 귀환 중에 "허창성의 남문이 무너졌다"라는 소식을 들은 조비는 이를 흉조라 여기고 발길을 돌려 낙양성으로 들어갔는데, 바로 이때쯤 지독한 한질(寒疾)[4]에 걸렸던 모양이다. 그런데 병증의 악

---

3) 당연한 얘기지만, 삼국지 관련 정보는 보통 3국에서 교차 확인된다.

4) 인플루엔자(Influenza). 흔히 '독감'이라고 가볍게 여기지만, 현재도 매년 세계에서 20~60만 명이 사망하는 위험한 병이다. 유비의 이질이나 조비의 한질이나, 동서고금을 막론하고 만병의 근원은 스트레스다.

화가 예사롭지 않았는지, 조비의 본기인『문제기(文帝記)』는 한동안 조비의 행적을 거르다가 5월에 이르러 갑자기 "조비가 위독하여 중군대장군 조진(曹眞)·진군대장군 진군(陳羣)·정동대장군 조휴(曹休)·무군대장군 사마의(司馬懿)를 불렀다"는 기록으로 이어진다.

226년 5월 16일 조비는 전격적으로 조예(曹叡)를 황태자로 세우고는, 진군·조진·조휴·사마의를 고명대신으로 삼아 유조를 내린다. 유조(遺詔)는 황제의 유언을 말하는 것이니 소스라치게 빠른 전개였으며, 아니나 다를까 조비는 이튿날 기어이 눈을 감았다. 향년 40세로, 위나라 제실을 세운 지 5년 반 만의 일이었다.

조조의 뒤를 이은 조비는 문학적 소질을 타고났으며, 기억력이 탁월해 폭넓은 지식을 갖춘 인물이었다. 다만 인격적 결함에 대한 지적이 많았으니, 오죽하면 진수조차 "만일 조비의 도량이 조금만 더 커서 공평한 마음 씀씀이에 힘쓰고, 도의의 존립에 노력을 기울여서 덕망 있는 마음을 넓힐 수 있었다면 어찌 옛날의 군왕이 그로부터 멀리 있었겠는가!"라고 적어 놓았다. 정사가 조위를 높이려 애썼음을 감안하면, 낙제점이라 할 만한 평가다.

22세 나이로 황태자가 된 지 하루 만에 위나라 제2대 황제에 오른 조예는 아버지 조비와 어머니 문소황후 견씨의 장점을 고루 물려받은 인물이었다. 뛰어난 재능에다 수려한 풍모를 갖춘 조예는 할아버지 조조의 사랑을 독차지했지만, 조비가 정실 문소황후를 멀리하면서 아들 조예에 대한 관심까지 식은 것이 문제였다. 조비는 멀쩡한 적장자 조예를 놔두고 후궁 서씨 소생의 조례(曹禮)를 황태자로 세우려 들었고[5], 조예가 17세에 되던 해엔 아예 문소황후를 죽여버리고 만다. 모친을 여읜 조예는 이후 글공부만 하면서 숨죽이며 살았고, 유엽(劉曄) 말고는 즉위 전에 조예를 대면한 신료가 없다가 갑자기 황제의 자리에 오른 것이었다.

---

5) "조예가 곽황후의 양육을 반기지 않았기 때문"이라는 주석이 있다.

조예는 비록 황태자 수업을 제대로 받지는 못했지만, 할아버지 조조의 기대대로 통찰력과 과단성이 돋보여서 황제가 되자마자 비범한 능력을 과시한다. 226년 8월 조예가 즉위한 지 3개월도 안 되었을 때 손권이 강하를 포위하고 양양을 공격해왔는데, 놀란 대신들이 우왕좌왕하는 와중에도 조예는 침착함을 유지한 채 빈틈없이 지휘하여 주변을 놀라게 했다. 전쟁 경험이 없는데도 대처에 허점이 없었으니, "조예는 할아버지 조조의 군재(軍才)를 쏙 빼닮았다"라는 세간의 평가가 허언은 아니었던 것이다.

### ◈ 제갈량의 출사표

한실 부흥을 국시(國是)로 삼은 제갈량 또한 조비의 죽음이라는 망외(望外)의 호기를 놓칠 수 없었다. 227년 제갈량은 유선에게 위나라 정벌의 포부를 밝히는 출사표(出師表)를 올리고, 한중으로 나아가 북벌(北伐)을 준비한다. 본래 출사표는 '임금에게 출병의 뜻을 올리는 글'이란 일반명사지만, 제갈량의 출사표가 교과서에 실릴 정도로 독보적인 명문(名文)이다 보니, 현대 한국이나 일본의 언론 기사에서도 흔히 접할 수 있는 관용어(慣用語)의 위상을 갖게 되었다.[6] 제갈량은 228년에도 (후)출사표를 올리지만, '출사표'라고 하면 보통 227년의 (전)출사표를 말한다.

출사표라는 명문장 이상으로 주목해야 할 포인트는 제갈량의 통치력(統治力)이다. 망가질 대로 망가졌던 촉한의 국력을 유비가 죽은 지 5년도 안 되어 '전쟁 가능' 상태로 끌어올렸으니, 조위마저도 '촉한은 회복 불능'이라 판단하고 경계를 풀었음을 생각하면 믿기 어려운 진척이었다. 조조가 최정예를 총동원한 번성공방전 때도 한중에 남아 유비를 견제했던 장합이, 조비의 남정 때는 유유히 남하하여 정벌군에 가세할 정도였으니 말이다.

---

6) 남송 대에 안자순(安子順)이 "출사표를 읽고도 눈물을 흘리지 않는다면 분명 불충한 신하일 것"이라고 말했다는 일화가 잘 알려져 있다.

정사는 "남중에서 나오는 군수물자로 나라가 풍족해졌다"고 적고 있다. 제 갈량은 남만 정벌 또한 북벌의 일환으로 접근했음이 분명하다. 연의는 유비가 눈을 감은 85회에 사마의의 입을 빌려 "50만 대군을 동원해 일제히 쳐들어가면, 제아무리 제갈량이 강태공[7]과 같은 재주를 가졌다 한들 어찌 막을 수 있겠습니까?"라며 호들갑을 떨었지만, 당시 조위에선 제갈량을 '없는 사람' 취급했다. 이때의 상황을 두고 『제갈량전』에는 "위나라는 본래부터 '촉에는 오직 유비만이 있다'고 생각했다. 그런데 유비는 이미 죽었고 여러 해 동안 조용했기에 아무런 방비를 하지 않았다. 그러다가 돌연 제갈량이 출병하고 남안·천수·안정이 동시에 호응하니, 조야(朝野, 조정과 민간)가 몹시 두려워했다"라는 주석이 달려 있다. '유비는 죽었지만 그래도 제갈량이 건재하다'라고 안심했을 연의의 독자들로선 전혀 뜻밖의 흥미로운 기록이다.

### ◈ 진동장군 조운

연의는 조운(趙雲)이 촉한의 필두 무장으로서 북벌에 임하여 노익장(老益壯)을 과시하는 서사를 실감나게 묘사하고 있지만, 유비가 눈을 감으면서 촉한의 군권을 맡긴 인물은 '조운이 아닌' 중도호(中都護) 이엄(李嚴)이었다.[8] 조운은 이때 근위대를 지휘하는 중호군(中護軍)이었는데[9] 중군(中軍) 소속인 중도호와 중호군이 동격(同格)이라는 주장도 간혹 있지만, 정사에 엄연히 "이엄이 내외의 군사를 통솔했다"라고 기록되어 있으니 이엄이 조운의 상급자였음은 불편하지만(?) 부인할 수 없는 사실이다.

사실 정사의 『조운전』 본문은 매우 부실하여, 이 시점까지 조운의 '기록된

---

7) 본명은 강상(姜尙)이나, '태공이 바라던 인물'이란 뜻의 '태공망(太公望)'에서 유래한 별명인 '강태공'으로 더 유명하다. 자는 자아(子牙)다.

8) 청나라 때 학자인 하작(何焯, 1661~1722년)은 이 때문에, 본래 유비가 제갈량에게 맡긴 임무는 오직 소하(蕭何)의 역할이라고 주장했다.

9) 주유·조홍·진군·비의처럼 중량급 인사가 '젊은 시절' 중호군을 거쳤다.

활약'은 장판파와 입촉 당시의 전공이 전부다. 더구나 조운은 이릉대전 때도 후방을 지켰고, 225년의 남만 정벌 때도 종군했다는 기록이 보이지 않는다. 물론 진수의 극찬으로 보아 기록 여부와 무관하게 당대의 명성이 상당했음은 짐작할 수 있고, 부실한 기록은 관우와 장비도 다르지 않다.[10] 다만 기록이 없으니 연의가 여기서 다시금 상상력을 발휘하는데, 이번만큼은 연의의 헛발질(?)이 지나쳤다. 조운의 '불꽃같은 노익장'을 강조한다며 기껏 내놓은 서사가 '가공인물인 한덕과 그의 네 아들을 모조리 죽인다'는 공연하고 억지스러운 칼부림이니 말이다.

조운은 삼국지 세계관에서 수위를 다투는 부동의 인기남이다. 그런데 연의가 유독 조운의 에피소드에 가공인물을 과도하게 동원하는 바람에 오히려 회화화된 측면이 있다. 안 그래도 연의는 '정사에는 없는' 조운의 일기토 승리를 30여 차례나 싣고 있는데, 굳이 가공인물인 한덕 5부자까지 더할 필요가 있었을까? 이 바람에 '꾸밈없고 강직했던' 조운을 괜히 욕되게 했다는 생각마저 드니, 뭐든지 지나치면 부족함만 못한 법이다. 참고로 최량·배서·양릉 모두 가공인물이며, 하후무(夏侯楙)[11]는 실제 관중도독이었지만 직전에 탄핵당해서 촉한군과 싸운 일은 없었다.

---

10) 그나마 조운은 『조운 별전』이 존재해, 주석이 많이 추가되었다.
11) 하후돈의 차남. 연의는 하후연의 아들이자 하후돈의 양아들로 고쳤다.

# 제93회 ~ 제96회

## ◈ 봉의장군 강유

연의 93회엔 삼국지 극후반부의 주인공인 강유(姜維)가 혜성처럼 등장한다. 다른 사람도 아닌 제갈량의 책략을 간파해 내고 '상승장군(常勝將軍)' 조운과의 일대일에서도 우위를 보였으니, 관우가 죽은 뒤로 적잖이 맥빠졌던(?) 독자들에게 신선한 충격을 안기기에 충분했다. 강유와 조운의 맞대결 장면은 아쉽게도 연의의 창작이지만, 두 사람은 무용과 지략을 겸비한 최고의 무장이었으며 마지막까지 충의를 지켰다는 특별한 공통점도 있으니, 촉한의 세대교체를 상징하는 데 이보다 적임은 없을 것이다.[1]

연의는 제갈량이 강유의 항복을 유도하는 과정을 아주 공들여 묘사하고 있다. 그런데 막상 정사에 기록된 강유의 실제 스토리는 연의보다 오히려 더욱 소설 같다. 제갈량이 불시에 공격해왔을 당시 천수태수 마준(馬遵)은 옹주자사 곽회(郭淮)를 수행해 성 밖을 순찰 중이었고, 강유는 이때 마준의 보좌관이었다. 그런데 순찰 도중 "제갈량이 이미 기산에 도착했으며, 남안과 안정이 모두 제갈량에 호응했다"는 급보가 입수된다. 제갈량의 침공을 전혀 예상하지 못하고 있던 데다 남안과 안정은 천수보다 북쪽 지역이었으니 마준은 화들짝 놀랄 수밖에 없었고, '혹시 내 보좌관들도 이미 제갈량에 포섭된 게 아닌가?' 의심하고는 치소가 있는 기현으로 향하지 않고 홀로 상규성으로 도주해 버린다.[2]

---

1) 『KOEI 삼국지』도 이를 잘 반영하고 있다. 무력과 지력을 합한 수치로 보면 전체 1위가 강유, 3위가 조운이다. 2위는 강유의 라이벌 등애다.
2) 연의는 '제갈량의 계책에 따른 관흥·장포의 활약으로' 남안·안정이 넘어간 상태에서, 강유가 함정임을 간파하고 마준을 구한다고 설정했다.

강유는 곧장 동료 보좌관들과 상규로 따라가서 결백을 주장하지만 끝내 입성을 허락받지 못했고, 고향인 기현에서조차 제갈량과의 내통을 의심하고 받아주질 않으니 졸지에 오갈 데 없는 처지가 되어서 어쩔 수 없이 동료들과 함께 제갈량에게 항복한 사정이었다. 마준의 까닭 모를 의심병 때문에 버림 받은 것인데, 마준의 스노우볼은 의외로 크게 굴러가서 훗날 대장군에 오르는 강유는 말할 것도 없고 이때 같이 항복한 양서(梁緒)·윤상(尹賞)·양건(梁虔) 모두가 고위직에 오르니, 인재가 부족했던 촉한으로선 생각지도 못한 선물 세트를 받은 것이나 다름이 없었다.

따지고 보면 위나라 조정에서도 제갈량의 북벌을 예상하지 못하고 있었기에, 기습 공격에 허둥댄 마준에게만 책임을 물을 일은 아니었다. 하지만 태수 신분으로 직속 부하들을 믿지 못하여 치소를 버리고 도주했으니 정상참작의 여지가 없었다. 목숨을 부지하려 도망쳤던 마준은 결국 임지를 이탈한 죄로 엄하게 처벌받았는데, 마준의 역량이나 관운(官運)이 거기까지였던 것 같다.

귀순한 강유는 봉의장군에 임명되고 당양정후에 봉해진다. 강유는 이때 27세여서 마침 제갈량이 유비에 사관한 나이와 같았고, 당양(當陽)은 바로 장판파가 있는 곳이니 조운과의 인연도 감지된다. 모처럼 걸출한 인재를 얻은 제갈량은 기쁨을 숨기지 않았다. 성도에 있는 참군 장완(蔣琬)에게 보낸 편지에서 "강유는 량주의 뛰어난 선비로 충성스럽고 근면하며 사려 깊으니, 마량조차도 그에게는 미치지 못할 것이오. 게다가 병사의 뜻을 깊이 이해하고 담력과 의기가 있어 군사에도 매우 능하오. 무엇보다 강유는 항상 한실(漢室)에 마음을 두고 있으니, 그를 궁으로 불러서 주상을 뵙게 하면 좋을 것이오"라며 이례적으로 절찬했다.

다만 연의의 묘사처럼 제갈량이 이제 막 귀부한 강유를 미래의 후계자로까지 점찍었던 바는 아니다. 이 무렵 제갈량이 자신의 뒤를 이을 재목으로 주목한 인물은 다름 아닌 장완이었다. 강유는 제갈량의 기대대로 착실히 성장하지만, 본격적으로 두각을 나타내는 시점은 제갈량 사후 장완이 대장군에 오른 이후였다.

## ◈ 대장군 조진

촉한정통론을 바탕으로 하는 연의는 조조 일가를 국적(國賊)으로 간주하기 때문에, 조씨에 대한 평가가 아무래도 좋지 않다. 특히 군의 통수권자인 대사마(大司馬)를 역임한 조인(曹仁)과 조진(曹眞)은 대표적으로 평가절하된 케이스라 할 수 있다. 조휴(曹休)도 대사마를 지내긴 했지만, 석정에서 유례없는 참패를 당한 데다 변변치 못한 소인배여서 이쪽은 저평가하고 말고가 없다.

조진은 조조가 최정예 기병대인 호표기(虎豹騎)를 맡겼던 맹장이다. 비록 조인에는 미치지 못하지만 상당한 통솔력을 갖췄고, 정무 감각까지 겸비한 거물이자 훌륭한 인품의 대인배였다. 그런데도 연의는 제갈량을 높이려는 목적으로 '조진이 거듭 패하는' 가공의 에피소드를 끼워 넣었고, 급기야는 조진을 제쳐두고 사마의(司馬懿)를 당겨와 제갈량과 필생의 라이벌 구도를 형성하는 것처럼 각색했다. 하지만 제갈량의 다섯 차례 북벌[3] 중 1~3차까지는 조진이 도독을 맡아서 막아 낸 전쟁이었으며, 이 과정에서 조진이 대패를 기록한 사실은 없었다. 극 중에서 조진이 한심하게 그려지는 장면은 모두 연의의 창작이라 해도 틀리지 않다.

한중에 머물던 제갈량은 228년 1월 본격적인 북벌을 시작하면서 조운에게 기곡으로 진출할 것을 명한다. 조진은 조운을 저지하기 위해 미현에 주둔했는데, 제갈량은 조진이 조운에게 시선을 뺏긴 사이 기산으로 빠르게 기동해 포위했고, 남안·천수·안정의 3군이 제갈량에게 호응하면서 상황이 아주 급박해진다. 이에 조예(曹叡)는 조진을 도독으로 삼고 옹주자사 곽회(郭淮)와

---

3)  연의는 '육출기산(六出祁山)'이라 하여 북벌이 여섯 번 감행되었다고 적고 있지만, 정사에 기록된 북벌은 다섯 번이며 이중 기산으로 출병한 것은 1차와 4차뿐이다. 사마의는 4차 북벌부터 도독을 맡는다.

좌장군 장합(張郃)에게 막도록 한 뒤, 직접 장안으로 나아가 지휘한다.[4] 이 때 제갈량은 마속(馬謖)을 요충지인 가정(街亭)으로 보냈고, 고상(高翔)[5]을 열류성에 주둔시켜 지원 업무를 담당하도록 한다.

연의의 북벌 에피소드는 창작과 각색의 비중이 커서 정사의 기록과는 사뭇 다르고, 정사 기록을 교차 검증해도 '마속이 지켰다는' 가정의 위치조차 제대로 비정(批正)하기 어렵다. 이미 1800년이나 흘렀고 기록도 제한적이니, 어찌 보면 당연한 일이다. 제갈량의 북벌은 특히 이설(異說)이 많지만, 1차 북벌의 구도를 큰 틀에서 보면 ①미현의 조진이 기곡의 조운을 막고 ②상규의 곽회는 고상 등의 지원군을 견제했으며 ③추가 병력을 이끈 장합은 가정으로 향해 마속과 맞서는 상황이었다고 정리할 수 있겠다.

### ◈ 표기장군 사마의

제갈량은 처음부터 대전략(大戰略)의 관점에서 체계적으로 북벌을 구상했다. 제갈량이 집권했을 때는 촉한의 국력이 대부분 소진된 상태였지만, 그럼에도 융중대(隆中對)에서 밝힌 천하삼분의 구상[6]을 차근차근 실현해 나간 것이다. 제갈량은 이릉의 참패로 손오에 원한을 품은 사람이 많았을 텐데도 동맹 복원을 서둘렀고, 동쪽이 안정되자 남쪽 이민족들을 포용하고 군수물자를 확충했으며, 나아가 서쪽 지역을 포섭하여 북진에 호응하게 했다. 또한 제갈량은 위나라를 한쪽에서 공격해선 이기기 어렵다고 보고, 상용의 맹달(孟達)을 회유하는 데도 많은 공을 들였다.

---

4) 조예는 친히 촉한군을 정벌하려 했으나 신하들의 만류로 장안에 주둔하며 지휘했다. 전선에 가깝게 주둔하면 군의 사기를 올릴 수 있으며, 보고와 결정이 빨라진다는 장점이 있다. 이때 왕랑(王朗)은 종군하지 않았으니, 왕랑을 조진의 군사로 삼았다는 연의의 묘사는 허구다.

5) 형주 출신으로 대장군에 오르는 거물이지만, 기록이 없어 정사에 열전(列傳)을 남기지 못했고, 연의에서의 비중도 낮아 존재감이 없다.

6) 서쪽·남쪽의 이민족과 화친하고, 손권과 연합하여 조위와 대적하는 것.

220년 조위에 투항한 맹달은 '신하들의 반대에도' 자신을 총애했던 조비가 226년에 갑자기 죽자 입지가 매우 불안해졌다. 제갈량은 이 틈을 놓치지 않고 맹달의 귀순을 설득했고, 마음을 돌리는 데 성공한다. 그런데 맹달이 결행 시점을 못 정하고 우물쭈물하는 사이 사마의가 맹달의 변심을 알아챘다. 이미 촉·오에서 맹달에 호응하기 위해 원군이 출발한 상태였지만, 사마의는 '이틀 길을 하루에 걷는' 강행군으로 벼락같이 포위했고, 원군이 도착하기도 전에 상용성을 함락하고 맹달을 참수한 것이었다.[7]

이때가 바로 제갈량이 북벌을 시작한 228년 1월이었다. 촉·오가 당초의 계획대로 상용 접수에 성공했다면 오나라도 조위 공략에 적극적으로 나섰을 것이고, 삼면에서 위나라를 흔들 수 있었기에 북벌의 양상도 완전히 달라졌을 것이니 안타까운 실패다.

연의는 사마의를 일찍 등판시켜 제갈량의 대단한 라이벌인 양 묘사하고 있지만, 정사의 사마의는 제갈량을 인정하여 두려워했고, 사마의가 실제 제갈량을 상대하는 시점도 이로부터 2년 반 뒤였다. 물론 사마의는 이때 벌써 '맹달의 반란 시도를 막고' 제갈량의 대전략에 치명타를 입힌 셈이니, 연의가 '제갈량의 호적수'라는 명예로운 수식어를 붙여 준 것도 무리한 설정은 아니다.

### ❖ 참군 마속

제갈량은 첫 번째 북벌을 반드시 성공시켜야 했다. 조위가 촉한을 가볍게 여긴 탓에 방비에 큰 허점이 있었고, 갑자기 들어선 조예의 체제가 안정되기 전이었으며[8], 촉한이 대규모 전쟁을 다시 하려면 상당한 시간과 예산이 필요했기 때문이다. 하지만 여러 면에서 제갈량의 계획이 어긋나고 말았는데, 첫째는 맹달의 귀순이 사마의로 인해 무산된 점이고, 둘째는 손오와의 연계 구

---

7) 연의는 실제론 '병사한' 서황이 이때 맹달의 화살에 죽는 걸로 설정했다.
8) 조예가 죽었다는 참언이 돌고, 조식을 옹립하려는 움직임마저 있었다.

상이 차질을 빚은 점이며[9], 셋째는 전쟁 경험이 별로 없는 조예가 '조조의 재림인 듯' 흔들림 없이 대처했다는 점이다.

당초 제갈량의 구상은 먼저 옹주(雍州) 서부를 확보한 뒤, 군세를 집중하여 동쪽의 조위군을 차례로 치고 나가는 것이었다. 실제로 조운이 동쪽에서 시선을 끄는 동안 제갈량이 서쪽으로 우회하자 남안·천수·안정이 호응하여 초반의 기세를 크게 올렸다. 이때 조위의 대신들은 대응책을 못 찾은 채 동요하고 있었는데, 조예만이 침착하게 "제갈량이 3군을 탐하여 전진할 줄만 알고 물러날 줄을 모르니, 이를 이용한다면 그를 몰아냄은 필연일 것이오"라고 말하고는, 장합(張郃)에게 대군을 주고 '3군의 탈환 대신' 제갈량의 본대를 공격하라 지시한다. 이에 장합은 보기 5만을 이끌고 안정을 그냥 지나쳐서 곧장 요충지인 가정으로 향했다. 이는 "위군이 북쪽부터 순차적으로 탈환을 시도할 것"이라는 예상을 깨는 기동이었고, 그래서 제갈량도 급히 마속(馬謖)에게 대군[10]을 주어 가정을 굳게 지키도록 대응한 것이었다.

마속은 마량(馬良)의 동생으로 이때 39세였다. 제갈량이 특별히 아꼈을 정도로 출중한 재능이 있었으나, 유비가 임종을 맞아 "마속은 말이 실제를 과장하니, 크게 기용할 수 없소. 경이 이를 잘 살펴보시오"라고 말했다는 특이한 기록이 정사 본문에 전한다. 감식안(鑑識眼)이 탁월했던 유비의 조언을 제갈량이 흘려들은 것을 두고 '제갈량과 마량의 특별한 인연'이 작용한 때문이라보기도 하지만, 제갈량은 충직한 인물이지 예스맨은 아니어서 장완(蔣琬)의 경우처럼 유비가 관직을 박탈했는데도 제갈량이 장완의 진면목을 헤아리고 중용한 케이스도 있긴 했다. 게다가 마속은 남만 정벌에 나서는 제갈량에게

---

9)  손권이 상용에 원군을 보낸 사실로 보아, 북벌에 맞춰 위나라를 협격(挾擊)하려고 했던 것 같다. 조휴의 10만 대군을 유인해 궤멸한 석정전투가 몇 달만 먼저 일어났다면 북벌 결과는 딴판으로 달라졌을 것이다.
10) 기록은 없으나 왕평의 병력을 포함해 2~3만으로 보는 견해가 많다. 전황에 대한 구체적 기록은 없어서 맥락으로 이해할 필요가 있다.

"남만인들의 심복(心服)을 이끌어 낼 수 있느냐가 관건"이라 건의했던 장본인이다. 가정에서의 실패와는 별개로 뛰어난 통찰력의 소유자였음은 분명하다.

한편 제갈량이 재능과 실전 경험을 두루 갖춘 왕평(王平)을 놔두고 마속에게 지휘를 맡긴 것을 안타까워하는 시각도 있다. 마속에게 전쟁 경험치를 더쌓게 한 다음에 대임(大任)을 맡겼어도 좋지 않았겠냐는 지적이다. 왕평은 출신이 불분명하고 원만하지 않은 성격에다 심지어 문맹(文盲)이었는데, 이런저런 단점에도 불구하고 유비가 과감하게 발탁한 인물이었다. 왕평은 이후로도 20년간 촉한을 위해 알토란 같이 활약하며, 특히 244년의 '흥세전투[11]'에서 기록적 대승을 일궈낸 탁월한 지휘관이었다. 확실히 사람 보는 안목만큼은 유비의 손을 들어 주지 않을 수 없다.

가정에 도착한 마속은 진채를 구축해 수비하지 않고, 급도(汲道, 용수로)만 확보한 후 산 위에 진을 치는 결정적 실책을 범한다. 병력의 열세를 극복하려는 심산으로 고지대를 선점한 것이라 짐작되지만, 정사에 "마속은 제갈량의 명을 어기고 부적절하게 거동했다"는 기록이 있고 부장 왕평도 마속을 강하게 만류한 사실로 보아, 단순히 명장병(名將病, Overthinking)이 발동한 탓이라는 해석도 있다. 자기 꾀에 자기가 넘어갔다는 얘기다.

마속의 기대는 장합이 수적 우위를 믿고 무리하게 산 위로 공격해 오는 것이었지만, 노련한 장합은 마속의 장단에 맞춰 주질 않았다. 마속 진영으로의 물길을 완전히 끊고 반대로 마속군이 내려오길 기다렸으니, 산 위에서 고립되어 탈진한 마속군은 속수무책으로 무너질 수밖에 없었다. 그나마 1천의 병력으로 별도의 진영을 꾸렸던 왕평의 활약으로 최소한의 수습은 가능했는데, 왕평이 병사들에게 자리를 지키면서 연신 북을 두드리게 하자, 복병(伏

---

11) **興勢之戰.** 조진의 아들인 조상(曹爽)이 10만 대군으로 왕평이 지키는 한중을 공격했으나 궤멸적 피해를 입은 전쟁. 위나라 멸망의 원인으로도 꼽히기도 한다. "군량 수송 담당자와 소·말이 거의 죽거나 실종되었다"라는 기록에서, 역설적으로 북벌의 어려움을 실감하게 된다.

兵)을 의심한 장합이 더 이상 추격하진 못했다고 한다.

남안·천수·안정의 3군을 잇는 급소인 가정이 무너지자 조운과 고상 등이 버티던 나머지 전장에서도 비명이 잇따랐다. 천수의 제갈량 본대 역시 자칫 퇴로가 막힐 위험이 있어 물러날 수밖에 없었다. 가정의 패배는 곧 1차 북벌의 실패였고, 절호의 기회였던 1차 북벌의 실패는 '북벌의 종말'을 암시한다고 해도 과언이 아니었다. 마속의 오판이 실로 치명적인 결과를 낳은 것이다.

참고로 연의 95회에 "제갈량이 성문을 열어 둔 채 성루에 올라 거문고를 연주하자, 사마의가 매복을 두려워해 그냥 물러났다"는 공성계(空城計) 에피소드는 연의의 창작이지만, 『제갈량전』의 주석에 비슷한 일화가 실려 있긴 하다. 다만 앞서 밝힌 대로 정사의 사마의는 4차 북벌 때나 등판하기 때문에 사실관계에 맞지 않는 부분이 많아 배송지도 이를 '허구'라고 단정해 놓았다.

공성계는 병법 『삼십육계』에 제32계로 소개되는데, 공성계가 제갈량에게서 유래했다고 적어 놓은 경우가 많다. 그러나 삼십육계는 연의보다 천년 여 앞선 책이니 살짝 어지럽다. 하기야 황개의 고육지계도 창작이지만, 삼십육계에 '예시'로 나오긴 한다. 삼국지의 유명세 때문에 후대의 필사(筆寫) 과정에서 앞뒤가 바뀌는 경우가 많다곤 해도, 예시도 아니고 유래라니 너무 나갔다.

국력을 쏟아부은 북벌의 전과가 서현에서 얻은 '1천여 호'에 그쳤으니, 제갈량으로서도 책임지지 않을 수 없었다. 제갈량 스스로 벼슬을 우장군까지 세 단계나 내렸고, 마속을 죽여 군사들에게 사죄했다. 워낙 인재가 부족했던 촉한인지라 마속을 죽인 일을 두고 당시에도 논란이 많았던 모양이지만, 『상랑전』 본문에 따르면 마속의 죄는 단지 패전에만 머무르지 않았다. 마속은 제갈량의 군명을 어겨 참패했음은 물론이고, '연의에는 나오지 않지만' 실망스럽게도 패전 후 도주를 시도하다 잡혀서 죽게 된 것이었다. 마속을 따라 도주했던 부장 장휴(張休)와 이성(李盛)도 함께 처형되었고, 상랑(向朗)은 동향인 마속의 도주를 눈감아주었다가 면직되었다. 패전도 패전이지만 엄정해야 할 군기가 땅에 떨어졌기에, 제갈량도 책임을 엄하게 묻지 않을 수 없었다.

　주석에 따르면, 마속은 임종하면서 제갈량에게 "공께서는 저를 자식처럼 돌보아 주셨고 저도 공을 아버지처럼 여기고 모셨으니 평생의 인연이 여기에서 훼손되지 않게 해 주십시오. 그렇다면 저는 죽더라도 여한이 없을 것입니다"라는 글을 남겼으며, 십만의 병사들이 마속을 위해 눈물을 흘렸다고 한다. 얼마 뒤 장완이 한중으로 와서 제갈량에게 "천하가 아직 평정되지 않았는데 지모 있는[12] 선비를 죽인 것이 어찌 후회되지 않으시겠습니까?"라고 물었을 때, 제갈량이 눈물을 흘리며 "손무(孫武)가 천하를 제압할 수 있었던 것은 법을 운용하는 데 밝았기 때문이오. 사해가 분열되고 전쟁이 이제 막 시작되었는데, 다시 법을 폐한다면 어찌 적을 토벌할 수 있겠소"라고 괴로운 심경을 토로했다. 연의는 주석의 기록을 그대로 옮겨 놓았고, 여기에서 "대의를 위해 사사로운 정을 버린다"는 의미의 고사성어 읍참마속(泣斬馬謖)이 유래하였다.[13] 참고로 중국에선 '휘루참마속(揮淚斬馬謖)'이란 표현을 주로 쓴다는데, 우리나라에선 일찍부터 읍참마속으로 썼음을『조선왕조실록』에서 확인할 수 있다. 영조실록 1733년 7월의 기사에 영조가 "공명은 울면서 마속을 참한 일이 있었지만, 나는 여태껏 참은 적이 많았다"라고 밝힌 기록이 전한다.[14]

### ◈ 대사마 조휴

　위나라 초대 황제 조비(曹丕)는 치열했던 후계 경쟁의 여파 때문인지, 친형제들의 정치 참여를 엄격히 막고 권력을 일절 나눠주지 않았으며 대신 방계(傍系) 황족을 우대했다. 그중에서도 조휴(曹休)는 조조가 "우리 집안의 천리마"라며 아들처럼 대한 데다, 어릴 적부터 조비와 함께 살았던 차라 신

---

12)　마속은 연의 91회에서 반간계로 사마의를 삭탈관직(削奪官職)시킨다.
13)　연의는 제갈량이 '마속이 아닌' 유비를 떠올리고 운 것이라 각색했다. 감동적이지만 읍참마속의 본래 의미와는 맞지 않는 측면이 있다.
14)　"孔明泣斬馬謖(공명읍참마속), 而予則忍之者多矣(이여칙인지자다의)."

임이 남달랐다. 사실 유력 가문에서 태어난 자체만 해도 바깥에서 보면 큰 복이지만, 어릴 적 조휴는 '조조의 직계가 아니라 방계라는 사실'을 아쉬워했을 터다. 그런데 황제가 된 조비가 친형제와 외척을 외면하면서, 방계였던 조휴가 날개를 단 듯 출세 가도를 달리게 된다.

조휴는 218년만 해도 조홍(曹洪) 휘하의 기도위였다. 하지만 2년 뒤 조비가 즉위하자 진남장군으로 수직 상승했고, 다시 2년 뒤엔 정동대장군으로 승진하여 20여 군(軍)을 지휘하는 도독의 대임을 맡게 된다. 조비의 신임도 각별했고 맡은 바를 그럭저럭 수행했으니, 조휴는 이때만 해도 장밋빛 미래만을 그렸을 법하다.

그러던 226년 조비가 느닷없이 세상을 떠나고, 후계 경쟁에서 뒷전이었던 조예(曹叡)가 새로 황제가 되면서 조휴의 인생에도 큰 변화가 생긴다. 물론 조휴는 조비의 고명대신으로 군부 1인자인 대사마에 올랐으니 위상은 흔들림이 없었지만, 함께 유조(遺詔)를 받은 대장군 조진·표기장군 사마의와 묘한 경쟁 구도가 형성되었기에 조휴가 느꼈을 중압감은 이전과는 차원이 달랐을 것이다.

문제는 조휴의 출세가 조비와의 사적 인연에서 비롯되었다는 점으로, 사마의나 조진과는 그릇부터 차이가 있었다. 228년 1월 사마의는 맹달의 반란을 깔끔하게 진압하면서 큰 공을 세웠고, 곧이어 조진도 제갈량의 1차 북벌을 저지하는 공을 세운다. 조휴도 228년 5월에 10만의 대군을 이끌고 손오 정벌에 나섰는데, 얄궂게도 승전 릴레이의 배턴(Baton)을 이어받은 셈이 되었고, 실제로 호승심(好勝心) 내지는 초조함이 조휴를 감쌌던 것 같다.

이렇듯 과감한 추측이 가능한 이유는 조휴가 주방(周魴)의 거짓 항복에 넘어가는 과정이 좀처럼 이해되지 않기 때문이다. 손권의 명을 받은 주방이 조휴에게 항복 편지를 일곱 차례나 보냈고, 일부러 머리를 풀어헤치는 퍼포먼스를 하는 등 서투른 솜씨를 실컷 드러낸 탓에 가규(賈逵)[15] 등이 진작에 사

---

15) 조조 사후 조창이 찾아와 옥새의 소재를 물었는데, "태자가 계시니 군후께서 물으실 일

항계(詐降計)임을 간파했는데도 불구하고, 조휴는 부하들의 간곡한 만류를 물리치고 무리하게 군사를 손오의 진영 깊숙이까지 움직이고 말았다.

물론 조휴로선 1년여 전 '영지에서 음행을 일삼던' 한종(韓綜)이 손권의 처벌이 두려워 아버지 한당(韓當)의 시신을 수레에 싣고 귀순했던 기억을 떠올렸을 가능성이 크다.[16] 한당의 아들이 투항한 사건은 손오를 사정없이 뒤흔들었고, 조휴는 그 여파로 자연스레 항복이 이어진다고 믿은 것이다. 조휴는 적진에서 무턱대고 진격을 강행했고, 심지어 적의 계책에 빠졌음을 알고 난 후에도 수적 우위를 믿고 교전을 계속하다가 끝내 사달이 난다.

석정에서의 피해는 기록적인 규모였다. 사상자만 1만여 명이었고 포로도 수만에 달했으며, 수레 1만 량에 해당하는 막대한 군수물자를 소각도 못한 채 고스란히 빼앗겼다. 석정전투의 충격이 얼마나 컸던지, 위나라는 적벽대전으로부터 20여 년간 '별다른 성과가 없는데도' 끈질기게 추진해왔던 손오 공략을 마침내 포기하는 데 이르렀고, 이후로도 20년 넘게 손오를 넘보지 않는다. 반대로 대승을 거둔 손권은 '이제 오나라가 반석에 올랐다'고 판단하고, 이듬해인 229년에 미뤄 왔던 황제 등극을 결행한다.

가규의 구원으로 수습에 성공해 가까스로 생환한 조휴는, 예상 밖 참패에 이성을 잃었는지 가규에게 책임을 돌리는 적반하장(賊反荷杖)의 추태를 보이며 '자신을 끝까지 믿어 준' 지하의 조비를 욕되게 한다. 조휴는 조예에게 편지를 올려서 사죄하지만, 고명대신인 조휴를 벌할 수는 없었던 조예는 불문에 부치고 오히려 선물을 내려서 위로한다. 이 일로 크게 부끄러움을 느낀 조휴는 등에 종기가 생겨 그 해를 못 넘기고 세상을 떠나는데, 조예는 조휴의 아들인 조조(曹肇)까지 아끼고 중용하며 조비의 유지를 받든다. 다행히

---

이 아닙니다"라고 정색하여 조비의 신임을 얻었다. 장남 가충(賈充)이 훗날 사마소를 따라 조위를 멸하는 데 앞장선다.

16) 조휴는 이 일로 인해 대사마에 올랐다. 조휴는 태수였던 할아버지를 따라 오군에 살았던 경험이 있어서 양주에 대해 잘 안다고 자부했다.

'벼락출세를 감당할 기량이 못 된' 아버지 조휴와 달리, 아들 조조는 뛰어난 재능에다 도량까지 갖춘 괜찮은 인재였다.

방계 황족 조휴의 실패와 이른 죽음은 조위의 운명에 치명적으로 작용한다. 조휴의 후임이었던 조진(曹眞)마저 3년 뒤에 세상을 떠나면서, 사마의가 군권을 틀어쥐었기 때문이다. 조씨도 하후씨도 아닌 사마의에게 군권이 돌아간 것은, '황족이라는 이유만으로' 함부로 군권을 맡겼다간 어떠한 결과를 초래하는지를 조휴가 똑똑히 보여 준 탓이기도 했다. 무능한 상관은 적보다 무섭다.

### ■ 서강왕과 강족

연의 94회엔 곽회가 '서강(西羌)'을 동원해 촉한을 치게 하는 내용이 있다. 중국 문명에는 특유의 자문화 우월주의인 '화이지변(華夷之辯)'이 존재하는데. 이는 역설적으로 중국이 주변의 다른 민족을 얼마나 의식하는지를 드러내는 것이기도 하다. 한나라 이후 2200년의 역사에서 한족(漢族) 통일 왕조가 지배한 기간이 42% 남짓임을 생각하면 이해되는 측면도 있다. 오늘날 중국에는 인구의 92%에 달하는 한족[17]과 쫑족·만주족·회족·묘족·위구르족·조선족 등의 55개 소수민족이 살고 있으며, 신분증에도 출신 민족을 정확히 표기하는 등 '민족식별정책'에 따라 구분·관리되고 있다. 이중 티베트계 소수민족으로 인구가 30만 명쯤 되는 강족(羌族)은, '이민족 중에선 유일하게' 삼국지 시대의 전통을 유지하면서 살아온 아주 특별한 민족이다. 강족은 여전히 티베트어 계통인 강어(羌語)로 말하고, 술동이 주변에 둘러앉아 빨대로 술을 마시며, 만물에 신이 깃들어 있다고 믿는 토템신앙을 지키고 있다고 한다.[18] 강족의 존재가 신기하고 더없이 반갑다.

---

17) 중국을 괴롭혔던(?) 이민족 다수가 흡수·동화되었음을 알 수 있다.
18) 2008년 쓰촨대지진의 여파로 현재는 도시 이주가 빠르게 진행되고 있다.

# 제97회 ~ 제100회

◈ **진창성의 학소**

석정에서의 역대급 참패로 인해 장합(張郃)이 관중 병력을 이끌고 다급히 형주로 향하자, 제갈량은 1차 북벌에서 돌아온 지 반년 만에 다시 출사표를 올리고 2차 북벌에 나선다. 자세히 들여다보면 1차 북벌-맹달의 반란-석정 전투-2차 북벌의 결정이 모두 228년 한 해에 이루어진 셈이니, 촉한을 응원하는 독자라면 '아쉬운 엇박자'가 반복된 데 대해 안타까움을 느낄 만하다.

후출사표는 '전출사표와는 달리' 본문이 아닌 주석에 실려 있고, 『제갈량집 (諸葛亮集)』에도 수록되지 않아[1] 위작(僞作) 논란이 적지 않지만, 한국의 정치인들도 종종 인용하는 "국궁진췌(鞠躬盡瘁) 사이후이(死而後已)[2]"라는 유명한 문장으로 널리 알려져 있다. 나라를 위해 죽을 때까지 온몸을 바친다는 의미로, 위작 여부와 관계없이 충의(忠義)를 상징하는 희대의 명문장이다.

조위의 대장군 조진은 1차 북벌이 끝나자마자 '제갈량이 다음번엔 진창을 노릴 것'이라 예상하고, 학소(郝昭)와 왕생(王生)에게 성을 추가로 쌓도록 지시한다. 곧바로 전쟁이 벌어질 것이라곤 누구도 예상하지 '못했을 상황에[3], 쉴 틈도 없이 전쟁 방비에 매진했으니 성실함에 기반한 비범한 통찰이었다.

---

1) 진수가 제갈량의 저작을 집대성해 274년경 편찬했다. 『자치통감』에는 후출사표가 수록되어 있어서, 위작이 아니라는 견해도 있긴 하다.
2) 몸을 굽혀 온 힘을 다하며, 죽음에 이르러서야 비로소 멈춘다는 뜻이다. 중국인들이 가장 존경하는 인물인 저우언라이(周恩來, 1898~1976년)와 청나라의 명군 강희제(康熙帝)의 좌우명으로도 잘 알려져 있다.
3) 어쩌면 제갈량 본인도 곧바로 2차 북벌을 감행할 줄 몰랐을 것이다.

이에 학소가 기존의 상성(上城)에다 하성(下城)을 새로 지어서 연결했고, 축조를 갓 마무리했을 때 제갈량이 쳐들어온 터라 어떻게든 막아 낼 수 있었던 것이다. 조진은 이때의 공으로 식읍도 늘리고 이듬해 대사마에 오르지만, 연의는 2차 북벌에서 조진의 흔적을 지우고 진창에 있지도 않았던 사마의의 공인 것처럼 돌려놓았다.

촉한이 수만의 대군으로도 1천여 남짓이 수비한 진창성 공략에 실패하는 2차 북벌은 삼국지 전편을 통틀어 제갈량이 가장 무력한 모습을 보이는 에피소드다. 반대로 말하면 제갈량의 총공세를 20여 일이나 견뎌 낸 학소의 분전이 그만큼 특별했다는 얘기다.[4] 이때 조예는 융통성을 발휘해 황궁의 수비 병력 3만까지 장합에게 내주고 학소를 구원하게 했는데, 정작 장합은 강행군 도중에 "우리가 도착하기 전에 제갈량은 병량이 부족해 이미 물러났을 것"이라 예상했다. 대군을 동원하면 보급에 문제가 생기기 십상인데 급하게 출진했으니 병량이 넉넉했을 리 없고, 겨우 1천이 지키는 진창성 함락이 이리 지연될 줄도 몰랐을 터다.

2차 북벌에서 공성의 어려움을 여실히 입증한 학소의 분전을 보노라면, 문득 가정을 지켰던 마속(馬謖)이 떠오른다. 만약 마속이 가정에서 산 위에 진을 펼치지 않고 제갈량의 지시대로 진채를 세운 뒤 수비했다면, 수적 열세에도 불구하고 장합을 막아 냈을 가능성이 컸기 때문이다. 1차 북벌 때 마속이 가정을 지켜냈다면 학소에게 '제갈량과 대적할' 기회가 돌아가지 않았을 테니, 세상의 기회와 위기는 이렇듯 맞물려 돌아가기 마련이다.

천하의 제갈량을 저지한 학소(郝昭)는 수도 낙양으로 가서 황제를 알현하고 관내후에 봉해진다. 조예가 중용을 약속하면서 일개 지방 장수였던 학소의 출셋길이 보장되었지만, 안타깝게도 머지않아 병사하고 만다. 이미 병환

---

4) 제갈량의 충격적 패배 때문인지, 연의는 조위의 학소와 왕쌍을 모두 9척 장신으로 설정했다. 9척 장신이란 묘사는 연의를 통틀어 관우·화웅·악환(鄂煥) 등 몇 없는데, 97회에는 둘이나 한 번에 등장한 것이다.

이 있었는데도 제갈량의 회유를 물리치고 항전한 것인지, 농성전 와중에 병을 얻었는지는 기록이 없어 알 수 없지만, 고대엔 필사적으로 수성하는 과정에서 부상을 입어 파상풍(破傷風)으로 죽는 경우가 많았다. 파상풍은 주로 흙에 있던 원인균이 부상 부위를 통해 체내에 들어가 발생하는데, 창칼로 싸운 고대에는 무기에 일부러 더러운 흙이나 배설물을 '독 대신' 묻혀서 싸우기도 했다. 파상풍의 치사율은 현대에도 10%가 넘는다니 작은 상처라도 반드시 소독해야 한다.

한편 연의는 '제갈량의 발목을 잡은' 학소를 통쾌하게 응징한답시고, 제갈량이 재차 공격하자 병상에 있던 학소가 놀라서 죽었다고 '떼를 쓰듯이' 각색해 놓았다. 하지만 진창성 공략의 어려움을 절감한 제갈량이 진창을 다시 공격한 일은 없었고[5], 학소는 결코 조휴처럼 변변찮은 소인배가 아니었다. 학소는 영면하면서 아들에게 다음과 같은 유언을 남겼는데, 이를 보면 그의 사람됨을 엿볼 수 있다. "나는 평생을 장수로 살았지만 그리 좋은 일은 아니었던 것 같다. 그간 싸움을 위해서 수차례 남의 무덤을 파헤쳐 돌과 나무를 가져다 썼었기에, 후하게 장례 지내는 일이 오히려 좋지 않음을 잘 알고 있다. 반드시 내가 평소 입던 옷으로 염하도록 해라. 그리고 죽은 뒤엔 처소가 따로 있을 리 없다. 동서남북 어디든 네가 마음 가는 대로 묘를 쓰도록 해라."

### ◈ 오 황제 손권

229년 봄 손오의 문무백관이 손권에게 제위 등극을 권하자, "황룡과 봉황이 출현했다"는 보고를 들은 손권은 4월 7일 마침내 오나라 황제에 오른다. 손권은 아버지 손견(孫堅)을 무열황제로 추존하고, 형 손책(孫策)을 장사환왕으로 올렸으며, 장남 손등(孫登)을 황태자로 삼았다. 이때 대신들에게 "주유(周

---

5)  진창성 함락은 연의의 설정일 뿐이다. 대신 이듬해 곧바로 진식(陳式)을 지휘해 무도와 음평을 점령하는 성과를 거두니, 이것이 3차 북벌이다. 제갈량은 무도와 음평을 취한 공으로 본래의 직위를 회복한다.

瑜)가 아니라면 나는 제왕이 될 수 없었을 것"이라 밝혔다는 기록도 있다.

손권이 '나라를 일으켜 자신에게 물려준' 손책을 황제로 추존하지 않은 결정에 눈길이 간다. 이는 손책이 강동 평정 과정에서 지역의 유력 인사들을 함부로 죽여 많은 원한을 샀던 데다, 형을 황제로 높였다간 자칫 후계 문제가 복잡해질 수 있음을 고려한 조처로 짐작된다. 손책과 비슷한 처지였던 사마사(司馬師)[6]는 265년 진(晉)이 세워지고 황제로 추존되지만, 사마사에겐 아들이 없어서 후계 다툼의 여지가 없었다는 결정적 차이가 있다.

진수는 정사의 손권 열전인 『오주전』에서 "손권은 몸을 굽혀 치욕을 참으면서 재능 있고 지혜로운 이를 등용했고, 구천(句踐)[7]과 같은 비범한 재능이 있었으니 영웅 중에서도 걸출한 인물이었다"라며 높이 평가했다. 아무래도 조조와 유비에 가려진 감이 있지만, 군벌과 호족의 연합정권이란 복잡한 정치체제에서 소년 군주로 출발하여, 숱한 난관을 극복하고 30년 만에 황제에 오른 손권은 삼국지의 주역으로 손색없는 인물이었음이 분명하다.

물론 지존(至尊)의 자리에 오르면서 연합정권 체제의 긴장 관계가 사라진 후에는, 육손 같은 충신마저 화병으로 죽게 만들고 함부로 사람을 죽이는 등 많은 실책을 저질러서 이전의 평가를 상당히 갉아먹기도 했다. 하지만 48세인 이때까지 30년 동안은 썩 괜찮은 군주였고, 말년에 이르러 망가진 점은 조조와 유비도 마찬가지(?)였다. 물론 정도의 차이는 엄연히 있었지만 말이다.

### ◈ 제갈량의 절맹호의

손권의 칭제(稱帝)는 진작에 예정된 수순이었지만, 막상 손권이 '진짜로'

---

6)  208~255년. 사마의의 장남. 사마사는 건국의 기틀을 세운 뒤 동생 사마소에게 물려줬고, 사마소의 아들 사마염이 서진을 세워 통일했다.

7)  춘추시대 월(越)나라의 왕으로 오왕(吳王) 부차(夫差)에게 패해 그의 노비가 되었으나, 부차의 똥을 핥으며 속마음을 숨긴 덕에 복수에 성공하여 오나라를 멸했다. 이 일화에서 '와신상담(臥薪嘗膽)'이 유래하였다.

황제에 오르자 손오와 동맹 관계인 촉한의 입장이 매우 난처해진다. 손권의 칭제는 그 자체로 찬역(簒逆)인 데다, 손오가 '촉한의 한나라 계승'을 인정하지 않는다는 의미였기 때문이다. 연의도 이 문제가 곤란했는지 제대로 다루지 않고 넘어갔지만, 실제 촉한의 신료들은 극도로 분노했고 대의명분(大義名分)에 따라 손권의 칭제를 절대 용인할 수 없었던 제갈량도 심각한 고민에 빠질 수밖에 없었다. 그렇지만 현실적으로 오나라와의 결속 없이 위나라를 응징할 순 없었기에, 제갈량은 자신의 뜻을 정리한 '절맹호의(絶盟好議)'라는 글을 써서 황제인 유선에게 보고하였다. 제갈량의 논지(論旨)를 축약하면 대체로 다음과 같다.

"손권이 찬역의 뜻을 품은 지 오래되었음에도 우리가 그들과 협력한 이유는 도움을 얻기 위함이었습니다. 만약 지금 그들과 단교하면 원수지간이 되고, 동쪽(손오)을 병탄한 후에야 북적(北敵, 조위)의 토벌을 논할 수 있으니 결코 상책이 아닐 것입니다. 손권이 동쪽에 안주해 북적을 공격할 의사가 없다고 의심하는 이들도 있지만, 아직 힘이 충분치 않아 지키고 있을 뿐이며 손권이 장강을 넘지 못하는 것은 북적이 한수를 넘지 못하는 이유와 같습니다. 저들과 화의를 맺으면 우리가 북적을 정벌할 때 동쪽의 근심을 없앨 수 있으며, 북쪽의 무리도 저들을 막느라 한꺼번에 서쪽으로 나오지는 못할 것입니다. 그러니 어떠한 선택이 우리에게 득이 되는지는 자명합니다. 아직은 손권의 죄를 추궁할 때가 아닙니다."

촉한으로선 한실 부흥이라는 대의명분에 균열이 생기는 지극히 어려운 선택이었지만, 이미 손오와의 반목으로 인해 이릉대전의 참상을 빚은 바 있었으니 제갈량도 냉엄한 현실을 절대 외면할 수 없었을 것이다. 유선도 결국 제갈량의 뜻을 받아들여 진진(陳震)을 오나라에 보내 손권의 즉위를 축하했고, 진진은 손권과 함께 제단에 올라 피를 나눠 마시고 맹약(盟約)을 맺기에 이르렀다.

이때 촉·오 양국은 '영토 분할을 두고 다퉜던 쓰라린 과거'를 되풀이하지 않기 위해, 위나라를 정벌한 이후의 영토 분배까지 합의를 마쳤다. 촉나라가 서쪽의 장안(長安)을 중심으로 연주·기주·병주·량주를 갖고, 오나라는 동쪽의 낙양(洛陽)을 중심으로 예주·서주·유주·청주를 가지며, 중간에 위치한 사례주는 함곡관을 경계로 삼아 좌우로 나누기로 정한 것이다. 어찌 보면 김 칫국부터 마시는 격이지만, 이는 매우 진지한 합의였다. 손권은 주연(朱然)에게서 허봉(虛封)[8]인 '연주목'을 떼어 냈고, 유선도 동생인 유영(劉永)과 유리(劉理)의 왕호(王號)가 예주에 속하자 왕호를 바꿨다.

촉·오 동맹의 중심에는 '낭야(琅邪) 제갈씨'가 있었다. 제갈량의 늦둥이 제갈첨(諸葛瞻)은 이때 세 살배기였지만 훗날 유선의 사위가 되며, 손권의 칭제와 함께 대장군에 오른 제갈근(諸葛瑾)의 장남 제갈각(諸葛恪)도 장차 오나라의 최고 권력자가 된다. 재능도 출중하고 우애까지 좋았던 제갈씨 덕분인지 촉·오 동맹은 굳건하게 이어져서, 40년 뒤 촉한이 망할 때까지 양국이 다투는 일은 없었다. 혈연도 아닌 경쟁국 간의 동맹이 이처럼 패망의 순간까지 유지된 경우는 세계사를 전부 뒤져도 그 사례를 찾기 어렵다고 한다.

우리 땅에서도 삼국이 경쟁한 일이 있었고 삼국 간의 동맹 관계도 꾸준히 존재했지만, 동맹의 대상은 힘의 균형에 따라 수시로 바뀌었다. "어제의 친구가 오늘의 적"이란 말이 괜한 것이 아니다. 신라가 외세인 당나라를 끌어들여 통일한 점을 비판하는 목소리가 높고 실제 아쉬운 결과를 낳았지만, 당시 삼국은 엄연히 적대하는 관계여서 모두가 외세였다. 이는 '죽고 사는' 문제이지 '옳고 그름의' 문제는 아니었고, 고구려나 백제도 외세를 끌어들이려 애쓴 것은 마찬가지였다. 국가 차원의 경쟁에는 결국 '힘의 논리'가 작용하기 때문이다. 촉한과 손오의 동맹이 아주 특별한 이유다.

---

8) 연주는 조위의 땅이니 손권이 연주목을 임명할 실질적 권한은 없었지만, 삼국시대에는 이처럼 명예로만 내려 주는 허봉이 흔했다. 이 경우 봉지에서 식읍을 거둘 순 없으니, 대신 소정의 녹봉을 받았다고 한다.

### ◈ 대장군 사마의

삼국지의 북벌 파트를 접한 독자 중에는 의구심을 갖는 분도 있을 것이다. 조위의 국력이 최소한 촉한의 5배는 넘는다면서[9], 정작 싸움을 거는 쪽은 매번 제갈량이니 말이다. 이에 대해서는 '공격이 최선의 방어'라는 접근이었다는 소극적 해석과 제갈량으로선 되든 안 되든 '조위 타도와 한실 부흥'에 전력을 다해야 했다는 적극적 해석, 그리고 촉한의 존립을 위해선 최소한 옹주와 량주라도 확보해야 했다는 현실론적 해석 등이 존재한다.

제갈량 생전에 위나라가 먼저 공격해 들어온 싸움은 230년 8월에 딱 한 차례 있었다. 대장군에 오른 사마의(司馬懿)가 제갈량과의 전쟁에 처음 나선 것이 바로 이때로, 앞선 3차 북벌에서 무도와 음평을 잃은 데 대한 설욕전의 의미였다. 연의 99회의 에피소드는 이를 바탕으로 각색한 것이다. 서진 대에 쓰여진 『정사 삼국지』는 창업 군주나 다름없는 사마의의 실패를 줄이려 애쓴 탓에, 이때의 전쟁을 "한 달 동안 큰 장마가 있어 철군했다"고 간단히 적고 있지만, 다른 기록들과 교차 검증하면 조위군이 교전에서 피해를 입고 패퇴했음을 알 수 있다. 다만 큰 비로 인한 철군은 기록된 사실로, 연의는 퇴각하는 조위군을 제갈량이 쫓는 과정을 4차 북벌로 설정하여 상상력을 동원해 재구성했다. 이로써 정사의 4차·5차 북벌은 연의에선 5차·6차 북벌이 된다.

### ◈ 후주 유선

연의 100회는 가공인물 구안(苟安)[10]을 동원해, 암군(暗君) 유선(劉禪)이 북벌에 매진하는 제갈량을 공연히 소환하는 서사를 담고 있다. 사마의를 쫓는 제갈량을 지켜보며 마음 졸이던 독자로선 울화통이 터지는 대목이기도 하다. 하지만 이 역시 연의의 창작이며, 정사의 유선이 제갈량의 북벌에 발

---

9)  위·오·촉의 인구가 443만·230만·94만쯤이었다. (당시 고구려는 15만 추정) 조위의
    영토가 알짜배기라, 실제론 인구 이상의 차이가 있었다.
10) 정사엔 249년 위나라에 투항하는 촉한 장수 구안(句安)이 나온다.

목을 잡은 일은 없었다.

연의가 워낙에 널리 읽히다 보니, 유선의 아명인 '아두(阿斗)'는 현대 중국어에서 단순히 아둔하다는 의미를 넘어서 '구제불능(救濟不能)'을 뜻하는 관용어처럼 굳어졌다고 한다.[11] 하지만 유선은 "승상을 아비처럼 대하라"는 유비의 유언을 마지막까지 철석같이 지켰으며, 어찌 되었든 무려 40년이나 황제로서 촉한을 다스렸던 인물이니 '구제불능'이라는 건 지나쳐도 한참 지나친 평가다.

정사에서 유선의 열전인 『후주전(後主傳)』을 살펴보면, 해마다 '어떤 일이 일어났는지' 사건만을 나열하고 있을 뿐 제갈량 생전에 유선이 어떤 일을 주도했다는 기록을 찾을 수 없다. 유선은 17세 나이로 황제에 오른 뒤 제갈량에게 "정치는 승상에게서 비롯되니, 과인은 제사를 맡겠습니다"라고 말했는데, 이 약속을 제갈량이 죽을 때까지 지켰다.[12] 심지어 제갈량의 뒤를 이은 장완(蔣琬)에게도 12년이나 '재상 정치'를 맡기고 뒷받침했으며, 장완이 죽고 비의(費禕) 때가 되어서야 마흔의 나이로 조금씩 정사를 챙기기 시작했다. 진수도 정사에 "유선은 어진 재상에게 일을 맡길 때는 도리를 따르는 군주였다"라고 적고 있다. 제갈량을 높일 목적으로 '약조를 지킨' 유선을 과도하게 모욕함은 온당치 못한 처사다. 황제씩이나 되어서 잠자코 있는 것이 과연 쉬운 일이었을까?

유선이 망가진 시점은 동윤(董允)과 비의에 이어 진지(陳祗)마저 세상을 떠난 258년 즈음이다. 52세에 본격 친정(親政)을 시작하면서, '아첨을 잘하는' 중상시 황호(黃皓)를 총애해 사달이 났던 것이다. 정사도 "유선이 환관

---

11)  대표적인 예로, 팬들의 열렬한 응원과 정부·기업의 막대한 투자에도 성장세가 한없이 더딘 중국 남자 축구대표팀을 지칭할 때 쓴다고 한다.

12)  제갈량이 죽었을 때 유선(劉禪)의 장남인 황태자 유선(劉璿, 224~264년)은 벌써 11세였다. 공교롭게도 부자 이름의 한국어 독음이 같다. 중국어는 shàn/xuán, 일본어는 ぜん/せん으로 같지 않다.

에게 미혹되자 우매한 군주가 되었다"고 적고 있다. 제갈량-장완-비의-동윤을 흔히 촉한의 '4영(四英)'이라 이르는데, 비의를 마지막으로 영걸의 계보가 끊어진 데 대해 안타까움을 표하는 독자들도 많지만, 달리 보면 유비가 죽고 32년이나 명재상이 이어진 셈이다. 제갈량이 촉한의 체계를 얼마나 잘 구축해 놓았고, 또 모범을 보였는지 알 수 있는 대목이다.

　참고로 유선과 손권이 망가진 시점이 비슷하다. 손권이 들었다면 펄쩍 뛸 일이지만, 손권이 '거짓으로 칭신(稱臣)한' 공손연(公孫淵)에게 철저하게 농락당한 사건이 바로 52세 때 일어났으니 말이다. 물론 손권을 '묵묵히 자리만 지켰던' 유선과 비교한다는 건 어불성설이자 언어도단이다. 단지 천하의 손권도 오십 줄이 되니 흐려졌다는 얘기다.[13] 손권도 그럴진대 유선이야 오죽했을까?

---

13)　중국의 역대 제왕 235명의 평균 수명은 38세에 불과했다.

# 제101회 ~ 제104회

### ◈ 대도독 사마의

231년 3월 대도독 조진(曹眞)이 40대 후반의 나이로 병사하자[1], 조예(曹叡)는 사마의(司馬懿)에게 "경이 아니면 가히 맡길 사람이 없소"라며 대도독의 대임을 맡긴다. 228년 석정 참패에 이어 229년 제갈량의 3차 북벌 때 무도와 음평을 빼앗겼고, 230년에 야심차게 시도한 촉한 정벌도 무위로 돌아갔으니, 위나라 조야에서 위기감이 상당히 고조되었던 것 같다. 조비의 유지를 받은 조휴와 조진이 잇따라 세상을 뜬 후에, '조씨가 아닌' 사마의가 군권을 틀어쥔 데는 이러한 시운(時運)이 따랐던 것이다.

명문 호족 출신으로 제갈량보다 두 살 많았던 사마의지만, 출사(出仕)는 208년으로 1년이 늦어 서른 살이 돼서야 조조를 따르기 시작한다. 인재들로 유명했던 사마의의 여덟 형제 중 '훌륭한 인품으로 정평이 났던' 장남 사마랑(司馬朗)이 22세 때인 192년부터 조조를 따르고 있었으니, 여덟 살 어린 차남 사마의가 조조의 러브콜을 계속 거절하다 뒤늦게 출사한 것은 '천하의 패권이 어느 쪽을 향하는지' 신중하게 살폈던 까닭으로 짐작된다.[2]

지독한 난세여서 가문의 존속을 위해 형제가 일부러 다른 선택을 하는 일은 드문 일이 아니었고[3], 이미 장남이 조조를 따른 상황에서 가문 전체가 조조에 서둘러 올인할 필요는 없었을 터다. 다만 승상이었던 조조로선 '어지간히 몸을 사리는' 사마의가 아주 못마땅할 수밖에 없어서, "사마의가 이번에도

---

1) 연의는 제갈량의 조롱 섞인 서신에 울화가 치밀어 죽었다고 각색했다.
2) 원소의 후계자인 원상(袁尙)이 죽은 해가 207년이었다.
3) 제갈량·제갈근 형제가 대표적이고, 순욱·순심, 신비·신평 등이 있다.

머뭇거린다면 곧장 잡아서 가두도록 하라"고 지시했다는 기록이 전한다.

정사의 기록이 널리 알려지기 전까지만 해도, 사마의는 제갈량의 앞길을 가로막는 빌런(Villain)처럼 오래도록 인식되었다. 하지만 근래에는 평가가 사뭇 달라져서 '사마의를 주인공으로 하는' 게임·드라마 등의 2차 창작물까지 나오고 있다. 연의는 극적 긴장감을 위해 사마의를 제갈량의 필생의 라이벌처럼 설정해 놓았지만, 오히려 사마의는 제갈량을 인정하고 진정으로 두려워했으며 심지어 제갈량의 기량을 깨끗하게 찬탄했던 대인배였다.[4]

사마의는 훗날 서진(西晉)의 '선황제(宣皇帝)'로 추존되기 때문에 서진 대에 써진 『정사 삼국지』에는 열전이 있을 수 없고, 당 태종 때 편찬된 『진서(晉書)』에 선제기가 전한다. 진서는 정사보다 400년 뒤에야 나온 데다 황제로 높여진 사마의의 행적을 포장하는 책이라, 사마의의 패전을 승전으로 둔갑시키는 등 제갈량을 상대로 우위를 보였던 것처럼 서술한 부분이 많다.[5] 그런 이유로 사마씨에 대해 정사와 진서의 기록이 충돌하면, 보통은 정사의 손을 들어 주는 것 같다. 물론 이로부터 50년 뒤 삼국을 통일하는 인물은 '조조·손권·유비가 아닌' 사마의의 손자 사마염(司馬炎)이니, 삼국지의 최종 승자는 사마의라 할 수 있다.

### ◈ 선비 부의왕 가비능

231년 2월 제갈량은 1차 북벌 당시의 실패를 만회하기 위해 다시 기산(祁山)으로 출병한다. 이는 정사를 기준으론 4차, 연의를 기준으론 5차 북벌이 된다. 조예가 1차 북벌 때 기습을 당한 후 광위군을 신설하는 등 대비를 철저히 했기에 이때는 3년 전 남안·천수·안정의 내응과 같은 상황은 벌어지지 않았지만, 대신 선비족의 부의왕(附義王) 가비능(軻比能)이 제갈량에 호응

---

4)  사실 연의에도 사마의가 제갈량을 한 수 접어주는 장면이 꽤 있다.
5)  공명을 "천하의 기재(奇才)"라고 칭송한 것과 '사제갈주생중달(死諸葛走生仲達)'은 『진서』의 기록이니, 제갈량을 깨끗이 높이기도 했다.

했다. 그리고 2년 전인 3차 북벌 때 확보해 놓은 음평과 무도를 통할 수 있어서, 목우(木牛)[6]를 이용한 보급도 훨씬 수월해졌다.

그런데 연의는 웬일인지 가비능을 정사 기록대로 다루지 않고, 가비능의 등장을 85회로 앞당겨서는 '사마의의 계책에 따라 촉한 공격에 동원되는 인물'로 180도 바꿔 놓았다. 게다가 정사에 열전을 남긴 가비능은 맹획(孟獲)이나 사마가(沙摩柯)와는 비교가 안 되는 거물이고 엄연히 선비족인데, 연의에선 선비국왕이라 했다가 강왕이라 하는 등 영 하찮은 인물처럼 대접하고 있다.[7]

가비능은 용맹하고 군세면서도 공평하고 재물을 탐하지 않았던 인물이다. 가비능이 정사 기록대로 제갈량을 돕는 의인(?)으로 나왔다면 사마가에 못지않은 존재감이 있었을 테니, 가비능이야말로 연의의 피해자일지도 모르겠다. 물론 사마가와는 본질적인 차이가 있기는 했다. 사마가는 이릉대전 당시 유비를 위해 싸우다 장렬히 전사했지만, 가비능은 제갈량에게 호응해 남하했다가 전황이 여의치 않자 위나라에 조공을 바치고 철군했기 때문이다. 그렇게 따지면 자업자득(自業自得)으로 볼 수도 있겠다.

### ◈ 거기장군 장합

제갈량이 기산으로 나오자, 장합(張郃)은 "지난번에 조운이 기곡으로 나온 것처럼 관중을 동시에 노릴 수 있습니다"라며 관중의 방비를 건의하지만, 대도독 사마의는 병력 결집이 필요하다며 이를 묵살한다. 제갈량은 실제 상규 방면에만 집중했으니 사마의의 판단은 정확한 것이었다. 상규에서 밀[8]을 수

---

6) 제갈량이 고안하고 촉한의 전설적 대장장이 포원(蒲元)이 만들었다는 수레. 발명에도 능했던 제갈량은 '쇠뇌를 한 번에 10발씩 쏠 수 있는' 원융노(元戎弩)도 개발했다. 연의에선 제갈량이 강유에게 연노 제작법을 알려 주고 죽지만, 제갈량은 이미 연노 부대를 운용하고 있었다.

7) 모순을 그대로 옮긴 번역이 많다. 요시카와본은 가비능의 이름을 뺐다.

8) 황석영은 보리로 번역했는데, 원문은 샤오마이(小麥)로 밀이다. 무슨 차이일까 싶지만, 보리가 야외에서 취사하기 훨씬 어렵다고 한다.

확한 촉한군은 사마의가 싸움을 피하자 일단 기산으로 물러났는데, 사마의는 장합의 반대를 물리치고 퇴각하는 촉한군을 추격하여 대치한다.

231년 5월 지구전을 펼치던 사마의는 부하들의 교전 요구가 빗발치자 어쩔수 없이 공격에 나섰지만 위연 등에 패퇴했고, 후방의 왕평을 노렸던 장합마저 패하면서 할 수 없이 영채로 돌아가 지키는 데 주력한다. 견벽거수(堅壁拒守)[9]로 상징되는 사마의의 방어 위주 전략이 대두되는 때가 바로 이 무렵부터다.

그런데 촉한군이 조위군을 연파하며 한참 기세를 올리던 이때, 한중에서 보급을 책임지고 있던 이엄(李嚴)이 "큰비로 인해 군량 수송이 어렵다"며[10] 제갈량에게 철수를 권하는 중대 변수가 발생한다. 병량 보급은 북벌을 진행하는 내내 촉한의 아킬레스건이었으니 괜한 핑계는 아니었지만, 모처럼 승기를 잡은 제갈량으로선 장탄식이 나올 수밖에 없었다. 하지만 군량 없이 전쟁을 이어 갈 순 없어서, 6월에 이르러 눈물을 머금고 철군을 결정한다.

제갈량이 군사들을 물리기 시작하자 이번에도 사마의는 추격을 지시하고, 장합이 재차 "병법에 따르면 퇴각하는 군사는 쫓지 말라 했습니다"라며 반대했지만, 사마의가 뜻을 굽히지 않아 장합으로선 추격하지 않을 도리가 없었다. 연의는 제갈량을 높이기 위해 호적수인 사마의도 덩달아 높이는 경향이 강해서, 장합이 사마의의 만류를 뿌리치고 무리하게 추격한 것처럼 정반대로 서술했지만, 실제론 장합이 사마의의 고집 때문에 원치 않던 추격전에 나섰던 것이다. 이 당시의 제갈량은 연노(連弩) 부대를 다수 운용했다고 전해지는데[11], 이들이 고지에 숨어 추격군을 기다리고 있다가 기관총처럼

---

9) 벽을 견고히 하여 막고 지킨다는 뜻으로 『명제기』에 나오는 표현이다. '벽만 바라보고 수비에 치중한다'는 뜻으로 '견벽거수(見辟擧守)'라 잘못 쓰는 경우가 많다. 사마의는 본래 번개처럼 기동하는 전격전(電擊戰)에 능한 인물인데, 상대가 제갈량이라 참고 또 참았을 뿐이다.

10) 연의는 "조위와 화친을 맺은 동오가 쳐들어올 예정"이라 바꿔 놓았다.

11) 촉은 철이 많이 나는 지역이라, 진시황 때부터 쇠뇌로 유명했다.

연노를 난사하자 결국 장합의 허벅다리에 화살이 박혔고, 과도한 출혈로 인해 끝내 숨을 거두게 된다.

'촉한이 가장 두려워한 장수'라는 용명을 떨쳤던 장합은 본래 한복의 수하였다가 원소를 거쳐 조조를 섬겼으며, 관중 평정 당시부터 20여 년을 이 지역에서 싸워 온 터줏대감이었다. 그런데도 사마의는 장합의 경험을 외면하기 일쑤였다. 대촉(對蜀) 전선은 험한 산지라 기병(騎兵)의 운용방법이 평원과는 달라서, 특별한 전술적 노하우가 필요한데도 사마의가 장합의 의견에 귀를 기울이지 않은 것이다.[12] 이 때문에 '대장군 사마의가 거기장군 장합을 견제한 결과'라는 해석도 만만치 않지만, 장합은 이미 60대 후반이어서 52세의 사마의가 '경쟁자 제거'를 승전보다 우선했을 것 같지는 않다. 사마의는 조예의 특명을 받아 반드시 연패를 끊어야 했기에 더욱 그렇다. 단지 전공을 재촉한 때문일 것이다.

늦은 나이까지 활약한 덕에 오자양장 중에서 관직이 제일 높았고 식읍도 가장 많았던 장합은 특별한 스타일의 장수였다. 장료·악진·우금·서황은 하나같이 범 같은 맹장이었지만, 귀족 출신이었던 장합은 '장비·마초·조운·황충·장료 등과 일기토를 불사하는' 연의의 용장 이미지와는 달리 지장(智將)이자 전략가였다. 특히 대촉 전선을 오래 책임진 덕분에 출연이 잦았는데, 덕분에 지명도가 높아지긴 했어도 반대급부로 강렬한 인상을 남기긴 못했다.

장합 입장에서 무엇보다 아쉬운 것은 최후의 묘사다. 오자양장 가운데 유일하게 전쟁 중에 숨졌음에도, 연의가 장렬함을 무모함으로 돌려놓은 바람에 '전사(戰死)'라는 임팩트가 희석되었다.[13] 장합은 오자양장 중에서 유일하게 제갈량을 맞상대했고, 유비가 생전에 가장 꺼렸던 장수이기도 해서, 연의가 조금 더 힘을 실어 주었다면 누구보다 인상적으로 그려질 만한 인물이었

---

12) 마속도 '산악전에 대한 몰이해' 때문에 실패했다는 견해가 있다.
13) 장합을 높이는 설정을 여러 장면에 배치했던 연의여서 더욱 그렇다.

는데 사마의의 존재로 인해 상대적으로 스포트라이트를 받지 못했다. 훗날 사마의의 손자가 삼국을 통일한 데다, 제갈량 최후의 순간을 함께 한 인물이 사마의였다는 사실이 장합에겐 불운이었다.

## ◈ 표기장군 이엄

제갈량은 4차 북벌에서 모처럼 승기를 잡았지만, 보급에 문제가 생겼다는 이엄(李嚴)의 말을 믿고 어쩔 수 없이 철군한 바 있다. 그런데 막상 철군하자 이엄이 "보급엔 문제가 없었다"며 제갈량에게 책임을 돌리는 듯한 이해 못할 처신을 했다. 이에 극대노한 제갈량은 이엄과 그간 주고받았던 서신을 모두 공개하고, 22명에 이르는 신료들의 서명을 받아 이엄을 탄핵(彈劾)했다.

제갈량의 강경한 태도를 확인한 유선은 이엄을 폐서인(廢庶人)한 뒤, 재동군으로 유배 보내는 결단을 내린다. 8년 전 선황제 유비의 유조(遺詔)를 받았던 고명대신이 하루아침에 평민으로 전락한 것이니 촉한 내에선 어마어마한 사건이었는데, 정작 탄핵 상소에는 사건의 단초였던 병량 문제에 대한 언급이 없어서 촉한 내부의 권력다툼이 사태의 본질이라고 보는 시각도 있다.[14]

이엄은 유비가 제갈량과 더불어 뒷일을 맡겼던 인물이니 재주에 대해선 의심할 여지가 없다. 제갈량조차 "이엄은 일 처리에 있어 물 흐르듯 하며, 할 일과 못 할 일을 결정할 때 주저함이 없다"고 칭찬했을 정도다. 둘 사이가 어긋난 건 북벌에 대한 견해차 때문으로 보이는데, 유비를 따를 때부터 천하 삼분을 통한 한실 재건이 목표였던 '이상주의자' 제갈량과 유표가 죽자 유장을 거쳐 유비에 항복한 '현실주의자' 이엄의 생각이 같을 순 없었다. 이엄 입장에선 국력을 쏟아부은 1차 북벌이 실패로 끝났는데도 무리한 원정을 계속하는 제갈량이 위태롭게 보였을 것이고, 어떻게든 유비의 유지(遺志)를 잇

---

14) 권력(權力, Power)은 타인을 복종시키는 힘이라 속성상 나눌 수 없어서, "한 명의 우장(愚將)이 두 명의 명장보다 낫다"는 말이 있다.

고자 했던 제갈량은 설사 이엄의 권력을 박탈하는 한이 있더라도 북벌을 계속 추진해야만 했다.

이엄은 230년에 전장군에서 표기장군으로 승진한 바 있다. 이때 촉한에는 대장군이 없었으니 명목상 군부의 1인자였다. 같은 해 8월 조진과 사마의가 대군을 동원해 공격해 오자, 다급해진 제갈량은 강주에 있던 이엄에게 병사 2만을 이끌고 한중으로 오도록 명한다. 하지만 이엄은 뚱딴지같이 "파주를 신설하여 자사로 임명해 달라"고 생떼를 부리며 버텼다.[15] 한시가 급했던 제갈량은 울며 겨자 먹기로 '이엄이 아들 이풍(李豊)에게 영지를 세습할 수 있도록' 조치해 주고 타협한다. 하지만 이에 만족하지 않은 이엄은 제갈량의 독립 행정기구인 '승상부'와 같이, 자신도 '표기장군부'를 개부(開府)해 속관들을 임명하겠다고 주장한다. 공동 탁고대신인 자신에게도 제갈량에 준하는 권한을 달라는 요구였다. 개부까지 허락할 순 없었던 제갈량은 일단 이엄이 승상부의 일까지 처리할 수 있도록 양보하며 사태를 수습했다. 아마도 제갈량이 이엄의 제거를 고려한 시점은 이즈음이었을 것이다.

탄핵당한 이엄은 평민으로 강등되어 유배되었지만, 아들 이풍은 좌천되긴 했어도 승상부에서 계속 근무했고 재산도 몰수당하지 않았다. 제갈량은 이풍에게 보낸 편지에서 "나는 자네 부자와 힘을 합쳐 한나라 황실을 크게 일으키려 했는데, 어찌하여 중도에 등을 돌렸던 것인가. 지금이라도 부친을 잘 위로하여 지난 과오를 뉘우치도록 하시게. 만약 부친이 반성하여 나랏일에 전념하고, 자네가 장완과 서로 의지해 일한다면 막혔던 길도 다시 열리고, 잃었던 것들도 다시 돌릴 수 있을 것이네"라고 밝혔다.

유배 중이던 이엄 역시 제갈량이 복직시켜 줄 것이라 늘 기대했다고 한다. 하지만 끝내 이엄의 바람은 이뤄지지 않았다. 제갈량은 3년 뒤 세상을 떴고,

---

15) 촉한의 영토는 후한 13주 중에서 익주 하나뿐이었다. 그런데 익주목은 제갈량이라, 이엄도 자사를 맡으려면 주를 새로 만들어야 했다.

이엄은 "제갈량이 이승에 없다면, 내게도 더는 기회가 없을 것"이라 한탄하다가 화병으로 생을 마감했다.

### ◈ 정서대장군 위연

229년의 조운을 끝으로 오호대장군이 모두 세상을 떠나자, 촉한 군부의 필두(筆頭)는 위연(魏延)만 남게 되었다. 사병 출신임에도 숱한 전공을 세워 장군직에 오른 위연은 219년에 유비가 한중을 수비하는 독한중(督漢中) 자리에 전격 발탁하면서 촉한 군부의 핵심으로 떠올랐다. 230년엔 제갈량의 명에 따라 오의(吳懿)와 함께 강중을 공격하여 곽회(郭淮)와 비요(費曜)를 대파하고 정서대장군에 오른다. 곽회는 연의에서 뚜렷한 존재감은 없지만, 이미 조비 때에 옹주자사가 되어 대촉 전선에서 30여 년을 활약하는 인물이다. 4차 북벌까지만 해도 '여러 차례 패전을 기록하는' 평범한 장수였다가, 이후로는 '장합의 재림인 듯' 오랜 기간 명장의 면모를 과시하는 특이한 이력의 소유자다. 제갈량이 지휘한 촉한군이 보다 강군이었다는 얘기도 되겠지만, 곽회가 실전을 거듭하며 경험치를 쌓아 완성형으로 변모했을 가능성이 크다.

위연은 4차 북벌 때도 노성에서 사마의가 지휘하는 위군을 대파한 일이 있었다. 하지만 커리어가 정점에 이르자 크게 교만해졌고, 양의(楊儀)를 비롯한 신료들과 불화가 잦았다. 하기야 자신의 계책을 채택하지 않는 제갈량에게 겁이 많다고 지적할 정도였으니[16], 어지간한 인물은 전혀 눈에 들어오지 않았을 것이다.

유비의 총애로 출세를 거듭한 위연이지만, 연의에서는 감히 제갈량에게 대든(?) 덕분에 대가를 톡톡히 치르게 된다. 처음부터 위연에게 반골(反骨)

---

16) 위연은 자오곡을 통해 곧장 장안을 치겠다며 정병과 보급병 5천씩을 거듭 요청했지만 제갈량은 허락하지 않았다. 무리한 계획이란 견해가 많지만, 적장이 원체 무능한 하후무(夏侯楙)이긴 했다. 연의 95회엔 "자오곡을 통했다면 장안을 취했을 것"이란 사마의의 대사가 있다.

프레임을 씌워 독자들의 불안감을 자아낸 연의는, 제갈량이 북두(北斗)에 7일간 치성을 드려 수명을 연장하려 했던 마지막 시도를 무산시키는 악역을 맡긴 데 이어, 제갈량 사후엔 기어이 역적으로 만들어 버린다. 연의 103회에는 제갈량이 호로곡에서 화공을 펼쳐 사마의 부자를 죽기 직전까지 몰아붙이는 창작 에피소드가 있는데, 가정본에는 "이때 제갈량이 위연까지 함께 없애려고 했다"는 주석이 달렸을 정도였다.[17]

연의 105회는 제갈량 사후 위연이 배반하는 서사를 담고 있고, 위연은 실제로도 앙숙인 양의(楊儀)에게 반역으로 몰려 삼족이 멸해지지만, 진수는 정사에서 "위연의 본뜻은 위나라로의 투항에 있었던 것이 아니고, 단지 남쪽으로 돌아와 양의 등의 제거를 노린 것이었다. 평소에도 제장의 의견이 갈리다 보니 자신이 제갈량을 대신하는 쪽으로 여론이 모아지길 바랐을 뿐이며, 배반에 뜻이 있었던 건 아니었다"고 밝히고 있다. 현대에 들어서 위연의 재평가가 이뤄진 것이 아니라, 이미 당시에도 위연을 '반역자가 아닌' 권력다툼의 패배자로 평가했다는 증거라 하겠다.

물론 집단 창작의 산물인 연의의 영향력은 정통 역사서인 정사를 압도한다. 마오쩌둥은 1966년에 정적(政敵)이던 양상쿤(楊尚昆)을 숙청하면서 "양상쿤은 위연"이라고 비판한 바 있는데, 마오쩌둥이 양상쿤을 권력다툼의 패배자라고 칭했을 리 만무하니, 중국인에게 있어 위연은 어디까지나 반역자였던 셈이다.

### ◈ 제갈량의 죽음

"전쟁은 칼이 아니라 쌀로 하는 것"이란 말처럼 북벌의 성패는 1차적으로 보급에 달려 있었다.[18] 위군도 군량 때문에 고생했지만, 험로를 뚫고 원정해야

---

17) 불의한 방법은 제갈량에 어울리지 않는다고 여긴 모종강이 삭제했다.

18) 고대의 전쟁에선 쌀은 물론, 식수와 땔감의 확보가 어려웠다고 한다. 임진왜란 때도 왜군이 한양을 점령한 후 이순신에 의해 바닷길이 막히자, 병량의 육로 수송은 어렵다고 보고 부산으로 자진 철수했다.

하는 촉한군의 어려움과는 차원이 달랐다. 4차 북벌에서 세 차례 전투를 모두 이기고도 보급 때문에 물러날 수밖에 없었던 제갈량은 3년여 잘 농사지어 전방에 군량을 비축했고, 더 나아가 주둔지에서도 농사를 지을 수 있도록 준비한 후 마지막 원정에 나선다. 234년 2월의 일로 바로 5차 북벌이며, 손오도 대대적으로 협공에 나섰으니[19] 가히 제갈량의 마지막 승부라 할 만했다. 이때 손권은 직접 합비신성으로 출진해 포위전을 벌이는 한편, 육손(陸遜)과 제갈근(諸葛瑾)에게 양양을 치게 하는 등 다방면에서 위나라를 공격해 들어갔다.

4차 북벌 때 큰 위기를 겪었던 위나라도 그동안 시간만 보낸 것은 아니었다. 관중 지역으로 인구를 강제 이동시켜 농토를 대규모로 개간했고, 군량과 무기도 저장하여 제갈량의 침입에 대비했다. 제갈량이 교전에서 승기를 잡고도 보급 문제로 철군했던 4차 북벌에서 힌트를 얻어, 충분한 물자를 바탕으로 지구전을 펼치기만 하면 이길 수 있는 구조를 다져 놓은 것이었다. 이때 조예는 촉군을 상대하는 사마의에게 "절대 싸우지 말고 지키기만 하라"고 단호하게 명령하고는, 자신은 수춘으로 출진하면서 "내가 직접 싸움에 나섰으니 손권은 곧바로 퇴각할 것"이라 장담했다고 한다. 실제 손권은 싸워 보지도 못하고 맥없이 물러났으니, 당시 서른이었던 조예의 전략적 판단은 냉정하고 정확했다. 다만 234년에도 역병이 크게 유행했고 오군 진영에도 질병이 퍼졌다는 기록이 있으니, 손권이 역병 때문에 철군했을 여지는 있다.

역병 때문이든 아니든 손권이 대군을 일으켜 조위 협공에 나섰음에도 아무런 소득 없이 물러난 것은 제갈량으로선 더없이 실망스러운 결과였다. 게다가 사마의는 제갈량의 도발에 응할 생각이 없어서, 소규모 교전을 빼면 싸워볼 기회조차 잡지 못하고 있었다. 연의는 제갈량의 대미를 장식하려고 이런

---

19) 오나라에 번국을 청했던 요동의 공손연(公孫淵)이 233년 손권을 배신하여 사신을 죽이고 1만의 군사와 보물을 빼앗는 변고가 있었다. 이 사건 때문에 촉·오의 협공 계획이 늦어졌을 가능성이 크다. 만약 공손연이 결맹하여 촉·오와 동시에 출병했다면 조위도 위태로웠을 것이다.

저런 전투를 열심히 묘사하고 있지만, 아쉽게도 이는 전부 연의의 창작이다.

주석에 따르면 제갈량은 사마의에게 여자의 머리띠를 보내는 식으로 모욕하며 자극했지만, 이미 4차 북벌 때 '전공을 세우고 싶어 하는 부하들의 성화에' 억지로 출진했다가 크게 낭패를 봤던 사마의는 일절 응하지 않았다. 여기엔 작은 일까지도 직접 챙겨야 직성이 풀리는 제갈량의 건강 상태가 오래 버티지는 못할 것이란 판단도 깔려 있었던 것으로 보인다. 제갈량의 간절함에도 불구하고 사마의는 자존심을 내세우지 않았고, 짐짓 조예에게 출전 허가를 간청하는 모양새를 갖추거나 "손오가 이미 항복했다"는 등의 거짓 소문을 흘리며 하염없이 시간만 흘려보낼 뿐이었다. 온갖 도발에도 무대응이었던 사마의의 전략은 제대로 들어맞아, 제갈량은 결국 오장원의 진중에서 쓰러지고 만다.

제갈량에게 있어 5차 북벌은 27년 전 유비에게 밝힌 융중대(隆中對)를 구체적으로 실행에 옮긴 것이었다. 애초 구상과 달라진 점은 형주에서 북진한 군세가 '촉한이 아닌' 손오의 병력이라는 것뿐이었다. 그러한 일생일대의 도전이 손권의 퇴각과 함께 수포로 돌아갔으니, 제갈량이 느꼈을 한없는 좌절감을 생각하면 기력을 소진하고 무너짐도 당연한 일이었다. 234년 8월 제갈량은 끝내 일어나지 못하고 영원히 눈을 감는다. 향년 54세였다.

"승자는 역사를 쓰고 패자는 소설을 쓴다"라는 말이 있다. 제갈량을 기리는 사람들도 전설적인 일화를 전하고 있으니[20], 바로 연의 104회의 '죽은 제갈량이 살아 있는 중달을 달아나게 했다'라는 에피소드다. 그동안 사마의를 제갈량의 호적수로 열심히 치켜세웠던 연의지만, 이 대목에서는 사마의가 "나는 공명이 살아 있는 줄만 알았지, 죽었을 거라고는 전혀 생각지 못했구나!"라고 볼품없이 탄식한 것으로 묘사하고 있다. 하지만 진서『선제기』는 사마의가 "내가 산 자를 헤아릴 수는 있으나, 죽은 자를 헤아릴 수는 없다"라고

---

20) 시대를 초월한 '명재상의 대명사' 제갈량은 불멸의 존재로 남았으니, 제갈량을 단순히 '패자'라고 말할 수 없음은 물론이다.

웃으며 말했다고 과장 없이 적어 놓았다. [21]

위군은 이전에도 퇴각하는 제갈량을 쫓다가 낭패를 본 일이 여러 차례 있었고, "멈추면 산과 같고(止如山), 움직일 땐 바람과 같다(進退如風)"는 제갈량의 역량을 높이 샀던 사마의는 퇴각하는 촉한군을 제대로 쫓지 않았다. 내분 양상으로 혼란에 빠졌던 촉한군을 순순히 보내준 셈이니 아쉬움은 남았겠지만, 사마의의 이러한 신중함이 결과적으로 승전을 불렀음은 부인할 수 없다.

촉한은 제갈량이 죽고 39년 만인 263년 11월 유선이 등애(鄧艾)에게 투항하면서 멸망한다. 그리고 2년 뒤 조위의 5대 황제 조환(曹奐)이 사마의의 손자인 사마염(司馬炎)에게 제위를 선양하며, 진나라(西晉) 황제 사마염은 280년 손오마저 멸하고 마침내 삼국을 통일한다. 184년 황건군의 봉기에서 시작한 삼국지의 무대가 96년 만에 막을 내린 것이다. 사실 손오 또한 250년경 이궁지쟁(二宮之爭)[22]이 벌어지면서 나라가 뿌리째 흔들린 탓에, 촉한이 망하고 곧바로 망했어도 이상하지 않았다. 하지만 서진이 270년에 일어난 선비족 수령 독발수기능(禿髮樹機能)의 반란 때문에 10년이나 발이 묶인 덕에 280년까지 존속할 수 있었고, 연의가 이 사건들을 제대로 다루지 않아서 촉한이 망한 후 17년 뒤에나 삼국 통일이 이뤄진 사정이 잘 설명되지 않는 측면도 있다.

그런데 천하를 통일한 사마염이 "제갈량이 나를 보좌했다면, 지금처럼 고생하지 않았을 것"이라 말했다는 흥미로운 기록이 전한다. 서진 대에 벌써 "제갈량처럼 뛰어나다"라는 말이 최고의 찬사였다고 하니, 지략이 출중한 인물을 제갈량에 빗대는 흔한 표현 방식은 무려 1700년을 이어 온 '전통의

---

21) 진서(晉書)가 써진 당나라 때는 이미 제갈량의 명성이 대단히 높았다. 그 때문인지 『선제기』엔 제갈량이 무려 50차례 이상 언급된다. 때로 제갈량을 높이지만, 사마의가 우위였다는 식의 서술이 당연히 많다.

22) 촉망받던 태자 손등(孫登)이 요절하면서, 손권의 후계를 놓고 이복형제인 손화(孫和)와 손패(孫覇)가 치열하게 다툰 사건. 결국 모두 몰락했고, 252년 겨우 10세였던 막내 아들 손량(孫亮)이 제2대 황제가 된다.

비유'인 셈이다.

　결핍을 극복한 인물 중에서 걸출한 인재가 나오는 법이며, 흔히 난세가 영웅을 만든다고 말하곤 한다. 삼국시대는 중국 문명의 근간이 된 한나라의 뒤를 이은 데다 엄혹한 난세였기 때문인지, 짧은 기간에도 불구하고 유독 특출난 인재가 많이 나타난 시기였다. 그런 삼국시대를 평정하고 천하를 통일한 서진(西晉)이 숱한 인재 중에서도 제갈량을 특별히 높였던 것이니, 제갈량에 대한 당대의 평가가 얼마나 대단했는지 쉽게 짐작할 수 있다.

　중국사 최고의 명재상으로 꼽히는 제갈량은 '정사의 평가와는 달리' 군재(軍才)로도 주목받았다. 일례로 제갈량이 고안해 능숙하게 구사했다는 팔진도(八陣圖)는 명나라 때까지도 계속 채택되어 지금껏 전해지는 완성도 높은 진법이며, 연의 84회의 '육손이 팔진도에 갇혀서 빠져나오지 못하는' 장면은 이처럼 실재하는 진법을 바탕으로 각색한 것이다. 제갈량의 시호는 충무후(忠武侯)이며, 관우보다도 700년 이상 빠른 동진(東晉) 때 이미 환온(桓溫, 312~373년)에 의해 무흥왕(武興王)으로 추존되었다. 충무후나 무흥왕은 모두 제갈량의 군재를 추숭한 것이고, 당나라 때는 '무묘십철(武廟十哲)[23]'이라 하여 중국 역대 명장 10인에도 꼽혔으니 보통의 백면서생(白面書生) 이미지와는 큰 차이가 있다. 물론 당시는 '관을 쓰면 관료가 되고, 투구를 쓰면 장수가 되는' 문무 겸비를 추구했던 시대였고, 제갈량은 스스로를 춘추시대의 전설적 재상 관중(管仲)과 전국시대 최고의 명장 악의(樂毅)에 견줬던 인물이었다. 실제로 제갈량은 1723년 청나라 옹정제에 의해 공자묘(孔子廟)에도 모셔져서 무묘(武廟)와 문묘(文廟)에 동시에 배향되었으니, '문무 겸비의 화신(化身)'과도 같은 존재였다.[24]

　그렇지만 제갈량을 빛나게 하는 덕목은 결코 타고난 재능만이 아닐 것이

---

23)　사마양저(司馬穰苴)·손무(孫武)·오기(吳起)·악의(樂毅)·백기(白起)·한신(韓信)·장량(張良)·제갈량·이정(李靖)·이세적(李世勣)의 열 명이다.

24)　우리나라에선 관우를 모신 동묘가 무묘로, 성균관이 문묘로 불렸다.

며, 유구한 중국 역사에서 제갈량에 견줄 만한 업적을 남긴 인물은 얼마든지 찾을 수 있다. 제갈량의 특별함은 우수성이 아닌 진정성에서 비롯되는 것이며, 그것이 바로 오늘을 사는 우리에게도 깊은 울림을 주는 이유다. 물론 유교 제일의 미덕이었던 '충성(忠誠, Loyalty)'이 민주적 가치가 중요해진 현대에는 더 이상 권력자 개인에 대한 충성을 의미하진 않는다.[25] 하지만 "국가에겐 언제나 충성하라. 하지만 정부에겐 그럴 만한 가치가 있을 때 충성하라"는 마크 트웨인의 말처럼[26], 공직자의 사명감이나 시민들의 공공 의식 등의 바탕에는 언제나 국가와 같은 공동체 사회에 대한 충성심이 요구되기 마련이다. 제갈량의 충의 역시 현대적 의미로 재해석하여 받아들이면 좋을 것이다.[27]

세상 모든 일이 그렇지만, 제갈량이 불멸의 존재[28]가 된 데에는 여러 가지 운도 크게 작용했다. 일단 제갈량이 활약했던 무대가 마침 중국인이 가장 사랑했던 한나라의 말엽이었다. 또한 삼국시대는 문벌귀족(門閥貴族)이 태동되어 당나라 때까지 700년을 이어 가는 중국사적 변혁기였다는 점도 큰 영향을 미쳤다. 하지만 무엇보다 중요한 사실은 이 시기를 다룬 소설이 '운 좋게도' 세상에서 가장 널리 읽혔다는 점이다. 맡은 바에 최선을 다했을 뿐인데 수많은 이들의 마음이 모여 지금에 이르렀으니, 제갈량의 말 그대로 '모사재인(謀事在人) 성사재천(成事在天)[29]'이라 하겠다.

---

25)  물론 여전히 왕실(王室)을 유지하고 있는 국가도 29개국이나 된다.

26)  "Loyalty to Country, Always; Loyalty to Government, When it deserves it."
     -Mark Twain

27)  물론 반대 의견도 존재한다. 송나라 때의 유문표(兪文豹) 같은 학자는 "제갈량은 한나라가 아닌 유비 개인에게 충성했던 것"이라 주장했다.

28)  제갈량은 『조선왕조실록』에도 300여 회나 언급된다. 강태공·관중·안영·장량·소하·방현령·위징 등 중국사의 전설적 재상들을 압도하는 수치다.

29)  일을 꾸미는 것은 사람에게 달려 있지만, 일을 이뤄지게 하는 것은 하늘에 달려 있다는 뜻이다. 중국에선 같은 의미로 통하는 '진인사대천명(盡人事待天命)'보다 더욱 널리 쓰는 표현이라고 한다.

# 삼국지 주요사 연표

| 연도 | 주 요 내 역 |
|---|---|
| 168 | 13세의 유굉(劉宏)이 후한 제12대 황제에 오르니, 영제(靈帝)가 된다. |
| 169 | 외척 두무(竇武)가 환관 세력을 일소하려다 실패하고 자결한다. |
| 184 | 태평도의 우두머리 장각(張角)이 황건군을 조직해 봉기하나, 황보숭(皇甫嵩) · 주준(朱儁) 등의 활약으로 해를 넘기지 않고 진압된다. |
| 188 | 영제가 자사(刺史)를 목(牧)으로 바꾸고 행정권 · 군사지휘권을 부여한다. |
| 189 | 영제가 죽고, 하태후 소생의 14세 유변(劉辯)이 제13대 황제에 오른다. 십상시(十常侍)가 대장군 하진(何進)을 암살한다. 낙양에 입성한 동탁(董卓)이 9세 유협(劉協)을 황제로 세우니, 헌제(獻帝)가 된다. |
| 190 | 태수 · 자사들이 원소(袁紹)를 맹주로 하여 반동탁연합군을 일으킨다. |
| 191 | 동탁이 장안(長安)으로 천도하고, 낙양에 입성한 손견(孫堅)이 전국옥새를 얻는다. 원소가 한복(韓馥)에게서 기주를 빼앗고 세를 쌓는다. |
| 192 | 손견이 형주의 유표(劉表)를 공격하다가 황조(黃祖)에게 죽는다. 왕윤(王允)과 여포(呂布)가 동탁을 주살하지만, 동탁의 부하인 이각(李催) · 곽사(郭汜)가 40일 만에 왕윤을 죽이고 다시 장안성을 점령한다. |
| 193 | 도겸(陶謙)의 부하가 조숭(曹嵩)을 죽여, 조조(曹操)가 서주를 공격한다. |
| 194 | 조조가 서주민을 학살하지만, 여포가 반란하여 연주로 회군한다. |
| 195 | 이각 · 곽사가 분열해 장안에서 교전하는 사이, 헌제의 어가가 탈출한다. 조조에게 패한 여포가 서주목이 된 유비(劉備)에게 의탁한다. |
| 196 | 조조가 헌제를 영접한다. 서주를 잃은 유비가 조조에게 귀부한다. |
| 197 | 장수(張繡)가 변심해 조조를 치고, 조앙(曹昻)과 전위(典韋)가 죽는다. 손책(孫策)이 '황제를 참칭한' 원술(袁術)과 결별하고 자립한다. |
| 198 | 조조가 합비의 여포를 처형한다. 유비가 좌장군(左將軍)에 임명된다. |
| 199 | 원술이 죽는다. 원소는 공손찬(公孫瓚)을 제압하고 하북을 평정한다. |
| 200 | 동승(董承)의 암살 계획이 발각된다. 조조에게 서주를 잃은 유비가 원소에게 투항하고, 조조에 항복한 관우(關羽)가 원소의 대장 안량(顏良)을 참한다. 조조가 원소 진영을 습격해 군량을 불태우고 관도대전에서 승리한다. 손책이 26세로 암살당하고, 손권(孫權)이 그 뒤를 잇는다. |

| 연도 | 주요 내역 |
|---|---|
| 201 | 관우와 재회한 유비가 원소를 떠나 형주목 유표에게 의탁한다. |
| 202 | 원소가 병사한다. 조조가 공격해 여양에선 이기지만 업성을 치다가 원상(袁尚)에게 패퇴한다. 이때 유비가 북진해 박망파에서 하후돈(夏侯惇)·우금(于禁)을 꺾지만, 이전(李典)까지 투입되자 물러난다. |
| 203 | 원상과 다투던 원담(袁譚)이 조조에 투항하고 사돈을 맺는다. |
| 204 | 조조가 끝내 원가의 본거지인 업성을 함락하고, 원상은 도주한다. |
| 205 | 원담이 조조에게 죽는다. 원상은 오환왕 답돈(踏頓)과 유주를 공격하지만 패주한다. 병주자사 고간(高幹)도 조조에게 투항한다. |
| 207 | 유비가 삼고초려하여 27세의 제갈량(諸葛亮)을 등용한다. 요동의 공손강(公孫康)이 원상·원희(袁熙)의 수급을 베어 조조에게 보내온다. |
| 208 | 손권이 황조를 죽인다. 유표의 뒤를 이은 유종(劉琮)이 '형주에 당도한' 조조에 항복한다. 유비·손권이 적벽에서 조조를 대파한다. |
| 209 | 주유(周瑜)가 조인(曹仁)을 몰아내고 남군(강릉)을 얻는다. 유비가 손부인과 혼인하여 결혼 동맹을 맺고, 손권에게 남군을 빌린다. |
| 210 | 익주 정벌을 준비하던 주유가 36세로 파구에서 병사한다. |
| 211 | 조조가 동관전투에서 마초(馬超)와 한수(韓遂)를 물리친다. |
| 212 | 헌제에게 특전을 허락받은 조조가 손오 공략을 위해 출진한다. |
| 213 | 유수구에서 귀환한 조조가 위공(魏公)에 올라 구석(九錫)을 받는다. |
| 214 | 여몽(呂蒙)과 감녕(甘寧)이 여강의 환성을 공격해 대승을 거둔다. 마초가 유비에 귀부하고, 성도의 유장(劉璋)이 결국 유비에게 항복한다. 조조가 헌제의 황후 복(伏)씨와 그 일족 100여 명을 주살한다. |
| 215 | 합비의 장료(張遼)가 손권을 막고, 장로(張魯)가 조조에 항복한다. |
| 216 | 위왕(魏王)에 오른 조조가 재차 유수구를 공격하나 무위에 그친다. |
| 217 | 노숙(魯肅)이 죽고, 손권이 여강에 주둔한 조조에게 화친을 청한다. |
| 218 | 태의령 길본(吉本)이 반란한다. 유비가 한중공방전에 나선다. |
| 219 | 황충(黃忠)이 정군산에서 하후연(夏侯淵)을 참한다. 관우가 번성의 조인을 포위한 후 구원 온 우금(于禁)까지 생포하나 서황(徐晃)에게 패퇴한다. 강릉·공안을 접수한 여몽(呂蒙)의 오군에 쫓기다 참수된다. |
| 220 | 조조가 66세로 죽고, 헌제가 조비(曹丕)에게 제위를 선양한다. |

| 연도 | 주 요 내 역 |
|---|---|
| 221 | 유비가 제위에 오른다. 이릉대전을 준비하던 장비(張飛)가 죽는다. |
| 222 | 육손(陸遜)이 촉한군을 대파하고, 조비가 남정(南征)을 개시한다. |
| 223 | 유비가 63세로 죽고, 17세의 유선(劉禪)이 촉한의 2대 황제가 된다. |
| 225 | 제갈량이 옹개(雍闓)가 주도한 익주 남부의 반란을 평정한다. |
| 226 | 조비가 죽고 22세의 조예(曹叡)가 2대 황제에 오른다. 손권이 강하를 포위하고 양양을 공격하지만, 조예가 침착하게 대응해 막아낸다. |
| 227 | 제갈량이 유선에게 출사표(出師表)를 올리고 북벌(北伐)에 나선다. |
| 228 | 마속(馬謖)이 가정을 잃은 탓에 1차 북벌에 실패한다. 조휴(曹休)가 석정에서 대패한다. 제갈량이 진창을 노리지만 학소(郝昭)에게 막힌다. |
| 229 | 제갈량이 무도·음평을 빼앗는다. 손권이 오나라 황제에 등극한다. |
| 230 | 조진(曹眞)과 사마의(司馬懿)가 촉한을 공격하지만 패퇴한다. |
| 234 | 헌제가 54세로 죽는다. 제갈량이 오장원 진중에서 54세로 병사한다. |
| 238 | 사마의가 연왕(燕王)을 자처한 요동의 공손연(公孫淵)을 정벌한다. |
| 239 | 조예가 35세로 요절하고, 8세의 조방(曹芳)이 조위 3대 황제가 된다. |
| 244 | 조상(曹爽)이 한중을 공격하나, 흥세에서 왕평(王平)에게 대패한다. |
| 249 | 사마의가 고평릉사변(高平陵之變)을 일으켜 조위 정권을 장악한다. |
| 252 | 손권이 71세로 죽고, 10세의 손량(孫亮)이 손오의 2대 황제에 오른다. 섭정을 맡은 제갈각(諸葛恪)이 동흥에서 조위군을 대파한다. |
| 254 | 대장군 사마사(司馬師)가 자신을 내치려던 조방(曹芳)을 폐위한다. |
| 255 | 강유(姜維)가 적도전투에서 옹주자사 왕경(王經)을 대파한다. |
| 258 | 손침(孫綝)이 손량을 폐위시키고, 손휴(孫休)를 3대 황제로 세운다. |
| 260 | 조위의 4대 황제 조모(曹髦)가 사마소를 참살하려다 시해당한다. |
| 263 | 종회(鍾會) 등이 촉한을 치고, 유선이 등애(鄧艾)에게 항복한다. |
| 265 | 사마소(司馬昭)가 죽고, 31세의 장남 사마염(司馬炎)이 조위의 5대 황제 조환(曹奐)에게 제위를 선양받아 진(晉) 초대 황제에 오른다. |
| 270 | 선비족 수령 독발수기능(禿髮樹機能)이 거병해 서북부를 위협한다. |
| 280 | 손권의 손자인 4대 황제 손호(孫皓)가 왕준(王濬)에게 항복한다. 진나라(西晉)가 마침내 삼국시대의 막을 내리고 천하를 통일한다. |